ŒUVRES COMPLÈTES

DE

LAMARTINE

PUBLIÉES ET INÉDITES

HISTOIRE DE LA TURQUIE

II

TOME VINGT-QUATRIÈME

PARIS
CHEZ L'AUTEUR, RUE DE LA VILLE-L'ÉVÊQUE, 43

M DCCC LXII

ŒUVRES COMPLÈTES

DE

LAMARTINE

TOME VINGT-QUATRIÈME

HISTOIRE

DE

LA TURQUIE

II

HISTOIRE
DE
LA TURQUIE

LIVRE SIXIÈME

I

Pour ne pas interrompre le récit des guerres commencées déjà avant l'an 1378, et continuées jusqu'à la mort d'Amurat, en 1389, nous avons été forcé de négliger les tentatives de réunion des deux Églises catholique et grecque, négociées entre Amurat et la cour de Byzance. Nous y revenons.

Jean Paléologue, fils de Manuel Paléologue et associé par lui à l'empire (1419), avait reçu du vieillard son père et son collègue les traditions de la politique du palais.

« Il ne nous reste, avait dit le vieillard à son fils, pour unique ressource contre les Turcs que la crainte qu'ont ces barbares de notre réunion aux Latins. Aussitôt que vous serez menacé des dernières extrémités par ces infidèles, montrez-leur les armées des chrétiens d'Occident prêtes à accourir à votre voix pour vous secourir. Pour que cette assistance leur paraisse possible et réelle, faites tomber le dernier obstacle qui s'oppose à l'alliance des Grecs et des Latins, le schisme qui nous sépare.

» Demandez aux Latins la convocation d'un concile où les dogmes des deux Églises seront débattus. L'union ne sera jamais accomplie, rapportez-vous-en à la discorde éternelle de l'esprit de contention et de dispute qui anime les deux clergés. Mais les Turcs la verront toujours prête à s'accomplir, et vous ménageront dans la crainte qu'elle ne s'accomplisse en effet. »

Ces conseils étaient si sages, que les Turcs, plus consommés déjà dans les secrets de la diplomatie qu'on ne l'aurait supposé chez des pasteurs à peine sortis de leurs pâturages, proposèrent à l'empereur d'Allemagne, Sigismond, des subsides pour qu'il prévînt cette réunion des deux Églises en s'opposant à la réunion du concile.

Jean Paléologue avait écouté avec dédain ces avis consommés de son père. Un témoin de leur entretien raconte que le vieux Manuel lui dit après que son fils se fut retiré de l'appartement : « Hélas! mon fils se croit un héros et un grand monarque, mais nous ne sommes plus dans un siècle d'héroïsme et de grandeur ici; le courage de mon fils pourrait être le salut de notre patrie dans un autre temps, il lui sera fatal aujourd'hui : il nous faut moins un héros qu'un sage temporisateur sur le trône. »

Peu de semaines après, le vieillard mourut à l'âge de quatre-vingts ans, après avoir distribué entre ses enfants les débris de principautés qui adhéraient encore à Byzance. Andronic, son second fils, eut Thessalonique; les quatre plus jeunes, Théodore, Constantin, Thomas, Démétrius, se partagèrent la Grèce. Andronic, à peine en possession de Thessalonique, la vendit aux Vénitiens à prix d'or et mourut de la lèpre dans l'obscurité.

Les autres, bientôt chassés de leurs principautés de Grèce par les lieutenants d'Amurat, revinrent végéter dans le palais de Constantinople, sous la protection de Jean Paléologue, leur frère et leur empereur, petit-fils du précédent.

A peine sur le trône, ce prince, enivré d'amour pour la princesse de Trébizonde, avait répudié sa femme pour épouser cette merveille de beauté, fameuse parmi les Grecs de la mer Noire (1425). Il se hâta de provoquer un concile général pour unir, par une transaction politique, l'Église grecque à l'Église latine. Le moment était favorable : la discorde régnait dans l'Église latine entre les papes et les conciles. Le concile de Bâle, qui avait déposé et jeté dans un monastère le pape Eugène, désirait signaler son gouvernement par un grand service rendu à la chrétienté. L'empereur Sigismond d'Allemagne, malgré les vases d'or que les envoyés d'Amurat lui avaient apportés pour le détourner d'écouter les propositions de Jean Paléologue, cédait au désir du concile.

Les évêques qui le composaient pressaient Jean Paléologue de venir avec ses patriarches discuter et sceller la réunion de l'Orient et de l'Occident chrétiens. Jean opposait la pénurie de son trésor, le concile convint de lui allouer pour son voyage une somme de dix mille ducats d'or, de le défrayer de toutes ses dépenses pendant son séjour en Europe, et d'entretenir aux frais de l'Église latine une suite de huit cents personnes de la maison ou du clergé de l'empereur d'Orient. On lui envoya de plus un riche subside, des vaisseaux et des soldats latins pour protéger pendant son absence Constantinople contre les Turcs.

Enfin, le pape Eugène, pour enlever à Jean tout prétexte de différer les conférences, convoqua le concile général à Ferrare, en Italie, lieu plus rapproché de la côte de l'Adriatique.

Amurat, informé de ces négociations, et redoutant les suites politiques d'une union des deux Églises, qui ne ferait plus des chrétiens qu'un seul peuple, offrit à Jean Paléologue des garanties de sécurité et même des trésors, s'il consentait à repousser les invitations du pape. Parmi les grands et le clergé de Constantinople, les uns poussaient, les autres retenaient l'empereur indécis. A la fin, le désespoir de sa déplorable situation à Constantinople, et l'empressement de fuir, au moins pour quelque temps, un palais qui lui rappelait à la fois la grandeur de ses ancêtres et la misère de son règne, l'emportèrent dans son cœur. Il s'embarqua sur les galères du pape, emmenant avec lui le patriarche de Constantinople, Josèphe, vieillard accablé d'années et redoutant les dangers de la navigation. Une suite, dont les titres magnifiques contrastaient avec la misère présente et avec la petitesse de l'empire, s'embarqua avec l'empereur.

C'étaient les grands officiers du palais et les grands dignitaires de l'Église : le grand ecclésiarque, les évêques d'Héraclée, de Cyzique, de Nicée, de Nicomédie, le prélat

Bessarion, les moines chefs de monastères, les patriarches d'Alexandrie, de Jérusalem, d'Antioche, de Russie, revêtus de leurs robes d'or, et emportant avec eux les vases précieux de leurs églises, pour éblouir encore les Latins par la pompe de leurs cérémonies; c'étaient, enfin, les savants, les poëtes et les musiciens du palais, consacrés au service de la chapelle impériale. On eût dit la migration de tout un culte, emportant ses autels sur un autre continent.

La flotte, ainsi chargée de la cour et de l'Église de Byzance, vogua lentement, à travers l'Archipel et à travers l'Adriatique, vers Venise. Pendant quatre-vingts jours d'une navigation contrariée par les vents et les flots, Jean Paléologue, longeant les côtes de la mer de Marmara, de l'Ionie, de la Thrace, de la Grèce, de l'Épire, de l'Albanie, eut le temps de mesurer de l'œil, par la grandeur de ses possessions antiques, la grandeur de l'empire qu'il avait perdu.

Les Vénitiens, intéressés à flatter cette ombre d'empereur pour en obtenir les ports et les îles où leurs flottes portaient leurs pavillons et leur commerce, lui firent une hospitalité telle qu'ils auraient pu la faire à Charlemagne ou à Constantin. Le doge et les sénateurs de cette république, montés sur le *Bucentaure*, palais flottant des cérémonies navales, naviguèrent au-devant de lui sur les lagunes. L'empereur, assis sur un trône élevé à la poupe de son vaisseau, reçut les prosternations et presque les adorations du sénat. L'armée et le peuple entier de Venise suivirent, dans une flotte de gondoles pavoisées des couleurs de Rome, de Byzance, de Venise réunies, la navigation triomphale de Jean sur leur grand canal.

Les Orientaux, étonnés de voguer entre les monuments magnifiques d'une capitale à l'ancre sur la mer, pleuraient en reconnaissant, sur les places publiques de cette capitale, les arcs et les statues que ces insulaires avaient enlevés à la Grèce et aux îles de l'empire.

Après quelques jours de repos à Venise, l'empereur et sa cour furent accompagnés par terre et par eau avec la même ostentation de respect aux portes de Ferrare. Là, un cheval blanc, signe de souveraineté, et un cheval noir, signe de deuil, attendaient l'empereur. Il monta le cheval noir; des pages conduisirent devant lui le cheval caparaçonné de velours écarlate parsemé d'aigles d'or. Les seigneurs d'Italie portaient un dais sur sa tête.

Le pape attendait son hôte sur les escaliers du palais de Ferrare. L'Église d'Occident et l'Église d'Orient se donnèrent par leurs bouches le baiser de paix. Le patriarche Josèphe réclama l'égalité dans les cérémonies avec le pape. Les évêques refusaient de baiser le pied du pontife romain. Ces disputes sur la préséance préludèrent aux disputes sur la foi. On éluda les premières, on éternisa les secondes. Le clergé italien, dévoué au pape, assistait seul à ce concile repoussé par celui de Bâle. On s'ajourna à une autre session sans avoir rien conclu.

Pendant les six mois d'été employés par le pape à recruter des prélats à son synode, Jean Paléologue, retiré dans un château de plaisance de la plaine de Ferrare, entouré d'une poignée de courtisans et de gardes grecs qu'on appelait, d'après les Turcs, ses janissaires, se livra aux loisirs de la chasse au faucon. Sa misère anéantissait le respect des Latins autour de lui. Les évêques byzantins voulaient s'éloigner, dans la crainte des vengeances populaires qui les attendaient à Constantinople s'ils vendaient leur foi aux Latins par complaisance pour l'empereur. Le pape les retint par force et transporta, à la fin de l'année 1438, le concile à Florence.

L'empereur, ses officiers, ses patriarches, recevaient, par mois, une misérable solde calculée pour chacun sur l'importance de son titre. La somme totale ne s'élevait qu'à six cents florins par mois. La pitié succédait au prestige autour de ce fantôme d'Orient. La peste le chassait de Ferrare, les Milanais lui fermaient la route de Florence par les Apennins. Le pape et l'empereur furent contraints de se dérober par les sentiers les plus escarpés de ces montagnes.

Pendant ce voyage, le concile de Bâle nommait séditieusement un second pape dans Félix V; mais la catholicité, indignée, déposait ce pape et se ralliait à Eugène. Après neuf mois de disputes, de concessions, de contrariétés et de réserves, le concile de Florence scella enfin la réconciliation des Églises d'Orient et d'Occident. La mort du patriarche Josèphe, la pourpre romaine donnée à Bessarion, les supplications de l'empereur, pressé de recueillir le fruit de l'union, les menaces du pape aux prélats d'Orient, des distinctions métaphysiques sur la procession du Saint-Esprit de l'une ou des deux personnes de la Trinité, des interprétations favorables aux deux partis enfin permises dans la conscience des fidèles, les faveurs largement distribuées par le pape aux docteurs de Constantinople, pacifièrent cette longue guerre. Le pape Eugène triompha, et Félix alla s'ensevelir dans la pittoresque retraite de Ripaille, sur les bords du lac Léman, sous l'ombrage des châtaigniers de Savoie.

II

Mais la paix conclue entre les deux Eglises par la politique de l'empereur et du pape ne fut pas ratifiée par les peuples. L'empereur et ses évêques, embarqués sur les galères de Venise pour revenir à Constantinople, y furent reçus comme des apostats de la foi nationale. Pendant leur absence, des moines fanatiques, agitant les préjugés de race contre race et de dogmes contre dogmes, avaient ameuté les consciences et le patriotisme contre le pape, contre l'empereur, contre les évêques, qui avaient, disaient ils, trafiqué de la foi du Christ.

Ces évêques, intimidés par les reproches et les menaces du peuple à Constantinople, confessèrent humblement leur erreur pour se la faire pardonner. « Hélas! dirent-ils sur les places publiques et dans les chaires, nous avons abjuré notre foi, nous sommes des impies, des *azymites* qui ont renoncé à la communion sous les deux espèces du pain et du vin! Nous avons succombé à la misère; on nous a séduits par la fraude, par la terreur, par les considérations mondaines d'une vie fugitive; nous méritons qu'on retranche de nos membres ces mains qui ont scellé notre crime, qu'on arrache de nos palais ces langues qui ont proféré le blasphème! »

Ces paroles, rapportées par les historiens contemporains de Byzance, firent tomber en désuétude et en mépris l'union des deux Églises avant d'être accomplie en Orient. Des conciles orientaux fulminèrent contre les conciles romains. En vain le pape envoya-t-il jusqu'en Russie des ambassadeurs pour retenir le clergé russe dans la foi romaine; les Russes, évangélisés par les moines grecs du mont Athos, suivirent les Grecs dans le schisme, comme ils les avaient suivis dans le christianime.

Le cardinal Isidore, prélat romain, aux habitudes élégantes et mondaines de la cour des papes, scandalisa la simplicité moscovite en vivant avec les seigneurs licencieux et en célébrant les mystères avec des gants et avec des bagues aux doigts. Les Russes menacèrent sa vie, et il n'échappa à la mort qu'en s'abritant dans un monastère converti pour lui en prison.

Jean Paléologue, tremblant à la fin pour son trône et pour lui-même, abjura (1440) l'union qu'il avait scellée, et céda à son peuple sa foi, de peur de lui céder sa vie. Ainsi échoua la dernière tentative pour relever, par les armes des Latins, l'empire de Constantinople.

III

Les deux fils d'Amurat, Yacoub et Bajazet, également chers à leur père et aux Ottomans par leur intrépidité à la tête des principaux corps de l'armée, pouvaient également prétendre à l'héritage sanglant d'Amurat. L'empire, qui n'était point encore dévolu, par une loi précise, à l'aîné des fils, pouvait se déchirer en pleine campagne entre les deux compétiteurs du trône et venger ainsi les chrétiens par la main même des musulmans. Yacoub n'était pas moins adoré des soldats qu'il commandait que Bajazet. Le suffrage des troupes était aussi douteux que le combat. La couronne ramassée dans des flots de sang aurait laissé d'éternels griefs aux vaincus, d'éternelles vengeances aux vainqueurs. L'armée, indécise et proférant déjà des noms différents, menaçait de graves divisions et de grandes séditions celui des deux fils qui aurait saisi le premier l'empire.

Amurat, consterné une première fois par le meurtre de Saoudji, son premier fils et son premier rebelle, avait ajourné jusqu'à la mort la désignation de son fils chéri, Bajazet, au titre de successeur. Peut-être avait-il redouté que cette désignation prématurée n'offensât l'orgueil et n'éveillât la jalousie d'Yacoub. Punir deux fois un fils rebelle ou ambitieux, de mort, lui avait paru un effort au-dessus de son courage ; il avait laissé l'événement à la Providence, ou ce crime à commettre à son héritier. D'ailleurs, Yacoub et Bajazet s'aimaient comme deux frères plus qu'ils ne s'enviaient comme rivaux d'empire. Yacoub, irréprochable et obéissant, tenait plus de la vertu d'Alaeddin, son grand-oncle, que de la férocité d'Amurat, son père, ou de l'impétuosité belliqueuse de Bajazet, son frère. Il était accoutumé à reconnaître en lui les préférences d'Amurat et les supériorités du commandement. C'était moins Yacoub que son parti dans l'armée qui inquiétait le beglerbeg, le grand vizir et le conseil des ministres d'Amurat sur l'avénement possible de Bajazet au trône des Ottomans,

IV

Le grand vizir Ali-Pacha, confident de toutes les pensées et dépositaire de toute la puissance du sultan mort, se hâta de convoquer, à l'insu et en l'absence de Bajazet et d'Yacoub éplorés, ce divan ou ce conseil des principaux ministres et des généraux les plus renommés par leur sagesse et par leur autorité dans le camp. Ce divan s'assembla secrètement, la nuit qui suivit la bataille (1389), dans la tente et près du cadavre d'Amurat, qui semblait le présider encore. Les historiens ottomans ne donnent, ou par ignorance ou par discrétion, aucun des motifs qui furent allégués dans ce conseil nocturne; ils citent seulement ce verset du Coran dicté par Mahomet à ses successeurs, passage qui justifiait d'avance les ombrages des sultans montant au trône et les crimes de famille : *Mieux vaut une exécution que la rébellion !*

Ce passage fut évidemment le texte sanguinaire commenté par le vizir et les vieux compagnons d'Othman. Le meurtre de Saoudji, qui n'avait pas laissé hésiter la main paternelle, leur parut, sur le visage inanimé d'Amurat, la confirmation muette du meurtre qu'ils allaient commander en son nom. Quoi qu'il en soit, des tschaouschs sortirent de la tente impériale avant la fin de la nuit, entrèrent dans la tente d'Yacoub, lui intimèrent, au nom du salut de la foi, l'ordre de mourir, lui laissèrent faire sa prière, et, lui tranchant la tête avec respect, laissèrent son cadavre, étendu sur la terre devant sa tente, instruire l'armée, à son réveil, qu'elle n'avait plus qu'un maître, le sultan Bajazet.

La promptitude de cette exécution montrait à l'armée que la race d'Othman n'épargnerait pas même son propre sang pour le salut et pour l'unité de l'empire. Les annalistes grecs prétendent que cet éclair dans la nuit, frappant avant le crime, fut l'origine du nom d'Ildérim (éclair) qui fut donné depuis ce meurtre à Bajazet. Les historiens ottomans contemporains disent, au contraire, que les ordres du grand vizir et du divan prévinrent les indécisions de Bajazet, affligèrent sa tendresse pour son frère innocent et lui coûtèrent à lui-même de longues larmes. Nous verrons plus tard que cet exemple fatal du meurtre d'Yacoub, qui fait un crime d'être nés aux fils des sultans, et qui charge un autre crime d'assurer la paix du règne, devint, sinon une loi, du moins une barbarie légale du sérail de Constantinople, jusqu'à ce règne généreux et doux d'Abdul-Medjid, qui ramena la politique à l'humanité, en laissant la vie à ses frères et en se fiant à la nature au lieu de se fier aux bourreaux.

V

La fatalité, cette volonté accomplie du sort, dogme des Ottomans, apaisa toute agitation de l'armée à la vue du cadavre d'Yacoub.

Bajazet ne donna pas à ses troupes le temps de réfléchir et de s'indigner contre ce meurtre d'un prince adoré des soldats; il s'élança de la plaine de Kossova jusqu'au cœur de la Servie; cerna, par ses ailes ouvertes et repliées, les restes, retranchés sur les montagnes, de l'armée servienne; reçut promptement la soumission de tous les nobles, et contraignit le jeune roi Étienne, fils de Lazare, à lui jurer fidélité, alliance et parenté en lui promettant sa fille, encore enfant, en mariage.

Libre de toute hostilité en Bulgarie, en Servie et en Épire, Bajazet était rappelé vers le Bosphore et vers l'Asie par les dissensions du palais de Constantinople, où la révolte des fils contre le père et les trahisons domestiques imploraient pour arbitres la loi et le sabre de l'ennemi commun des chrétiens. Revenons aux dissensions intestines de ce palais des empereurs Paléologues.

On a vu qu'Andronic, fils du vieil empereur Jean II Paléologue, et Jean, son petit-fils, avaient conspiré avec le fils d'Amurat, le parricide Saoudji, l'usurpation du trône de leur père et de leur aïeul : on se souvient que les deux empereurs, également offensés, s'étaient juré une égale vengeance de leurs enfants rebelles. Amurat avait accompli son serment en décapitant Saoudji. Le vieux Paléologue avait borné sa vengeance à priver de la vue son fils et son petit-fils en leur faisant verser de l'huile bouillante sur les paupières. Mais les exécuteurs de ce supplice, et, peut-être, l'indulgence paternelle, avaient adouci, par connivence, la rigueur de cet arrêt. Andronic et Jean, son fils, n'étaient pas complètement privés de la lumière du jour. Ils en avaient conservé assez pour aspirer encore au trône et au parricide. Enfermés (en 1373) dans un cachot du palais des Blakernes, à Constantinople, Andronic attendrit ou corrompit ses gardes et sollicita, par ses lettres contre l'empereur son père, la pitié et le secours de Bajazet.

Bajazet, malgré son horreur contre le complice de Saoudji, saisit avec sa rapidité d'instinct et de résolution habituelle l'occasion d'intervenir dans les dissensions de la famille impériale. Il marche à la tête de dix mille hommes d'élite par les forêts de Belgrade sur Constantinople (1389); la lâcheté des Grecs et ses intelligences avec Andronic lui ouvrent les portes. Il délivre Andronic et son fils; il couronne cet usurpateur et ce traître; il enferme dans une tour du bord de la mer de Marmara le vieux Jean Paléologue et son fils Manuel, collègue à l'empire.

Bajazet confie à Andronic les clefs de cette prison et le sort des souverains détrônés. A l'exemple des Ottomans, qui suppriment toute rivalité au trône par la mort, Bajazet avait conseillé, dit-on, à Andronic d'achever le crime par la mort de son père et de son frère. Soit scrupule, soit lenteur, Andronic avait hésité. Pendant son hésitation, les soldats bulgares, troupes vénales et indépendantes, à qui la garde de la tour avait été confiée, ouvrirent le cachot dans lequel ils rougissaient de retenir prisonniers leurs deux empereurs, firent approcher une barque du rivage pendant les ténèbres de la nuit, et, voguant avec leurs augustes captifs vers la rive asiatique de la mer de Marmara, livrèrent Jean et Manuel libres à Bajazet. Tout indique que ces Bulgares corrompus ou affidés du sultan n'avaient été que les instruments de sa politique. Après avoir remué l'empire de Byzance par la rivalité du fils contre le père, il lui convenait de l'agiter encore par les revendications du père contre le fils. Il avait ainsi toujours dans ses mains le gage de la guerre domestique dans cette malheureuse et criminelle maison impériale.

Il accueillit le vieillard en souverain dont il adoptait les droits et la vengeance. Il dicta lui-même à Jean et à Manuel, en 1390, un traité pareil à ceux que les généraux romains dictaient aux rois vassaux de l'Asie dont ils se déclaraient les protecteurs. L'empereur s'engageait, par ce traité, à payer annuellement au sultan des Turcs un tribut de quarante mille ducats d'or de Venise, à fournir de plus, au printemps de chaque année, un contingent de douze mille combattants chrétiens à l'armée ottomane pour conquérir en Europe et en Asie des provinces à la foi du prophète, enfin à se reconnaître en état de vassalité envers les conquérants de Brousse et d'Andrinople.

VI

A ces conditions, Bajazet conduisit contre la capitale des Grecs, pour y couronner Jean et Manuel, la même armée qu'il y avait conduite l'année précédente pour y détrôner ce vieillard.

Andronic n'osa pas tenter la guerre contre le sultan, mais il recourut aux négociations; il demanda le partage de ce reste d'empire. Ce partage, qui l'affaiblissait jusqu'à l'anéantissement, convenait trop aux vues de Bajazet pour s'y refuser. Constantinople reçut avec un docile enthousiasme l'empereur qu'elle avait pleuré. Andronic alla régner sur Thessalonique, sur Rodosto et sur quelques villes de la côte et du golfe qui reconnaissaient encore nominalement la souveraineté des Paléologues.

Sûr de la prochaine décomposition de cette ombre d'empire, Bajazet, rentré à Andrinople, ne garda pas même envers Andronic l'apparence du respect que des souverains se rendent entre eux aux yeux de leurs peuples. Ayant appris qu'une jeune princesse d'Italie d'une beauté célèbre, fiancée avec Andronic, devait traverser le golfe de Salonique pour épouser ce prince et pour régner avec lui sur cette part de Byzance, Bajazet envoya Saridjé-Pacha, son vizir et son amiral, naviguer sur le golfe. Saridjé s'empara de la galère vénitienne qui portait la fiancée et ses trésors, et la conduisit au sultan. Bajazet, ravi des charmes de la jeune chrétienne destinée à devenir impératrice d'Orient, refusa de la rendre à Andronic. Il l'épousa avec pompe à Andrinople et la relégua comme une dépouille de guerre parmi les nombreuses épouses qui ornaient de leurs charmes son harem d'Europe.

VII

Son audace croissait avec sa fortune. Une seule grande ville grecque lui restait à soumettre en Asie. C'était l'antique Philadelphie, capitale d'une principauté byzantine dans la vallée qui confine à Aïdin. Bajazet crut n'avoir pas assez humilié les empereurs grecs tant qu'il ne les aurait pas contraints à combattre eux-mêmes avec lui contre les derniers défenseurs de leur propre empire. Le roi de Servie, l'empereur Manuel et les princes de sa maison furent sommés de se joindre aux Ottomans pour punir Philadelphie de sa fidélité à Byzance. Ces princes obéirent, dit Chalcondyle, en gémissant sur leur servitude. Ils suivirent Bajazet à Philadelphie, et, pour lui signaler leur zèle servile, ils conduisirent eux-mêmes les Grecs à l'assaut de ces derniers remparts grecs.

Bajazet imposa à sa conquête le nom d'Alaschyr, y fit élever des mosquées sur les fondements des églises byzantines, imposa un tribut aux habitants, et consacra ce tribut à l'entretien de la magnifique mosquée qu'il faisait construire, et qui étonne encore aujourd'hui les yeux des voyageurs sur la colline d'Andrinople.

D'Alaschyr, Bajazet, fier de sa victoire, s'enfonça avec sa double armée de Turcs et de Grecs dans la Cilicie-Pétrée, vallées et flancs presque inexpugnables du Taurus, où l'émir mal soumis de Caramanie s'était replié devant lui. L'émir, tremblant, en obtint le pardon et la paix par la cession de toutes ses villes fortes. Le vieux Timourtasch, compagnon des exploits d'Amurat, reçut le gouvernement militaire de ces citadelles et de ces vallées de la Cilicie. Bajazet lui laissa une poignée de Turcs suffisante pour imposer à ces Turcomans la puissance partout présente du sultan de Brousse. La promptitude de ses mouvements suppléait au nombre; partout présent à l'imagination des peuples conquis, il pouvait impunément s'absenter pour d'autres conquêtes.

On le croyait encore en Cilicie que déjà il était remonté à Brousse, avait traversé avec son armée le Bosphore et creusait un port à Gallipoli pour y rivaliser le port de Constantinople et pour y braver les galères de Venise, de Gênes et des côtes de la Méditerranée. On admire encore, sur les môles avancés de ce premier port militaire des Ottomans, les tours colossales qui le protégeaient. Soixante bâtiments, pontés à larges flancs pour porter des soldats et des armes, s'y équipèrent bientôt sous les yeux de Saridjé, son amiral. Cette flotte menaça Samos, Lesbos, Lemnos, Chio, Rhodes, Chypre, Négrepont et toutes les îles fortunées de l'Archipel à qui les flots avaient seuls jusque-là gardé leur indépendance, leur religion, leurs richesses.

L'empereur Manuel, sommé une seconde fois par Bajazet de concourir à ses conquêtes contre ses propres sujets, s'humilia sans hésiter devant son maître. Il vint lui-même à Gallipoli apporter, moins en vassal qu'en suppliant, le tribut imposé à Byzance, et conduire le contingent d'auxiliaires appelé l'armée du printemps. Négrepont, l'antique Ébée, et l'île de Chio, à peine sortie de ses cendres, virent débarquer les Ottomans, incendier leurs orangers, emmener en captivité leurs vierges et leurs enfants. Ce spectacle consterna les mers et les côtes. Jean Paléologue recouvra quelque énergie par l'excès de la terreur. Il vit dans l'incendie de l'Archipel le prélude de l'assaut de Constantinople; il osa réparer ses remparts et élever de nouvelles fortifications sur la mer de Marmara. Le château des cinq tours fut flanqué de deux tours nouvelles qui s'avançaient dans les flots d'un côté, et qui fortifiaient, de l'autre, l'angle des robustes murailles de la ville sur la plaine de Thrace.

A ces symptômes de précautions contre sa puissance, Bajazet sentit ou feignit de voir un outrage. Il avait gardé auprès de lui à Andrinople, en otage, Manuel Paléologue, fils de Jean. Ce jeune homme servait dans les troupes du sultan et sous ses yeux, pour y apprendre, disait l'empereur, le rude métier des armes. Bajazet lui faisait garder, comme à un de ses pages favoris, la porte de son sérail. Il écrivit à Jean Paléologue que, si les tours et les forts construits récemment à Constantinople n'étaient pas à l'instant rasés au niveau du sol, il ferait crever les yeux de son otage, Manuel.

Le vieillard, forcé de choisir entre l'obéissance ou l'aveuglement de son fils, détruisit ce qu'il venait de construire, et mourut de douleur, d'opprobre et de terreur, dans son palais menacé. Le jeune Manuel, informé avant le sultan, par un messager secret, de la mort de son père, s'évada de Brousse et arriva heureusement à Constantinople pour y revêtir la pourpre impériale. Bajazet, irrité de cette fuite, fit étrangler les gardes du palais de Brousse, coupables de négligence dans la surveillance du prince fugitif. Un nouveau traité, plus humiliant que les précédents pour l'orgueil chrétien, calma les ressentiments de Bajazet. Le sultan exigea que des cadis, ou juges mahométans, rendissent une justice privilégiée à ses sujets dans les murs de Constantinople, où des mosquées s'élevèrent bientôt en face de Sainte-Sophie, comme pour braver de plus près le christianisme des Grecs.

Non content de ces satisfactions, il répandit toute son armée d'Asie, par Gallipoli, dans la Thrace, ravageant les campagnes, imposant les villes, interceptant les routes et insultant les Grecs jusque sur leurs remparts. Les Grecs, emprisonnés ainsi dans leurs murs, n'avaient de libres que leurs soupirs. Bajazet, sûr de leur terreur, et plus sûr de leur impuissance, entraîna comme un torrent ses deux armées d'Europe et d'Asie contre les Valaques et les Hongrois, peuples belliqueux établis sur la rive gauche du Danube, et qu'il avait désormais pour ennemis, puisqu'il les avait pour voisins. Sa politique, opposée à celle de son aïeul Othman, qui temporisait avec les chrétiens, était de ne rien laisser au temps de ce que la promptitude peut enlever à la fortune. Il la manqua cette fois par sa précipitation même à la saisir.

VIII

Plus il s'éloignait de Constantinople, ce centre de la mollesse et de la corruption des Byzantins dégénérés, plus il rencontrait des populations neuves, saines, obstinées, capables de lutter contre ses Ottomans. Les races limitrophes du Danube ont de tout temps bu l'héroïsme avec ses eaux. Les Huns y ont importé une certaine barbarie natale, l'aventureuse intrépidité et le féroce patriotisme des races caucasiennes. Pasteurs comme les Ottomans, amoureux comme eux du désert et du cheval, ce belliqueux compagnon de l'homme, indomptés des Romains, mal assouplis par Trajan, convertis tardivement au christianisme, non par les armes, mais par l'instinct du surnaturel, régis par des rois qui ne conquéraient et ne conservaient le trône que par des exploits, seuls titres au respect de ces peuples, les Hongrois semblaient être placés par la nature entre les dernières montagnes de la Servie et les chaînes montagneuses de la Transylvanie, dans le bassin du Danube, comme une armée appuyée sur deux forteresses, pour fermer aux Tartares la large route de l'Occident. Rien n'est plus semblable au Turkestan que la Hongrie, dont le Danube est l'Oxus; vaste réservoir d'hommes et de chevaux qui tiennent peu à la terre et qui peuvent former des camps aussi facilement que des villes. L'aspect de leurs immenses horizons de pâturages, vus du haut des plateaux de Servie et de Bulgarie par Bajazet pendant ses premières campagnes sous son père, agitait son sommeil en lui offrant des perspectives d'établissement pour ces peuplades indépendantes de Turcomans, trop nombreuses et trop agitées en Asie autour de lui, et qui s'étendraient en liberté dans ces plaines du Danube. Bajazet ne craignait plus rien, autour de Brousse, des Grecs domptés ou amollis; mais il craignait les émirs de la Bithynie, de la Cilicie, de la Cappadoce, de la Colchide, de l'Arménie, de la Syrie, qui pouvaient affecter plus d'indépendance qu'il ne convenait à la suprématie des fils d'Othman. Les déverser sur l'Europe, en inonder les plaines du Danube pour s'assurer à lui-même la sécurité de l'empire en Asie, était donc tout le mobile secret de sa politique. On ne peut nier que cette politique du quatrième sultan des Ottomans ne fût aussi naturelle d'instinct que clairvoyante de génie. Elle pouvait se dérober aux Ottomans sous l'élan de la guerre et sous le prétexte de la foi. Bajazet s'agitait lui-même et agitait tour à tour l'Europe et l'Asie pour établir ce courant des Turcs surabondants sur le Bosphore vers le Danube. Mais il avait mal calculé le degré de résistance qu'il allait rencontrer dans ce débordement systématique des Ottomans. On voit encore, en ce moment, que ces provinces d'au delà du Danube, les dernières à se soumettre aux sultans, ont été les premières aussi à recouvrer leur indépendance entière ou leur liberté fédérale. Cinq siècles n'ont pu les assujettir : les forêts gardent les nationalités.

IX

Ces Madgyars sortis de l'Asie septentrionale et mêlés alors aux Daces, anciens habitants des plaines de la Hongrie, avaient cherché longtemps, à travers la flamme et le sang, leur place dans le nord de l'Europe, comme les Turcs la cherchaient dans le midi. Parmi les dépouilles qu'ils rapportèrent d'Allemagne, de France et d'Italie, ils avaient rapporté le christianisme dans leurs steppes. Une diète ou assemblée des chefs nommait le roi dans Bude, leur capitale. La Russie, la Pologne, la Bohême, l'Autriche, la Bulgarie, l'Albanie, la Grèce, avaient été tour à tour ravagées par eux. La guerre était leur nature. Ils étaient descendus jusqu'à Zara sur l'Adriatique, qu'ils avaient conquise sur les Vénitiens. Leurs princes, montés par des alliances sur différents trônes, et entre autres sur le trône de Naples, étaient comptés comme de puissants auxiliaires dans toutes les grandes ligues des rois de la chrétienté. Ils portaient la victoire là où ils portaient leur épée.

De récentes anarchies venaient de troubler et d'ensanglanter le royaume des Madgyars. Après la mort d'un de leurs rois les plus politiques et les plus guerriers, le roi Louis de Hongrie, sa fille, nommée Marie, adorée du peuple, avait été proclamée, non *reine*, mais *roi* de Hongrie, pour signifier que la nation, sous une femme encore enfant, voulait un règne viril. Le roi de Naples, Charles, envia cette couronne à cette jeune fille et la détrôna. La mère de la reine, secondée par les nobles madgyars, avait fait assassiner ce compétiteur de sa fille. Les Croates à demi sauvages des côtes de l'Adriatique enlevèrent les deux reines pour venger la mort de Charles. Ils égorgèrent la mère, et retinrent la fille captive à Albe-Royale dans une tour.

Sigismond, margrave de Brandebourg, qui était fiancé avec Marie avant ses revers, la délivra de sa prison et reçut en récompense sa main et le trône des Hongrois. Ce prince, en qui le politique, le chevalier et le héros s'unissaient pour compléter un grand homme, devait être élu un jour empereur d'Allemagne. Il n'était alors qu'un guerrier posté sur la brèche de l'Europe pour la couvrir contre l'invasion des Turcs. Menacé par Bajazet, abandonné par les Bulgares, les Serviens déjà domptés, il jette aux princes et aux peuples chrétiens le cri d'une dernière croisade défensive, et rassemble de tous ces éléments divers une armée fière de combattre sous lui. Un de ses bâtards, Jean Huniade, le héros Hongrois qui devait achever après lui le salut de son peuple, était déjà né. La destinée, par un de ces augures qui sont les prophéties des grands caractères, lui présageait déjà dans cet enfant on ne sait quoi de mystérieux. L'enfant était né des amours secrètes de Sigismond et de la belle Élisabeth Morsinaï, dont Sigismond avait conquis le cœur et la patrie dans une de ses expéditions contre les Valaques. Élisabeth avait suivi le roi Sigismond dans sa capitale de Bude sur le Danube. Elle vivait dérobée à la cour du roi et à la jalousie de sa famille dans une chaumière des forêts qui entouraient la ville. Un jour que le petit Huniade, sur l'herbe dans une clairière de la forêt, jouait avec l'anneau de Sigismond, qu'il avait fait glisser du doigt de sa mère, un corbeau, attiré par l'éclat de l'or, s'abattit sur l'enfant, et emporta l'anneau dans son bec à la cime d'un chêne. Un jeune frère d'Élisabeth, Mathias, témoin de la douleur de sa sœur, à qui Sigismond reprocherait peut-être la perte de ce gage d'amour, abattit le corbeau d'un trait d'arbalète et rendit la bague à l'enfant. Ce fut l'origine de ce nom de Corvinus, qui devint plus tard le nom de la dynastie hongroise des Huniades et des armoiries de cette maison royale, où l'on voit un corbeau rapportant un anneau dans son bec.

X

Vingt mille Français, Bourguignons, Italiens, Allemands, Croates, étaient accourus à l'appel de Sigismond pour combattre Bajazet. L'armée du sultan, divisée en plusieurs colonnes, se répandit à la fois dans la Bulgarie, dans la Servie, dans la Valachie. Les montagnes résistèrent, la plaine se soumit; le prince des Valaques, Myrtsché, se reconnut vassal et allié des Ottomans. La Valachie, depuis cette capitulation, fut et resta constamment annexée à l'empire ottoman. Sigismond refoula par ses généraux les assauts des Turcs sur les plateaux de la Bosnie. Les frimas séparèrent les combattants. Les Turcs n'avaient pas encore avancé d'un pas dans cette campagne.

Sigismond, encouragé par cette hésitation des Ottomans, traversa le Danube au printemps de l'année suivante, 1392, et assiégea Nicopolis, le boulevard des Ottomans sur les plateaux avancés du fleuve. Ce fut l'écueil de sa gloire. Bajazet, accouru d'Andrinople, et rappelant à lui tous ses généraux épars en Bosnie, en Albanie et en Thrace, plaça hardiment l'armée chrétienne de Sigismond entre la ville et son camp. Les chrétiens, défiés au moment de saisir leur proie dans Nicopolis, acceptèrent témérairement la bataille contre ces hordes tartares, qu'ils croyaient bien inégales à leur valeur et à leur tactique. Mais les Turcs, pour unique tactique, avaient leur impétuosité et leur fatalisme religieux. Les Hongrois combattaient pour la patrie, les croisés pour l'honneur, les Ottomans pour répandre l'islamisme. Vingt mille Hongrois, Français, Bohêmes, Allemands, jonchèrent de leurs cadavres la petite plaine de Nicopolis (1395). Au coucher du soleil, il ne restait de la nombreuse ligue de Sigismond que des morts, des esclaves et des fugitifs égarés dans les forêts de la Bulgarie. Sigismond lui-même, n'ayant pu repasser à la nage le Danube débordé, allait tomber sous le sabre déjà levé d'un spahi de Bajazet, quand un de ses chevaliers, Blasius Czereï, reçut volontairement le coup pour son souverain, et, le guidant à pied, quoique blessé, à travers les montagnes jusqu'à Constantinople, ne le ramena à Bude qu'à travers l'Italie.

Le nom de Bajazet suffit après cette victoire pour contenir seul les bords consternés du Danube.

XI

Un messager de Brousse lui apporta sur le champ de bataille des nouvelles d'Asie qui compensaient tristement son triomphe en Europe. Timourtasch, son lieutenant en Bithynie, s'était laissé surprendre par une nouvelle révolte de l'émir de Caramanie. Les troupes de Bajazet avaient été dispersées par le soulèvement de cet émir. Timourtasch était prisonnier des Caramaniens; Brousse menacée tremblait dans ses murailles. Ce soulèvement des Caramaniens sauva la Hongrie. Bajazet traversa avec la rapidité d'une course la Bulgarie, la Thrace, le Bosphore, et reparut avec deux armées victorieuses sur les pentes du mont Olympe. L'émir de Caramanie se repent de son audace, s'excuse et offre des réparations. Bajazet n'écoute plus que sa vengeance, il atteint et défait les Caramaniens dans la plaine d'Akstchaï, prend et enchaîne l'émir Alaeddin et ses deux fils, et les livre à la garde de Timourtasch, qui était leur prisonnier le matin de la bataille.

L'implacable Timourtasch, pour satisfaire sa vengeance, fit étrangler Alaeddin sans consulter Bajazet. « La mort d'un prince, disent les historiens turcs, vaut mieux que la perte d'une province. » Bajazet se contenta de cette excuse de Timourtasch, et réunit pour toujours la Caramanie à l'empire. Se jetant de là sur la gauche à travers le large noyau de la Cappadoce, entre la mer Méditerranée et la mer Noire, il soumit les provinces de Tokat, de Siwas, de Kaïsarieh, de Castémouni, de Sinope, baignées au nord par le Pont-Euxin.

Bajazet Kœturum ou l'*Estropié*, qui gouvernait Sinope, s'enfuit avec ses fils et ses chefs auprès de Timour-Lenk (Tamerlan), ce chef et ce vainqueur des nouveaux Tartares qui commençaient à apparaître dans le lointain comme un reflux de l'invasion d'Alexandre le Grand, de l'Orient vers l'Occident. La fuite de l'Estropié et de tous ces princes au camp de Timour laissa Bajazet devenir maître de toutes les côtes asiatiques de la mer Noire, depuis Sinope jusqu'à l'embouchure de Constantinople. Il donna le gouvernement de Castémouni à son jeune fils Soliman. Cette ville, riche en mines de cuivre, en édifices grecs et arabes, en culture, en renommée littéraire, était la patrie de la fameuse Seïnab, cette Corinne de l'Arabie.

Amisus, aujourd'hui Samsoum, colonie des Athéniens et des Milésiens, capitale sous les Romains du royaume de Pont, fut annexée à ces conquêtes de Bajazet. Les fabriques de toile, de câbles et de goudron qui s'élevaient dans ces colonies commerçantes, sur les rives du Thermodon, enrichissaient le trésor du sultan. Amasie, surnommée la Bagdad de la Roumélie à cause de l'élégance de ses monuments, de ses aqueducs et de ses tombeaux, vit s'élever des mosquées à côté de ses dômes et de ses flèches. Bajazet y vénéra un célèbre vieillard, nommé le cheik Pir-Elias, dont la science, l'éloquence et la réputation de sainteté faisaient la gloire d'Amasie. Ce vieillard, recherché et vénéré peu de temps après par Timour, semblait dominer par sa renommée les conquérants successifs de sa patrie. Une Sapho de l'Arabie, nommée Mihri, qui vivait alors à Amasie, et dont la tombe est encore visitée des poètes turcs, atteste que la culture de l'esprit s'étendait même aux femmes dans ces villes turcomanes. Amasie, Éden ou Arcadie des poètes arabes et turcs de cette époque, avait été choisie par le plus populaire de ces poètes pour la scène imaginaire des amours de *Ferhad* et de *Schirin*, cette épopée amoureuse et élégiaque des peuples d'Othman. On y montre un aqueduc creusé dans le roc, destiné, dit la tradition, à conduire les flots de lait des troupeaux de la bergère Schirin à la ville. Plus loin, on voit la roche escarpée où une vieille femme mendiante donna à Ferhad la fausse nouvelle de la mort de la belle Schirin, et d'où cet amant désespéré se précipita dans l'abîme pour ne pas survivre à l'objet de son amour et de ses chants.

L'antique ville grecque de Halys, maintenant Kizil-Irmak, illustre aussi par un pont monumental l'architecture arabe et turque du temps de Bajazet. On l'appelle le pont du tombeau de Kouyoun-Baba, du nom d'un philosophe contemplatif turcoman qui ne parlait jamais, de peur d'interrompre ses contemplations pieuses par des entretiens avec les hommes. Il se bornait à faire entendre cinq fois par jour, aux heures de la prière, un balbutiement semblable au bêlement des brebis, d'où lui vint le surnom de *Kouyoun-Baba* ou du *Père Mouton*. Un vaste caravansérai, hôtellerie gratuite des Orientaux, institution pieuse qui manque à l'Europe, s'élève auprès du mausolée du philosophe.

XII

Bajazet, rassasié de gloire et de conquêtes, rentra avec son armée à Andrinople, corrompu par les mœurs des barbares et des Grecs au sein desquels il avait trop vécu. Sa femme, fille du roi des Serviens, lui enseigna le goût barbare du vin et les avilissantes voluptés de l'ivresse, ce grossier délire des nobles de sa patrie. Les vins de Hongrie et de Chypre lui firent oublier les préceptes de Mahomet, qui avait voulu conserver à ses peuples la supériorité de la raison par la privation des liqueurs fermentées.

Les Grecs, corrompus par d'autres débauches qui ont conservé leur nom et qu'ils avaient empruntées eux-mêmes aux Mèdes et aux Perses, lui enseignèrent de plus infâmes voluptés cherchées contre nature dans la perversion des sexes. Son sérail et le sérail de ses ministres se remplirent non-seulement des plus belles esclaves, dépouilles de la guerre, mais de jeunes enfants d'une beauté suspecte, les uns destinés à la mutilation, comme les eunuques des empereurs byzantins, les autres aux flétrissures du monstrueux caprice des sens. Les débauches de Tibère dans l'île de Caprée déshonorèrent le palais du sultan. Ces favoris du sérail passèrent en institution dans les mœurs. Les enfants remarqués par leur beauté féminine furent les rivaux souvent préférés des beautés du harem. Élevés, après ce honteux usage, au rang de pages ou d'icoglans, et de là aux dignités de l'empire, ils perpétuèrent la mémoire et le goût des débauches qui les avaient dotés. Ce vice, qui paraît venir de l'Orient, de la vie guerrière et pastorale et de la polygamie, flétrit de bonne heure la pureté des mœurs des Turcs. D'innombrables eunuques créèrent bientôt parmi eux, à l'exemple du palais de Constantinople, un troisième sexe chargé de la surveillance des femmes et des enfants : privés des sources de l'amour et du courage dans l'homme, et ne conservant des passions viriles que les passions froides de la haine, de l'envie et de l'ambition. La loi de Mahomet avait vainement proscrit ces deux dégradations de la nature dans les préceptes formels du Coran. A l'imitation des Grecs de l'époque héroïque, qui entretenaient à Thèbes un corps d'eunuques, et des Macédoniens, qui avaient formé un corps de jeunes gens flétris appelés les *immortels*, les

Turcs choisirent, en Géorgie et en Circassie, la fleur de la jeunesse pour en faire des esclaves favoris. Bajazet recrutait, par des tributs d'enfants chrétiens, ses sérails et ses armées. Mais l'esprit militaire, qui se concilie trop bien avec la licence des mœurs, survivait dans le sultan et dans son peuple à ces dépravations. Excepté dans les moments où le vin lui dictait des jugements surpris à l'ivresse, sa justice était incorruptible et sa discipline impitoyable. Ali-Pacha, son grand vizir, compagnon et complice de ses excès, mais conservant plus de sang-froid dans le délire, ajournait ou corrigeait souvent ses arrêts.

On raconte qu'une fois il fit enfermer dans une maison de Begschehri tous les juges de Brousse accusés d'avoir vendu la justice, et il ordonna de les brûler vivants sous les ruines de la maison. Ali-Pacha, le vizir, ajourna l'exécution et s'entendit avec un bouffon arabe, favori de Bajazet, pour faire comprendre au sultan à jeun la démence d'un tel supplice, en masse, sans distinction de crime ou d'innocence.

« Je viens vous demander de m'envoyer en ambassade à Constantinople, dit l'Arabe à Bajazet.

» — Et pourquoi, répondit le sultan, me demandes-tu un pareil emploi?

» — Pour prier l'empereur grec de nous envoyer ses moines pour nous juger.

» — Que veux-tu dire par là? demanda de nouveau Bajazet.

» — Je veux dire, répliqua le bouffon, que, puisque nous allons brûler nos juges qui propagent le Coran, il faut faire venir à leur place des moines chrétiens qui nous aideront à répandre l'Évangile. »

Cette leçon frappa le sultan. Il s'informa des causes de la vénalité des jugements dans son empire. Ali-Pacha lui dit que l'indigence du juge était la perte du justiciable, et que les juges, pour rester intègres, avaient besoin d'être au-dessus de la corruption par des émoluments fixes et suffisants. Le sultan éleva le salaire des juges, et organisa une impartiale distribution de la justice dans toutes ses possessions.

XIII

A la fin l'âge amortissant les passions de Bajazet, la religion les dompta. La guerre n'avait rien enlevé aux Imans représentants des califes, auprès des émirs et du sultan, de leur autorité morale. Le sultan régnait sur le peuple, mais dès ce moment le Coran régnait sur le sultan. Les ministres de la religion conservaient la liberté des conseils, des reproches, de l'anathème même; mais, à la cour, un derviche faisait pâlir un conquérant.

Il y avait alors, dans une solitude aux environs d Brousse, un célèbre cheik arabe consommé d'années, de sagesse et de réputation, nommé Boukara. Investi par le calife d'Égypte du titre de son délégué auprès du sultan, chargé de ceindre le sabre à Bajazet toutes les fois que ce prince entreprenait une campagne pour la foi musulmane, le vieux cheik possédait la déférence et la vénération de son maître. Il profitait, avec une sainte audace, de toutes les occasions de l'approcher pour lui reprocher humblement, mais sévèrement, les scandales dont ses deux vices, l'ivresse et la débauche contre nature, affligeaient et déshonoraient l'islamisme. Vertueux, éloquent, persuasif, patient comme la vertu qu'il représentait au milieu de la corruption du sérail, Boukara finit par émouvoir les remords de Bajazet. Ce prince, aidé de la science du vieillard, compara sa vie à la pureté du précepte du Coran et rougit de la comparaison.

« Ou Mahomet est un faux prophète de Dieu, lui dit Boukara, ou tu es toi-même un faux disciple du vrai prophète. »

Bajazet se frappa la poitrine et jura au cheik de faire pénitence de ses péchés. Il purgea le sérail des pages déshonorés, et il fit répandre sur le sable les urnes qui contenaient les vins de Chypre et de Tokai. Il était encore dans l'âge où les habitudes n'ont pas prévalu sur la volonté : fougueux dans la vertu comme il l'était dans la guerre et dans le vice, Bajazet pleura sur ses fautes, construisit des mosquées, ces actes de foi en pierre et en marbre, où la vertu des prières prononcées par les fidèles croyants devait rejaillir sur la mémoire du fondateur. Ce fut lui qui, pour faire bénir ses campagnes militaires par le Tout-Puissant, conféra au cheik Boukara, vice-calife, et plus tard à ses successeurs, la fonction de ceindre le sabre aux sultans chaque fois qu'ils partaient pour une expédition militaire.

Vers le même temps, Bajazet, comme pour affronter ou surveiller de plus près Constantinople, fit construire, en face de cette capitale, sur la rive asiatique du canal du Bosphore, la forteresse menaçante de Guzeldjé-Hissar, ou le *Beau Château*. Guzeldjé-Hissar, dont les palais et les jardins du sultan couvrent aujourd'hui les ruines, était le premier anneau de cette chaîne dont le château bâti par

Mahomet II sur la rive d'Europe devait être le second, et qui n'allait pas tarder à bloquer par terre et par mer la ville des empereurs byzantins.

XIV

Bajazet, cependant, affectait encore la générosité envers ces faibles empereurs. Il sembla combattre pour eux en reprenant Thessalonique sur les croisés italiens, qui s'en étaient emparés pendant cette anarchie de l'Orient, et il restitua cette ville impériale aux Paléologues, bien sûr que leurs dépouilles arrachées ainsi aux chrétiens reviendraient un jour aux Ottomans.

Une formidable invasion de Sigismond, roi de Hongrie, secondé par six mille Français, amoureux d'exploits et de gloire, rappela Bajazet sous les murs de Nicopolis aux bords du Danube. Les plus grands noms de la chevalerie française, le comte d'Eu, connétable de France; le comte de Nevers; Jean sans Peur, fils du duc de Bourgogne, encore adolescent; le comte de La Marche, Jean de Bourbon; l'amiral Jean de Vienne; Boucicault, maréchal de France; le sire de Coucy; Guy de La Trémouille, commandaient ces auxiliaires français du roi de Hongrie. Le Danube leur portait jusque sous les murs de Nicopolis les vivres et les armes nécessaires à cette lointaine expédition, ainsi que les courtisanes corruptrices de ces camps, chrétiens de nom, débordés de mœurs. Tout tombe devant eux à leur apparition sur la rive droite du fleuve. La Transylvanie, la Servie, la Bulgarie, ravagées par leurs soldats, devinrent des solitudes autour de leurs colonnes, et regrettèrent leurs maîtres musulmans, moins funestes à leurs foyers que ces libérateurs.

Ce corps d'armée, convergeant bientôt au nombre de quatre-vingt mille combattants sous les murs de Nicopolis, assiégea le boulevard des Ottomans (1396). L'intrépide Soghan, général de Bajazet, quoique avec une faible garnison, résolut de périr avec tous les siens sur la brèche pour donner à Bajazet le temps d'accourir à la défense de ses frontières violées. Bajazet, couvert par l'épaisseur des forêts de la Bulgarie, s'avançait en effet sans que l'incurie des Hongrois et des Français soupçonnât sa marche. Le camp des confédérés, fier de son nombre, plongé dans les plaisirs, insoucieux de toute discipline, ne fut averti que par le sabre des Azabs, cavalerie légère du sultan, de son approche.

Les Hongrois et les Français, aussi braves qu'ils étaient licencieux, se disputèrent la préséance sur le champ de bataille. Pendant que l'infanterie hongroise, sous les ordres de Sigismond, formait ses lignes et prenait ses positions, la cavalerie française, n'écoutant d'autre ordre que son impatience, fondit sur la cavalerie de Bajazet, joncha la plaine de dix mille cadavres, et massacra même honteusement trois mille prisonniers enveloppés par ses escadrons. Le vieux sire de Coucy conjura en vain, au nom de son expérience, les chevaliers français de borner ce jour-là leurs exploits à cette victoire. Tout conseil parut lâcheté à cette jeunesse enivrée d'orgueil, de courage et de sang. La cavalerie française reprit son élan sans laisser même aux chevaux le temps de reprendre des forces épuisées par ce long carnage. Elle poursuivit les spahis de Bajazet jusqu'au sommet d'une colline qui lui masquait l'armée du sultan. Tout à coup quarante mille lances de l'élite des Ottomans brillèrent aux derniers rayons du soir, immobiles devant les escadrons français. Bajazet, à cheval au milieu de cette forêt de lances et de sabres, ne donna pas à son ennemi le temps de réfléchir à sa témérité. Fondant le sabre à la main sur le centre, et lançant ses deux ailes par deux vallons ouverts sur les derrières de l'armée française, il enferma cette cavalerie comme dans un filet de fer. En vain Bajazet leur offrit la vie s'ils voulaient rendre leurs armes.

« Non, non, répondit en leur nom l'amiral Jean de Vienne, Dieu nous préserve d'échanger contre notre vie l'honneur de la France ; il faut combattre non pour la victoire, mais pour la mort ! »

Tout succomba ou se rendit après avoir combattu avec le dernier tronçon de ses armes.

La nombreuse infanterie hongroise, valaque et allemande, qui contemplait de loin ce massacre, ne tenta même pas de combattre. Sigismond lui-même s'enfuit abandonné de ses Hongrois ; le roi des Serviens, allié secret de Bajazet, se joignit aux Ottomans. Les chevaliers de Styrie et de Bavière égalèrent seuls la valeur des Français. Ils couvrirent de leurs corps la retraite de Sigismond, et le jetèrent dans une barque que le courant du Danube emporta hors de la portée des traits de Bajazet.

Le fleuve était obstrué de cadavres ; soixante mille morts ou blessés jonchaient les prairies de Nicopolis. Les Turcs y étaient aussi nombreux que les chrétiens. Bajazet versa des larmes en parcourant à cheval le lendemain ce champ de bataille. Il jura de venger le sang ottoman répandu avec tant de profusion par les vaincus. Assis sur le seuil de sa tente, il fit traîner devant lui dix mille prisonniers garrottés deux à deux avec les sangles de leurs chevaux morts. Le comte de Nevers et un jeune noble bavarois, nommé Schildberger, qui nous ont laissé ce récit, furent obligés d'assister derrière Bajazet à sa vengeance.

XV

Bajazet commença par accorder la vie au comte de Nevers et à vingt-quatre des seigneurs ou des pages les plus illustres parmi les prisonnier. Puis il donna le signal du carnage. Chaque prisonniers, conduit par la corde devant la tente, s'agenouillait pour tendre la gorge au sabre ottoman, et sa tête roulait sur la rive du fleuve. Le jeune page Schildberger, déjà couvert du sang de cinq de ses compagnons, allait recevoir comme eux le coup mortel, quand le fils de Bajazet, qui assistait à côté de son père à ce supplice, frappé de la jeunesse et de la beauté du page, se pencha à l'oreille du sultan et lui fit remarquer que cet enfant ne paraissait pas avoir l'âge de mourir. La loi musulmane défendait de donner la mort aux vaincus qui n'atteignaient pas leur vingtième année. Le sultan suspendit d'un signe le glaive et fit ranger à part le page avec quelques autres enfants aussi épargnés. Les chevaliers moururent tous bravement en invoquant, non la grâce, mais le ciel, dit ce témoin oculaire. Le dernier des dix mille s'écria en regardant le comte de Nevers et les vingt-quatre privilégiés du supplice : « Adieu, soyez témoins que nous versons sans faiblesse notre sang pour la cause du Christ; aujourd'hui nous serons vainqueurs, par notre mort, au ciel. »

XVI

Schildberger raconte que ce supplice de dix mille vaincus dura depuis l'aurore jusqu'au déclin du soleil. Quand le sang de ses Ottomans parut assez racheté par les torrents de sang chrétien lâchement versé après la victoire, Bajazet, supplié par ses fils et par ses vizirs, accorda la vie aux survivants et les distribua en dépouilles à ses soldats. Le duc de Bourgogne, les vingt-quatre chevaliers et les pages furent conduits, comme esclaves réservés du sultan, et renfermés dans la tour de Gallipoli.

Sigismond, le roi de Hongrie, que les flots du Danube avaient porté à son embouchure dans la mer Noire, et qu'un vaisseau vénitien avait porté de là à Constantinople, passa, quelques mois après, sur un navire grec, devant la tour de Gallipoli où languissaient ses alliés captifs. Plus heureux qu'eux, il allait rentrer, par l'Adriatique, dans ses États. Les Turcs firent monter les prisonniers sur la plate-forme de la tour pour voir passer le vaisseau de Sigismond : « Viens racheter tes compagnons si tu l'oses, crièrent-ils au roi en lui montrant ses auxiliaires enchaînés! » Sigismond pleura de honte et de pitié et poursuivit sa navigation pour aller mendier, en effet, leur rançon à l'Europe (1397).

On lit dans l'histoire des Hongrois que le roi de France et celui de Chypre envoyèrent à Bajazet de riches tributs pour concourir à cette rançon; que le roi de Jérusalem,

Lusignan, offrit dix mille ducats dans un vase d'or antique ciselé, d'un prix incalculable; que le roi Charles VI, connaissant la passion des Ottomans pour la chasse au faucon, envoya à Bajazet une volée de faucons dressés par ses fauconniers et de magnifiques étoffes écarlates égales à la charge de six chevaux. On réunit ainsi, de contrée en contrée, deux cent mille ducats d'or, qui parurent à Bajazet un prix suffisant à la rançon de ses prisonniers personnels. Ils vivaient depuis plusieurs années dans sa délicieuse capitale de Brousse, dans un palais voisin de celui du sultan. Plusieurs étaient morts avant l'heure de leur délivrance : le sire de Coucy, de vieillesse; l'amiral, de ses blessures. Boucicault et La Trémouille furent conduits à Venise. Le comte de Nevers, en prenant congé de Bajazet, reçut de lui la remise du serment que les vainqueurs exigeaient ordinairement des vaincus.

« Non-seulement, lui dit dédaigneusement Bajazet, je te relève de ta parole de ne plus combattre contre moi ; mais, si tu as de l'honneur, je te somme de reprendre les armes et de rassembler toutes les forces de la chrétienté pour me combattre ; tu ne saurais mieux me prouver ta reconnaissance qu'en me procurant l'occasion d'une nouvelle gloire. »

Avant de congédier ces chevaliers et ces princes, Bajazet les invita à une chasse dans les vallées du mont Olympe. Cette chasse, qui atteste à quelle prodigieuse magnificence si peu d'années de trône avaient porté la famille d'Othman, était conduite par sept mille porteurs de faucons à cheval et par sept mille gardes-chasse des forêts impériales de l'Olympe. Les chiens étaient revêtus de housses de pourpre et portaient des colliers ornés de pierres précieuses. Les chefs de ces deux services de cour étaient devenus les lieutenants de l'aga ou général des janissaires.

XVII

Pendant que Bajazet jouissait ainsi des délices de sa victoire de Nicopolis dans ses palais de Brousse et d'Andrinople, ses généraux Évrénos et Timourtasch poursuivaient ses conquêtes au delà du Danube et de la Save, et lui-même reprenait ses exigences contre les souverains de Constantinople.

Ali-Pacha, son vizir, cernait depuis plusieurs années Constantinople par une armée campée non loin des murs dans la plaine de Thrace. La ville gémissait d'un blocus qui pouvait l'affamer du côté de terre, et préférait hautement la franche domination des Turcs à une fausse indépendance sous des maîtres qui ne pouvaient plus la protéger.

Timourtasch, revenu de Hongrie, soumettait une à une toutes les villes grecques des bords de la mer Noire qui reconnaissaient encore la souveraineté nominale des empereurs. De là, traversant le Bosphore, il répandait son armée jusqu'au delà du Taurus et jusqu'à l'Euphrate, faisant ainsi remonter, comme à sa source, la puissance des tribus d'Othman.

Bajazet, pendant cette campagne de Timourtasch, s'élança à la conquête de la Grèce continentale, à l'instigation de quelques Grecs traîtres à leur patrie qui lui exagéraient de loin les délices et les richesses de cette contrée. Il passa sans obstacle ces Thermopyles sans défense et asservit un à un les principautés et les duchés que les croisés avaient fondés sur les ruines de la souveraineté des empereurs de Byzance dans les différentes provinces du Péloponèse.

En 1397, une des princesses du Péloponèse, veuve de Delwos, prince de la maison d'Espagne, fut dénoncée par ses évêques à Bajazet comme entretenant un amour illicite avec son ministre, le Grec Stratès. Cette princesse, pour prévenir auprès de Bajazet l'effet de ces odieuses délations, accourut au-devant du sultan avec sa cour, ses trésors et une de ses filles, célèbre par sa beauté. Elle offrit tout à Bajazet. Il épousa la jeune Grecque sans exiger d'elle le sacrifice de sa religion. Maître en peu de mois du Péloponèse, il envoya des milliers de prisonniers grecs en Asie et appela en Grèce des milliers de Turcs à leur place, afin de dépayser ainsi les populations, de fondre les chrétiens dans les mahométans, les mahométans dans les chrétiens, pour préparer les bords de l'Adriatique à l'islamisme.

Athènes, devenue depuis son époque héroïque le fief d'une maison de gentilshommes bourguignons, les Laroche, puis le fief d'une maison plébéienne de Florence, les Acciooli, vit passer sous son Parthénon le terrible apôtre de l'islamisme, mais ne fut pas encore annexée à l'empire ottoman. Bajazet respecta en elle, non sa gloire éteinte, mais la possession d'un marchand italien qui lui donnait l'hospitalité dans ses murs.

XVIII

Revenu à Brousse et rassasié de félicité et de gloire, Bajazet, si l'on en croit l'historien byzantin Ducas, témoin de ces prospérités, y vivait en Salomon de l'Orient. « Sa résidence préférée, dit Ducas, était à Brousse. Aucune jouissance ne lui manquait; ses palais et ses jardins renfermaient tout ce que Dieu a créé pour réjouir les sens des hommes. Il se réveillait au chant des oiseaux dans ses forêts de la Bithynie et au murmure des sources intarissables du mont Olympe. Des animaux rares de tous les climats, des métaux précieux, ornaient et vivifiaient ses palais de plaisance. D'innombrables esclaves des deux sexes, choisis à l'exquise beauté de leurs visages, ne représentaient à ses yeux que des attraits pour ses regards. Des chanteurs et des danseuses, amenés des climats lointains soumis à ses armes, de la Grèce, de la Valachie, de l'Albanie, de la Hongrie, des îles de l'Archipel, de Venise et de Rome, chantaient et dansaient selon la mode de leur pays devant sa cour. »

Un moment corrigé de son goût pour les plaisirs par la voix sévère du cheik Boukara, Bajazet, sans cesse altéré et sans cesse rassasié de délices, passait de nouveau ses jours et ses nuits dans les fêtes et dans l'oisiveté. Rien en Europe et en Asie ne paraissait menacer son empire ou sa vie d'aucune vicissitude humaine, quand un messager, parti des bords de l'Euphrate, arriva à Brousse et fit retentir pour la première fois à ses oreilles le nom de Timour. A ce nom, Bajazet se réveilla en sursaut; mais il était trop tard. Les yeux attachés sur l'Europe et sur Byzance, Bajazet avait laissé grossir sans lui opposer de digue, derrière l'Oxus et l'Euphrate, le torrent qui allait submerger son empire et sa fortune.

Racontons ce qui s'était passé dans la grande Tartarie, source intarissable de ces envahisseurs de l'Orient, pendant que le premier débordement de ce bassin d'hommes, avec la première migration des Turcs, avait assujetti l'Asie Mineure et l'Europe orientale.

LIVRE SEPTIÈME

I

Entre l'Inde et la Sibérie, entre la Chine et la mer Caspienne, s'étend une immense contrée, semblable à un océan solide au-dessus duquel les montagnes du Tibet s'élèvent comme un cap avancé, et que de rares ondulations de terrain entrecoupent de distance en distance, plutôt comme des vagues qui se renflent sur le niveau d'une mer que comme des chaînes de montagnes qui séparent les contrées et les races d'hommes. Le nom générique de ce plateau élevé du globe est Tartarie. Ce nom comprend, dans sa généralité, d'autres noms qui correspondent aux subdivisions géographiques ou historiques de cette partie la plus féconde et la moins connue du monde : grande Tartarie, petite Tartarie, Turkestan, Mongolie, désert, pays des Mantchoux, terre de la Neige, terre de Sable, terre des Herbes; toutes ces dénominations se fondent dans le nom universel de Tartarie. Un voyageur moderne, entraîné plus loin que le commun des hommes sur cet océan de sable et de neige qu'aucun Christophe Colomb n'a exploré jusqu'à ses dernières limites, le P. Huc, apôtre aventureux de la foi, aussi apte à bien voir qu'à bien décrire, donne en ce moment même à l'histoire la peinture la plus grandiose et la plus pittoresque des mœurs immuables des Tartares et des sites monotones de la grande Tartarie. Nous lui empruntons son dessin et ses couleurs. On ne peut comprendre l'invasion de Timour sans avoir sondé la source d'hommes que ce conquérant tartare puisa dans ce bassin de l'Asie centrale pour la déverser tout à coup sur l'Asie Mineure. Son expédition semble un reflux de celle d'Alexandre aux Indes. L'Europe s'était jetée sur les Indes, la Tartarie débordait sur l'Europe.

II

« La Tartarie est d'un aspect généralement triste et sauvage, jamais l'œil n'y est récréé par le charme et la variété des paysages; la monotonie des steppes n'est entrecoupée que par des ravins, de grandes déchirures de terrain, ou par des collines pierreuses et stériles. Vers le nord, la nature paraît plus vivante; des forêts décorent la cime des collines, et de nombreuses rivières arrosent les riches pâturages des plaines. Mais pendant la longue saison de l'hiver, la terre demeure ensevelie sous une épaisse couche de neige. Vers la Chine, la *terre des Herbes* se couronne de moissons, et les pasteurs mongols se voient peu à peu refoulés vers le nord par l'empiétement des cultures.

» Les plaines sablonneuses (ou déserts) occupent peut-être la plus grande partie de la Tartarie mongole. On n'y rencontre jamais un seul arbre; quelques herbes courtes et cassantes, qui semblent sortir avec peine de ce sol durci, des épines rampantes, de maigres bouquets de bruyères : voilà l'unique végétation, les seuls pâturages de ces déserts. Les eaux y sont d'une extrême rareté. De loin en loin, on rencontre quelque puits profond creusé pour la commodité des caravanes obligées de traverser ce malheureux pays.

» Il n'y a en Tartarie que deux saisons dans l'année : neuf mois d'hiver et trois mois d'été. Quelquefois les chaleurs sont étouffantes, surtout parmi les steppes sablonneux, mais elles ne durent que quelques journées. Les nuits cependant sont presque toujours froides. Dans les pays de charrue voisins de la Chine, tous les travaux de l'agriculture doivent être accomplis en trois mois. Quand la terre est suffisamment dégelée, on laboure à la hâte peu profondément, ou plutôt on ne fait qu'écorcher, avec la charrue, la superficie du terrain; puis on sème aussitôt le grain; la moisson croît avec une rapidité étonnante. A peine a-t-on coupé la récolte, que l'hiver arrive avec ses frimas terribles. C'est pendant cette saison qu'on bat la moisson. Comme la froidure fait de larges crevasses au terrain, on répand de l'eau sur la surface de l'aire, on bat le grain sur la glace.

» La Mongolie, à cause de ses vastes solitudes, est devenue le séjour d'un grand nombre d'animaux sauvages. On y rencontre presque à chaque pas des lièvres, des faisans, des aigles, des chèvres jaunes, des écureuils gris, des renards et des loups. Il est à remarquer que les loups de la Mongolie attaquent plus volontiers les hommes que les animaux : on les voit quelquefois traverser au galop d'innombrables troupeaux de moutons, sans leur faire le moindre mal, pour aller se précipiter sur le berger. Aux environs de la grande muraille, ils se rendent fréquemment dans les villages tartaro-chinois, entrent dans les fermes, dédaignent les animaux domestiques qu'ils rencontrent dans les cours, et vont jusque dans l'intérieur des maisons choisir leurs victimes; presque toujours ils les saisissent au cou et les étranglent sans pitié. Il n'est presque pas de village, en Tartarie, où chaque année on n'ait à déplorer des malheurs de ce genre; on dirait que les loups de ces contrées cherchent à se venger spécialement contre les hommes de la guerre acharnée que leur font les Tartares.

» Le cerf, le bouquetin, le cheval hémione, le chameau sauvage, l'yak, l'ours brun et noir, le lynx, l'once et le tigre fréquentent les déserts de la Mongolie. Les Tartares ne se mettent jamais en route que bien armés d'arcs, de fusils et de lances.

» Quand on songe à cet affreux climat de la Tartarie, à cette nature toujours sombre et glacée, on serait tenté de croire que les habitants de ces contrées sauvages sont doués d'un naturel extrêmement dur et féroce ; leur physionomie, leur allure, le costume dont ils sont revêtus, tout semblerait d'ailleurs venir à l'appui de cette opinion. Le Tartare a le visage aplati, les pommettes des joues saillantes, le menton court et retiré, le front fuyant en arrière, les yeux petits, obliques, d'une teinte jaunâtre et comme tachés de bile, les cheveux noirs et rudes, la barbe peu fournie, la peau d'un brun très-foncé et d'une grossièreté extrême. Il est d'une taille médiocre; mais ses grandes bottes en cuir et sa large robe en peau de mouton semblent lui raccourcir le corps, et le font paraître petit et trapu. Pour compléter ce portrait, il faut ajouter une démarche lourde et pesante, et un langage dur, criard et tout hérissé d'affreuses aspirations. Malgré ces dehors âpres et sauvages, le Tartare a le caractère plein de douceur et de bonhomie ; il passe subitement de la gaieté la plus folle et la plus extravagante à un état de mélancolie. Timide à l'excès dans ses habitudes ordinaires, lorsque le fanatisme ou le désir de la vengeance vient à l'exciter, il déploie dans son courage une impétuosité que rien n'est capable d'arrêter ; il est naïf et crédule comme un enfant : aussi aime-t-il avec passion les anecdotes et les récits merveilleux. La rencontre d'un lama voyageur est toujours pour lui une bonne fortune.

» L'aversion du travail et de la vie sédentaire, l'amour du pillage et de la rapine, la cruauté, les débauches contre nature : tels sont les vices qu'on s'est plu généralement à attribuer aux Tartares. Nous sommes très-porté à croire que le portrait qu'en ont fait les anciens écrivains n'a pas été exagéré ; car on vit toujours ces hordes terribles, au temps de leurs gigantesques conquêtes, traînant à leur suite le meurtre, le pillage, l'incendie et toute espèce de fléaux. Ils sont étrangers à toute industrie ; des tapis de feutre, des peaux grossièrement tannées, quelques ouvrages de broderie sur cuir, ne valent pas la peine d'être mentionnés. En revanche, ils possèdent en perfection les facultés des peuples pasteurs et nomades. Ils ont les sens de l'ouïe, de la vue, de l'odorat, prodigieusement développés. Le Tartare est capable d'entendre d'une distance fabuleuse le pas d'un cheval, de distinguer la forme d'un objet, de sentir l'odeur des troupeaux ou la fumée d'un campement. »

III

L'immutabilité des mœurs dans ce centre de l'Asie rend le Tartare d'aujourd'hui parfaitement semblable au Tartare du temps de Timour. Rien ne se renouvelle, que les générations, dans ce réservoir humain, inaccessible aux vents et aux ondulations des contrées mobiles de la terre. Le désert les protége contre nos vicissitudes de religion, d'opinion, de civilisation et de mœurs. Ce sont les Arabes du Nord. Ils voient tout changer autour d'eux sans changer eux-mêmes. Attachés par la nécessité de la vie pastorale à la glèbe de leurs déserts, ignorant les villes, habitant la tente au lieu de la maison, parcourant lentement, mais sans cesse, leurs solitudes pour suivre, comme des oiseaux de passage, les saisons, et, pour renouveler les végétations broutées par leurs troupeaux, portant tout avec eux dans le chameau, le cheval et le mouton, leur seule richesse, capables de se rassembler tout à coup en multitudes innombrables à la voix de leurs chefs, pour une guerre ou pour une migration, sans souci de leurs demeures ou de leurs approvisionnements, puisque le chameau porte leur tente, le cheval leurs armes, le mouton leurs vêtements et leur nourriture, nul peuple ne fut jamais aussi apte à multiplier sans limite et à déborder sans obstacle sur les contrées de l'Inde, de la Chine, de la Boukharie ou de la Perse, qui forment, pour ainsi dire, les bords de leur océan. Leur religion primitive, mêlée d'idolâtrie puérile, des sublimes rêveries de l'Inde et de la haute philosophie des sages de la Chine, avait facilement cédé au mahométisme, dogme simple et contemplatif importé dans leurs déserts par les souverains de Samarcande, convertis les premiers, de leurs idolâtries, à l'unité du Dieu de Mahomet.

Telle était la Tartarie mongole, soumise encore aux descendants de Gengis-Khan, quand naquit Timour pour donner un courant à ces multitudes, et pour répandre sur un Orient vieilli la jeunesse renaissante de cette race qui ne vieillit ni ne tarit jamais dans ce berceau des races éternellement primitives.

IV

Son nom de Timour était la prophétie ou la signification résumée de sa mission. Timour (*Dimour* en turc) veut dire le fer ou l'instrument de la mort ou de la servitude sur le monde. Il était fils d'un petit prince nomade de la Tartarie mongole qui gouvernait une de ces nombreuses tribus dont se compose, en Orient, un peuple. Son père, Taraghaï, avait la prétention de descendre de Gengis-Khan, le premier grand conquérant des Tartares et le fondateur d'une dynastie qui s'éteignait deux siècles après sa gloire. Timour naquit l'année 736 de l'hégire, l'année 1335 de notre ère chrétienne. L'histoire, qui ignore les vicissitudes obscures de sa première jeunesse, ne l'entrevoit qu'à l'âge de vingt-sept ans, encore sans empire, mais déjà célèbre par ses exploits parmi les guerriers de la Tartarie occidentale ou Turkestan. Il est vraisemblable que le jeune Timour avait acquis cette renommée populaire dans les camps de l'émir Houssein, qui régnait sur les tribus des deux bords de l'Oxus, qui combattait contre les Persans et qui résidait dans les villes fortes, frontières de la Tartarie, Balkh et Hérat.

Timour portait déjà à cette époque le nom de Timour-Lenk ou Timour le boiteux. Ce surnom, qui rappelait en même temps son infirmité et sa gloire précoce, lui avait été donné à la suite d'une blessure à la jambe reçue en combattant pour sa patrie. Il s'en parait comme d'un titre d'honneur et l'ajoutait lui-même à son nom.

Soit que le sang de Gengis-Khan qui coulait dans ses veines eût ennobli sa tribu, soit qu'il fût né d'une de ces mères indiennes ou persanes dont la beauté transformait dans les harems de Samarcande l'épaisseur et la rusticité de la race tartare, le jeune Timour n'avait rien de sa tribu que le génie nomade et le courage. Aussi appartenait-il aux Turcs orientaux plutôt qu'aux Tartares proprement dits. Son extérieur et son éducation étaient d'un prince et non d'un pasteur de chameaux. Sa taille était haute, mince et souple comme celle d'un Arabe; son teint, blanc et coloré comme celui d'un Hindou; les traits de son visage, au lieu d'être aplatis comme ceux des Tartares, étaient ceux d'un Grec du type d'Alcibiade. Les yeux bien fendus, le nez presque aquilin, la bouche modelée, les joues ovales, le front large et élevé, l'intelligence, la force et la grâce dans le sourire; la parure indienne, les armes enrichies de pierres précieuses, les châles de la vallée de Cachemire en ceinture et en couronne autour de la tête, le sabre de Damas, l'arc de corne ciselée sur l'épaule, le carquois orné d'arabesques en relief, le cheval du Nedjed dont la crinière et la queue étaient teintes du suc doré du henné, enfin deux pendants d'oreilles formés chacun d'une perle ovale flottant sur ses joues, relevaient la beauté à la fois mâle et efféminée de sa personne. Une seule chose contrastait, selon les historiens tartares, avec cette jeunesse et cette grâce de son visage : c'étaient ses cheveux, qui avaient blanchi sur sa tête presque au berceau. Ce phénomène, qui rappelait, disent ses peintres, les cheveux blancs du héros populaire des Persans, Sam, dont les exploits sont célébrés dans le Schahnameh, avait contribué à attirer sur le jeune Timour l'attention et le respect des Tartares. Ils y avaient vu un signe de maturité précoce, indiqué par le ciel dans cette couronne de sagesse sur le front d'un enfant. Ils en avaient conçu l'augure d'une intelligence consommée dans un cœur héroïque. Lui-même se parait de cette disgrâce de la nature comme d'un privilége du ciel. Ces cheveux blancs sur des joues de vingt ans relevaient l'éclat de son teint et imprimaient un caractère étrange, mais plus agréable que disgracieux, à sa beauté.

V

Son caractère était, comme sa physionomie, l'expression de ce contraste entre la tête vieille et le cœur jeune. Sérieux, pensif, ne riant jamais, lent à délibérer, prompt à accomplir, persévérant jusqu'au fatalisme dans sa volonté une fois conçue, persuadé que les événements ne sont pas écrits d'avance dans un incorrigible destin, mais qu'ils sont le résultat de l'action libre des hommes, et qu'ils cèdent à ceux qui savent les interpréter et les tourner à leurs desseins; franc comme la parole humaine, qui, selon les Tartares, doit être la lumière de l'âme; capable d'opprimer, jamais de mentir, de flatter ou de tromper; aimant peu les fables dont se berçait l'ignorance puérile de ses compatriotes; méprisant les bouffons qui vivent de mépris en dégradant en eux la dignité morale de l'homme; passionné pour les philosophes qui cherchent à soulever le rideau des mondes par la science; honorant les vrais poëtes, *ces miroirs de la nature et les échos vivants de Dieu*, selon ses expressions; savant en astronomie, en droit public, en histoire, en médecine, en religion, dont il aimait à s'entretenir avec les cheiks les plus vénérés de Samarcande; libéral envers ceux qui prient, parce qu'il croyait, comme Mahomet, une force pour ainsi dire physique à la prière, qui contraint Dieu en l'adorant; lisant beaucoup; écrivant avec force et avec grâce; parlant les trois langues de l'Asie : le turc, l'arabe et le persan; admirateur de la sagesse du code national de Gengis-Khan, dont il associait les prescriptions à celles du Coran ; ne se livrant, dans ses loisirs, qu'à un seul divertissement, pensif et calculé comme sa vie, le jeu méditatif des échecs, cet exercice de l'esprit, inventé par le spiritualisme de l'Inde : tel était Timour, né pour gouverner le monde s'il n'avait pas eu à le ravager. La guerre l'avait saisi au berceau pendant les anarchies mongoles, qu'entretenait la décadence de la dynastie de Gengis-Kan. Il ne respirait que la guerre, seule capable, dans sa pensée, de reconstruire et d'agrandir la puissance de sa race. Son point de départ n'était que le commandement militaire d'une tribu obscure de la Tartarie.

VI

Cette tribu, sous son jeune chef, s'illustra par ses exploits sur les frontières du Khorasan. Timour se fit une famille de son armée. Sa renommée y appela les Tartares les plus amoureux de gloire et de dépouilles. Son accueil y attira, même de la Perse, les sofis ou sages, les historiens et les poëtes qui racontent ou qui chantent les grandes actions des héros. Son nom vola bientôt sur leurs récits et sur leurs vers jusqu'aux dernières tentes de la Tartarie. Avant d'avoir paru il était populaire : toutes les hordes s'entretenaient de lui dans leurs déserts comme d'un guerrier semblable au fabuleux Rustem, comme d'un prophète égal à Mahomet. Il avait conquis les hommes de sa race par ce qu'il y a de plus crédule et de plus irréfléchi dans l'espèce humaine, l'imagination. Fort de ce prestige, il ne manquait à sa fortune qu'une occasion. Elle s'offrit à lui.

L'émir Houssein, souverain de Hérat et de Balkh, était attaqué sur les deux rives de l'Oxus par les Djettes, peuplades barbares qui sapaient les derniers débris de la puissance mongole de Gengis-Khan. Timour vola avec sa tribu au secours de l'émir. Il balaya les Djettes et raffermit le trône de l'héritier de Gengis. Houssein, pour reconnaître ce service et pour s'assurer à jamais un si héroïque allié, donna une de ses sœurs, la belle Tourkhan, honorée du surnom de khan ou de reine, à Timour. Cette union attacha Timour à la maison royale de Houssein. Mais sa gloire et son mérite effacèrent bientôt, aux yeux des Tartares, le souverain que Timour semblait rivaliser plus que protéger.

La mort précoce de sa jeune femme rompit les liens du sang qui unissaient les deux princes. La rivalité enfanta l'injustice; les émirs, vassaux de Houssein, se soulevèrent contre leur souverain; Timour, proclamé par eux leur chef et leur vengeur, échappa aux embûches du vizir de Houssein, vainquit ou embaucha ses armées, assiégea Hérat, capitale de son ennemi, y entra par la brèche à la tête des Tartares révoltés et vit les émirs incendier sous ses yeux le palais et massacrer son beau-père avec tout ce qui restait de cette dynastie (1370). L'histoire ne l'accuse pas d'avoir voulu ce crime, mais d'y avoir assisté et d'en avoir volontairement ou involontairement recueilli le fruit.

Les trésors, les femmes, les enfants du malheureux Houssein devinrent la dépouille et le jouet de soldats féroces. Timour reçut quatre de ces femmes pour son harem et en épousa deux célèbres par leurs charmes. Les autres épousèrent les principaux émirs compagnons de sa victoire. La voix de l'armée lui décernait le trône qu'il venait de renverser dans le sang et dans la flamme d'Hérat. Cette capitale n'était plus qu'un foyer fumant au milieu d'un désert. Il conduisit l'armée et la population à Samarcande, cette ville si célèbre, située au milieu d'une fertile oasis de la Tartarie occidentale, dont il voulait faire la capitale d'un plus vaste empire.

VII

Le suffrage universel du peuple sanctionnait seul, chez les Tartares comme chez les Gaulois, les droits de la victoire. L'assemblée générale de tous les chefs et de tous les sages des tribus se réunit sous les tentes dans la plaine de Samarcande. Il y fut unanimement proclamé l'héritier légitime de Gengis-Khan et souverain ou khan de tous les Tartares. Le cheik, ou pontife suprême, lui offrit ce qui servait aux Tartares de couronne et de sceptre, le *tambour* qui convoque le peuple et l'*étendard* qui rallie les soldats. On le surnomma *maître du temps et du monde vivant ;* on lui remit le sceau de l'empire, sur lequel était gravée cette maxime du Coran : « *La justice est le salut des hommes*, » grand témoignage de la conscience universelle de l'humanité inscrit sur le cachet même d'un usurpateur.

Vingt-sept dynasties ou souverainetés de la Tartarie et toutes les tribus reconnurent sa suprématie. Il centralisa en lui seul la puissance civile, politique et militaire de plus de cent cinquante millions d'hommes brûlant du désir de déborder de nouveau de leurs rudes climats sous des cieux plus doux. Cet empire s'étendait depuis le centre de la

Russie jusqu'à la grande muraille de Chine, et depuis le Tibet jusqu'à la Perse.

Timour, qui se sentait soulevé au-dessus de l'humanité par cet instinct de débordement de tant de milliers d'hommes, ne le laissa pas s'affaisser. Les années de son règne ne furent qu'une suite de campagnes qui lui soumirent, avec le Kharisme, le Kaptschak, la Géorgie, l'Hindoustan, la Perse, l'Irack, la Syrie et l'Asie Mineure, deux cents autres millions de sujets. Ce n'était pas la guerre, c'était l'inondation. Les quarante mille soldats d'Alexandre s'étaient changés en huit cent mille combattants, et un million d'esclaves qui desséchaient la terre sous leur passage. La magnificence de cette cour nomade de Timour égalait la multitude des combattants. Jamais l'Europe ne vit ce nombre, ce faste asiatique, ni dans la migration d'Attila, ni dans celles des Arabes, ni dans la campagne de Moscou, où le conquérant moderne conduisit tant de braves à l'incendie et aux frimas.

VIII

Timour voulait éblouir « autant que vaincre. » Il savait que le glaive, pour assujettir les hommes de l'Orient, doit briller et frapper à la fois. Le mariage d'un de ses fils, encore enfant, avec la fille d'un des souverains de la frontière persane, lui permit d'étaler dans les fêtes de ce mariage toutes les richesses que la dépouille de l'Hindoustan accumulait dans ses tentes. Un trône d'or, des couronnes de diamants, des urnes pleines de pierreries versées comme l'eau sous les pieds des jeunes époux, des avenues d'encensoirs où fumaient le musc et l'ambre gris; la terre tapissée, à plusieurs milles de distance, de tentures d'or et de soie tissés; la voûte de la tente nuptiale formée par un firmament de lapis, où des diamans incrustés figuraient les constellations et les étoiles du ciel, les rideaux de la tente en or tissé, la pomme de pin qui la surmontait en dehors, ciselée dans un bloc d'ambre fin, attestaient des prodigalités de dépouilles où l'imagination arabe elle-même cède devant la réalité.

IX

Samarcande, centre de ces magnificences, dépôt de ces richesses, s'élevait et s'étendait comme par prodige à chaque retour de ces expéditions. Babylone, Bagdad, Persépolis, Palmyre, Balbeck, Damas, Constantinople, Rome, Athènes, étaient effacées par ces palais, ces jardins, ces aqueducs, ces mosquées qui s'élevaient tout à coup au milieu des steppes de la Tartarie à la voix de Timour et sous la main des artistes grecs et arabes appelés de leur patrie pour décorer l'habitation d'un barbare.

Au mariage de Timour lui-même avec une princesse captive ramenée du Khorasan, il ordonna la construction de douze jardins réunis bientôt en un seul au bord du fleuve et qu'on appela, à cause de leur luxe et de leurs délices, les *jardins du Paradis*. Il voulut que l'humble village tartare de Kesch, où il était né, portât dans la postérité la trace éclatante de son berceau dans des monuments et dans des fondations éternelles. Une ville rivale de Samarcande s'éleva sur les masures de ce village. Il lui donna le nom de *dôme des sciences et de la civilisation;* il y appela de l'Arabie et des Indes les sages les plus capables d'enseigner la vertu et les arts aux Tartares.

X

La fortune n'avait pas endurci son cœur ni égaré son jugement; il se glorifiait de n'avoir jamais perdu le sens des affections humaines. La mort prématurée de son fils et d'une de ses sœurs qu'il chérissait le plongea dans une mélancolie qui lui fit désirer la mort, puisque la mort faisait de son cœur une solitude au milieu de ses voluptés extérieures. Il ne revint à la résignation et au goût de la vie qu'en lisant les versets consolateurs du Coran, qui enseignent à l'homme à respecter sa propre douleur comme une sage volonté de Dieu supérieure à nos sagesses.

Mais l'ambition parut ensuite combler en lui le vide de la mort. La rapidité et la facilité de ses conquêtes lui persuadaient que Dieu marchait devant ses armées et lui commandait ainsi d'uniformiser la foi de tous les hommes livrés à d'indignes superstitions. Ses courtisans l'entendaient se répéter souvent à lui-même ce rêve de la monarchie universelle dont les conquérants de tous les siècles ne se réveillent qu'à la mort :

« De même qu'il n'y a qu'un maître dans le ciel, disait-il, il ne doit y avoir qu'un maître sur la terre. Elle est trop petite pour satisfaire l'ambition d'une grande âme. »

« L'ambition d'une grande âme, lui dit un jour le cheik

de Samarcande, ne se satisfait pas par la possession d'un morceau de la terre ajouté à un autre morceau de la terre, mais par la possession de Dieu; Dieu seul est assez grand pour remplir une pensée infinie. »

XI

La réponse du cheik frappa Timour, mais ne prévalut pas sur son instinct de nomade et de conquérant. Il marcha bientôt à la tête de l'élite de ses tribus aux derniers confins de la Perse, qui n'avaient pas encore été visités par sa colère (1380). Les villes s'ouvraient, les campagnes se dépeuplaient devant lui; la fureur du meurtre semblait l'avoir saisi pour purger la Perse et l'Arabie des vieilles superstitions qui survivaient encore à la religion de l'islamisme. Des milliers de cadavres d'idolâtres traçaient derrière lui la route de son armée. Il ne s'arrêtait avec piété et avec respect que devant les tombeaux des imans interprètes de Mahomet, des savants mémorables ou des poëtes illustres. A son entrée dans les villes, il se faisait conduire devant ces monuments, descendait de cheval et invoquait la mémoire de ces grands génies, lumières éteintes de l'humanité. C'est ainsi qu'il toucha du front le sépulcre du grand poëte épique persan *Ferdousi* à Thous.

Bagdad, Tauris, Kars, Djoulfa, se soumirent sans résistance à son approche. Cette fois, au lieu de tourner vers l'orient, il tourna au nord, traversa les royaumes qui séparaient jadis la Méditerranée de la mer Noire, entra en

Géorgie, et s'arrêta pour passer l'hiver à Tiflis, capitale de ce royaume, avant de franchir le Caucase.

Les rois de Géorgie et de Schirvan abjurèrent le christianisme pour conserver leurs États. Leurs peuples les imitèrent. Ils remplirent de leurs présents en or, en esclaves, en chevaux, les tentes de Timour. L'Arménie et la Mésopotamie, pour prévenir son invasion, se reconnurent vassales de la Tartarie. Les villes qui tentèrent de résister derrière leurs murailles furent effacées du sol; Timour fit construire, à la place, des tours dont les murailles étaient bâties d'hommes vivants cimentés dans la chaux. Ces pyramides et ces arcs de la mort furent imités plus tard par les Turcs sur les champs de bataille de la Servie et de la Bulgarie. Nous avons nous-même gémi en passant sous ces catacombes en plein jour de la barbarie.

XII

Pendant qu'il hivernait au pied du Caucase et qu'il conviait des peuples entiers à des chasses gigantesques, images des plaisirs de la Tartarie, Ispahan, occupée par l'arrière-garde de son armée, se soulevait au bruit du tambour d'un forgeron patriote, qui avait levé pour étendard son tablier de cuir. A la voix du forgeron, les Persans immolent trois mille Tartares, et purgent la ville de leurs oppresseurs. Mais Timour y renvoie à l'instant cent mille soldats, avec ordre de lui rapporter chacun une tête de Persan, sous peine de livrer eux-mêmes leur propre tête. Ispahan consternée paya de ce prix la révolte du forgeron. Timour n'excepta que les savants, les religieux, les poëtes, comme Alexandre avait excepté Pindare. La piété, le génie et la science étaient divins à ses yeux. Ces cent mille têtes furent élevées en pyramides maçonnées sur les places de la ville déserte (1387).

Revenu au printemps par la Perse orientale, Timour rasa les grandes villes et chassa devant lui leur population en Tartarie. Il peupla Samarcande des princes du pays de Fars, centre de la Perse antique, après avoir fait semer du sel sur l'emplacement de leurs palais et de leurs jardins.

XIII

Samarcande l'attendait dans les fêtes triomphales qui signalaient chacun de ses retours. Pendant qu'il préparait une expédition immense contre un khan rebelle de la Grande Tartarie, il employa les loisirs de l'hiver à chasser aux cygnes sur les lacs glacés et dans les marais de Bokhara. Ces chasses magnifiques, instituées par Gengis-Khan comme une prérogative sauvage de la souveraineté, servaient à retenir autour du khan les chefs et la jeunesse des tribus, et à les entretenir dans les rudes exercices de la guerre.

Timour, après avoir convoqué le conseil général des vingt-sept royaumes, et appelé sous les armes cinq cent mille cavaliers, entra en campagne avant la fin de l'hiver. Il laissa cette fois sa cour et son harem à Samarcande, pour éviter à ses femmes et à ses filles les fatigues d'une guerre dans les plus âpres climats du pied du Tibet. Une seule femme favorite, et confidente de ses plus secrètes pensées, le suivait dans un pavillon de guerre porté par un éléphant. C'était une captive, fille d'un prince de la race des Djettes, qui avait conquis le cœur du vainqueur de sa famille, et que ses charmes avaient fait surnommer l'*Étoile du matin*. La satiété n'excluait pas ces préférences passionnées dans l'âme de Timour non plus que dans l'âme de Mahomet. Nous en verrons bientôt d'autres exemples dans le harem des sultans musulmans.

A peine sorti de Samarcande, Timour vit accourir au-devant de lui des ambassadeurs du prince qu'il allait détrôner, pour implorer le pardon et la paix. L'usage de la Tartarie voulait que, dans ces occasions, les ambassadeurs parcourussent au galop la distance qui les séparait du kan, et, se précipitant de leurs chevaux à son aspect, parussent se réfugier à son ombre. Ces messagers de paix présentèrent à Timour une lettre d'excuses de leur maître, un oiseau de proie apprivoisé, et neuf chevaux de course, dont de nombreux témoignages attestaient l'incomparable agilité.

Cette soumission ne fléchit pas Timour. Il continua sa route jusqu'à une chaîne de collines qui domine la Grande Tartarie. Parvenu au sommet de ce plateau, il contempla l'incommensurable océan des steppes verdoyants qui s'étendaient sans autres bornes que le ciel sous ses yeux. Chacun de ses soldats apporta en passant une pierre pour élever, à la place où le khan s'était assis, une tour monumentale destinée à rappeler à jamais la réunion de cette multitude d'hommes rassemblés pour exécuter la vengeance d'un seul.

Au pied du plateau, il ordonna une chasse de plusieurs

jours dans les steppes pour approvisionner l'armée de gibier et de troupeaux sauvages. Des milliers de bœufs, de moutons, de chameaux et de chèvres suivaient en outre l'armée à une certaine distance, paissant dans les steppes et fournissant le lait et la chair à ce peuple de soldats.

Après les chasses, Timour, monté sur un cheval persan d'une merveilleuse stature, la couronne de rubis sur la tête, et un sceptre d'or terminé par une tête de bœuf dans la main, passa la revue de son armée. Chaque émir et chaque chef de horde descendait de sa selle devant lui, et, tenant son cheval par la bride, se prosternait le front dans l'herbe et bénissait le souverain.

Le saint iman de la Tartarie, le vieux cheik qui avait prédit le premier la destinée encore obscure de Timour, se prosterna à son tour, ramassa une poignée de poussière, et, la lançant du côté où l'on s'attendait à rencontrer l'ennemi, s'écria comme inspiré du ciel :

« Que vos visages soient souillés par la honte et la défaite! Marche maintenant, continua le vieillard en s'adressant au khan, marche où tu voudras, tu seras partout vainqueur. »

Les trompettes sonnèrent la charge, et l'armée, d'une seule voix, poussa le cri de *Surun!* ou *En avant!*

XIV

Le rebelle, vaincu par la terreur avant de l'être par le combat, s'enfuit, de défaite en défaite, vers le nord jusqu'au fleuve aujourd'hui russe du Volga. Son armée, sa cour, ses esclaves, ses femmes, ses troupeaux, ses trésors, ne purent traverser le fleuve aussi vite que lui. Une nation entière tomba et devint le butin de l'armée de Timour (1391). Le khan s'en appropria l'élite. Les plus belles des captives furent triées pour orner son harem de Samarcande; six mille jeunes gens choisis à la beauté du corps et à la grâce du visage furent réservés pour le service intérieur de ses palais. Chaque émir eut sa part, chaque soldat sa dépouille dans cette distribution des trésors, des troupeaux et des esclaves. L'histoire s'égale au poëme quand elle raconte le luxe des fêtes que Timour donna à son armée sur les bords du Volga.

« Assis en plein soleil, disent les narrateurs du temps, sur le trône d'or des anciens rois de la Grande Tartarie, entouré des beautés voilées du harem du khan vaincu, reposant avec complaisance ses regards sur la favorite de son cœur, l'*Étoile du matin,* sur ses fils, sur ses petit-fils, sur ses généraux, revêtus de leurs plus riches costumes de guerre et de cour; des festins incessants réunissaient un million de convives; des danseuses enivraient les yeux; des musiciens enivraient les oreilles; des poëtes, le cœur et l'esprit des conquérants. Darius et Xerxès disparaissaient devant cet Alexandre du désert. »

XV.

Au printemps de l'année suivante, il reprit sa course armée vers la Mésopotamie en traversant de nouveau la Perse; Bagdad et Schiras le virent une troisième fois passer. La victoire et l'empire n'avaient point énervé son courage. Vaincre était pour lui plus que régner. Il se plaisait à devancer souvent son armée, suivi de quelques centaines de ses émirs les plus intrépides, et à combattre en simple guerrier contre les princes arabes ou persans qui cherchaient à lui fermer les défilés des montagnes. Dans une de ces occasions, il faillit tomber sous le sabre du schah Mansour, usurpateur des provinces montueuses de la Perse. Le fils favori de Timour, Mirza-Schah-Rokh, se précipita entre le khan et son ennemi, abattit d'un coup de lance le guerrier persan, lui coupa la tête, et, la présentant à Timour : « Ainsi, lui dit-il, doivent rouler aux pieds de ton cheval les têtes de tous tes ennemis. » Les Tartares présents à cet exploit frappèrent neuf fois la terre du front en témoignage de joie et d'admiration pour le héros, revivant déjà dans un autre héros.

Timour donna la souveraineté de la Perse reconquise à Miran-Schah, son fils et son vassal, revint à Bagdad sur une galère nommée le *Soleil*, y laissa reposer deux mois son armée, y rétablit la discipline relâchée par la guerre, fit répandre dans l'Euphrate tout le vin qui fut trouvé dans la ville, y reçut les ambassadeurs des sultans de Syrie et d'Égypte, qui cherchaient à l'arrêter par leur soumission, et entra par le grand désert dans la Mésopotamie. Il y signala son passage par sa vengeance contre tout ce qui résistait, par sa libéralité envers les savants, les prêtres, les poëtes des deux religions qui se disputaient alors ces provinces, les chrétiens et les mahométans. Il allait prier indifféremment sur les tombeaux des saints et sur ceux des derviches mémorables. Son culte pour la science et pour la vertu était impartial ; était-ce philosophie, était-ce politique? Aucune confidence de l'histoire n'a expliqué ce mystère de la vie du conquérant.

Parvenu, à travers l'Arménie, aux Portes-de-Fer, qui ferment le Caucase, il apprit que le roi vaincu de la Grande Tartarie, Toctamisch, après avoir rallié sa nation derrière le Volga, avait franchi les défilés du Caucase et s'avançait pour renouveler la lutte sur cet autre champ de bataille contre lui. « Tant mieux, dit-il aux Tartares Uzbeks qui lui annoncèrent cette nouvelle occasion de gloire ; laissons venir Toctamisch et son armée : il vaut mieux que le gibier vienne de lui-même aux rêts que d'être obligé de battre les forêts pour le faire lever. Un vieux faisan ne craint pas le faucon, et quand la sauterelle est devenue assez grande pour que ses ailes prennent la couleur du sang, elle rend coup pour coup au passereau qui veut la dévorer. »

Le champ de bataille fut le bord oriental de la mer Caspienne. Sa longue marche avait diminué l'armée de Timour; avant la bataille il passa ses Tartares en revue avec une sévérité minutieuse, examinant si chaque soldat avait son épée, sa lance, sa massue et son filet, dans lequel les guerriers tartares enlacent leur ennemi désarmé (1395). Lui-même, à cheval, à la tête de trente escadrons d'élite, il fondit comme la foudre sur le centre des ennemis rompus, et, précipitant ce centre dans les flots, il vit fuir les ailes bientôt prisonnières de ses cavaliers. Le Volga et le Dniéper, libres devant lui, le virent, pendant une campagne de cinq ans (de 1391 à 1396), ravager la Russie jusqu'à Moscou. Les Russes, qui faisaient déjà trembler les Grecs de Byzance, tremblent devant les Tartares et leur abandonnent leurs provinces, leur marine, leurs richesses, fruits de l'épée comme les conquêtes de Timour.

En 1396 il revint par une autre route à Samarcande, où les délices de ses jardins, l'amour de ses femmes, l'entretien de ses lettrés, les éloges de ses poëtes, le délassèrent de cinq ans d'exploits. Avide de tous les genres d'immortalité pour son nom, il employa ses jours de paix à la construction de ces édifices qui portent la mémoire des ambitieux aux siècles reculés, et dont il avait contemplé les ruines à Persépolis. Il éleva un palais de marbre transparent semblable à l'albâtre, qui interceptait le froid et laissait pénétrer une douce lumière dans ses appartements. Des peintres grecs appelés de Byzance en peignirent à fresques les dômes, pages coloriées de l'histoire de ses campagnes. On l'y voyait dans toutes ses fortunes diverses, depuis le gardien des troupeaux du pasteur tartare jusqu'au souverain de la double Asie. Il donna ce palais à une des filles de son fils mort Miran-Schah, nommée Béghizi. Méditant de nouvelles expéditions plus lointaines, et craignant, après sa mort, des dissensions pour l'empire entre ses fils, il investit son fils Schah-Rokh de la souveraineté des provinces persanes, les plus propres, selon lui, à assurer par leur possession la supériorité des armes et de la politique sur les autres. Il distribua à tous ses autres fils ou petits-fils le gouvernement de tous ses royaumes. Bien qu'âgé de soixante-quatre ans, il épousa une jeune fille mongole nommée Toukel-Khanum, et, dans son ivresse pour sa nouvelle et huitième épouse, il lui donna le jardin le plus délicieux de Samarcande, appelé par lui « le jardin qui *dilate le cœur*. »

XVI

Cet amour ne lui fit pas oublier le rêve de tous les conquérants, l'Inde. Il la parcourut cette fois (1398) depuis l'Indus jusqu'à Dehli, depuis l'Océan jusqu'au Tibet. Son armée marchait suivie d'un peuple d'esclaves, prix des premières victoires, et qui pouvaient compromettre d'autres combats. Un ordre atroce en livra cent mille à la mort en une seule nuit. Chaque soldat tartare fut contraint d'immoler les siens de sa propre main. Le remords, la pitié, l'indignation, saisirent l'armée; les imans présagèrent la colère du ciel. Timour ne répondit à ce soulèvement de la conscience de ses guerriers que par la conquête et le massacre de Dehli. Le sang qu'il avait tant répandu l'enivrait. Les hommes, par leur obéissance, lui avaient appris à les mépriser comme la poussière foulée par les pieds de son cheval. La liste de son butin, partagé entre ses soldats après l'assaut de Dehli, et le récit de ses cruautés sur les Indous innocents de tout crime, feraient douter de l'histoire, si des Européens de l'armée de Timour, témoins oculaires, n'en confirmaient l'authenticité. Or, argent, pierres précieuses, diadèmes, ceintures étoilées de diamants de Golconde, rubis et saphirs de Ceylan, éléphants dressés, chameaux et coursiers innombrables, esclaves des deux sexes, composaient ces dépouilles. Chaque soldat reçut cent esclaves pour sa part, chaque Tartare suivant l'armée en reçut vingt. Dix rangs d'éléphants accompagnèrent les cortéges qui allaient porter les lettres de victoire de

Timour aux princes ses tributaires de la Tartarie, du Kaptschak et de la Perse. Il leur distribua par milliers les artistes, les ouvriers, les peintres, les architectes qui avaient décoré l'Hindoustan de leurs travaux, afin qu'ils portassent les mêmes arts et qu'ils élevassent les mêmes monuments dans la Tartarie. Il dépeupla l'Inde pour peupler les steppes de Samarcande. Les idoles des dieux indiens furent transportées par lui dans sa capitale pour servir de matériaux aux mosquées. Tous les Guèbres ou adorateurs du feu, immolés sur les bords du Gange, teignirent les eaux sacrées d'une couleur de sang. Comme à la fin de chacune de ses expéditions, une chasse aux lions, aux tigres, aux rhinocéros, aux cerfs bleus, aux paons et aux perroquets fut la fête de ses victoires. Descendu dans la mystérieuse vallée de Cachemire, cet Éden de l'Inde, il en savoura quelques jours les délices, y renversa les temples de l'idolâtrie, et revint à Samarcande, en 1399, ayant accompli en douze mois la campagne de dix ans d'Alexandre.

XVII

Après quelques jours de repos, il se dirigea du côté de l'occident, en inclinant vers la mer Caspienne. Il entra par ces vallées profondes dans le Caucase, citadelle naturelle de ces régions, qu'il voulait assurer à sa race. Les Géorgiens se défendirent contre le dominateur de la Tartarie avec la même constance qu'ils déploient depuis près d'un siècle à se défendre contre le czar, dominateur du Nord.

Timour, pour les attaquer corps à corps dans les gorges inaccessibles du Caucase, dont les Géorgiens avaient muré les embouchures par des rochers, employa les routes de l'air. Il fit construire d'immenses corbeilles, qu'il remplit de soldats, et qu'il fit descendre, par des cordes suspendues à des poulies, jusqu'au fond de ces précipices, à trois ou quatre cents coudées de profondeur. Ses soldats combattaient de là contre les Géorgiens, écrasés sous leurs traits. Timour lui-même, pour donner l'exemple à ses troupes, se fit descendre et hisser sept fois dans ces radeaux aériens. Par des barbaries de la guerre, que nous avons vues une fois renouveler de nos jours en Afrique, il fit enfumer des tribus du Caucase dans les cavernes où elles s'étaient réfugiées, comme des animaux dans leurs terriers. Ces sacriléges contre l'espèce humaine soulevèrent même ses propres Tartares.

Du pied du Caucase, il s'avança sur Sinope et sur Césarée. Ses hordes touchaient pour la première fois aux possessions récentes des Turcs sur les bords asiatiques de la mer Noire. Deux princes de Caramanie et de Kermian, détrônés, comme nous l'avons vu, par Bajazet, et échappés de la prison où les retenait son général Timourtasch, traversèrent toute la Cappadoce et toute la Géorgie, l'un sous le costume d'un bateleur montrant des singes aux villageois, l'autre sous l'épaisse chevelure d'un derviche, qui dérobait son visage aux regards de ses anciens sujets. Ces deux proscrits, altérés de vengeance, parvinrent par ces ruses jusqu'à la plaine de Karabagh, où la nombreuse armée de Timour campait, indécise entre le nord et le midi de l'Asie.

Un troisième prince, dépossédé par Bajazet, le jeune souverain turcoman d'Aïdin, s'échappa également de sa tour, et, exerçant sur la route le métier de danseur de corde, arriva en même temps dans ce refuge des princes expropriés. Timour entendit leurs plaintes, prit prétexte de la vengeance des opprimés et des licences de la cour de Bajazet contre la loi du prophète, pour embrasser leur cause. Les récits qui lui revenaient de toutes parts du rapide accroissement de la puissance des Turcs, ses anciens compatriotes des bords de l'Oxus, offensèrent son orgueil ou tentèrent son courage. Il croyait le monde trop étroit pour deux sultans. Cependant il ne frappa ni sans avertir, ni sans menacer. Des ambassadeurs, chargés de demander à Bajazet raison de sa violence et réparation de ses injustices envers les princes indépendants de sa race, partirent pour Brousse. Ils portaient à Bajazet une lettre impérieuse de Timour.

XVIII

Bajazet, indigné de l'accent de cette lettre d'un barbare qui cherchait encore un empire errant dans l'Asie, tandis que le sien, fixe et affermi, reposait déjà depuis trois générations sur les contrées les plus policées de l'Asie et de l'Europe, ordonna pour toute réponse le supplice de l'envoyé assez audacieux pour venir lui intimer des ordres au pied même de son trône. Les bourreaux allaient exécuter le geste du sultan, quand le grand vizir, le vénérable cheik Boukara et le grand juge de Brousse se jetèrent à ses pieds, et le conjurèrent de ne pas déshonorer leur nation en attentant, même à l'égard d'un insolent Tartare, à l'inviolabilité des ambassadeurs. Bajazet, cédant à leurs conseils et à leurs prières, se borna à injurier les députés tartares, et à leur remettre une lettre empreinte de défi et de mépris pour leur maître.

Au récit de cette offense et à la lecture de ce défi, Timour, qui avait rallié plus de huit cent mille combattants dans la plaine de Karabagh, n'hésita plus à les verser sur l'Asie Mineure. Il s'avança, suivi de cette innombrable multitude et de troupeaux qui couvraient derrière lui des provinces entières, vers Siwas, première grande ville forte de l'empire ottoman.

Siwas, autrefois Sébaste, ville opulente de la Grèce asiatique, détruite et rebâtie par l'invasion du sultan seldjoukide Alaeddin, ouvrait l'empire de ce côté. Entourée de larges fossés pleins d'eau courante, murée de remparts d'une prodigieuse épaisseur, peuplée de cent cinquante mille âmes, défendue par d'intrépides Arméniens, elle semblait défier tout assaut d'une multitude tartare sans artillerie de siége pour ébranler ses murailles. Timour s'arrêta un moment comme irrésolu à l'aspect de ce boulevard de l'empire. Mais il suppléait à l'art de la guerre par le nombre de ses soldats; prodigue d'hommes, que l'intarissable source de la Tartarie renouvelait sans cesse dans son armée, il attacha des milliers de mineurs aux rochers qui servaient de fondements aux murailles; il vida les fossés par des canaux creusés au-dessous de la ville; il abattit les forêts de noyers voisines pour étayer, par ces troncs d'arbres, les galeries souterraines ménagées sous les fondations des murs; puis, allumant des bûchers près des tours minées, il vit le sol manquer sous leur poids et les engloutir dans la flamme et la poussière (1400).

Vingt jours et vingt nuits lui suffirent pour ouvrir sur ces débris d'énormes brèches à ses soldats. Siwas, nue et tremblante devant lui, n'attendit pas l'assaut et se résigna à son sort. Timour promit seulement d'épargner la vie des musulmans et des chrétiens, et de se contenter de leur servitude. Mais à peine entré dans Siwas, il l'inonda du sang de ses défenseurs. Soit colère, soit politique, sa férocité fit frémir l'Orient. Quatre mille Ottomans furent ensevelis vivants jusqu'au cou, et attendirent ainsi la fin de leur vie et de leurs tortures, spectacle digne de la brutalité des Tartares et que les bêtes féroces ne se donnent pas à elles-mêmes dans leurs carnages.

Les chrétiens, jetés par couples dans des fosses recouvertes d'un plancher de bois, et surchargées ensuite de terre, prolongèrent pendant des jours inconnus leur agonie souterraine sous les tentes des Tartares, qui entendaient leurs gémissements. Les braves furent tués pour que la contagion de leur courage ne gagnât pas les lâches; les lâches moururent pour leur lâcheté qui les rendait indignes de vivre. Tout prétexte était bon à la mort. Timour fit immoler jusqu'aux infortunés lépreux des léproseries de Siwas, pour que leur infirmité ne se communiquât pas à ses Tartares, chez lesquels elle était inconnue. A l'exception des enfants mâles propres à l'esclavage, de leurs jeunes filles propres aux harems, la population tout entière fut tarie dans son sang. Un des fils de Bajazet, qui gouvernait Siwas, et qui avait combattu en fils et en héros l'ennemi de son père et de sa race, ne survécut quelques jours que pour contempler le long supplice de ses compagnons d'armes. Traîné par des cordes sur la pierre des chemins, derrière le cheval de Timour, sa tête, coupée par l'ordre du vainqueur, fut livrée aux aigles de l'Arménie.

XIX

A cet écroulement de sa frontière, et à la nouvelle du supplice de son fils, Bajazet-Ildérim, retrouvant sa promptitude dans son danger et sa valeur dans son âme, se hâta de rappeler de Constantinople, d'Andrinople, de toutes ses provinces d'Europe et d'Asie les armées qui cernaient Byzance et qui avaient fait trembler la Hongrie. Il descendit du mont Olympe dans les vallées qui mènent à Siwas, à la tête de tout ce qui pouvait porter une arme dans sa nation. Mais l'image de son fils vaincu et massacré marchait devant lui. Sa tristesse paraissait d'avance le pressentiment de sa fortune. Ses généraux et ses courtisans reconnaissaient son courage, mais ne reconnaissaient plus sa confiance et son humeur. Tout lui était tristesse et présage sur la route; ayant entendu un soir un berger qui jouait de la flûte et qui chantait en gardant ses chameaux dans une vallée de la mer de Feuilles :

« Ah! lui cria mélancoliquement Bajazet, ne me chante à présent d'autre chanson que celle-ci, la seule que je me chante à moi-même dans mon âme : *Sultan! tu ne devais pas laisser tomber Siwas, ni périr ton fils!* »

XX

Cependant Timour, après la conquête de Siwas, s'était un peu détourné de sa route directe sur la Bithynie pour marcher sur Alep, où il avait à venger quelque vieille injure du sultan d'Égypte, maître alors de la Syrie. Toutes les troupes de l'Égypte, de la Syrie et de l'Arabie couvraient Alep. L'aspect des éléphants de Timour, du haut desquels les Tartares, instruits par des transfuges grecs des arts de Byzance, lançaient des gerbes de feu grégeois, étonna les Égyptiens. Les éléphants, d'abord immobiles comme un mur, s'ébranlent à l'ordre de Timour, qui les dirigeait lui-même. Animés de la fureur du combat, et partageant la cause et la passion des hommes, ces monstres, invulnérables aux traits des Arabes, enlevaient les Égyptiens noués dans leurs trompes, les lançaient sur leurs compagnons, les piétinaient sous leurs pieds, les écrasaient sous leurs genoux, et ouvraient ainsi, comme des pionniers une large route aux Tartares.

XXI

L'armée égyptienne, ainsi enfoncée au centre et noyée aux ailes par deux cent mille cavaliers tartares, se précipita avec une telle démence de terreur vers la ville, que les fossés furent comblés de vivants et de morts entassés sous les remparts, et que Timour, faisant passer ses éléphants sur ce pont de cadavres, entra sans abaisser d'autre pont dans Alep. Le 30 octobre 1400, Alep fut submergée comme Siwas par ce déluge de la Tartarie. Tout ce qui ne put pas fuir dans le Taurus, dans le Liban ou dans le désert, périt sous le fer ou tomba dans l'eslavage des hordes de Timour. Comme partout, cependant, Timour sauva et protégea les lettrés de la ville conquise. L'élite de la pensée et de la sagesse humaine lui paraissait faire exception à cette humanité qu'il méprisait jusqu'au néant.

Quelques jours après la conquête et l'extermination de la plus grande partie de la population, il monta sur la plate-forme de la citadelle, et se délecta du riche paysage des jardins, des eaux, des collines et des montagnes de neige de l'horizon syrien d'Alep. Il convoqua là, autour de lui, les savants, les poëtes et les religieux de cette ville célèbre par la culture des lettres arabes, et il s'entretint familièrement non en maître, mais en disciple avec eux; puis, dans une conversation enjouée, il leur adressa quelques questions captieuses dont la réponse, si elle n'était pas une adulation, pouvait être un danger pour ces sages.

« Résolvez-moi, leur dit-il, des doutes que les sages de mes écoles de Samarcande n'ont jamais su éclaircir pour moi. »

Tous se rejetèrent le périlleux honneur de répondre au vainqueur d'Alep. L'historien Ibn-Schohné accepta seul le dialogue.

« Quels sont ceux, lui demanda le khan, qui ont été les martyrs aux yeux du ciel dans la bataille sous vos murs?

» — Ce sont ceux, lui répondit l'historien, en empruntant un mot du prophète lui-même dans le Coran, qui ont combattu pour la parole de Dieu. »

Timour se contenta de l'ingénieuse équivoque qui laissait Dieu juge de la justice de la cause musulmane des deux côtés. Il sourit, et montrant de la main aux lettrés d'Alep sa jambe estropiée et la maigreur de son corps usé par la guerre et la vieillesse :

« Regardez, leur dit-il, je ne suis que la moitié d'un homme, et pourtant j'ai conquis l'Irak, la Perse et les Indes.

» — Rends-en gloire à Dieu, lui répliqua le muphti d'Alep, et ne tue personne.

» — Dieu m'est témoin, dit avec une apparente sincérité le destructeur de tant de millions d'hommes, que je ne fais mourir personne par volonté préméditée; non, je vous le jure, je ne tue personne par cruauté; mais c'est vous qui assassinez vos âmes! Allez, je vous garantis vos vies et vos biens. »

L'heure de la prière du soir étant venue pendant l'entretien, il pria, se prosterna, s'agenouilla comme un simple croyant avec eux.

XXII

Lui-même ne pouvait plus contenir le torrent qu'il avait déchaîné. De nouveaux corps de son armée, se succédant les uns aux autres pendant vingt jours, saccageaient malgré lui, dans la ville conquise, ce que les premiers avaient épargné. Pendant que Timour, suivant l'usage de la Tartarie, célébrait le festin de la victoire dans le palais d'Alep, les cris des habitants égorgés se mêlaient au chant de ses musiciens et aux hymnes de ses poëtes. Timour sortit pour réprimer le carnage.

« Qu'on épargne, dit-il, les chrétiens et les musulmans, je ne fais la guerre qu'aux idolâtres et aux assassins de leurs âmes : ce sont leurs têtes seules qui doivent construire la pyramide qu'on va élever en mon nom. »

Il contourna, en quittant Alep, les bases du Liban, et s'avança, par la vallée du Bkaâ, vers Balbeck, ce prodige inexpliqué du désert. Les gigantesques monuments de Balbeck, dont il attribua la construction aux démons ou génies, ne pouvant les attribuer à des hommes, lui parurent dépasser ceux de Persépolis. Il éprouva de l'envie contre les souverains inconnus de ces mystérieux édifices.

« Les hommes, dit-il, ont-ils donc dégénéré, ou les pierres ont-elles végété après avoir été arrachées des carrières ? » Les monuments de Samarcande lui semblaient mesquins auprès de Balbeck et des ruines de Palmyre.

Son avant-garde touchait déjà, après avoir traversé l'Anti-Liban, à la plaine de Damas, plaine semblable à la Tartarie, arrosée, boisée et féconde. Il la contempla avec ravissement du haut des collines qui lui servaient de ceinture du côté du nord. L'armée égyptienne épouvantée rentrait une seconde fois dans ses portes (1401).

Jamais ville ne fut plus faite pour être contemplée d'en haut, et pour tenter l'ambition d'un conquérant. Entourée d'une ceinture de jardins verdoyants dont les abricotiers jonchent le sol de leurs fruits dorés, et dont sept rivières arrosent les pelouses, à une courte distance des montagnes de l'Anti-Liban qui servent d'un côté de sombres murailles à ce jardin de la Syrie; ouverte de l'autre côté sur le désert sans horizon, plein de mystère et au fond duquel l'imagination ne s'arrête qu'à Babylone ou à Bagdad, Damas, enceinte de murailles de marbre blanc et noir, dentelée de créneaux, surmontée de tours, élançant comme des tulipes d'albâtre et d'or ses dômes et ses minarets dorés dans un firmament toujours libre, effaçait Samarcande, et présentait aux yeux de Timour la capitale merveilleuse qu'il avait rêvée pour la Tartarie. Damas avait de plus, pour lui, un caractère qui joignait la superstition au prestige. C'était une ville sacrée; c'était le séjour et le tombeau de ces califes ommiades, successeurs du prophète, dont il avait lui-même adopté la foi, et dont il voulait étendre l'empire sur toute la terre. Il resta longtemps en extase, en prière et en adoration devant cette apparition de la ville sainte. En se relevant de cette contemplation muette, il donna à son armée les postes et les mouvements que lui indiqua à lui-même son coup d'œil exercé par tant de siéges et de combats. Il ne doutait pas d'une prompte capitulation.

XXIII

Cependant une trahison domestique suspendit quelques jours sa victoire. Un jeune insensé, Mirza Houssein, son neveu, séduit par on ne sait quelle ambition chimérique, ou poussé à l'ingratitude par un mécontentement de cœur, quitta son camp pendant la nuit, se présenta aux portes de Damas comme un transfuge qui venait combattre avec les Arabes contre les Tartares, et fut accueilli en libérateur dans la ville. On le promena, suivi d'un cortége royal, dans les rues de Damas. Le peuple crut opposer en lui un rival au maître du monde. L'illusion ne tarda pas à s'évanouir. Les fleuves taris par le détournement des eaux, les murailles minées par des excavations souterraines, un moment soutenues par des piles de bois et bientôt incendiées sous leurs fondements, ouvrirent, comme à Siwas, la route aux Tartares. Houssein, livré à son oncle par le peuple pour en obtenir merci, fut traité par Timour en insensé plus qu'en parricide. Le khan se borna à lui faire infliger, en sa présence, le supplice humiliant du bâton sur la plante des pieds; il le renvoya après libre à sa mère, sœur de Timour.

Un million de ducats d'or racheta la vie du peuple. Le gouverneur et la garnison de la forteresse subirent la mort, pour avoir retardé de quelques heures la fortune du conquérant. Les lettrés, les religieux, les artistes, les ouvriers consommés dans la fabrication des armes, furent envoyés en masse à Samarcande, pour civiliser, dans la Tartarie, ce même Orient qu'il ravageait dans la Mésopotamie.

Mais ici, comme à Alep, la politique du fondateur de Samarcande fut éludée par la férocité de ses soldats. L'armée que Timour retenait sous différents prétextes hors des murs s'y engouffra un jour malgré lui; sous prétexte de venger la cause du calife Ali contre Omar, massacra la population presque entière et incendia la capitale de l'hérésie sous les yeux du khan.

« Les maisons et les palais de Damas étaient alors, disent les témoins de cette grande ruine, construits en terre, en pierres, en marbre jusqu'au premier étage; la partie supérieure des édifices était construite en bois précieux sculptés. Ces bois s'allumèrent comme un bûcher préparé et desséché par les siècles; un brasier de sept lieues de circonférence flotta pendant sept jours et sept nuits, comme une mer de feu, ondoyant avec ses flammes de toute couleur, au gré des vents, sur la plaine environnante. Le cyprès, le sandarac, le sumac, le cèdre, bois ou vernis odorants qui décoraient ces palais, répandirent, avec leur fumée dans l'air, une odeur de parfum qu'on respira jusqu'à Palmyre et à Jérusalem. C'était l'encens de ce sacrifice de sang et de feu à la barbarie. »

XXIV

Timour le contempla avec tristesse; il n'osa pas sévir contre la superstition de son armée; mais il voulut sauver au moins la grande mosquée des califes ommiades, temple jadis chrétien, devenu, comme Sainte-Sophie de Constantinople, un temple de l'islam. Il s'y porta avec sa garde pour éteindre le feu; il était trop tard. L'ardeur de l'incendie avait déjà fondu le plomb qui recouvrait le dôme. Des torrents de ce métal liquéfié tombaient sur les murs, et en interdisaient l'approche aux soldats. Le dôme s'écroula sur les fondations, et ce chef-d'œuvre de l'architecture arabe disparut pour jamais de l'horizon du désert. Il ne resta debout qu'un seul minaret, détaché de la mosquée, et dont la flèche existe encore. C'est au sommet de ce minaret que les traditions arabes des musulmans assignent l'apparition de Jésus-Christ, à la fin des siècles, quand il viendra faire la séparation des justes et des impies dans la vallée de Josaphat.

XXV

Timour, après ce désastre, expiation de sa victoire, reposa, selon sa coutume, son armée dans la plaine de Damas, appelée *un des quatre paradis* du globe. La plaine de Damas, ombragée de ses vergers, rafraîchie de ses eaux courantes, la vallée de Bevivan, en Perse, la vallée de l'Euphrate, au-dessous de Bagdad, et enfin la plaine grasse et humide de Samarcande, étaient aux yeux des Tartares les quatre paradis promis à leur nation. Ils se complaisaient à les traverser, et à y faire halte tour à tour.

Pendant cette halte de son armée dans la plaine syrienne, il traversa le désert de quarante jours avec un corps d'élite, et courut assiéger Bagdad une troisième fois révoltée. Sa vengeance fut cette fois sans pitié. Les cent mille Tartares qui l'avaient suivi au siége de Bagdad reçurent ordre de lui apporter chacun une tête des révoltés. Tout périt, depuis l'âge de huit ans jusqu'à l'âge de quatre-vingts ans, dans Bagdad; mais il sauva encore les lettrés, les artistes, les ouvriers, les prêtres, les poëtes, les historiens, les savants, tout ce qui pouvait porter l'intelligence ou la civilisation à sa propre race.

Pour accomplir avec lui les saints pèlerinages aux tombeaux des califes, il fit venir, de Samarcande à Bagdad, sa sultane favorite, l'impératrice Toumanaga, sa fille chérie Beghsyaga, et sa cousine Sadékin. Ces femmes préférées de Timour lui apportèrent de Samarcande des vêtements brodés de perles, et répandirent sur sa tête, comme la poussière, les diamants de l'Inde, dont il les avait lui-même comblées à son retour de Golconde.

XXVI

De là, ralliant autour de lui tous les corps de son armée commandés par ses fils, ses petits-fils, ses neveux, ses principaux khans, il reprit sa course interrompue vers la presqu'île bornée par la Méditerranée et la mer Noire, et campa, non loin des rives de Siwas, sur la limite de l'empire ottoman. Quelques lettres, inutilement échangées entre Bajazet Ildérim et Timour, au lieu d'éteindre la guerre imminente, l'aigrirent et l'envenimèrent. Timour répugnait à attaquer, dans les Turcs du même sang que lui, des champions de la foi du prophète, qui combattaient comme lui pour le triomphe de l'islamisme. Cette guerre lui semblait une sorte de guerre civile aussi impolitique dans ses résultats qu'impie dans sa victoire. Il est impossible de méconnaître que la négociation qui précéda la lutte fut modérée, patiente, conciliatrice du côté de Timour, violente, absolue, injurieuse du côté de Bajazet. Pour honorer les derniers ambassadeurs de Bajazet, et, peut-être, pour leur donner une idée imposante de sa force, il ordonna, en leur présence, une grande chasse tartare sur les deux rives de l'Araxe, fleuve limitrophe, qu'il tardait encore à franchir. Des plaines, des montagnes, des provinces entières furent cernées, dans cette chasse, par un cordon continu de l'armée tartare, rangée sur dix hommes de profondeur. Ces troupes, en se resserrant, amenèrent, aux pieds du khan et des ambassadeurs, des nuées de gibier et de bêtes féroces qui tombèrent sous les flèches des émirs. Les envoyés de Bajazet partirent comblés de riches présents. Timour donnait encore, jusqu'au printemps, la réflexion et la résipiscence à Bajazet. Il ne lui demandait que la restitution d'une forteresse et la restauration, sur leurs trônes, des émirs de Caramanie et de Kermian, expulsés par ses lieutenants.

Les princes, fils ou petits-fils de Timour, le rejoignirent successivement sur l'Araxe. Mohammed-Mirza, le plus jeune et le plus chéri de ses petits-fils, fut accueilli, par son aïeul, en favori de sa maison et en héritier de l'empire. Timour, après l'avoir serré dans ses bras, en versant des larmes de joie, lui posa une couronne d'or sur la tête. Il lui fit le présent royal des Tartares, neuf rangs de chevaux de guerre, chacun de neuf chevaux arabes, turcomans ou persans. Chaque rang était composé de chevaux de poils différents, depuis le noir de la nuit jusqu'au blanc sans tache. Chacun de ces chevaux était sellé, bridé et harnaché d'or et de perles. L'hiver de 1401 à 1402 s'écoula ainsi dans les fêtes militaires. Une comète, qui parut dans le ciel comme le flambeau de la guerre agitant ses reflets de sang et de feu, épouvanta, au commencement du printemps, les peuples depuis l'Inde jusqu'à Byzance.

Une lettre plus insolente de Bajazet, en réponse aux lettres de Timour, confirma ces sinistres présages de guerre. Bajazet sommait le Tartare d'évacuer ses frontières, et ajoutait à la sommation la pire des insultes entre musulmans : il disait à Timour qu'il se sèvrerait de son harem et se croirait indigne d'approcher une femme tant qu'il ne l'aurait pas puni de son invasion dans ses États.

A la fin de cette lettre, Bajazet signait son nom en lettres d'or majuscules au-dessus du nom de Timour écrit en lettres infimes comme le nom d'un vassal méprisé.

A cette insulte et à ces menaces, aussi indécentes dans les termes que dédaigneuses dans le fond, puisque l'usage entre hommes qui se respectent dans l'Orient est de ne jamais parler de leurs femmes : « Décidément le fils de Mourad est fou! » s'écria Timour. Il passa le lendemain ses troupes en revue, et complimenta son petit-fils Mohammed-Mirza sur l'heureuse idée que ce jeune prince avait eue de donner un habit et une couleur uniformes à chacune des tribus dont son corps d'armée était composé. C'est la première fois, dit l'historien Chereffedin cité par Hammer, que l'uniforme militaire apparut en Asie. Les cavaliers de Mohammed-Mirza avaient leurs drapeaux, leurs caftans, leurs housses, leurs selles, leurs cuirasses, leurs carquois, leurs boucliers, leurs masses d'armes peintes en rouge. L'infanterie portait le rouge et le blanc. Des cuirasses, les premières qu'on vit éclater en mailles d'acier sur des régiments entiers, distinguaient des escadrons invulnérables.

Une journée d'été suffit à peine pour que l'armée défilât devant le cheval du khan. Il descendit, au coucher du soleil, de son cheval, et, se prosternant à terre, il fit la prière avec ses soldats. En se relevant, il offrit une dernière fois la paix aux ambassadeurs de Bajazet.

« Dites à votre maître, leur répéta-t-il d'une voix adoucie par la réflexion, qu'il peut encore, en acceptant mes conditions justes et modérées, épargner cette dissension fatale aux serviteurs du Dieu unique, et ces torrents de sang humain à l'Asie. »

Bajazet fut sourd aux avances de Timour comme aux

conseils de ses vizirs et de ses généraux. En vain la désertion des Tartares de sa garde, embauchés par les émissaires de Timour, et une révolte des janissaires, pour la solde, l'avertissaient de l'opinion de son armée, il persévéra dans son vertige.

« Payez au moins vos troupes, lui dirent ses conseillers. A quoi vous serviront ces trésors accumulés dans vos palais de Brousse, s'ils ne servent à sauver ces palais eux-mêmes? Le miel qu'on mange dans la nuit est souillé de la cire et du cadavre des abeilles; il en est de même des trésors gardés dans les coffres : quand vient l'heure des ténèbres et de la confusion, il n'est plus temps de les dépenser. »

Bajazet, dominé par l'orgueil et par la volupté, refusa de donner à son salut les richesses conservées pour ses plaisirs; il continua de marcher, en s'abusant lui-même, vers Tokat, ville turque à moitié chemin de Siwas et de Brousse, comme pour affronter Timour. L'habitude de tant de victoires, remportées par lui sur les armées aguerries de l'Europe, lui faisait mépriser ces Tartares, qui n'étaient à ses yeux qu'un déluge d'hommes incapables de se mesurer avec les Ottomans.

XXVII

Timour, informé jour par jour de sa marche et du nombre de ses soldats, ébranla enfin son armée (1402), et, traversant les immenses forêts qui séparent Siwas d'Angora (Ancyre), il choisit du regard, autour de cette ville centrale de la Cappadoce et dans le large bassin formé par les montagnes qui s'écartent, le champ de bataille où il allait décider de l'empire entre les Ottomans et les Turcs orientaux ou Tartares. C'était le même champ de bataille, remarque l'historien byzantin Ducas, où le grand Pompée avait autrefois battu Mithridate, ce dernier roi rebelle à l'ambition romaine, au pied du mont Stella. Il semble que l'instinct de la guerre conduise, de siècle en siècle, les armées des empires qui se succèdent aux mêmes rendez-vous de lutte, pour se disputer la fortune, et que la géographie a dessiné d'avance certains champs de bataille comme des champs clos pour ces grandes immolations de l'humanité.

Timour, pour provoquer Bajazet à cette rencontre sur un terrain choisi et approprié d'avance par lui à sa tactique, feignit d'assiéger la riche et populeuse ville d'Angora, que Bajazet ne pouvait s'empêcher de secourir. Il fit miner les remparts et détourner les eaux de la petite rivière d'Angora, qui servait de fossé à ses vergers. Bajazet, qui campait lui-même à une faible distance entre Tokat et Angora, se laissa entraîner au piége et accourut au secours de sa capitale. Il espérait prendre les Tartares entre deux armées, celle d'Yacoub-Pacha, gouverneur d'Angora, et la sienne; mais, en débouchant avec les Ottomans dans la plaine au delà d'Angora, il trouva l'armée de Timour en bataille à trois lieues des murs et de l'autre côté de la rivière, que Timour lui laissait à franchir sous une nuée de de traits avant de l'aborder sur ses hauteurs.

XXVIII

Les deux guerriers se mesurèrent un moment du regard comme pour attendre chacun un faux mouvement de son adversaire. Mais Timour, approvisionné de troupeaux, d'herbes, de grains, et fort de la situation culminante qu'il couvrait, au bord d'une rivière suffisante pour abreuver sa cavalerie, ne fit ni un pas ni un geste devant Bajazet. Celui-ci, sans doute pour appeler à son tour le khan des Tartares sur un terrain plus hasardeux, parut se détourner avec mépris d'Angora, comme si de telles hordes eussent été indignes de son attention, et, se rejetant sur la gauche, il ordonna à son armée une grande chasse pour s'approvisionner de vivres.

C'était au commencement du mois de juillet (1402); la chaleur, concentrée dans les gorges d'Angora, brûlait les herbes; cinq mille chevaux et un grand nombre de cavaliers de Bajazet périrent de soif, de fatigue et de chaleur sur le plateau sans ombre où son imprévoyance les avait lancés pour ce fastueux exercice. Cette chasse se prolongea pendant trois longues journées d'été hors de la vue de l'armée tartare. Timour croyait que son ennemi, frappé de terreur à son aspect, cherchait un détour par d'autres vallées pour se replier sur Tokat. Il n'en était rien : Bajazet n'était frappé que de vertige. Son armée, épuisée de force, non de courage, reparut le troisième jour dans la plaine d'Angora; mais Timour avait profité de l'éloignement des Turcs pour barricader les abords de la rivière et pour tarir les seules sources de la plaine qui pouvaient abreuver l'armée de Bajazet. Il n'avait laissé ainsi aux Ottomans que l'option également fatale entre une retraite humiliante et une bataille dont il avait choisi et fortifié à loisir le site et la position.

XXIX.

Jamais, depuis Gengis-Khan et Alexandre, le ciel de l'Asie n'avait éclairé un si vaste rassemblement d'hommes. Bien que Timour n'eût amené avec lui au combat que l'élite la plus aguerrie de ses Tartares, cinq cent mille combattants à pied ou à cheval couvraient les collines en amphithéâtre qui s'élevaient derrière la rivière dans le bassin au nord d'Angora. Bajazet, qui avait appelé à lui tous ses tributaires ou tous ses alliés, Turcs, Bulgares, Albanais, Hongrois, Serviens, depuis le golfe méditerranéen de Satalie jusqu'au bord du Danube et aux montagnes de l'Épire, commandait un nombre à peu près égal de soldats. Les historiens arabes, grecs, ottomans, s'accordent à évaluer à plus d'un million d'hommes les deux armées prêtes à s'entre-choquer dans ce champ clos. La disposition naturelle du site ajoutait à la majesté tragique du spectacle. La plaine, les gradins et les montagnes âpres d'Angora formaient un cirque digne de ces gladiateurs des deux Asies.

XXX

Timour, suivi partout, selon les mœurs patriarcales des peuples pasteurs, de tous les membres de sa famille en âge de porter les armes, avait divisé son armée en neuf corps, nombre sacré chez les Tartares. Quatre de ses fils et cinq de ses petits-fils commandaient chacun une de ces neuf divisions de son armée. Lui-même, le plus vieux et le plus consommé des guerriers de sa race, s'était réservé le commandement suprême de ces corps subordonnés dans l'action à une seule pensée. Miranschah, son fils aîné, commandait sous lui tous les corps qui allaient combattre à sa droite. Aboubekre, fils de Miranschah, servait de lieutenant principal à son père. Le dévouement filial s'ajoutait dans cette hiérarchie de commandement de famille à l'obéissance du subordonné à son général. Schah-Rokh et Khalil, le second et le troisième fils de Timour, commandaient à la gauche du khan. Mirza-Mohammed, ce favori de Timour, fils de son premier-né Djehanghir, dont le khan avait tant pleuré la mort, commandait, malgré son extrême jeunesse, le centre des Tartares, sous l'œil et sous la main de Timour. Ce prince, qui reportait sur cet adolescent toute la tendresse qu'il avait eue pour Djehanghir, voulait que la plus grande part de gloire dans cette bataille illustrât avant l'âge ce petit-fils prédestiné par lui à la meilleure part de l'empire.

Quarante émirs ou généraux de toutes les grandes prinipautés de la Perse et de la Tartarie étaient distribués à leur rang de combat sous ces jeunes princes étagés entre les bords de la rivière et le mamelon élevé d'où Timour, à cheval, contemplait l'ordre de ses combattants. Quarante divisions de cavalerie d'élite étaient contenues en réserve derrière lui, à l'ombre de ce mamelon, prêtes à s'élancer sur les traces du khan pour réparer une brèche dans le combat ou pour achever une victoire. Cinquante éléphants chargés de tours formaient comme autant de citadelles mobiles sur le front de l'armée de Timour.

XXXI

Bajazet, selon l'usage des Turcs, tribus pastorales aussi de Tartares, avait pour premiers lieutenants ses propres fils. Soliman-Schah, son premier-né, gouverneur de la Cappadoce, commandait à droite toute l'armée d'Asie. Le roi des Serviens, Lazare, dont Bajazet avait, comme on l'a vu, épousé la sœur, commandait à gauche l'armée d'Europe. Le sultan Bajazet, lui-même, s'était réservé le commandement de l'élite des deux armées d'Europe et d'Asie accumulée au centre. Trois de ses jeunes fils, Isa, Mousa et Mustafa, dont nous verrons bientôt les malheurs précoces, servaient de seconds au sultan. Une réserve imposante, sous les ordres de son second fils Mohammed, se tenait à distance à demi dérobée par un cap de montagnes qui rétrécissaient la plaine derrière les Turcs.

XXXII

La première aube du jour sur les montagnes d'Ancyre ou d'Angora éclaira ces deux armées déjà en ordre de bataille, mais encore immobiles. Au moment où le soleil dissipa entièrement l'ombre au pied des collines, aux roulements des tambours des Turcs et au cri d'*Allah*, répercuté de rocher en rocher, l'armée de Bajazet s'ébranla pour franchir l'espace qui la séparait de la rivière. A ce bruit, à cette poussière, les Tartares poussèrent d'une seule voix leur cri de guerre de *Surun! En avant!* Timour suspendit d'un geste cet élan, et, descendant de son cheval, fit lentement sa prière en vue de son armée, comme si la confiance de vaincre lui avait enlevé toute impatience du combat; puis, étant remonté à cheval, il donna l'ordre de manœuvrer pour tourner les Serviens, qui, en s'approchant trop des Tartares, laissaient de l'espace entre eux et les montagnes auxquelles Bajazet les avait adossés. Miranschah et Aboubekre, son fils et son petit-fils, exécutèrent rapidement cette pensée du khan; mais leur impétuosité se brisa contre l'intrépide immobilité d'une réserve de montagnards serviens qui refoulèrent cette cavalerie sur le camp.

A cet aspect, le jeune Mohammed-Schah se précipita à genoux devant le cheval de son aïeul pour obtenir de lui la permission de voler avec le centre au secours de ses oncles. Timour resta muet jusqu'au moment où il aperçut l'armée d'Asie de Bajazet, qui dépassait le niveau de la ligne des Ottomans pour tourner témérairement ses propres collines.

Fondant alors avec les masses épaisses de son corps d'élite, et se faisant suivre au galop par ses quarante divisions de réserve, il coupa en deux l'armée d'Europe et l'armée d'Asie, rejetant l'une sur les collines de sa droite, l'autre dans les marais de sa gauche, immolant au centre des milliers d'Ottomans, et forçant Bajazet lui-même, entraîné dans le reflux de ses escadrons, à fuir avec dix mille de ses janissaires sur un mamelon détaché des montagnes dont la pente rapide arrêtait l'élan des cavaliers tartares.

XXXIII

Arrêtée et déconcertée par cette rupture de la ligne de bataille, et sans liaison désormais avec le centre anéanti de Bajazet et avec l'armée d'Europe et d'Étienne Lazare, l'armée d'Asie, composée de Caramaniens, et de Kermiens mécontents, et de corps turcomans qui voyaient des frères dans les Tartares, cessa de combattre, salua d'un cri ses anciens princes, reconnus par eux dans l'armée de Timour, et passa presque tout entière transfuge, au milieu du combat, dans les rangs des ennemis.

Les Tartares, libres de ce côté, vainqueurs au centre, refoulés seulement à gauche par l'armée d'Europe, s'accumulèrent en innombrables bataillons sur les Serviens. Lazare, leur chef, ne s'intimida ni du nombre, ni de la situation désespérée où la trahison de l'armée d'Asie et la retraite de Bajazet jetaient ses braves compatriotes. Formant les Serviens en épaisse colonne couverte de fer et inébranlable aux charges des Tartares, il traversa obliquement à travers cette multitude la plaine d'Angora, dans laquelle il s'était trop avancé le matin, il atteignit le pied des collines au sommet desquelles les Serviens, en les gravissant, pouvaient trouver leur salut ou leur liberté dans la fuite. « Ces misérables paysans sont des lions! » s'écria Timour, étonné de tant de courage. La certitude de la victoire lui laissait la liberté d'esprit d'admirer des héros dans les vaincus.

XXXIV

Cependant Lazare, après avoir sauvé ainsi tout ce qui pouvait être sauvé de l'armée d'Europe, ne songea plus pour lui-même qu'à bien mourir ou à sauver aussi Bajazet, son beau-frère et son ami. Franchissant sur un cheval ensanglanté et sous une nuée de flèches l'intervalle qui le séparait du sultan et des janissaires : « Il en est temps encore, dit-il à Bajazet, abandonnons un champ de carnage où nous n'avons plus à conquérir que la mort du petit nombre de braves qui nous entourent, et sauvons l'empire en sauvant son chef et ses fils. »

Bajazet, soit orgueil, soit découragement, soit fatalisme, repoussa comme une honte le salut par la retraite que lui conseillait son beau-frère. Lazare alors, voulant au moins sauver ses neveux, entraîna loin du champ de bataille le fils aîné de Bajazet, le jeune Soliman, arraché tout sanglant du champ de bataille par l'aga des janissaires Hassan et par le brave grand vizir Ali-Pacha. Lazare, s'enfonçant avec eux sur des chevaux frais dans les défilés qui mènent d'Angora vers la mer, ravit cette proie à Timour. Les émirs d'Amasie, auxiliaires de Bajazet, enveloppèrent également de leurs chevaux son autre fils, Mohammed, et le dérobèrent au galop dans les sentiers presque inaccessibles des montagnes du noyau de l'Anatolie.

Bajazet, satisfait d'avoir au moins assuré le salut de ses deux fils, continua de combattre pour la gloire ou pour la mort jusqu'au milieu du jour, derrière un rempart de ses dix mille janissaires, qui lui faisaient une enceinte de leurs cadavres. Jamais fidélité ne fut à la fois plus désespérée et plus inébranlable. L'âme du héros retrouvé dans Bajazet au fond de sa ruine avait passé dans tous ces jeunes soldats. Ils savaient que leur naissance parmi les chrétiens et leur nom de renégats ne leur laissaient que le choix de la mort, ou sur le champ de bataille, ou sur le champ du supplice. La retraite des Dix-Mille, après la mort de Cyrus, n'égala pas le suicide glorieux des dix mille janissaires autour du corps de leur sultan. Quand l'ombre du soir commença à obscurcir les flancs escarpés de la montagne dont Bajazet occupait un promontoire avancé sur la plaine, on lui présenta son cheval, caché depuis le matin derrière des rochers; il le monta et s'enfuit, suivi d'un petit groupe de cavaliers, dans les sentiers boisés du mont Stella. Quatre de ses fils avaient disparu. Mohammed fuyait vers Amasie, Isa vers la Caramanie, Soliman, avec Lazare, vers l'Europe, Mustafa, qui ne reparut jamais, laissa le cœur de son père incertain s'il était tombé sous les cadavres sur le champ de bataille, ou s'il languissait dans l'esclavage de quelque soldat tartare, dans les landes de Bokhara. La suite qui accompagnait le sultan dans la fuite et dans la nuit ne se composait plus que de Mousa, son dernier enfant, d'Ali-Beg, de Mustafa-Beg, du chef des eunuques du sérail et du beglerbeg Timourtasch, le plus renommé et le plus opulent de tous ses généraux, gouverneur naguère de tous ces royaumes de l'Anatolie, à travers lesquels il cherchait maintenant à sauver son maître.

XXXV

Les cavaliers tartares de Timour suivaient de près la trace de Bajazet, brûlant de ramener au camp de Timour une telle proie. L'aurore allait naître, et Bajazet, qui entendait derrière lui le galop des chevaux tartares, allait leur échapper en traversant à la nage un torrent rapide, quand un fer de son cheval, usé par les rochers, se détacha à demi et fit abattre le coursier du sultan. Nul de ses compagnons ne voulut se sauver sans son maître; pendant qu'un des begs présentait son propre cheval au sultan, un émir tartare descendant de Gengis, khan du Djaghataï, Mahmoud, atteignit avec ses rapides cavaliers le groupe des Ottomans et les écrasa sous le nombre. Bajazet, son fils Mousa, Timourtasch, le vizir, les begs, les eunuques, tombent dans les fers du vainqueur. Les prisonniers furent amenés le lendemain au camp des Tartares et au seuil de la tente de Timour.

Timour, entouré de son armée victorieuse et désormais sans ennemis devant lui, jouissait en ce moment à l'ombre de sa tente du loisir cher aux Tartares comme aux Ottomans; il jouait au jeu des échecs avec son fils Schah-Rokh, l'espoir, la force de sa race, à qui il avait déjà donné l'empire du Kurdistan. Il venait, disent les chroniques de sa cour, de déplacer le roi contre la tour, c'està-dire la royauté contre la prison, quand on accourut lui annoncer la prise du sultan et la captivité de ce prince.

L'ingénieux raffinement d'esprit des Persans, qui cherche des interprétations dans les consonnances et dans les doubles significations des mots, trouva une étrange analogie de circonstances dans ce coup de Timour sur le damier et dans le sort de Bajazet sur le champ de bataille; c'est de là, dit-on, que fut donné au fils de Timour, qui jouait contre son père, le surnom de *Schah-Rokh*, qui signifie en persan roi et tour. Bajazet, couvert de poussière et de sang, parut au même instant devant Timour.

XXXVI

Le vainqueur n'eut point d'orgueil ni l'insolence du triomphe devant le vaincu. Sa haute philosophie, exercée à l'école de tant d'historiens, de tant de vicissitudes des batailles, se souvint des maximes des sages, et respecta le doigt de Dieu, même dans l'ennemi renversé par lui. Il se souvint surtout que Bajazet combattait pour la même foi et pour la même race que lui, et il lui demanda presque pardon de sa victoire. Il le fit à l'instant décharger de ses liens, le pria de s'asseoir sur le devant de la tente au même rang que lui, l'entretint, d'une voix douce et consolante, de sa défaite honorée par son courage et du regret qu'il avait lui-même d'être obligé de vaincre un frère dans l'islamisme et un égal dans l'empire, dont il aurait préféré l'amitié à la ruine. Il lui fit le serment que son honneur et sa vie ne courraient aucun risque dans sa courte captivité. Il ordonna qu'on dressât pour le sultan, son hôte plus que son prisonnier, trois tentes impériales à côté de celles du khan lui-même, dans lesquelles il serait servi avec les respects et les magnificences dus à son rang, à sa bravoure, à son infortune.

Bajazet, attendri d'un pareil accueil, ne put retenir ses larmes en pensant à ses quatre fils, dont il ignorait encore la destinée.

Timour ordonna à des détachements rapides de se porter partout où l'on pouvait espérer de les atteindre et de les ramener vivants à leur père. Mustafa, vraisemblablement confondu avec les cadavres de soixante mille Ottomans, ne pouvait être rendu à son père. Peut-être Timour, informé de la mort de ce jeune prince, voulut-il laisser par compassion l'incertitude sur cette perte dans le cœur de son prisonnier. Soliman et Isa étaient déjà à l'abri dans les gorges du mont Taurus; les Tartares ne purent atteindre que Mousa, découvert dans une caverne du mont Stella, où il avait été retenu par ses blessures. On le rapporta à Bajazet couvert d'un caftan d'honneur, et sa présence consola la douleur de son père.

Deux des principaux émirs de la Tartarie, Hassan Berlas et Tschempaï, furent chargés par Timour de la garde et du service d'honneur des tentes du sultan. L'un d'eux avait déjà été ambassadeur de Timour auprès de Bajazet et lui adoucissait, par les souvenirs de Brousse, le sentiment de sa captivité.

XXXVII

Cependant les deux fils de Bajazet échappés à la poursuite des Tartares après la bataille d'Angora, informés des égards que Timour montrait à leur père, et, craignant que quelque démembrement de l'empire ne fût le prix de sa rançon, se concertèrent, par des émissaires secrets cachés sous l'habit de derviche, avec Bajazet, pour lui faire recouvrer sa liberté par la fuite. Mohammed se rapprocha du camp des Tartares afin de diriger avec plus de vigilance et de mystère le complot de cette évasion. Des pionniers turcs du nombre de ceux qui avaient déserté, avec l'armée d'Asie, la cause de Bajazet, et qui étaient enrôlés alors dans l'armée de Timour, se souvenant de leur ancienne fidélité, se laissèrent facilement séduire par les intrigues de Mohammed. Ces hommes, dont le service dans l'armée consistait à miner les remparts des villes pour les faire écrouler sous leurs défenseurs, possédaient l'art et les outils nécessaires à ces excavations souterraines et muettes. Bien que Bajazet jouît dans l'intérienr de ses tentes d'une complète liberté, des gardes d'honneur, chargés de surveiller et de suivre tous ses mouvements, étaient postés le jour et la nuit autour de ces tentes. Les entrailles de la terre étaient donc la seule voie de fuite qui fût laissée au sultan.

Sur le plan donné à ces mineurs par Mohammed, ils s'établirent dans une tente la plus rapprochée de l'enceinte où s'élevait celle de Bajazet, et, après avoir étudié de l'œil la distance et la direction d'une tente à l'autre, ils creusèrent sans bruit un boyau qui aboutissait sous le tapis du prisonnier. Quelques coups de pioche auraient suffi au premier signal pour percer le plancher de la tente impériale, et pour faire disparaître Bajazet aux recherches de ses gardiens. Des coursiers rapides, placés par Mohammed de distance en distance sur les sentiers des montagnes qui conduisent à Amasie, assuraient le succès de sa fuite.

XXXVIII

Bajazet et le chef des eunuques, Firouz-Beg, qui couchaient seuls dans la tente, étaient déjà revêtus de leurs caftans et de leurs armes, pour descendre au dernier éboulement du sol dans le souterrain, quand les gardes de minuit, qui venaient relever ceux de la veille, entendirent un bruit étrange sous leurs pieds, et, collant l'oreille à terre, reconnurent les coups sourds et réguliers de la sape. Ils se précipitèrent dans la tente du sultan, et ne doutèrent plus de son plan de fuite, en le trouvant debout, vêtu et armé, avec le chef des eunuques. Les mineurs, entendant à leur tour le bruit et les reproches des gardes sur leurs têtes, favorisés par l'ignorance où l'on était de la direction et du point de départ du souterrain, jetèrent leurs outils, regagnèrent leur tente avant qu'elle eût été visitée, et s'évadèrent dans la campagne.

XXXIX

Timour, violemment offensé de ce que Bajazet s'était confié davantage à la ruse qu'à sa générosité, fit comparaître son prisonnier devant lui, lui reprocha sa tentative d'évasion comme un crime, et fit trancher, en sa présence, la tête de Firouz-Beg, son fidèle eunuque, pour avoir trempé dans la délivrance de son maître. On laissa cependant à Bajazet ses tentes, ses honneurs et la liberté intérieure, dont il avait joui jusque-là, pendant le jour, mais on l'enchaîna pendant la nuit dans une de ces litières grillées servant de lit que les Turcs et les Arabes appellent *kafes*, et dans lesquelles les femmes voyagent portées entre deux mules. De là la tradition populaire, mais erronée, qui se répandit dans l'Orient, de la cage de fer où Timour avait enfermé le sultan.

Le page bavarois Schildberger, qui, après avoir été sauvé par Bajazet du massacre des prisonniers hongrois après la bataille de Nicopolis, avait suivi le sultan à Angora, était devenu le prisonnier de Timour et l'esclave favori de son fils Schah-Rokh, ne parle pas même de cette cage de fer dans le récit oculaire et circonstancié de la captivité du sultan. D'autres historiens contemporains ajoutent que ce fut Bajazet lui-même qui, violemment humilié des regards des Tartares et des Syriens quand il entrait à cheval dans les villes à la suite de Timour, demanda à être soustrait à cette curiosité en voyageant dans une litière de femme derrière les grilles et les rideaux qui dérobaient sa honte. Quelques chroniqueurs byzantins, toujours amoureux de fables, surtout quand ces fables déshonoraient leurs ennemis, racontent sans plus de fondement que quand Timour montait à cheval, il faisait accroupir le sultan et se servait de son dos, comme d'un marchepied, pour s'élancer en selle. Timour respectait trop dans le sultan la conformité de foi et le caractère de la souveraineté, pour donner à son armée de tels exemples de la dégradation de la croyance et de l'empire. Schildberger et les écrivains persans, compagnons de l'expédition et du retour de Timour jusqu'à Samarcande, sont pleins de récits des entretiens enjoués ou philosophiques des deux empereurs qui démentent entièrement cette brutale tradition des Byzantins.

XL

Un jour que les deux souverains causaient familièrement, après le repas, de leurs fortunes diverses soumises à la distribution des destinées par Dieu à ses créatures :

« Il faut avouer, dit Timour au sultan, que nous devons tous deux de grandes actions de grâces au souverain maître des empires.

» — Pourquoi cela? lui demanda Bajazet.

» — Pour avoir donné ces empires, repartit Timour, à un boiteux comme moi et à un estropié comme toi. Voir un boiteux tel que je suis, et un impotent tel que tu es, gouverner l'un l'Asie et l'autre l'Europe, n'est-ce pas la plus grande preuve du mépris que le souverain maître fait de l'empire? » Puis, changeant d'entretien : « C'est parce que tu as été ingrat envers Dieu, ajouta Timour, qu'il t'a envoyé ces châtiments par moi, qu'il a chargé de te les infliger ; mais maintenant, mon frère, ne t'afflige pas, l'homme qui vit remonte facilement à la prospérité. »

On apporta en ce moment à Timour un vase rempli de lait caillé, délices des repas tartares ; Bajazet pâlit.

« Pourquoi pâlis-tu ? lui demanda Timour.

» — C'est que ce lait caillé, répondit le sultan, vérifie miraculeusement pour moi une prophétie que mon devin Djélaïr me fit un jour en m'annonçant que je mangerais un jour du lait caillé avec le khan des Tartares.

» — Ce Djélaïr, répliqua Timour en se moquant des devins qui substituent le merveilleux à la raison, seule inspiratrice de toute sagesse, était un habile homme, et je lui dois bien de la reconnaissance ; car, s'il n'avait pas été auprès de toi pour t'endormir de ses présages, tu aurais suivi ton bon sens, et tu ne serais pas ici maintenant avec moi. »

XLI

Timour, pour consoler son prisonnier, lui permit de faire venir auprès de lui les femmes les plus chères de son harem. La princesse de Servie, sœur de Lazare, arriva au camp de Timour, et y fut l'objet des respects du vainqueur de son mari. Timour exigea seulement, un jour, qu'elle lui tendît une coupe de vin de Chypre, seule vengeance qu'il voulût tirer de la lettre injurieuse dans laquelle Bajazet l'avait menacé lui-même de lui enlever son harem.

« Tes fils soulèvent partout l'Anatolie et l'Europe contre moi, dit-il un jour à Bajazet. Te reconnaîtraient-ils toi-même comme souverain si je te rendais la liberté ?

» — Brise seulement mes fers, répondit Ildérim, et je saurai bien les faire rentrer dans le devoir.

» — Courage, sultan, répliqua Timour, je veux seulement te conduire à Samarcande, et, quand tu auras vu mon empire et ma capitale, je te renverrai avec une armée dans tes États. »

Mais Bajazet, découragé par les nouvelles qui lui arrivaient de Brousse et d'Andrinople, par la décomposition de son empire, par les désobéissances et les dissensions de ses fils Soliman et Mohammed, tomba de ce jour-là dans une irrémédiable tristesse, et cessa de croire à la restauration de sa propre souveraineté.

L'empire, frappé de mort, en effet, dans une seule bataille, tombait en lambeaux sous ses yeux. Remontons au lendemain de la défaite d'Ancyre ou d'Angora, et suivons rapidement les pas des vainqueurs et les désastres du vaincu.

LIVRE HUITIÈME

I

On a vu qu'au moment où Bajazet ne combattait plus que pour la gloire ou pour la mort sur les cadavres de ses dix mille janissaires, il avait ordonné à ses fils de soustraire au moins les restes de son sang au fer de Timour et de chercher leur salut dans la vitesse de leurs chevaux. Soliman, son fils aîné, suivi de quelques généraux dévoués et du grand vizir, après avoir difficilement traversé par les sentiers les plus inaccessibles le groupe de montagnes qui séparent Angora d'Iénischyr, était arrivé à Brousse aussi promptement que la nouvelle de la déroute de son père (1402).

Mais la rapidité de Mohammed-Schah, petit-fils de Timour et le plus cher de ses enfants, n'avait pas permis à Soliman de rien sauver de Brousse de ce que le palais de Bajazet Ildérim renfermait de plus précieux. A peine Soliman touchait-il aux portes de cette capitale, que les trente mille cavaliers tartares de Mohammed-Schah, qui avaient fait en cinq jours, et presque toujours au galop, la route d'Angora au mont Olympe, étaient entrés, comme un torrent débordé, dans la ville, et avaient forcé l'infortuné Soliman à sortir en fugitif par une autre porte. Traversant rapidement, sur un cheval frais, la plaine qui sépare Brousse des Dardanelles, Soliman n'avait eu que le temps de détacher une barque de pêcheur du rivage d'Asie et de se réfugier presque seul sur la côte opposée d'Europe.

Mohammed-Schah et ses Tartares saccagèrent sans combat la magnifique capitale du nouvel empire. Les palais, les mosquées, les médressés, les écoles, dont les deux derniers règnes avaient embelli la ville, furent changés en écuries pour les chevaux des cavaliers de Timour. Les trésors, si stérilement accumulés par Bajazet, sa vaisselle d'or et d'argent, les armes, les étoffes de brocart et les tapis soyeux tissés par les femmes de Caramanie pour ses divans, avaient été partagés entre les vainqueurs et servaient, les uns de colliers, les autres de litière à leurs chevaux. Mohammed-Schah avait enlevé du harem de Bajazet ses femmes, ses filles, ses esclaves favorites, et jusqu'à la fille de Djélaïr, déjà fiancée de son fils Mustafa, dont il cherchait en vain le cadavre sous les monceaux de morts de la plaine d'Angora. Mais Mohammed-Schah, à l'exemple de Timour, en emmenant avec lui ces captives, avait respecté leur sexe et leur malheur. Même pour les prisonniers, la loi de Mahomet ordonne de respecter dans les femmes la faiblesse, la virginité et la maternité, ces trois sceaux de Dieu sur les dépouilles ; Mohammed-Schah les avait envoyées, sous une escorte sûre, à son grand-père Timour, pour qu'il en disposât à son souverain arbitre, soit en les rendant à Bajazet, soit en les enfermant dans le harem de Samarcande. Le jeune vainqueur avait délivré aussi, des prisons de Brousse, les princes de Caramanie retenus en captivité par Bajazet.

Après avoir pourvu ainsi au partage des dépouilles et à la sûreté des femmes, Mohammed-Schah, pour obéir au ressentiment de Timour et pour effacer de la terre la place de l'empire qui avait osé braver le sien, avait incendié Brousse. La Méditerranée, les Dardanelles, la Propontide et le Bosphore avaient vu s'élever pendant cinq nuits les flammes et pendant cinq jours la fumée de ce vaste bûcher humain sur les bases du mont Olympe. Dans le pillage, cependant, qui avait précédé l'incendie, les Tartares avaient préservé la vie des habitants ; sachant avec quelle sollicitude Timour exceptait toujours des calamités de la guerre les hommes illustrés par la science, les lettres ou la vertu, Mohammed-Schah rendit la liberté au cheik Bokhari, au savant jurisconsulte Schemseddin, et au théologien Djézéri, lumière et gloire de la capitale des Ottomans. Timour les reçut à Kutaïah, ville où il avait transporté sa tente impériale, et les combla de distinctions pour les décider à le suivre à Samarcande. Le cheik Bokhari, qui avait épousé une sœur de Bajazet épris de sa renommée, refusa d'abandonner l'infortune de son beau-frère ; Djézéri, que ne retenait aucun lien de famille, consentit à s'exiler sur les pas du conquérant dans la capitale de la Transoxiane. Timour en fit plus tard le mollah ou juge suprême de Samarcande ; il lui confia le sceau de l'empire, et c'est ce chancelier étranger qui, selon le récit de Schérifeddin, rédigeait et lisait devant l'assemblée générale des Tartares les actes législatifs de ce Charlemagne de l'Asie.

II

Des corps de cavalerie tartare, lancés par Timour et par son petit-fils sur la ville de Nicée et jusque sur le rivage d'Europe, poursuivirent partout Soliman et les autres fils de Bajazet qui cherchaient à rallier les derniers combattants de leur père. Ces faibles noyaux ne trouvèrent de refuge que dans les montagnes de la Thrace et de l'Asie Mineure. Mohammed, désormais sans ennemis, quitta les ruines de Brousse, rejoignit l'avant-garde de l'armée tartare, dans le bassin de Iénischyr, et célébra, sous les yeux de son aïeul et du sultan captif, son mariage avec la fille aînée de Bajazet, de sa captive devenue son épouse.

Ce fut au moment de ce mariage qui allait unir le sang de Timour au sang d'Othman, que le harem de Bajazet fut présenté en pompe, précédé de danseuses et de musiciens, à Timour et restitué avec magnificence à Bajazet. Timour témoigna surtout le plus grand respect à la princesse de Servie, sœur du héros Lazare et femme principale du sultan. Cette impératrice, qui avait pratiqué jusque-là librement la religion chrétienne dans le palais de son mari, cédant à la nécessité qui lui était faite, abjura, à Kutaïah, la religion de ses pères et embrassa, par dévouement à l'infortune de son père qu'elle voulait partager, la religion de son mari et de son vainqueur.

III

La délicieuse vallée de Kutaïah, assignée en rendez-vous général de tous les fils, de tous les généraux et de toutes les troupes de Timour au retour de leurs expéditions dans toutes les provinces de l'Asie ottomane, fut illustrée alors par les fêtes qui couronnaient toutes les campagnes du conquérant. Timour, après avoir fait décapiter sans pitié, et sans considération pour leurs services, ceux de ses lieutenants et de ses soldats qui avaient déshonoré la victoire par des crimes contre le Coran ou contre la conscience humaine, convia à un festin national toute son armée. Bajazet y assista lui-même assis à une place d'honneur auprès du khan. Des esclaves innombrables de tous les pays et sous tous les costumes y servirent d'échansons aux Tartares. Le vin de Schiraz et de Chypre y coula à grands flots. On ne pratiquait pas alors bien sévèrement la loi de l'islamisme, qui proscrit comme un péché l'usage de cette liqueur qui donne l'ivresse, mais qui donne aussi la cordialité, la force et la joie. La Perse y avait accoutumé les Tartares; la Grèce et les îles de l'Archipel y avaient accoutumé les Ottomans.

Timour envoya de là des ambassadeurs en Égypte et à

Constantinople pour ordonner au sultan Mamlouk de graver désormais son effigie sur la monnaie, et pour exiger de l'empereur de Byzance le tribut que les Grecs payaient depuis longtemps aux Turcs. Un autre ambassadeur de paix fut envoyé à Soliman, fils aîné de Bajazet, qui s'était fortifié dans le château de Guzeldjé-Hissar, forteresse inexpugnable de la côte d'Asie, où il attendait le reflux des Tartares pour reconquérir l'empire démembré. Timour, dans son message, conviait Soliman à venir avec confiance reconnaître en lui, non le vainqueur, mais le protecteur de son père Ildérim.

Soliman répondit par l'organe de Ramazan, son propre ambassadeur, et par l'envoi d'un riche tribut de chevaux turcomans et d'oiseaux de proie dressés à la chasse.

« Dis à ton maître, répondit Timour à Ramazan, en accueillant avec faveur son tribut, que j'ai effacé le passé de ma mémoire; qu'il vienne donc recevoir lui-même les preuves de ma réconciliation et de mon amitié. »

Il ne se montra implacable que contre le général de Bajazet, Timourtasch, dont l'orgueil offensait le sien, et dont les possessions, égales à celles d'un sultan, couvraient la Cappadoce et la Caramanie.

« Dans quelles intentions, lui dit sévèrement Timour, as-tu accumulé tant de trésors? Ne convenait-il pas mieux de les dépenser au service de ton souverain, pour l'aider à préserver de ma colère ses États, son trône et sa famille? Les ministres et les généraux qui s'enrichissent sont la ruine des empires. »

Timourtasch, soit maladresse de langue, soit insolence de cœur, répondit à Timour pour s'excuser :

« — Mon empereur, à moi, dit-il au berger tartare devenu roi des rois, n'est pas empereur d'hier; il n'a pas besoin, pour solder ses armées, de l'or de ses généraux et de ses ministres, comme les princes parvenus récemment à l'empire, qui, avant de posséder tout, ne possédaient rien.

» — Insolent! repartit Timour, tu expieras cette injure par la perte de ta liberté, de celle de ta famille et de tes biens que j'allais te rendre. »

La captivité de Timourtasch et de ses enfants, ainsi que la confiscation de ses innombrables terres, esclaves et troupeaux, suivit en effet cette réplique. Il tomba de l'opulence d'un satrape dans l'indigence d'un derviche. Mais la fortune n'avait pas dit à ce héros des Ottomans son dernier mot; Timour ne voulait pas frapper, sans rémission, en lui le plus habile fléau des chrétiens. Nous le verrons se relever de cette catastrophe, de sa puissance.

IV

Timour, après ces générosités et ces justices, sembla un moment suspendu entre le retour à Samarcande et la visite de l'empire nouveau qu'il venait de conquérir, par ses fils, jusqu'à la Méditerranée.

Il se décida à prolonger sa campagne et à poursuivre sa route vers le golfe de Smyrne. Politiquement, il craignait presque également ou de restaurer Bajazet ou de le retenir captif. D'un côté, le caractère héroïque et impétueux d'Ildérim lui donnait quelque appréhension de rendre une pareille tête et un pareil bras aux Ottomans; d'un autre côté, les dissensions des trois fils d'Ildérim, cherchant partout à s'assurer des partisans pour leur ambition au trône, pouvaient affaiblir tellement les Ottomans que la foi commune en souffrît, et que la victoire de Timour devînt la victoire des chrétiens et la ruine de l'islamisme en Europe.

Pour prévenir cette décadence prématurée de l'ascendant de sa race dans le nord de l'empire, Timour, par une seconde ambassade, investit Soliman de toute la souveraineté dans les provinces d'Europe, réservant l'Asie soit à Bajazet, quand il lui rendrait la liberté et le trône, soit à ses autres fils, soit aux princes turcomans de la Caramanie.

V

Au moment où Timour flottait ainsi indécis entre le retour à Samarcande et quelques pas de plus dans la voie de ses conquêtes en Anatolie, un intérêt à la fois religieux et politique l'appela inopinément à de nouveaux rivages et à de nouveaux exploits.

On a vu, dans le cours de ce récit, qu'à la suite des croisades, des royaumes précaires et des principautés féodales s'étaient fondés dans différentes parties de l'Orient, à Jérusalem, à Tibériade, à Damas, à Antioche dans le Péloponèse, à Chypre et dans les îles de l'archipel grec. Ces royaumes et ces principautés, dépouilles de la guerre sur les califes, n'avaient pas tardé à être repris par les émirs, par les sultans, par les généraux des Arabes, des Égyptiens, des Turcs, et enfin des Tartares. Le flux de l'Europe chrétienne vers l'Orient, refoulé et découragé par tant de sang stérilement perdu, s'était ralenti et enfin tari. Les Turcs, en s'avançant et en s'établissant solidement en Asie Mineure, étaient devenus, en moins d'un siècle, un boulevard infranchissable de l'islamisme dans ces contrées. Le misérable reste d'empire byzantin qui subsistait encore nominalement sur le Bosphore, et dont les croisés eux-mêmes avaient violé le territoire, assiégé les villes, saccagé la capitale, démembré les provinces, sous prétexte d'hérésie, était le seul vestige de la domination chrétienne au bord de l'Asie. Les Turcs, par une tolérance qui était dans leur dogme et surtout dans leur politique, et que l'histoire atteste partout, avaient laissé aux populations chrétiennes de la Perse, de la Servie, du Liban, du mont Athos, de la Bulgarie, de l'Archipel, de l'Asie Mineure, de la Thrace, leur culte, leurs prêtres, leurs monastères, leurs temples, à l'exception de quelques églises monumentales qu'ils avaient converties en mosquées pour servir à la gloire de leur propre religion.

Sauf le droit de gouvernement politique et le droit de porter les armes, il n'y avait entre les musulmans et les chrétiens d'autre différence que le titre de population conquérante et de population conquise. La preuve évidente de cette tolérance civile et religieuse des musulmans envers les populations chrétiennes soumises à cette époque à leur domination n'a pas besoin d'être appuyée d'autres témoignages que des faits. Depuis Bagdad et Damas jusqu'au Danube, et depuis l'extrémité du Pont-Euxin jusqu'au fond de la mer Adriatique, la Perse, la Syrie, la Colchide, la Cappadoce, la Bithynie, la Thrace, la Bulgarie, la Servie, le Péloponèse, l'Albanie, étaient couverts de villes, de villages chrétiens, de populations chrétiennes auxquelles

les vainqueurs n'avaient jamais imposé cette option atroce et controversée, entre l'islamisme et la mort, dont quelques historiens nourrissaient l'indignation populaire de l'Occident. Ces villes, ces villages, ces populations asservies politiquement, mais libres dans leur croyance et dans leur culte, florissaient, travaillaient, commerçaient, naviguaient et multipliaient aussi librement sous la domination musulmane que sous la domination de Byzance. La preuve qu'elles pouvaient exister, c'est qu'elles existaient, et qu'à cette époque, comme aujourd'hui, le nombre des populations chrétiennes incrustées dans l'empire ottoman dépassait immensément le nombre des populations turques. Les chrétiens de l'Occident n'étaient donc plus alors appelés en Orient par la généreuse pitié de frères allant arracher leurs frères dans la foi à l'apostasie ou au martyre. Cette vérité commençait à se révéler à l'Occident, malgré les exagérations des moines et des pèlerins. L'Europe, d'ailleurs, occupée de ses intérêts, de ses ambitions et de ses guerres intestines, n'avait plus ni assez de loisir, ni assez de fanatisme, ni assez de sang pour aller guerroyer éternellement contre les sectateurs d'un prophète d'Arabie. Elle voyait sous ses yeux les rois des Serviens, des Hongrois, des Bulgares, et les empereurs grecs de Constantinople, les républiques chrétiennes et catholiques de Venise, de Gênes, les princes et les ducs de la Morée, faire des traités, contracter des alliances, payer des subsides, prêter des flottes et des soldats à ces Ottomans qu'on ne cessait de lui dépeindre comme des bourreaux des chrétiens ; et posséder au milieu d'eux des îles, des provinces, des ports, des industries, des commerces libres, qui étaient autant de démentis à des tableaux assombris et exagérés. Ces mélanges des deux races, ces promiscuités de territoires, de mœurs, de politique, de religion ; ce spectacle quotidien dans la Méditerranée des relations les plus amicales et les plus utiles entre les Vénitiens, les Génois, les Siciliens, les Ioniens et les Turcs, décréditaient de jour en jour davantage l'antipathie, longtemps populaire, entre les royaumes chrétiens et l'empire musulman. La papauté elle-même commençait à traiter avec les sultans, et le moment n'était pas éloigné où le pape Alexandre VI recevrait les subsides d'un Bajazet, pour délivrer à prix d'or l'empire ottoman d'un compétiteur au trône, qui pouvait jeter l'anarchie dans l'empire.

VI

Cependant l'esprit des croisades, qui s'éteignait dans les cours, dans les peuples, dans la cour de Rome elle-même, subsistait encore, quoique faiblement alors, dans une institution étrange, à la fois monacale, aristocratique et militaire, dont l'histoire antique n'offre aucun exemple, et dont l'histoire moderne semble destinée à ne garder aucune trace ; sorte d'association ou de république souveraine entre la noblesse des différents États chrétiens de l'Europe ; confondant toutes ses diversités de nationalité, de patrie et de race dans une unité de zèle pour le maintien et pour la propagation de la foi par les armes ; élisant elle-même son souverain viager dans un conclave de soldats ; neutralisant au milieu des mers un rocher, un port ou une île, pour y garder, comme des vestales du sang humain, le feu éternel et sacré de la guerre; possédant à ce titre des domaines privilégiés et inaliénables, sous le nom de commanderies, dans tous les États de l'Occident, et faisant le vœu religieux d'une implacable extermination des infidèles.

Cette institution, à la fois héroïque et barbare, était l'ordre de Saint-Jean de Jérusalem, connu plus communément sous le nom de chevaliers de Rhodes et de chevaliers de Malte, du nom des deux îles célèbres qu'ils ont illustrées.

VII

L'ordre militaire et religieux des chevaliers de Saint-Jean de Jérusalem avait été le dernier soupir de la chevalerie après les croisades. Un triple esprit animait alors la noblesse européenne, l'esprit de foi, l'esprit de guerre, l'esprit d'aventure. Ce qu'on appelle le chevalier était né de ces trois esprits ensemble. Le cœur pieux, le bras guerroyant, l'imagination chimérique, ces trois éléments composaient le parfait chevalier chrétien. Religion, guerre et gloire, c'étaient ses trois âmes. L'Europe était jeune, elle était à peine chrétienne, elle sortait de la barbarie, elle avait encore dans sa noblesse un reste de son impulsion vers les conquêtes qui l'avaient portée de la Tartarie, du Caucase, dans la Germanie, dans les Gaules, dans l'Italie, dans l'Espagne; il lui fallait les climats lointains, les îles inconnues, les exploits fabuleux, les conquêtes illimitées, les couronnes sur la terre et la couronne immortelle dans le ciel. De tous ces instincts était sortie la chevalerie, avec ses vertus et ses vices. La religion s'en était emparée et en avait fait sa milice quand les souverains avaient commencé à s'en lasser : au lieu de reconnaître un suzerain dans les rois, ils avaient pris Dieu pour suzerain, et le pape, vicaire du Christ, pour protecteur.

VIII

L'établissement des hospitaliers, à Jérusalem, remonte aux premiers siècles de l'ère chrétienne. Au règne de Constantin (vers l'an 300), il existait déjà un hospice dans la ville sainte pour recevoir les pèlerins qui visitaient le tombeau de Jésus-Christ ; au septième siècle, après la mort de Mahomet, ses successeurs Ali et Moawiah, luttant de suprématie religieuse, agitaient l'Asie de leurs guerres. Plus tard la Palestine fut conquise par les Sarrasins, de la secte d'Ali, qui gouvernaient l'Égypte. Pendant trois cents ans, les califes fathimites, ou soudans d'Égypte, permirent aux chrétiens de Jérusalem d'occuper le quartier qui avoisinait le saint sépulcre, exigeant seulement le payement d'un tribut. Précédemment, vers le neuvième siècle, le calife Haroun-al-Raschid, épris de la renommée de Charlemagne, avait voulu conclure une alliance avec ce monarque. Éginhard raconte qu'il lui envoya (vers l'an 809) les clefs du saint sépulcre et de l'église du Calvaire, avec un étendard en signe d'autorité. La suprématie de protection que la France a souvent revendiquée sur les chrétiens établis en Orient date de cette époque ; mais cette autorité ne fut pas de longue durée ; un des successeurs d'Haroun-al-

Raschid persécuta les chrétiens et saccagea l'hospice. Des marchands italiens d'Amalfi recueillirent les fugitifs et entreprirent de les rétablir à Jérusalem. Sous prétexte de leur commerce, qui fournissait à toute l'Asie les productions et les marchandises de l'Occident, ils obtinrent une concession à Jérusalem pour établir leur comptoir; ils bâtirent, sur les ruines de l'ancien hospice, deux établissements, l'un pour les hommes et l'autre pour les femmes, et y appelèrent des religieux et des religieuses de l'ordre de Saint-Benoît pour le service des deux hospices. Telle fut l'origine des hospitaliers, appelés ensuite l'ordre de Saint-Jean à l'occasion d'une église dédiée à saint Jean-Baptiste, bâtie au temps de Godefroi de Bouillon (vers 1096).

Cependant les chrétiens ne jouirent pas longtemps de leur sécurité sous la protection des marchands d'Amalfi. De conquête en conquête, les Turcs seldjoukides s'étaient établis dans les provinces de l'Asie occidentale, et au milieu d'eux les Turcs ortokides avaient pénétré jusqu'en Palestine; ils avaient adopté par politique, pour gouverner plus facilement leurs nouveaux sujets musulmans, les rites de la religion de Mahomet sans en comprendre l'esprit. Poursuivant leurs agressions contre le calife d'Égypte, ils s'emparèrent de Jérusalem, massacrèrent la garnison des Sarrasins et rasèrent l'hospice. Quelques fugitifs, qui parvinrent à regagner l'Europe, éveillèrent la compassion des peuples chrétiens par le récit de leurs malheurs et provoquèrent la première croisade.

A la même époque, un Français, Gérard de Martigues, sans attendre les croisés, s'embarqua pour la Syrie et se dévoua seul au rétablissement des hospitaliers. Une grande dame romaine, se déguisant sous le nom de sœur Agnès, touchée du même zèle, se rendit en Palestine et se mit à la tête des hospitaliers. Mais les Turcs ne tolérèrent pas longtemps ces efforts. Gérard fut fait prisonnier et ne sortit de captivité qu'à la prise de Jérusalem. L'hospice, rétabli par Gérard, reçut alors tous les soldats blessés, et plusieurs jeunes gentilshommes se dévouèrent successivement au service des malades et prirent l'habit des hospitaliers. Parmi ces jeunes guerriers on trouve les noms de Raymond Dupuy (1121), Guérin de Montaigu (1208), Bertrand de Comps (1236), qui furent grands maîtres de l'ordre.

Le zèle de la chrétienté se portait alors vers la terre sainte; des dotations, des aumônes affluaient à Jérusalem; des établissements se fondèrent sur toutes les côtes d'Europe pour faciliter les voyages des pèlerins; ces établissements devinrent plus tard les commanderies de l'ordre des Hospitaliers. Grâce à ces largesses, Gérard devint assez riche pour bâtir cette église de Saint-Jean qui donna le nom à l'ordre. Mais l'introduction des guerriers dans l'hospice modifia bientôt l'esprit primitif de l'institution. Raimond Dupuy, élu grand maître à la mort de Gérard, ajouta aux vœux de pauvreté et de chasteté le vœu de *combattre les infidèles.*

Ainsi l'ordre des humbles serviteurs des pèlerins et des malades devint un ordre guerrier. Il faut le dire cependant, les nécessités du temps motivèrent ce changement. Jérusalem, frontière des Arabes et des Turcs, était habituellement le terrain de leurs batailles. Le petit noyau de chrétiens renfermés dans ses murs, obligés de se défendre, devait se créer une milice. L'ordre se divisa en trois classes : les gens de guerre, les prêtres et les hospitaliers proprement dits. Mais les habitudes de la guerre, peu compatibles avec les vertus d'abnégation et d'humilité, absorbèrent l'esprit de charité.

Le gouvernement de l'ordre devint aristocratique, et la troisième classe ne fut plus composée que de *frères servants*, que chaque cavalier attachait à sa suite en temps de guerre pour servir les blessés.

Au douzième siècle, l'histoire de l'ordre est celle de toutes les guerres en Orient. Les hospitaliers devinrent bientôt les seuls défenseurs des rois de Jérusalem, d'Antioche et d'Édesse; ils auraient infailliblement succombé à la tâche, si un renfort n'était arrivé au temps de leur plus grande détresse, sous la forme d'un nouvel ordre de chevalerie.

Quelques jeunes Français, avec Hugues de Payens à leur tête, s'étaient associés librement pour former une escorte aux pèlerins dans les défilés des montagnes entre Jaffa et Jérusalem. Ils se réunissaient dans une habitation près du Temple, mais sans avoir adopté aucune règle monastique, lorsque Hugues, ayant été envoyé en ambassade à Rome par Baudouin, roi de Jérusalem, eut la pensée de se mettre sous la protection du pape Honoré II. Le pape reconnut l'association sous le nom de *chevaliers du Temple*, et leur donna des statuts (vers 1125).

De jeunes gentilshommes de toute nation se pressèrent d'entrer dans ce nouvel ordre militaire, de préférence à l'ordre des Hospitaliers, dont le nom rappelait l'humble origine. Les templiers devinrent en peu de temps riches et puissants; ils levèrent des troupes à leur solde et marchèrent au secours des hospitaliers, dont ils ne tardèrent pas à devenir les rivaux; mais, au temps dont nous parlons, l'émulation des deux ordres ainsi que de l'ordre Teutonique, récemment formé en Allemagne, maintint la discipline et les éleva à une telle renommée, que des souverains briguaient l'honneur d'être reçus chevaliers, et quelques-uns léguèrent à leur mort leurs États aux hospitaliers et aux templiers. L'ambition et tous les vices des conquérants dénaturèrent peu à peu ces institutions, fondées sur le dévouement et la pauvreté.

Un jeune aventurier de la race des Aioubites, Saladin, que d'habiles intrigues avaient élevé au rang de sultan d'Égypte, entreprit de nouveau la conquête de Jérusalem pour s'en faire un rempart contre ses ennemis, les Turcs seldjoukides et les Latins.

Un chrétien livra ses frères ; le comte de Tripoli, rival de Lusignan, roi de Jérusalem, trahit les chrétiens et ouvrit l'entrée de la ville à Saladin.

La prise de Jérusalem est trop connue pour en faire ici le récit. Saladin expulsa les deux ordres guerriers (en 1187), mais permit aux hospitaliers de demeurer un an dans la ville sainte pour soigner les blessés.

Après chaque éclipse des ordres militaires, et lorsqu'ils semblent anéantis par les désastres de la guerre, on les voit se rallier, se recruter, et reparaître plus formidables encore : c'est que leur institution était alors une nécessité du temps ; des troupes mercenaires pouvaient bien tenir une campagne et gagner des batailles ; elles ne pouvaient pas former une puissance défensive permanente ; il fallait un lien plus fort qu'une solde, un but plus élevé que la gloire ; aussi, lorsque l'ambition mondaine, le luxe et le relâchement eurent dénaturé l'institution, nous les voyons abandonner la défense du saint sépulcre, devenir une puissance temporelle à Rhodes et à Malte, et finir par s'éteindre dans l'oubli.

Après le siége de Jérusalem, on retrouve les ordres guerriers recrutés des chevaliers appelés des commanderies d'Europe au siége de Tyr, combattant pour le jeune Conrad, favorisant les amours d'Isabelle, reine de Jérusalem, marchant à la croisade de Philippe-Auguste et de Richard Cœur de Lion. Les combats sont remplis des exploits des hospitaliers; mais la rivalité des templiers éclate de plus en plus, et bientôt les deux partis ne se rencontrent plus que pour se combattre.

En 1204, la conquête de Constantinople sur les Grecs et le règne de Baudouin, comte de Flandre, appelèrent les hospitaliers à cette frontière d'Europe et d'Asie; ce fut l'époque de leur grande prospérité. Ils formèrent des établissements considérables, et bâtirent des églises à Constantinople, à Smyrne, à Venise, à Florence, à Vérone.

L'Espagne appela le grand maître, Guérin de Montaigu, pour combattre les Maures; ensuite on le retrouve à la bataille de Bouvines (en 1214). Montaigu n'était pas seulement un guerrier éminent, il était aussi un lettré, et on a conservé ses écrits contre un schisme naissant qui paraît avoir été précurseur des quiétistes modernes.

De grands désastres finirent par chasser entièrement les hospitaliers de la terre sainte. Tout un peuple, descendant des anciens Parthes, appelé les Khowaresmiens ou Kharizmiens, chassé par les Mongols, et n'ayant trouvé asile chez aucun souverain à cause de sa réputation de cruauté et d'idolâtrie, fondit à l'improviste sur Jérusalem (en 1243), saccagea la ville, massacra la garnison et les ordres militaires, affaiblis par leur dispersion en Europe. Les Kharizmiens commirent des atrocités inconnues des temps les plus barbares. Ceux des habitants de Jérusalem qui étaient en état de fuir gagnèrent la côte et se renfermèrent dans Saint-Jean d'Acre ; les femmes et les enfants, rassemblés par les sœurs hospitalières, se réfugièrent au pied du saint sépulcre, où elles attendirent le martyre. Seize chevaliers de Saint-Jean échappèrent seuls au massacre sous la conduite de Guy de Châteauneuf. Le récit des événements écrits par lui-même décida la croisade de saint Louis.

Après la défaite de Saint-Jean d'Acre, les hospitaliers se retirèrent en Chypre (1291), d'où ils préparèrent une expédition contre l'île de Rhodes, habitée par les Grecs et gouvernée par les musulmans. L'île, prise et reprise, resta finalement en possession des hospitaliers, qui s'y établirent (en 1310).

L'ordre pouvait alors se régénérer. Plusieurs grands maîtres, hommes de haute capacité, entreprirent d'importantes réformes. Ils auraient probablement réussi si l'accession des vastes possessions des templiers, qui leur fut adjugée à l'extinction de l'ordre, n'eût corrompu les mœurs en introduisant un surcroît de luxe et de richesses; parmi ces grands maîtres on cite les Villeneuve, les de Pins, Hérédia, appelé le *Dompteur du Dragon*, Bérenger, Juillac, etc.

L'éloignement des commanderies, l'ambition d'indépendance des chefs, avaient relâché les liens de l'obéissance. Des factions se formèrent, des séditions, des révoltes éclatèrent et aboutirent même à de doubles élections de grands maîtres. Au milieu de ces désordres l'esprit militaire seul subsistait, et des prodiges de valeur signalent la prise de possession de Smyrne.

Voici à quelle occasion :

La ville et le port de Smyrne, au milieu du quatorzième siècle, étaient le repaire de brigands et de corsaires qui rendaient périlleux le commerce et la navigation de la Méditerranée. Biandra, général en chef des forces de Rhodes, forma le hardi projet de détruire leur retraite; il réussit à s'emparer du port et brûla les galères des corsaires. Mais le commandant turc de la forteresse, par une feinte retraite, attira les chevaliers dans une embuscade où ils furent massacrés (1350).

Vingt ans plus tard, vers 1370, le pape Grégoire XI ordonna au grand maître Robert de Juillac d'occuper le château et la ville de Smyrne comme une possession de l'ordre. La prudence du grand maître ayant fait objecter la situation de cette ville au centre de la domination turque, le pape lui réitéra l'ordre d'obéir, sous peine d'excommunication. Un vaste armement de galères transporta les troupes au fond du golfe, et, après un combat acharné, le château de Smyrne arbora le drapeau des chevaliers de Rhodes. Les armes de l'Église sont encore visibles sur la porte en ruine.

C'est pour délivrer le sol d'Islam de cette domination d'une colonie de Rome chrétienne que Timour s'avançait de Kutaïah.

IX

Timour résolut de délivrer entièrement l'Asie mineure de la terreur que cette colonie militaire de la chrétienté faisait régner sur les mers de l'Ionie, et de délivrer les innombrables esclaves mahométans qui gémissaient dans les fers des chevaliers de Saint-Jean de Jérusalem. Il était seul assez puissant parmi les princes musulmans pour rendre cet immense service à l'islamisme. Il voulait, par ce dernier exploit, couronner et sanctifier tous les autres. Parti de l'océan Indien, il lui était glorieux de ne s'arrêter qu'à cette autre mer, presque européenne, qui pouvait seule borner ses conquêtes. Il rassembla son armée d'expédition à Kutaïah (1402), et s'avança lentement, selon son usage, vers Smyrne. Plus il approchait des rives de la Méditerranée, plus les vallées de la Bithynie, qui s'élargissaient et se décoraient devant lui de leur végétation méridionale, de leurs cités grecques et de leurs ruines pittoresques, vestiges de tant d'empires mal effacés de la terre, ravissaient ses regards. Laissant à sa droite les plaines de Nicomédie, la Propontide chargée de villes maritimes, les ruisseaux tièdes ou glacés et les racines ténébreuses du mont Olympe, il déboucha à la tête de trois cent mille Tartares, cavaliers ou fantassins, dans la vallée de Magnésie, cette opulente et verte Tempé de l'Asie mineure. Il fit goûter quelques jours à son armée les délices de ce jardin de l'Anatolie qui devait illustrer et embellir quelques années plus tard la retraite d'Amurat ou Mourad II, ce Dioclétien des Turcs, qui choisit Magnésie pour se délasser de la gloire.

X

Contournant ensuite la base orientale du mont Tmolus, il se répandit dans les gorges de Tyra, l'ancienne Thyatire des Grecs, ville qui rappelle, par les sommets qui l'ombragent, par les forêts qui la rafraîchissent et par les cascades qui l'arrosent, les villes de l'Helvétie adossées aux Alpes et respirant les brises des lacs et la résine des pins du Nord. Tyra, quoique à moitié grecque et chrétienne, s'ouvrit avec résignation aux Tartares; ils inondèrent de là la plaine encaissée du Méandre et celle du Caïstre, chantées par tous les poëtes de la Grèce, de Rome, et plus tard de la Turquie, pour l'ombre de leurs montagnes, la richesse de leurs paturages, les sinuosités de leurs fleuves, la limpidité de leurs eaux, et pour la multitude des cigognes blanches qui font leurs nids sur les toits des habitations. L'auteur de cette histoire, par un jeu bizarre de la destinée des hommes obscurs, comme des empires, possède aujourd'hui, dans ces vallées historiques, une partie des bords et des prés de ce Caïstre célébré par le poëte romain Virgile, et où campa Timour, au pied de la tour de Marbre qu'il y bâtit et qui donna son nom à la plaine de *Burghaz-Owa*.

XI

La moitié de l'armée tartare, sous les ordres de Mohammed-Schah, débouchait déjà par la vallée de Magnésie dans le bassin de Smyrne. Timour, avec l'autre moitié, abandonnant les bords du Caïstre à ses troupeaux et aux esclaves qui suivaient l'armée, apparut au même moment sur les hauteurs qui dominent le golfe et la ville. Jamais un horizon plus majestueux et plus délicieux à la fois n'avait enivré ses regards depuis sa descente dans la vallée de Cachemire. Mais la vallée de Cachemire n'était qu'une voluptueuse oasis de verdure et de lacs au sein des montagnes de l'Inde. La mer, autour de Smyrne, s'unissait aux montagnes, aux vallées et aux monuments des hommes, pour enchanter les yeux et pour irriter l'ambition du conquérant du monde.

XII

La ville de Smyrne, capitale de l'antique Ionie, renommée pour la mollesse de son climat, pour la fécondité de son sol, pour la beauté de ses femmes et pour le génie industrieux et littéraire de ses habitants, était bâtie au pied d'une montagne dont le faîte forme des créneaux naturels qui se découpent sur le bleu presque éternellement serein du firmament, et qui ressemblent à une forteresse construite par les hommes pour protéger une grande ville du côté des vallées intérieures de l'Ionie. Une forêt de pins noirs, croissant sur une pente escarpée, imite les palissades d'un fort. Au-dessus de cette forêt, une citadelle en ruines semblable à l'Acropole d'Athènes, bâtie par les Grecs héroïques, démantelée par le temps, relevée imparfaitement par les Byzantins, renversée par les Turcs, restaurée et armée par les chevaliers de Jérusalem, se lie comme un nœud de pierres aux longues et hautes murailles précédées d'un fossé qui descendent des deux côtés, en suivant les ondulations des collines, jusqu'aux deux bords de la mer. Là, ces murailles aboutissaient à deux forts inexpugnables dont les vagues du golfe battaient les fondements.

Le port, rempli de vaisseaux de l'ordre et de la chrétienté appelés à leur secours, s'étendait entre ces deux forts maritimes. La ville, immense, populeuse, commerciale et militaire, était engagée depuis le bord des flots jusqu'au pied de la citadelle supérieure. A droite et à gauche, la mer, d'abord pareille à un vaste lac encaissé dans les montagnes tapissées de forêts, pénétrait dans les anses et dans les mille sinuosités qui dentellent le golfe; puis, s'éloignant et s'allongeant à perte de vue, entraînait le regard vers l'horizon sans limites de la grande mer. A cette extrémité occidentale du golfe de Smyrne, les ombres confuses de Mytilène et de Chio tachent à peine l'azur éblouissant des flots comme des voiles lointaines. Les voiles plus rapprochées des pêcheurs et des jardiniers des deux rives, qui apportent les aliments du jour à une grande ville, s'entre-croisent sur le golfe; des villes, des maisons de campagne, des jardins en terrasse, des forêts et des vignes couvraient de luxe, de culture et d'ombre les promontoires et les collines avancés, des deux côtés de cette mer, sur la grève.

Tel était le spectacle qui suspendit un moment, non l'impatience, mais l'attaque de Timour.

XIII

Selon son habitude, conforme aux préceptes du Coran, qui ordonne de présenter toujours la capitulation et la paix avant la guerre, Timour fit élever pendant toute la première journée (décembre 1402) un drapeau blanc, signe de négociation, au sommet de sa tente; le second jour un drapeau rouge, signe de guerre déclarée; le troisième jour un drapeau noir, signe de carnage implacable et à mort. Ces trois jours donnèrent à la seconde moitié de son armée, commandée par Mohammed-Schah, son petit-fils, le temps de descendre tout entière les gorges de Magnésie et de se répandre sur la plaine de *Bournabah*, délices des habitants de Smyrne.

Les chevaliers, quoique intimidés par ce débordement d'hommes et de chevaux, dont les armes ruisselaient comme des torrents d'acier étincelant au soleil sur toutes les collines du golfe, ne délibérèrent pas un moment entre l'héroïsme et le martyre. Ils se fiaient à l'élévation de leurs murailles, à la profondeur de leurs fossés, au nombre et à la rapidité de leurs vaisseaux, à Dieu enfin, qui leur donnerait la victoire sur les ennemis du Christ. Ils répondirent avec dignité aux sommations de Timour. De nombreuses flottes, naviguant déjà entre les îles de l'Archipel et n'attendant qu'un vent favorable pour cingler dans le golfe, leur étaient annoncées de Sicile, d'Espagne et d'Italie. Ils se croyaient sûrs d'y trouver secours ou asile.

XIV

Le cri de *Surun!* poussé par toute l'armée, et le son des tambours tartares, tombèrent le troisième jour au soir comme l'arrêt du destin sur Smyrne. Timour, comme à

Siwas et Bagdad, attacha des milliers de mineurs aux flancs des rochers sur lesquels étaient fondés les remparts. Les forêts voisines et les vergers des contours du golfe fournirent leurs arbres, qui, jetés avec tous leurs rameaux dans les fossés et allumés par des mèches de feu grégeois, entourèrent la ville d'un vaste bûcher dont le vent jetait la flamme et la fumée au sommet des murs. Les chevaliers, brûlés ou étouffés sur la brèche, tombaient dans ces fournaises ou cherchaient un abri dans la ville. Timour, faisant approcher à force de bras des plates-formes montées sur des roues colossales, faisait passer ses soldats, comme sur des ponts, à travers des torrents de feu. Les chrétiens ne disputaient plus que l'entrée des rues derrière de récentes barricades. L'incendie courait depuis la citadelle jusqu'au port sous leurs pieds. Le rivage seul leur restait encore. Ils apercevaient à l'entrée du golfe les nombreuses voiles qui louvoyaient pour leur apporter des combattants ou des abris.

Timour, qui dans cet assaut était descendu de son cheval et combattait lui-même la torche et le sabre à la main, ne voulut pas que la fuite de ses ennemis trompât sa colère. Dix mille tireurs de pierre furent envoyés par lui sous l'abri des flèches de deux cent mille fantassins pour fermer l'accès du port du côté de la grande mer aux vaisseaux chrétiens. Ces ouvriers détachèrent et roulèrent du flanc des montagnes voisines des blocs de rocher qu'ils précipitèrent dans la mer à l'endroit où les deux môles s'entr'ouvraient pour recevoir les navires. Les restes de cette digue gigantesque subsistent encore et ont déplacé le port nouveau de Smyrne de l'anse primitive qu'il occupait. Les navires, en échouant contre ces rochers, ravirent aux che-

valiers et aux chrétiens leur dernier refuge. Enfin, pour
pénétrer dans les deux forts maritimes qui flanquaient la
rade et auxquels la mer servait de fossé, Timour fit élever,
à force de nombre, au-dessus des flots, un pont sur pilotis
couvert de terre, que ses mineurs, protégés par ses soldats,
approchèrent pas à pas des forts jusqu'à ce que le sommet
des remparts et le pont n'offrissent plus qu'un niveau égal,
et que ses combattants, pressés par des milliers d'autres,
pussent déborder comme une mer d'hommes dans les forts.
L'intrépidité des chevaliers céda au nombre, non à la terreur. Ils trouvèrent leur sépulcre dans les deux forts. Ceux
qui occupaient encore la citadelle supérieure avec Guil-
laume de Mine, maître de l'hôpital, ne voyant plus rien à
sauver que leur vie, sortirent en colonne serrée, l'épée à
la main, s'ouvrirent une route sanglante à travers les
flammes et le sang de la haute ville, se jetèrent dans les
montagnes inaccessibles aux cavaliers tartares, contour-
nèrent de crête en crête le golfe et furent recueillis un à un
du côté des rochers de Phocée par les galères chrétiennes
qui voguaient sur le golfe. Des femmes, des enfants, des
vieillards, qui avaient suivi jusque-là cette colonne de chevaliers pour se sauver comme eux sur les vaisseaux d'Europe, se précipitèrent en vain dans la mer, s'attachant aux
câbles, aux rames et aux ancres, et invoquant la pitié des
matelots; les galères, trop chargées, ne pouvaient sans
sombrer recevoir cette déplorable multitude. Tout périt
dans les flots ou se répandit pour périr bientôt dans les forêts sous la flèche des Tartares. Timour, pour décourager
ces navires européens de leur recherche compatissante sur
les bords du golfe, fit charger avec des têtes d'hommes
coupées les canons des remparts de Smyrne et les fit tirer

sur les vaisseaux. Ces têtes mutilées, flottant sur la mer ou roulant sur les ponts des navires, répandirent une telle horreur parmi les matelots, que les flottes s'enfuirent à toutes voiles, abandonnant la population chrétienne de Smyrne et des côtes à l'insatiable vengeance des Tartares.

Les Génois, qui possédaient dans le golfe le port fortifié et la délicieuse campagne de l'antique Phocée, mère de Marseille, ainsi que les îles opulentes de Chio et de Lesbos, tremblant d'irriter le fléau de l'Asie, lui envoyèrent des ambassadeurs pour le complimenter et pour reconnaître sa souveraineté. Il les épargna à ce prix, et, après avoir saccagé et incendié Smyrne, toujours prompte à renaître de sa situation naturelle, de sa fertilité et de son golfe, il salua d'un adieu la Méditerranée, et reprit, par Éphèse, la route de la plaine du Caïstre et du Méandre pour retourner à Kutaïah.

Pendant trente jours, il fit effacer du sol d'Éphèse, cette Rome du paganisme, les vestiges des temples antiques déjà effacés par les chrétiens. Sa colère contre les descendants des païens et des chrétiens s'était accrue sur sa route en traversant les colonies de la Grèce antique et de la Grèce chrétienne. Les plus humbles soumissions ne le touchaient plus.

Une ville grecque de la côte d'Éphèse ayant envoyé au-devant de lui pour implorer sa pitié une multitude d'enfants des deux sexes qui chantaient ses louanges et qui récitaient des versets du Coran pour flatter son culte : « Qu'est-ce que ce bêlement de brebis qui importune mes oreilles? dit-il à ses émirs. — Ce sont les enfants de la ville envoyés par leurs parents au-devant de votre cheval pour vous supplier d'épargner leurs pères et leurs mères.

— Que les chevaux des Tartares les écrasent tous sous leurs pieds ! » s'écria Timour. La cavalerie de l'avant-garde s'élança à ces mots sur ces innocents, et des milliers de cadavres d'enfants mutilés tracèrent la route de Timour. L'habitude du sang répandu avait fini par donner à Timour le dernier degré de la brutalité guerrière.

XV

L'incendie de Smyrne, d'Éphèse, et de toutes les villes de la côte d'Ionie où la civilisation grecque avait jeté pendant tant de siècles sa population, ses lettres, ses religions, ses arts, fut le seul monument qu'éleva le conquérant tartare en vue de l'Europe consternée. Des monceaux de cendre marquèrent sa trace ; il disparut dans la fumée de ces capitales, et regagna lentement, comme un pasteur qui ramène ses troupeaux du pâturage, la route de la Perse et de la Tartarie. Il emmenait un empereur captif, et il emportait les dépouilles de toute l'Asie Mineure. L'impossibilité de créer en quelques mois une marine, pour faire traverser la Propontide ou le Bosphore à cette multitude, l'avait seule empêché d'effacer du sol la capitale de l'empire grec, Constantinople. Il laissait cette dernière démolition du vieil Orient à accomplir aux Ottomans.

Son projet paraissait toujours de reconstituer fortement leur empire, involontairement ébranlé par la bataille d'Angora, et de le restituer à Bajazet-Ildérim à des conditions de vassalité et d'alliance quand il aurait conduit ce souverain captif à Samarcande pour en décorer son triomphe, et quand il lui aurait fait contempler l'étendue et la population de son empire presque universel. Mais la mort trompa sa politique.

. Bajazet-Ildérim, quoique traité avec les égards qu'un vainqueur généreux doit à un vaincu héroïque, ne pouvait s'accoutumer même à une respectueuse captivité. Le spectacle de la ruine de ses provinces, auquel il venait d'assister, les dissensions intestines de ses enfants, l'idée d'aller orner de sa présence le retour triomphal du conquérant si témérairement bravé par lui, la perspective d'une prison peut-être éternelle dans ces âpres climats de la Tartarie, dont sa race avait perdu l'habitude; enfin, son caractère violent et indompté, qui changeait sans cesse sa mélancolie en imprécations et sa résignation en accès de désespoir, le faisait dépérir, quoique jeune encore, dans les tentes et dans les palais où il avait tout d'un empereur, excepté l'empire. Un accès de ce désespoir l'emporta, à Akschyr, sur la route de Siwas, au moment de quitter pour jamais ces vallées pastorales, seconde patrie de ses pères. Timour porta son deuil et remit son corps à son fils Mousa pour le porter à Brousse au tombeau de sa famille. Il rendit la liberté à la princesse de Servie, sa veuve, et aux femmes de son harem. Le cadavre de Bajazet, escorté d'une centaine de cavaliers turcs, arriva aux portes de Brousse, sans pouvoir y entrer, précisément au moment où les armées de ses deux fils, Isa et Mohammed, s'y livraient un combat pour se disputer cette ruine de l'empire. On l'ensevelit sous les platanes, à quelque distance de la ville, jusqu'au temps où l'empire restauré et la mosquée impériale relevée permirent à ses descendants de lui rendre la tombe qu'il s'était préparée dans sa capitale.

Le règne de Bajazet, un des plus propices au commencement et des plus funestes à la fin aux Ottomans, fut l'image de son caractère. Son surnom d'*Ildérim* (l'éclair) fut la signification abrégée de sa vie. Il frappa comme la foudre l'Europe, et s'éteignit comme elle dans sa propre ruine en Asie.

Le sang innocent de son frère, massacré le lendemain de la mort de son père, dans les tentes de Cossova, le sang des prisonniers chrétiens versé en barbare dans la plaine de Nicopolis, semblèrent porter malheur à sa destinée. Il laissa l'Europe à la guerre civile entre ses enfants, et l'Asie à la conquête du héros tartare. Sa capitale même se ferma devant son cadavre comme pour lui refuser une tombe. La Providence semblait vouloir ainsi frapper avec justice, dans son empire, dans sa liberté et dans sa postérité, le premier des sultans qui avait donné à sa dynastie le premier et fatal exemple du fratricide par raison d'État. Elle bénira sans doute dans Abdul-Medjid le premier des sultans qui eut le courage et la vertu d'abolir cette sanguinaire politique, et de placer les droits et les sentiments de la nature au-dessus des droits du meurtre et de sa propre sécurité.

Avant de raconter les événements qui suivirent, en Europe et en Asie, la mort d'Ildérim, suivons un instant des yeux le reflux de Timour et de ses armées jusqu'à Samarcande.

XVI

Il touchait lui-même avec tristesse à l'âge et à l'anéantissement de ses espérances mortes avant lui. Son petit-fils, Mohammed-Schah, pour lequel il avait deux fois l'âme d'un père, et qui justifiait cette prédilection par tous les dons de l'esprit, de l'âme et du corps, mourut à l'âge de dix-huit ans à Akschyr. Timour, qui lui destinait l'empire de Samarcande pendant que son propre fils Schah-Rokh régnerait sur la Perse, faillit expirer de douleur sur le corps inanimé de cet enfant. Il affecta en vain, en reparaissant en public devant ses émirs, la religieuse résignation commandée par le Coran à ceux qui perdent ce que la terre ne peut plus leur rendre.

« Nous sommes de Dieu, s'écria-t-il en courbant la tête, et nous retournons à Dieu! » Mais son cœur ne pouvait se consoler qu'en faisant à ce favori de ses vieux jours des obsèques longues comme le continent de l'Asie et un deuil universel comme sa puissance. Par ses ordres, et comme si l'empire avait été la famille de Timour, les princes de sa maison, les émirs, les grands de la Tartarie et de la Perse, les armées, les peuples, se revêtirent du noir, couleur de la nuit des tombeaux. Les fourrures d'hermine qui décoraient les caftans et les robes furent remplacées par le feutre gris et grossier des chameliers et des mendiants tartares. Les femmes se roulèrent, leurs cheveux épars, dans la poussière, et ramassèrent des cailloux dans le pan de leur voile pour se meurtrir le sein en poussant de tristes hurlements sur le passage du cercueil. Un banquet funèbre fut célébré à Akschyr. L'armée entière y était conviée.

Pendant le festin, des imans ou lecteurs, distribués de place en place de manière à être entendus de ces millions de convives, lisaient à haute voix le Coran. Le tambour colossal des Mongols, dont les sons vibrent, comme ceux d'un *gong* indien, jusqu'à des distances énormes, était frappé d'intervalle en intervalle pour imiter les coups de l'homme affligé sur sa poitrine. Après le festin, on brisa ce tambour sacré pour qu'aucune douleur humaine ne retentît plus jamais sur cet orgue d'une inconsolable douleur, et les femmes remplirent pendant toute la nuit les airs d'un universel gémissement. Les sept premiers émirs, compagnons et généraux de Timour, escortèrent jusqu'au delà de l'Oxus, de leur corps d'armée, le cercueil du jeune schah porté sur une litière d'or et voilé d'un linceul brodé de pierreries. Ils le déposèrent au tombeau de sa famille. Ce Germanicus des Tartares laissa une précoce mémoire et un long regret après lui depuis le pied de l'Himalaya jusqu'aux frontières de la Chine et au désert de l'Euphrate.

Timour s'avança lentement et tristement à la suite de ce cercueil qui renfermait ses espérances mortes de perpétuité de règne. Il rentra triomphant, mais déçu, le 10 juillet 1404, dans sa ville triomphale de Samarcande. Les députations innombrables de toute la Tartarie l'y attendaient pour solenniser le triomphe et le héros de leur race. Les sages, les savants, les artistes, que le législateur tartare avait envoyés de tous les pays dans sa capitale pour civiliser ses compatriotes, eurent ses premiers regards et ses premières faveurs. Avant de rentrer dans son palais, où son harem et ses enfants fêtaient le retour de ce patriarche vainqueur du monde, Timour alla descendre au *Jardin des Platanes*, sorte de jardin académique de Samarcande qui entourait les logements consacrés aux philosophes, aux historiens, aux poëtes par Timour. Il consacra ce jardin et ce palais à la mémoire et au nom de son favori Mohammed-Schah, pour que la postérité partageât éternellement l'amour et les regrets qu'il nourrissait pour son petit-fils. De là, il alla habiter, tour à tour, tantôt le palais du *Jardin des Eaux*, tantôt le palais du *Jardin de l'Éden*, tantôt le palais de sa favorite Toukel-Khanum, appelé le *Jardin qui dilate le cœur*. Il conservait ainsi, disent les traditions tartares, sous ces demeures de pierres, de cèdre et de marbre, l'instabilité de la vie nomade sous les tentes, souvenir de sa vie de pasteur et délices de sa vie de guerrier.

Les architectes arabes et grecs qu'il avait amenés de Damas et de Smyrne lui construisirent, pendant ces jours de loisir entre deux conquêtes, un palais dont les vestiges étonnent encore les yeux et dont la description par les historiens contemporains de son triomphe égale en magnificence celle de Bagdad, de Babylone et de Dehli. Chacune des façades de ce palais, égale aux façades des gigantesques édifices de Balbeck, avait quinze cents coudées d'étendue. Quatre de ces façades enfermaient les cours et les jardins embellis d'ombrages, de parterres, de fontaines jaillissantes, sous des avenues de colonnes. Les sculpteurs syriens avaient incrusté toutes les murailles intérieures semblables à celles de Palmyre ou du Parthénon. Les murailles extérieures étaient revêtues de porcelaine de Chine et de Perse, dont le poli, le vernis et les couleurs variées représentaient les rayons du soleil et éblouissaient les yeux. Les salles et les chambres, pavées en mosaïques imitant en dessin et en couleur les tapis du Khorasan, étaient lambrissées d'ébène et d'ivoire ciselés par les Arabes du Caire. Les ruisseaux et les jets d'eau murmurant dans l'albâtre répandaient la vie et la fraîcheur sous l'ombre des dômes peints par le pinceau des artistes grecs. C'est dans ce palais qu'il célébra, en un seul jour, le mariage de six de ses petits-fils, parvenus à l'adolescence pendant son absence de sa capitale. Les fables arabes n'atteignent pas la splendeur historique de ces fêtes. Les dépouilles de l'univers jonchaient les appartements et les jardins sous les pieds des jeunes époux. Les perles, les saphirs, les diamants, pleuvaient comme une poussière sur leurs têtes. Les animaux rares de toutes les contrées du globe, depuis les girafes de l'Éthiopie jusqu'aux autruches du Sennaar et aux lions de l'Afrique, y furent présentés aux fiancés. Neuf fois on revêtit les fiancés, sous les yeux de Timour, de vêtements magnifiques qu'ils dépouillaient à l'instant pour être revêtus de nouveau; neuf fois on leur ceignit des ceintures solides d'un tissu de perles et de diamants; neuf fois on leur posa et on leur enleva, pour les leur reposer encore, des couronnes et des diadèmes persans; neuf fois ils se prosternèrent dans la poudre d'or aux pieds de leur aïeul en frappant le plancher de leur front.

Ces fêtes étaient ses adieux à Samarcande. Sa vie n'était qu'un pèlerinage incessant à travers le monde pour y porter la loi du prophète et le joug des Tartares. Bien qu'il comptât déjà soixante-quatorze années de vie et que sa famille, à laquelle il avait tant d'empires à laisser en héritage, se composât, à cette époque, de trente-six fils ou petits-fils vivants et de dix-sept filles dont tant de princes se disputaient la main comme un gage de sécurité ou de faveur,

Timour, au sein de cette gloire, de cette prospérité et de ces délices, rêvait la conquête de la Chine, seul empire libre qui confinât, dans l'extrême Orient, avec ses possessions.

XVII

Timour considérait les peuples de la Chine, aussi civilisés, aussi philosophes que ses hordes barbares, comme des idolâtres qui déshonoraient l'idée de la Divinité par des cultes sacriléges. Les incarnations symboliques de Bouddha et les doctrines de Confucius, mal connues de Timour et de ses contemporains, lui paraissaient des idolâtries aussi dégradantes que celles des païens et des Grecs qu'il venait de détruire et que son devoir de vrai croyant était de renverser partout où Dieu lui donnait la force et lui montrait un peuple à convertir à l'islamisme.

Timour, obsédé de cette pensée qui sanctifiait selon lui tant de sang répandu sur sa route, flottait entre le repos, ambition de la vieillesse, et une nouvelle campagne commandée par sa foi. Ses femmes, les mères de ses fils, les femmes plus jeunes qu'il avait ramenées de ses conquêtes dans ses harems, le sollicitaient à la paix; ses conseillers et ses sages le pressaient de consolider au lieu d'élargir son empire. Il penchait pour ce dernier conseil; mais il croyait entendre en songe la voix du prophète, qui lui reprochait sa prudence tout humaine et son oisiveté. Pour se décider, il convoqua à Samarcande l'assemblée générale de tous les émirs et de tous les sages de l'empire (1404). Le lieu de ce congrès des royaumes tributaires et des Tartares de toutes les tribus fut assigné sous des tentes, dans la plaine sans bornes qui entoure Samarcande. Aucune capitale n'était assez vaste pour contenir ce conseil armé de rois et de peuples. Les fêtes du mariage de ses fils, qui furent le prétexte de ce rassemblement, s'y renouvelèrent et s'y prolongèrent d'abord pendant quelques semaines. Nous empruntons ici aux deux historiens contemporains et spectateurs de ces magnificences, traduits par M. Petis de Lacroix, interprète des langues orientales, des descriptions qui paraîtraient imaginaires si on ne les justifiait par le texte littéral de ce monument.

XVIII

« On dressa dans la plaine les tentes, soutenues par des câbles de soie, dans lesquelles les tapis à fond d'or étaient sans nombre, les rideaux étaient de velours, les planchers d'ébène et d'ivoire incrustés, avec des dessins exquis. Le logement de l'empereur consistait en quatre grandes enceintes symétriques; son pavillon impérial formait à lui seul un groupe de deux cents tentes, ornées de peintures et de pierreries. Chaque tente était divisée par douze colonnes; les étoffes qui les entouraient étaient d'écarlate au dehors, et à sept couleurs de satin au dedans; elles étaient tendues avec des cordes de soie, et les colonnes étaient d'argent, enrichies d'or de rapport. Les tapissiers, qui étaient en grand nombre, avaient employé une semaine entière à dresser et à meubler ce superbe logement; les mirzas et les émirs avaient aussi chacun un Seraperdé, un Barghiah, des tentes et un grand pavillon nommé Kherghiah; les colonnes des tentes étaient d'argent massif, et le couvert des plus riches tapis de pied du monde.

» Les gouverneurs des provinces, les généraux d'armées, les seigneurs et les principaux commandants de tout l'empire s'assemblèrent en ce lieu, et placèrent leurs tentes en bel ordre; les peuples y accoururent en foule de tous les côtés, se préparant aux jeux et aux plaisirs; il y en avait même de toutes les nations, de la Chine, de la Moscovie, de l'Inde, de la Grèce, de Mazendéran, de Khorasan et de Fars, de Bagdad et de Syrie, et enfin de tous les royaumes d'Iran, du Touran, du Kurdistan et d'Égypte.

» Le jeune frère de Mohammed-Schah, Pir-Mohammed, second fils de la sultane Kanzadé, y arriva de son gouvernement de Guznadin, suivant l'ordre qu'il avait reçu; il se prosterna devant son aïeul, qui lui témoigna par ses larmes, en l'embrassant, la douleur qu'il avait de la mort de son frère, et qui s'efforça de le consoler par ses caresses. Alors le deuil cessa, il y eut une exposition de toute l'industrie, de tous les arts et de tous les métiers du monde soumis aux lois du khan. Les plus habiles artisans y étalèrent les chefs-d'œuvre de leurs professions; ils dressèrent dans leurs boutiques des trophées et des arcs de fleurs pour représenter des triomphes, dans lesquels ils faisaient voir ce qu'ils savaient de plus fin dans leur métier; le tout était orné de bouquets et de guirlandes avec une symétrie parfaite; il y avait chez les joailliers des colliers de perles et de pierreries, principalement des rubis grenadins et des rubis balais, avec une infinité de pièces de cristal de roche, de corail et et d'agate, et la quantité de bagues, de bracelets et de pendants d'oreilles rendirent cette plaine une minière d'or et de pierreries, au lieu d'une minière de fleurs, qui est la signification de son nom; on éleva un amphithéâtre à quatre coins, dont le haut et le bas étaient couverts de brocarts et de voiles de clinquant, avec des tapis de Perse de soie, où les dames avaient pris leur place; les musiciens étaient dans leur rang avec les joueurs d'instruments, ainsi que les baladins, qui déclamaient et disaient des mots facétieux pour exciter la joie et les ris. Il y avait un autre amphithéâtre, où étaient toutes sortes de gens de métier; et l'on comptait ainsi cent amphithéâtres de différentes manières, remplis de vendeurs de fruits, ayant des fifres et des tambours; ils avaient construit chacun une espèce de jardin plein de pistaches, de grenades, d'amandes, de poires et de pommes, avec ordre et symétrie, qui embaumaient l'odorat et faisaient un ornement merveilleux. Les bouchers se firent surtout remarquer par la gentillesse de leurs représentations; ils habillaient un mouton en homme, et ils mettaient d'autres peaux en diverses figures ridicules; on voyait des chèvres parlantes, qui avaient des cornes d'or, et qui couraient les unes après les autres; elles paraissaient des chèvres à l'extérieur, mais c'étaient de jolies filles qu'ils avaient ainsi travesties; d'autres étaient habillées en fées et en anges ayant des ailes, et d'autres prirent la figure des éléphants, et d'autres celle des moutons.

» Dans cette mascarade parurent aussi avec éclat les fourreurs, dont les uns se vêtirent en léopards, les autres en lions, et d'autres en autres sortes d'animaux, des peaux desquels ils se couvraient; il y en avait qui ressemblaient à de vrais renards, à des hyènes, à des léopards et à des tigres. Ils avaient ainsi la figure de la bête, mais le sens de cette mascarade était qu'ils voulaient représenter des génies qui avaient pris ces sortes de figures. Les tapissiers firent aussi un chef-d'œuvre, car ils firent un chameau de bois, de roseaux, de cordes et de toile peinte, qui marchait comme un vrai chameau; et le tapissier qui était dedans, tirant un rideau, faisait voir l'ouvrier dans son propre ouvrage. Les batteurs de coton firent avec du coton des oiseaux auxquels il ne manquait que la vie; ils firent aussi un minaret de coton avec des roseaux, que tout le monde croyait être bâti de briques et de mortier, et même il était d'une hauteur prodigieuse, surpassant ceux des mosquées; il était couvert de brocarts et de broderies; et il se transportait de lui-même çà et là, et sur son sommet il y avait une cigogne. Les selliers n'en cédaient rien aux autres : ils firent voir leur industrie dans deux litières de femmes, ouvertes pas le haut, accommodées à la manière ordinaire sur un chameau, dans lesquelles s'assirent deux des plus aimables et charmantes demoiselles qu'ils purent trouver dans la ville; et elles tenaient chacune une peau à la main, et faisaient des postures plaisantes, tant des pieds que des mains, pour divertir l'assemblée. Les nattiers montrèrent aussi leur adresse, ayant tissu fort adroitement avec des roseaux deux lignes d'écriture contiguë, et autres lettres majuscules artistement entrelacées.

» Les chiaoux ou officiers du palais allaient et venaient, faisant leur service et servant les tables montés sur des chevaux de grande race, ayant des selles dorées incrustées de pierres précieuses, vêtus de brocart d'or. D'un autre côté, il y avait des éléphants d'une grosseur prodigieuse, sur le dos desquels on avait ajusté des espèces de trônes accompagnés de quantités de parures et d'ornements. Sous ce même dais, à douze colonnes, on avait placé des urnes de terre, autour desquelles étaient attachés des colliers de pierreries, remplis de flacons d'or et de pots d'argent, sur le sommet desquels étaient des coupes d'or, d'agate et de cristal de roche couronnées de perles et de diverses pierreries ; le tout se présentait sur des soucoupes d'or et d'argent ; l'on y buvait du cammez, de l'oxymel, de l'hypocras, de l'eau-de-vie, du vin de Schiras et autres liqueurs. On rapporte que, pour cuire les viandes de ce banquet, on employa le bois de plusieurs grandes forêts. Le premier maître d'hôtel, avec ses officiers subalternes, demeura toujours sur pied pour donner les ordres nécessaires au service ; il y avait ainsi des tables couvertes à perte de vue dans la plaine, et les flacons de vins préparés autour des tables avec des monceaux de corbeilles pleines de fruits, les flacons réservés pour la bouche de l'empereur et les cuves pour les émirs de la cour ; il y avait enfin un nombre incalculable d'urnes entassées dans toute la plaine pour la boisson du peuple. Une impunité et une égalité absolues furent proclamées au nom de l'empereur pour tout le monde pendant cette réunion, comme dans les saturnales de Rome ; il n'était permis à qui que ce soit de réprimander ou de sévir contre personne, ni au riche d'empiéter sur le pauvre. »

XIX

Ces fêtes terminées, Timour, s'enfermant, avec les principaux sages et religieux de l'empire, dans l'intérieur de sa tente, adressa à Dieu une prière aussi digne d'un philosophe que d'un maître passager du monde. La voici :

« Grand Dieu! Dieu unique et incompréhensible, qui es au-dessus de tout ce que l'esprit humain peut concevoir, et dont la nature n'est connue que de toi-même, étant tout à toi seul, et tout le reste n'étant rien! Comment pourrais-je jamais te rendre assez d'hommages, et t'exprimer, moi, misérable créature, une reconnaissance égale à tes dons, puisqu'ils sont infinis? De mon néant tu m'as créé, de ma bassesse tu m'as élevé, de ma pauvreté tu m'as enrichi, de ma petitesse d'origine tu m'as fait le plus puissant des dominateurs du monde. Je tiens de toi seul la victoire dans tant de batailles, et la conquête de tant de royaumes; car, que suis-je, moi, pauvre et misérable créature? Je ne serais capable de rien, si tu ne me comblais de ta force et de ta grâce; dans la paix, tu me gratifies du loisir et de la joie; dans la guerre, tu me décernes la victoire; dans le gouvernement, tu me maintiens la souveraineté; redouté des nations étrangères et aimé de mes peuples, continue donc le cours de tes faveurs pour ta créature; puisque tu m'as appelé dans ta miséricorde, ne me congédie pas dans ta colère! Je connais que je ne suis que poussière, et que, si tu m'abandonnes un seul instant, toute ma gloire se changera en humiliation et toute ma grandeur en néant; ne me fais pas rougir à cause de mes fautes, moi que tu as accoutumé à me glorifier de tes bienfaits! Et je mourrai à mon heure, après avoir achevé ton œuvre, heureux et en bénissant ton nom. »

Cette prière du Salomon des steppes démentirait seule les imputations de barbarie dont les historiens de l'Occident déshonorent les grandes personnalités de l'Orient. Mais les dogmes de la fatalité, du mépris de la vie humaine et du devoir d'exterminer les infidèles, sont en opposition avec la mansuétude des paroles, et des actes sanguinaires sortent de cœurs magnanimes.

XX

Timour, après cette invocation mystérieuse, parut devant le conseil de la nation, et adressa à tous les émirs, à tous les vieillards, à tous les lettrés de l'empire, un discours digne de sa prière :

« Dieu, leur dit-il textuellement, par une faveur toute gratuite, nous a favorisé d'un bonheur si extraordinaire, que nous avons conquis l'Asie le sabre à la main, que nous avons vaincu et terrassé les plus grands rois de la terre ; il y a eu dans les siècles passés peu de souverains qui aient acquis de si grands États, ni qui soient parvenus à une si haute puissance, qui aient eu de si nombreuses armées, ni un commandement si absolu ; et, comme ces grandes conquêtes ne se font pas sans beaucoup de violence, ce qui a causé la ruine totale d'un nombre infini de créatures de Dieu, j'ai résolu de mettre mon étude à faire quelque bonne œuvre qui soit une espèce de satisfaction des crimes de ma vie passée, et d'accomplir un bien dont tout le monde n'est pas capable : c'est de faire la guerre aux infidèles et d'*exterminer* les idolâtres de la Chine, ce qui ne peut se faire sans une grande force et une entière puissance ; il est donc à propos, mes chers compagnons, que ces mêmes troupes qui ont été les instruments des fautes passées soient aussi les instruments de pénitence, c'est-à-dire qu'il faut qu'elles se mettent en marche pour aller à la Chine, et acquérir le mérite de cette sainte guerre en abattant les temples des idoles et ceux du feu, et faisant en leur place bâtir des mosquées et des chapelles; nous obtiendrons, par ce moyen, le pardon de nos fautes, comme l'assure le Coran, disant que les bonnes œuvres effacent les péchés du monde. »

XXI

Une acclamation encouragea le khan à une entreprise qui complaisait à la fois à l'antipathie populaire et au préjugé religieux des Tartares. Le ciel en récompense aux martyrs, la dépouille d'un empire immense et opulent aux vainqueurs, entraînaient ensemble l'imagination des Tartares vers le fleuve Jaune. Les émirs partirent de la plaine de Kanighul pour aller rassembler leurs troupes et pour les conduire avec leurs troupeaux et leurs chameaux au rendez-vous national assigné par le khan.

Timour rentra en les attendant à Samarcande. Il y trouva sa maison troublée et divisée par une de ces aventures de harem qui influent, plus fréquemment qu'on ne le remarque, en Orient, sur la politique des princes et sur le sort des empires. Les mœurs et les lois religieuses relèguent en vain les femmes dans la servitude et dans le mystère du harem: la nature, la beauté et l'amour leur rendent la place que Dieu leur a faite dans le cœur de l'homme.

Un des petits-fils que Timour venait de marier dans les fêtes nuptiales dont nous avons décrit la magnificence, le jeune sultan Khalil-Schah, avait délaissé, après peu de jours, sa femme enceinte pour une jeune beauté persane, esclave d'une autre princesse du sérail. Cette esclave, célèbre depuis en Tartarie et en Perse, comme Hélène en Grèce, par la passion qu'elle inspira à Khalil et par les calamités qui dérivèrent de cet attachement, fut dénoncée à Timour par l'épouse de Khalil, nièce aussi du khan, comme la cause de la froideur et de l'abandon de son mari. Timour ordonna le supplice de la jeune esclave, occasion des troubles de son palais. Khalil déroba son amante aux recherches des eunuques exécuteurs de l'arrêt de l'empereur. La sultane Validé, qui gouvernait les harems de toute la famille impériale, se laissa attendrir elle-même par les supplications de Khalil en faveur de sa maîtresse, et lui donna asile dans ses appartements. Timour accorda la vie à la belle esclave, qui donna bientôt un fils à Khalil; mais il défendit à son petit-fils tout commerce avec elle. Khalil éluda cet ordre de son aïeul par toutes les ruses inspirées par l'amour; les périls de ce commerce clandestin entre l'héritier du trône et sa maîtresse accrurent la violence et la constance de leur passion. Rien ne put arracher le prince à un attachement que les Tartares attribuèrent au sortilége qui lui fit, peu de temps après, poser la couronne d'impératrice sur le front d'une concubine, et qui ruina le vaste empire de Timour par la main d'une esclave de Circassie.

XXII

Timour, qui croyait avoir pourvu par sa rigueur au danger d'une passion passagère dans sa famille, sortit enfin de Samarcande pour entraîner à sa suite deux millions de combattants tartares vers les frontières de la Chine (en 1405). Les impératrices, ses fils, ses petits-fils, ses ministres, sa cour, sa capitale presque tout entière, le suivaient. L'hiver, prolongé en Tartarie, glaçait encore les steppes couverts d'une surface de neige sans limite. Le conquérant, sachant par ses géographes quel immense espace il avait à parcourir avant de franchir les frontières des steppes, ne voulut pas attendre le printemps. Des milliers d'hommes et d'animaux jonchèrent, les premiers jours, le désert de leurs cadavres; ils furent remplacés par d'autres, comme de vils matériaux d'une grandeur qui ne comptait pas les hommes, mais les résultats.

« Les oiseaux de proie, disent les historiens des deux campagnes, ne pouvaient suffire à dépecer les cadavres que l'armée laissait chaque nuit derrière elle. »

XXIII

Mais l'arsenal d'hommes de Timour était inépuisable, comme les tentes de ses Tartares. Le printemps, qui souffla enfin, fondit la neige, découvrit les pâturages et fit ruisseler, de halte en halte, les sources et les rivières marquées par les géographes. Timour arriva, toujours avec deux millions d'hommes, à Otrar, ville centrale de la Tartarie, entre le fleuve Sihon et le fleuve Gihon. Il envoya en avant des cavaliers pour s'assurer si l'armée pouvait encore traverser ce fleuve profond sur la glace ou pour construire des ponts. Les cavaliers revinrent et rapportèrent que les neiges des montagnes du bord du fleuve étaient encore épaisses de trois coudées et engloutiraient inévitablement l'armée. Timour fut contraint d'attendre à Otrar le ramollissement de la saison. Il était déjà à vingt marches de Samarcande.

L'incendie qu'il avait promené par toute la terre sembla le poursuivre lui-même au fond de ces déserts. Le palais qu'il habitait avec sa famille et sa cour, à Otrar, brûla en une nuit et dévora une partie de ses richesses. Otrar, comme Moscou de nos jours, semblait se dérober, par la flamme, à la servitude. La multitude qui suivait l'armée mourait de froid et de faim. Timour voulut renvoyer les impératrices et leurs enfants à Samarcande. Elles refusèrent de l'abandonner dans ses dangers et dans sa vieillesse. Il fut saisi d'une fièvre d'angoisse dont le délire lui donnait des songes réputés divins. Les houris, ombres des femmes qu'il avait tant aimées pendant sa jeunesse, lui apparaissaient et lui ordonnaient de se repentir de ses égarements avant de paraître devant son Dieu. Il s'humilia devant le jugement qu'il allait subir. En vain Tébrizi, le plus célèbre médecin de l'Asie, qui l'accompagnait dans toutes ses campagnes, lui prodigua toute sa science et tout son zèle; il se sentit frappé à mort, et il la contempla de son lit avec autant d'intrépidité qu'il l'avait contemplée si souvent sur les champs de bataille. Il assembla autour de son tapis ses femmes, ses fils, ses petits-fils, ses ministres, ses émirs, dicta son testament, dont chaque legs était un empire, et édifia, par un dernier discours digne d'un sage, ce monde qu'il avait asservi pendant soixante ans.

« Je sens avec évidence, dit-il d'une voix encore ferme, que mon âme veut abandonner mon corps vieilli et fatigué ; elle va habiter un meilleur séjour à l'ombre du trône éternel de Dieu ; ne pleurez pas, ne poussez ni lamentations, ni gémissements ; les larmes et les cris ont-ils jamais arrêté la volonté de Dieu? au lieu de déchirer vos vêtemens, de vous frapper le sein et d'arracher vos cheveux, élevez vos prières au ciel pour qu'il daigne me pardonner les fautes et les excès de ma longue vie. J'ai réussi à donner à la terre d'Iran (la Perse) une telle justice et un tel ordre, que nul aujourd'hui n'y peut opprimer son prochain, et que les forts y respectent les faibles. Quoique je connaisse l'instabilité de l'empire, ajouta-t-il en s'adressant à Djehanghyr et à ses autres héritiers, cependant je ne vous conseille pas de dédaigner ni d'abdiquer la puissance que je vous lègue, car cela causerait du vide et des désordres dans les royaumes, et la sûreté publique, le plus grand bien des hommes, en serait altérée. Dieu, au jour du jugement, nous demandera compte des charges que nous avons reçues de lui en naissant. »

Il nomma ensuite Pir-Mohammed-Djehanghyr héritier du monde asiatique et souverain de Samarcande après lui, et lui fit, en sa présence, prêter serment par tous les émirs. Il pleura ensuite, non de quitter le monde, mais de ne pas pouvoir embrasser une dernière fois son fils Schah-Rokh, qui gouvernait alors l'Iran en son nom ; puis il dit aux émirs :

« Allez, vous n'aurez plus d'autre audience de moi ici-bas; je vais comparaître moi-même à celle d'Allah. »

Ses femmes et ses enfants, qui entendirent ces suprêmes paroles du fond de la tente où ils sanglotaient derrière le rideau, se précipitèrent alors inondés de larmes autour de son tapis. Il les consola et leur donna des conseils secrets pour conserver l'harmonie entre ses nombreux enfants, que les dissensions intestines détruiraient les uns par les autres. Puis, répétant une dernière fois son mot favori, qui résumait, selon lui, toute sagesse humaine dans la résignation aux volontés du seul Maître : « Nous sommes de Dieu, dit-il, et nous retournons à Dieu ! » Et il expira (février 1405).

XXIV

L'armée tartare, sans âme et sans chef après lui, revint à Samarcande. Cet empire de la victoire, qui n'avait pour centre que la vie et pour lien que la main d'un grand homme, tomba promptement en lambeaux. Le nom seul de Timour resta le plus grand nom des destructeurs d'empires qui aient jamais promené le fer sur la face du globe, sans en excepter ni Alexandre, ni Gengis-Khan, ni César, ni Napoléon. Mais, à travers l'obscurité qui couvre ses desseins et la poussière qui sort de ses démolitions, tout indique dans ses actes, ses paroles, ses institutions, que Timour poursuivait un dessein religieux et civilisateur pour les Tartares et pour l'Orient, et qu'il avait rapporté de ses conquêtes autant de sagesse que de gloire à la fin de sa vie. Mahomet fut le prophète, Timour le conquérant d'une même doctrine. Fléau des ennemis, propagateur armé de sa doctrine, il portait la mort, mais il portait au moins une grande idée devant lui. Le Coran lui avait paru, de tous les livres sacrés de l'Asie, celui qui apportait le plus de raison dans la conception et dans le culte du Créateur. Il s'était fait le soldat, mais le soldat indépendant et philosophique du Coran. Alexandre n'avait pour mobile que l'éblouissement de la postérité, César que l'empire, Gengis que l'espace, Napoléon que la gloire; Timour, comme Charlemagne, avait de plus la religion; pour être le Charlemagne tartare, il ne lui manqua que le temps. Mais la Providence maudit ces déluges de sang humain, pour quelque cause que ces fléaux de la terre le répandent, et rien ne germe dans ce sang que ces noms stériles qui semblent grandir un seul homme, mais qui rapetissent l'humanité.

Tel apparut et disparut Timour, le frère de race, mais le Caïn des Ottomans. Revenons à eux.

LIVRE NEUVIÈME

I

Au moment où Bajazet s'enfuyait (1402), après d'héroïques exploits, du champ de bataille d'Ancyre ou d'Angora, où avait péri sa fortune, nous avons vu que ses quatre fils, dernière espérance de son sang, fuyaient comme lui, à travers la nuit, le sabre ou les cachots des Tartares. L'un de ses fils, Mousa, était atteint et ramené au camp de Timour avec son père; l'aîné, Soliman, franchissait les montagnes de la presqu'île pour atteindre les bords de l'Euxin et pour se réfugier par mer à Andrinople avec le grand vizir, Ali-Pacha, et l'aga des janissaires, Hassan. Le second fils,

Mohammed, âgé à peine de quinze ans, couvert de blessures et relevé du champ de bataille par un des plus intrépides généraux de son père, nommé Bayézid-Pacha, était parvenu à se faire jour, le sabre à la main, au milieu des Tartares qui lui fermaient la route, à traverser Tokat encore libre, et à s'enfermer, avec son sauveur, dans la forteresse d'Amasie.

L'héroïsme devançait les années dans cet enfant. Le poëme historique persan du Schah-Nameh se complaît à chanter les exploits de son enfance. Bloqué dans Amasie par un des généraux de Timour, Mohammed, dans une sortie, combattit corps à corps l'émir tartare et le tua d'une flèche de son arc. Les Ottomans de l'Asie Mineure, émus de la bravoure désespérée du fils de leur sultan, et confiants dans l'habileté militaire de Bayézid-Pacha, accoururent en foule à Amasie et lui formèrent une petite armée, qui triompha partout des détachements tartares. Timour, qui ne voulait que châtier et non détruire la race d'Othman, fit inviter le jeune Mohammed à venir avec sécurité dans son camp. Mohammed, d'abord empressé de revoir son père, prisonnier du khan, puis retenu par les conseils de Bayézid-Pacha, qui craignait un piége dans l'invitation de Timour, s'avança, puis s'éloigna en combattant toujours sur sa route. Le siége de Smyrne avait presque affranchi l'intérieur de l'Anatolie des troupes de Timour. Mohammed y occupa tout l'espace abandonné par les Tartares. Le départ du conquérant pour Samarcande et les combats incessants de Mohammed contre les princes turcomans restaurés par les Tartares lui rendirent une partie des possessions paternelles dans ces contrées. Il régnait de fait à Amasie et à Tokat, il reconquérait Siwas, sans s'inquiéter des droits d'aînesse et des prétentions de ses frères.

II

Cependant son frère aîné, Soliman, après avoir franchi le Pont-Euxin avec le grand vizir et l'aga des janissaires Hassan, ces deux dépositaires de l'empire, était parvenu à Constantinople, et y avait conclu en passant une alliance, fréquente alors, avec l'empereur grec. Pour gage réciproque de l'indissolubilité de cette alliance entre l'héritier de Constantin et l'héritier d'Othman, Soliman avait épousé Théodora, nièce de l'empereur, et il avait laissé à la cour de Byzance sa propre sœur, la sultane Fatima, fille de Bajazet. Soliman, après cette alliance, qui lui assurait la sécurité en Europe, était accouru à Andrinople ressaisir le trône, le gouvernement et l'armée.

III

Isa, le troisième fils de Bajazet, échappé aussi aux fers de Timour, s'était réfugié à Brousse, dont les débris fumaient encore, et, secondé par le puissant Timourtasch, relâché après le reflux des Tartares, il tentait de se faire reconnaître pour sultan par l'Anatolie, que lui disputaient Mohammed, Mousa et Soliman. Les généraux et les pachas du sultan captif ou mort s'étaient attachés selon leur penchant ou leur ambition aux différents prétendants au trône. Yacoub-Pacha, qui avait conquis une imposante renommée en disputant la ville d'Angora à Timour, commandait l'armée de Mohammed, Timourtasch celle d'Isa. Le sang ottoman coula pour la première fois dans une guerre intestine, au défilé d'Ermeni, défendu par Timourtasch contre Yacoub. Timourtasch, vaincu à Ermeni, se retirait vers le lac d'Ouloubad avec les débris de l'armée de son pupille Isa, quand il périt la nuit dans sa tente, assassiné par son esclave. L'esclave apporta la tête de Timourtasch au jeune Mohammed, dont elle assurait le triomphe sur Isa, son frère. Mohammed envoya cette tête à Andrinople en présent à Soliman, son frère aîné, pour lui montrer qu'il était désormais maître de l'Asie et de Brousse, et pour le décider au partage de l'empire entre eux deux. Soliman se réjouit de la mort d'un astucieux ennemi de sa cause, et dissimula avec Mohammed.

Mohammed entra sans compétiteur dans Brousse, à la tête d'une armée victorieuse. Isa, vaincu, alla gémir et conspirer à Constantinople, refuge des princes ottomans dépossédés. Mousa, captif du prince de Kermian, à qui Timour, en partant, l'avait laissé en gage, fut rendu à Mohammed avec les restes de Bajazet, encore errants sur la route de la tombe.

IV

Cependant Isa, encouragé par Soliman Ier et assisté par l'empereur grec de Constantinople, repassa en Asie, rallia une armée de dix mille Ottomans, ravagea la province de Mohammed et s'avança jusqu'aux forêts du mont Olympe pour entrer à Brousse. Vaincu une dernière fois par Mohammed, les princes d'Aïdin, de Tekké, de Mentesché, qui avaient embrassé sa cause, tombèrent dans les fers de Mohammed. Celui de Saroukhan, surpris au bain par les vainqueurs, ne demanda pour toute grâce à Mohammed que d'être enseveli au tombeau de ses ancêtres, dans la délicieuse vallée de Magnésie, dont le ciel serait encore doux à ses mânes. Cette faveur suprême lui fut accordée. Isa, qui avait dû son salut à la vitesse de son cheval, se retira seul dans les plus hauts rochers du Taurus qui dominent le golfe profond de Satalie : il y vécut parmi les bergers, et y disparut sans avoir laissé ni trace ni mémoire. Les antres des rochers de Satalie le dérobèrent pour jamais, comme les cadavres du champ de bataille d'Angora avaient dérobé à toutes les recherches le corps de son frère Mustafa.

V

Mais le voluptueux Soliman Ier, jusque-là indifférent ou immobile, et n'appréciant de l'empire que les mollesses et les plaisirs du sérail d'Andrinople, ne pouvait laisser impunément le plus jeune de ses frères affermir son débris d'empire à Brousse. Secondé par Manuel Paléologue, descendu et remonté au trône de Byzance, il passa la Propontide avec une armée moitié ottomane, moitié albanaise. Il fit fuir devant le nombre et devant le droit Mohammed de

Brousse, entra en sultan dans la capitale de l'Asie, et descendit de là sur Smyrne pour y punir Djouneyd, traître envers sa famille, qui s'était formé une principauté indépendante en Ionie sur les ruines de l'empire ottoman. Soit remords, soit faiblesse, Djouneyd, à l'approche de Soliman, déserte pendant la nuit sa propre armée et se présente à l'aurore, seul et la corde au cou, devant la tente du sultan, implorant sa grâce. L'armée, déconcertée par cet abandon, se dissout; Soliman marche sur ses traces, entre à Éphèse, y étale le luxe d'un empereur, et, faisant prendre à Ali-Pacha, son vizir, la route de la vallée du Caïstre, l'envoie combattre son frère Mohammed à Tokat et à Angora. Mohammed évite par d'autres vallées l'armée d'Ali, et s'avance lui-même inopinément contre Brousse, où il assiége Soliman, revenu d'Éphèse pour jouir des délices de sa capitale d'Asie. Soliman était au bain quand on lui annonça que les troupes de son frère étaient sous les murs. Il songeait déjà à fuir en Europe. Une conspiration dans l'armée de Mohammed et la fuite de son échanson inquiètent ce prince et le font rétrograder jusqu'à Iénischyr. Mousa, son second frère, qui avait pris parti pour Mohammed, s'offre d'aller à Andrinople lever l'étendard d'une troisième guerre civile contre Soliman. Mohammed l'encourage; Mousa part; il va lever une armée en Servie et en Bulgarie pour combattre son frère. Soliman traverse la Propontide avec l'élite de ses partisans, réclame à Constantinople le secours de l'empereur grec, promis par le traité, campe sous les murs de la ville et attend Mousa. Pendant la bataille entre les deux frères sous les remparts de Constantinople, les Serviens passent au parti de Soliman. Le sultan, fortifié par cette défection, poursuit Mousa et rentre à Andrinople.

Mousa, abandonné et fugitif, erre sans suite et sans espoir dans les rochers du mont Hémus, épiant l'occasion d'une vengeance et rassemblant un à un quelques Épirotes pour tenter une seconde fois avec lui la fortune désespérée de l'usurpation.

VI

Soliman Ier, comme la plupart des fils de sa race, n'avait d'énergie que dans le danger. Sa valeur n'était qu'un accès d'héroïsme; la sécurité le laissait s'affaisser sur lui-même. L'amour, la chasse, les festins, le repos dans ses jardins, au bord des eaux qui rafraîchissent la vallée d'Andrinople, endormaient son activité. L'ivresse du vin, dont les barbares de la Servie lui avaient donné le goût, émoussait jusqu'à son ambition. Son palais retentissait des chants de la débauche; son harem l'occupait plus que son conseil; il passait des semaines entières sans sortir de l'appartement des femmes, où ses eunuques entassaient, pour ses yeux, les plus belles odalisques de la Mingrélie, de la Perse et de Chio.

Mousa, au contraire, retrempé dans l'adversité, endurci à la fatigue, obstiné à la fortune, rôdait sans cesse avec une bande d'intrépides partisans dans les gorges du mont Hémus. Le mépris même qu'on avait à Andrinople de son impuissance faisait sa force. A un signal donné dans toutes les montagnes, cette bande, changée tout à coup en armée, parut avant l'aurore aux portes d'Andrinople. A peine osait-on troubler par un avis importun le sommeil ou les plaisirs de Soliman. Tous ses vizirs et tous ses officiers se rejetaient de l'un à l'autre le devoir et le danger de l'avertir. Le chef des eunuques, vieillard dévoué, se chargea le premier de communiquer la fatale nouvelle à son maître. Soliman, se soulevant à peine sur le coude, lui répondit, en souriant de dédain, par un vers persan qui conseille *aux buveurs et aux amants de remettre les soucis au jour qui les dissipe, et de laisser la nuit aux songes qui trompent même le malheur.*

Le vieux général grec renégat, Évrénos-Beg, crut que le sultan aurait plus de foi dans son expérience et dans ses années. « Es-tu retombé dans l'enfance, lui dit Soliman, de t'imaginer que le chef d'une poignée de bandits pourrait détrôner le sultan des Ottomans dans sa capitale? »

L'aga des janissaires, le fidèle Hassan, celui-là même qui avait sauvé Soliman du champ de bataille d'Angora, crut pouvoir élever avec plus d'autorité la voix pour sauver une seconde fois son maître. Sa franchise parut une offense à Soliman; il ordonna aux Tschaouschs de lui couper la barbe avec un sabre, injure la plus cruelle qu'on pût faire à un Ottoman. Hassan, indigné et désespéré, monta à cheval en sortant du palais et, se faisant une parure de l'outrage immérité qu'il avait subi, parcourut la ville et les rangs des janissaires en montrant son visage déshonoré, en accusant l'ingratitude et la démence d'un ivrogne, et en le proclamant indigne de commander aux croyants.

A cet aspect, à ce geste, à ces paroles d'Hassan, la ville et l'armée répudient Soliman et ouvrent les portes à Mousa. Soliman, enfin éveillé, n'a que le temps de monter le cheval arabe le plus rapide de ses écuries et de fuir, suivi seulement de trois cavaliers de sa garde, vers les forêts de la route de Constantinople.

Au lever du jour, cinq frères, archers du village turc de Dougoundji, qui allaient chasser dans la forêt, ayant aperçu de loin quatre cavaliers montés sur des chevaux de luxe magnifiquement équipés et croyant reconnaître parmi eux le sultan à l'éclat de son cafetan et de ses armes, accoururent du haut d'une colline pour le contempler de plus près et pour se prosterner devant leur souverain. Mais Soliman, encore troublé par le vin et voyant dans cet empressement une menace, banda son arc et tua d'abord le plus âgé des cinq frères, puis, d'une autre flèche, le second. A ces deux meurtres sans provocation, les trois autres frères visent à la fois au cœur du meurtrier; Soliman tombe mortellement blessé à côté de son cheval (1410). Les archers lui tranchent la tête et la portent au village, laissant son corps aux vautours de la forêt.

Ainsi périt Soliman Ier, victime du seul vice qui eût déshonoré sa vie. Il avait le cœur d'un héros, l'esprit cultivé, mais l'âme sensuelle. Ses peuples, tout en le méprisant, ne pouvaient s'empêcher de l'aimer. C'était l'ivresse qui était coupable en lui, ce n'était pas l'homme. Il avait, dans ses moments lucides, un goût raffiné pour la poésie, pour la littérature, pour les arts ; il aimait surtout la poésie persane qui mêle, dans *Hafiz*, une certaine sagesse mystique aux images voluptueuses de Salomon, d'Horace, d'Anacréon. Il comblait de ses dons et de ses familiarités les poëtes turcs qui donnaient à son âme la noble ivresse que le vin donnait à ses sens. Ses favoris étaient Hamza et surtout Ahmed, deux frères qui chantaient et qui écrivaient à la fois l'histoire de leur temps. Il leur permettait avec lui ces familiarités enjouées qui dépouillent le souverain de la majesté pour autoriser avec lui l'égalité des reparties. Il en était de même de Timour, qui, un jour qu'il se baignait, avait dit à Ahmed :

« Combien m'estimes-tu, dans ma nudité? — Quatre-vingts aspres, répondit le poëte. — C'est juste le prix de ma robe de bain, reprit Timour. — Aussi est-ce de ta robe que je parle, repartit Ahmed, car, pour toi, tu ne vaux pas un aspre. »

L'empereur s'estima assez lui-même pour pardonner au poëte cette licence, et même pour lui payer en nouvelles faveurs cette courageuse mais cynique vérité. *La Joie et la Lyre*, autre poëme turc d'un des poëtes de la cour de Soliman I*er*, répondit à la littérature licencieuse de ce Sardanapale d'Andrinople, et charme encore les festins et les harems de l'Orient.

VII

Mousa, à peine proclamé sultan, vengea sur les trois frères meurtriers involontaires de Soliman le sang d'Othman. Après avoir reçu de leurs mains sa tête qu'ils lui avaient apportée, il les chargea de fers, les fit reconduire dans leur village, et, ayant fait donner l'ordre à tous les habitants de Dougoundji de rentrer dans leurs maisons, il les brûla vivants sous leurs toits.

« Mon frère devait mourir, dit-il, mais ce n'était pas par les mains ignobles de ces esclaves ! »

Il ne semblait vivre que pour la vengeance. Pressé de

punir la trahison des Serviens qui l'avaient abandonné pendant la bataille livrée sous les murs de Constantinople, il marcha avec soixante mille hommes sur la Servie, ravagea le pays, massacra des milliers de prisonniers, et ayant fait entasser et niveler ces monceaux de cadavres, il les fit couvrir d'une nappe, et donna sur cette table à ses soldats un festin de vengeance où le vin se mêlait, en coulant, avec le sang des Serviens.

Au retour de cette expédition, il assiégea Constantinople. Manuel Paléologue, tremblant pour sa capitale, appela Mohammed, qui régnait à Brousse, pour opposer le frère au frère. Il lui fournit des vaisseaux pour traverser la Propontide et le reçut à Scutari, faubourg asiatique de Constantinople. Ce secours déconcerta Mousa.

Évrénos-Beg, ce vieux général qui avait servi sous quatre règnes et que Mousa retenait dans une subalternité humiliante pour sa vieillesse et pour son rang à sa cour, conseilla secrètement à Mohammed de passer hardiment en Europe et d'aller soulever les Serviens contre Mousa. Mohammed, à qui Évrénos avait préparé les voies, suivit ce conseil. Fortifié par les Serviens et par les vassaux montagnards d'Évrénos, Mohammed redescendit sur Andrinople, par la vallée de Philippopolis.

Mousa, abandonné de la plupart de ses alliés, ne se défendait plus qu'avec sept mille janissaires retenus à sa cause par l'énormité de la solde qu'il puisait dans le trésor et qu'il leur distribuait à pleines coupes. Les deux armées se rencontrèrent inopinément face à face sur les flancs de l'Hémus (1413). L'aga des janissaires, Hassan, qui, après avoir été outragé dans sa barbe par Soliman, avait embrassé le parti de Mohammed, s'avança seul à cheval sur le front de ses anciens compagnons d'armes enrôlés par Mousa, et leur adressant à haute voix des reproches :

« Que tardez-vous, mes enfants, leur cria-t-il, de rejoindre votre général, et de servir avec lui la cause la plus juste, sous un prince courageux et reconnaissant, contre un prince abandonné de la fortune qui ne peut que perdre ses défenseurs en se perdant lui-même? »

VIII

Mousa, qui entendit avec indignation ces provocations d'Hassan à la désertion de ses janissaires, s'élança sur lui, le sabre à la main, suivi d'un groupe de cavaliers. Hassan ayant tourné la tête de son cheval pour s'éloigner, Mousa lui fendit l'épaule jusqu'au cœur d'un coup d'yatagan. Il allait redoubler, quand un cavalier esclave d'Hassan, voulant parer le second coup qui menaçait son maître, coupa lui-même le bras levé du sultan. La main, détachée du bras, tomba à terre en tenant encore le sabre. Le sang de Mousa répandit la terreur parmi son armée, qui se dispersa de toutes parts devant la cavalerie de Mohammed. Mousa, abandonné une dernière fois, fit bander son bras mutilé avec la mousseline d'un turban et s'enfuit au hasard, au galop de son cheval et à la faveur des ténèbres, dans les marais qui bordent la Maritza, espérant se réfugier dans la Bulgarie. Le sang mal étanché trompa ses forces. On trouva le lendemain son cadavre couché dans la fange des marais, à côté de son cheval qui attendait son réveil. Le bruit se répandit dans l'empire que Mousa n'était pas mort de sa blessure, mais qu'il avait été étranglé dans sa fuite par deux de ses généraux qui le suivaient, et qui, las des désastres de cette guerre civile de dix ans, avaient voulu sauver l'empire en sacrifiant un des sultans.

La mémoire de Mousa ne laissa rien que son ambition et ses vicissitudes de fortune. Plus aventurier que souverain, il vécut en conjuré et mourut en soldat.

IX

Mohammed ou Mahomet Ier n'hérita pas de la paix par la mort de son compétiteur. Toute l'Asie, pendant son règne, ne fut remplie que des insurrections des princes turcomans, dont Timour avait rétabli les trônes et encouragé l'indépendance. Il ne régnait qu'à la condition de vaincre sans cesse. Son enfance, passée dans les camps, lui avait fait de la guerre un besoin et de la bravoure une habitude. Son extérieur martial répondait à son tempérament belliqueux. Encore à la fleur de ses années, le front haut, le visage ovale, les yeux noirs ombragés de sourcils persans, comme l'arc des Tartares, le teint coloré par un sang rapide et généreux, la bouche gracieuse, la poitrine large et proéminente, les épaules robustement attachées, les bras démesurément longs, comme ceux des races qui manient le sabre, une physionomie que les historiens représentent comme participant de la noblesse de l'aigle et de la majesté du lion, une élégance et un luxe de costume qui relevait cette beauté naturelle, enfin, une disposition tout à la fois magnanime et gracieuse de caractère qui rappelait la chevalerie arabe et qui lui faisait donner le nom intraduisible de *Tchélébi*, dont le synonyme le plus rapproché est, dans les langues d'Occident, *gentilhomme* : tout appelait sur Mohammed Tchélébi, ou Mahomet Ier, l'estime, l'amour, l'espérance des Ottomans. Sa gloire précoce ajoutait un prestige de plus à ses droits. On avait pu, dans son enfance, l'accuser d'ambition en ne cédant pas sa part d'empire ou d'héritage à Soliman et à Mousa. Mais on ne doit pas oublier que l'hérédité de l'empire par droit d'aînesse n'était pas alors la loi du trône en Orient, et que, tant que le père n'avait pas désigné de successeur, l'héritage se partageait ou se déchirait entre tous. D'ailleurs, les vices et les crimes de ses frères justifiaient trop aux yeux des Ottomans les prétentions du seul des fils de Bajazet qui promît un restaurateur à l'empire.

X

A peine Mousa avait-il laissé, par sa mort, l'Europe et l'Asie se renouer en une seule puissance ottomane, sous la main de Mahomet Ier, que le faible empereur de Byzance, forcé, comme on l'a vu, de conclure des traités contradictoires avec les trois compétiteurs au trône de Bajazet, s'était hâté de réclamer le bénéfice de celui qu'il avait conclu avec Mahomet. Le sultan, dont le seul but était de reconstituer l'unité un moment brisée de sa maison et de sa race, rassura, dès le premier jour, l'empereur de Constantinople sur l'esprit de conquête des Turcs, ajourné à d'autres temps, et restitua aux Paléologues toutes les villes et toutes les provinces que Soliman Ier et Mousa et lui-même avaient momentanément détachées de l'empire grec en Thessalie et dans le golfe de Salonique.

« Dites à mon père l'empereur de Constantinople, répondit-il avec une cordialité gracieuse et filiale aux envoyés de Manuel Paléologue, que, grâce à son assistance, j'ai eu le bonheur de rentrer dans les domaines de mes ancêtres, et qu'en reconnaissance de ses vœux pour moi je lui serai pendant toute ma vie loyal et dévoué comme un fils envers celui dont il a reçu le jour. »

Les ambassadeurs de la Hongrie, de la Servie, de la Bulgarie, des princes chrétiens du Péloponèse, accoururent à Andrinople pour le féliciter et pour renouer avec lui les anciennes relations pacifiques interrompues par dix-sept années d'agitation et de vicissitudes de règnes.

« Dites à vos maîtres, leur répondit à tous le sultan avec une fierté modeste qui ne rougissait ni d'accorder ni d'accepter la réconciliation générale avec ses voisins, dites-leur que je donne à tous la paix, et que je la reçois avec reconnaissance de tous. Que le Dieu de la paix conseille la sagesse et la justice à ceux qui seraient tentés de la violer! »

XI

Mais pendant que l'heureux Mahomet Ier calmait et reconstituait ainsi la Turquie d'Europe, le prince de Caramanie troublait de nouveau l'Asie. Secondé par les autres princes turcomans et par le traître Djouneyd, prince de Smyrne, infidèle à tous les serments et à tous les pardons, le prince de Caramanie s'avança avec une armée confédérée jusque sous les remparts de Brousse (vers 1415). Il détourna de leur lit les torrents de l'Olympe, qui abreuvaient la ville, et il était près de contraindre les habitants, privés d'eau, à une capitulation, quand, par un hasard de circonstance, qui parut aux Caramaniens un prodige, le cortége qui apportait le corps de Mousa au tombeau de ses pères parut à quelque distance du camp des assiégeants. Une escorte de cavaliers turcs, de l'armée de Mahomet, accompagnait ce cercueil, pour honorer les restes d'un ennemi.

Caraman, à la vue de ce cercueil et de ces armes, sentit ou une terreur, ou un remords qui courait comme un frisson dans toute son armée. Les Turcomans s'enfuirent devant le cercueil du dernier des compétiteurs au trône de Bajazet. Ils comprirent sans doute que Mahomet Ier, désormais sans rival, serait un ennemi trop redoutable pour eux, et qu'il n'était pas temps de rendre l'insulte impardonnable, en ravageant sa capitale.

« Lâche que tu es! s'écria un des alliés de Caraman, entraîné malgré lui dans cette panique, si tu fuis ainsi devant un mort, que feras-tu devant un ennemi vivant? »

Mais Caraman, dont le père avait été supplicié autrefois par Timourtasch dans les prisons de Bajazet, se contenta de venger par d'odieuses représailles les mânes de son père, en détruisant le sépulcre de Bajazet, dans les jardins extérieurs de Brousse, et en jetant les restes de l'ennemi de sa maison à la profanation du jour et du feu.

XII

A la nouvelle de cette confédération contre lui, Mahomet Ier, empruntant les vaisseaux des Grecs pour traverser la Propontide, marcha, avec son armée aguerrie de vétérans, au secours de Brousse, et à la conquête de l'empire de son père en Asie. Ne trouvant plus d'ennemis à Brousse, il s'avança sur Pergame, ville, autrefois grecque, de l'Anatolie, que Djouneyd avait annexée à sa principauté de Smyrne. Pergame, Kyma, les châteaux de la plaine de Mainoménos fortifiés à loisir par Djouneyd, tombèrent, après de nombreux assauts, sous les armes de Mahomet et de son général, ami de toutes ses fortunes, Bayézid-Pacha. Un Albanais, de cette race aventurière qui prenait déjà parti dans toutes les guerres, avec ou contre les Turcs, nommé Aoudoulas, défendit jusqu'à la dernière brèche les remparts de Nymphéon, une de ces places fortes de Djouneyd. Bayézid-Pacha apportait une soif de vengeance personnelle dans l'attaque obstinée de Nymphéon, où tombèrent des milliers de ses soldats.

Djouneyd était père d'une fille unique, dont les charmes, la haute naissance et les trésors faisaient rechercher la main par les princes et par les guerriers les plus renommés parmi les Ottomans. Bayézid-Pacha, vizir d'un sultan, et commandant de ses armées, avait cru pouvoir demander pour lui-même sa fille en mariage au prince de Smyrne. Djouneyd, en recevant ce message, assembla son divan dans Pergame. Il fit comparaître devant tous ses courtisans et ses guerriers l'envoyé de Bayézid-Pacha, et après avoir écouté d'un visage dédaigneux la demande que cet envoyé était chargé de lui adresser, il se tourna vers l'Albanais Aoudoulas, qui assistait au divan.

« Qui es-tu? dit-il à Aoudoulas, comme s'il ne l'avait pas connu avant ce jour.

» — Je suis ton esclave, répondit en s'inclinant Aoudoulas.

» — Où es-tu né? poursuivit Djouneyd.

» — En Albanie.

» — Eh bien! reprit Djouneyd en s'adressant aux témoins de cette scène, je déclare libre cet esclave albanais, et c'est à lui que je donne ma fille en mariage. Quant à toi, reprit Djouneyd en apostrophant avec dédain l'envoyé de Bayézid-Pacha, va dire à ton maître ce que tu as vu; j'ai choisi pour gendre un esclave albanais comme lui, mais plus jeune et plus digne que lui de défendre ou d'attaquer un empire. »

Cette insulte était restée gravée dans le cœur de Bayézid. Après la reddition de Nymphéon, où l'intrépide Aoudoulas n'avait pu trouver la mort sur la brèche, Bayézid-Pacha condamna son rival, devenu son captif, à la dégradation de sa virilité, et à servir dans son harem au rang des eunuques.

XIII

Mahomet Ier assiégea en personne Djouneyd dans Smyrne. Les chevaliers de Saint-Jean de Jérusalem, dévenus les chevaliers de Rhodes, l'aidèrent eux-mêmes à cerner Smyrne par des forteresses élevées contre ses murailles. Cette guerre n'était plus, comme celle de Timour, une guerre de religion, d'extermination, et de race contre race. Tous les princes chrétiens et toutes les républiques chrétiennes qui possédaient des ports, des châteaux, des provinces dans l'Ionie, dans l'Archipel ou dans la Grèce, se joignirent spontanément au sultan contre le barbare, infidèle à tant de maîtres, qui avait élevé sa domination sur les ruines de Smyrne, et sur les anarchies de l'empire de Bajazet Ier. La ville, qui ne voyait partout sur les flancs de ses montagnes et sur son golfe que des ennemis, trembla derrière ses murailles.

La mère, les femmes, les enfants de Djouneyd, que ce prince avait renfermés dans Smyrne comme dans un asile inexpugnable, sortirent bientôt en suppliants de la ville, et vinrent se prosterner aux pieds de Mahomet, pour implorer sa miséricorde. Le sultan, aussi généreux et aussi chevaleresque que son surnom de Tchélébi l'indiquait au monde, les releva avec bonté, et ne leur demanda d'autre rançon que la capitulation de la ville. Il se contenta, pour toute vengeance et pour toute sécurité, d'abattre les tours et les murs de Smyrne, pour que la troisième ville de l'empire ne devînt jamais l'asile de la révolte ou de la trahison d'un vassal.

Le grand maître des chevaliers de Rhodes ayant demandé une exception pour le château de son ordre reconstruit sur les fondements de celui qui avait été rasé par Timour, et ayant représenté au sultan que la réédification de ce château intéressait le pape, protecteur de son ordre, et tous les chrétiens :

« Je voudrais, lui répondit avec autant de bonté que de prévoyance Mahomet, je voudrais, seigneur grand maître, être le père de tous les chrétiens de la terre et pouvoir leur distribuer des présents et des honneurs, car il faut que les princes récompensent les bons et punissent les méchants; mais il convient aussi de prendre en considération le bien-être de ses propres sujets et d'avoir égard à ce qu'un grand nombre de musulmans m'ont demandé. Quoique Timour ait dévasté toute l'Asie, il s'est, m'ont-ils dit, acquis un titre à notre reconnaissance en rasant le château de Smyrne, car c'était là que tous nos esclaves fugitifs trouvaient un asile certain ; en outre, les hommes libres qui voyageaient sur terre ou sur mer y étaient conduits comme esclaves, ce qui entretenait continuellement la guerre entre les chevaliers de l'ordre et les Turcs. Timour, l'impie empereur tartare, fut généralement loué de cette sage mesure. Veux-tu donc que je sois plus impie que ce tyran? Mais, pour te satisfaire, tout en cédant aux vœux des musulmans, je t'assignerai, dans le territoire de Mentesché, un autre endroit où tu pourras faire construire un château. »

Le grand maître lui demanda que l'emplacement de ce château fût sur les terres ottomanes et non sur les terres chrétiennes des petites puissances qui possédaient ces rivages.

« Ce que je te donne est à moi, lui dit Mahomet, car le prince de Mentesché n'est que mon vassal. »

La mère, les femmes et les enfants de Djouneyd obtinrent facilement du sultan, par leurs larmes, le pardon du rebelle. Mahomet le reçut, lui restitua sa famille et ses biens, et se contenta de l'éloigner du théâtre de ses intrigues en le reléguant en Servie, à la cour de son allié le roi Sisman, fils de Lazare, qui avait embrassé la religion du prophète.

XIV

La chute de Smyrne et de Djouneyd entraîna la soumission de toutes les principautés et de toutes les villes qui séparent l'Ionie de la Caramanie. Koniah, reconquise par lui, vit signer la paix générale de l'Asie Mineure. L'infidélité des Caramaniens troubla de nouveau cette paix à peine conclue. Mahomet, qui revenait à Brousse, tomba malade d'impatience à Angora. On craignit pour sa vie. Le prince, voisin de Kermian, lui envoya le plus accrédité des médecins et des poëtes chez les Turcs, le célèbre Sinan. Il guérissait à la fois l'âme par ses vers et le corps par ses préceptes. C'est lui qui a chanté, sous le nom de Schéiki, ce même poëme des amours de Schirin et de Ferhad, dont les aventures charment depuis plusieurs siècles les Persans.

« Ce qu'il faut au héros Mahomet, dit Sinan après avoir consulté le pouls du malade, ce ne sont pas des médicaments, c'est une victoire. Son mal n'est qu'une mélancolie, cette maladie des cœurs qui se dévorent eux-mêmes. » Maladie fréquente en effet dans la race méditative des Ottomans.

Le pacha et vizir Bayézid jura qu'il guérirait, à ce prix, son maître; il attira dans une embûche Caraman, enveloppa son armée, et fit prisonnier son fils aîné, Mustafa-Beg.

Le courrier de cette victoire de son vizir guérit en effet Mahomet. Il traita le fils prisonnier de son ennemi en frère compatissant plutôt qu'en vainqueur irrité. Ce jeune prince, touché de la générosité du sultan, posa la main sur son cœur par-dessous son cafetan :

« Je jure au nom de mon père, dit-il avec l'accent de la bonne foi, que, tant que cette âme qui est là sous ma main habitera ce corps, ni mon père, ni moi, nous ne regarderons seulement avec envie une des possessions du sultan. »

Ce serment était encore un parjure. A peine Mahomet avait-il comblé Mustafa-Beg des présents en usage chez les Tartares à la ratification des traités, tambours, drapeaux, chevaux de race, animaux rares, et ordonné à ses troupes d'évacuer les villes des Caramaniens, que le jeune prince prit congé de Mahomet pour retourner chez son père. Mais, à la première halte après Angora, Mustafa-Beg, qui avait pris les mœurs des Grecs avec leurs provinces, ayant rencontré les chevaux et les esclaves du sultan sans défiance dans les pâturages, les enleva et les emmena comme une dépouille à son père.

« La guerre partout et toujours, s'écria-t-il, est le seul traité depuis le berceau jusqu'à la tombe entre les Caramaniens et les Ottomans. »

Et comme quelques-uns de ses guerriers lui rappelaient le serment qu'il avait fait à Angora et lui reprochaient d'avoir ainsi profané la parole humaine que Dieu appelle en témoin pour ou contre nous :

« Je n'ai point menti, répondit-il avec une astucieuse dérision du mensonge de l'esprit par la vérité de la lettre. J'avais caché sous mon cafetan un pigeon mort et j'avais la main posée sur ses flancs, j'ai donc pu dire avec vérité ;

Tant que cette âme animera ce corps, les Caramaniens ne violeront pas les possessions des Turcs. »

Mahomet, pour venger tant d'outrages, répandit son armée dans les vallées de la Caramanie jusqu'au golfe de Macri, en face de Rhodes, et jusqu'à Tarsous, l'ancienne Tarse, en face de Chypre. Les princes perfides se réfugièrent dans les rochers escarpés de la Cilicie avec leurs troupeaux ; puis, profitant de l'absence du sultan rentré à Brousse, redescendirent sur Koniah, s'emparèrent de la ville, y furent assiégés une troisième fois par les troupes de Mahomet, et y obtinrent une troisième paix aussi généreuse et aussi infidèle que les précédentes.

XV

Mahomet Ier s'occupa, dans son loisir de Brousse, de créer une marine à l'empire pour unir enfin l'Europe à l'Asie par un passage facile de la Propontide, et pour défendre ses côtes contre les pirateries incessantes des petits princes chrétiens de l'Archipel, devenus le fléau des mers du Levant. Quarante-deux vaisseaux, construits avec les chênes de l'Hémus et de l'Olympe et commandés par Tschali-Beg, amiral de Mahomet, voguèrent de l'embouchure des Dardanelles vers l'île vénitienne alors de Négrepont, pour y poursuivre des pirates de l'île d'Andros, dont le duc insultait partout les rivages ottomans et emmenait les femmes et les enfants en esclavage.

Au moment où la flotte turque allait atteindre ces pirates, une escadre vénitienne, commandée par Lorédano, généralissime des flottes de la république, apparut à l'horizon de Lesbos. Les Turcs, incertains si cette escadre portait la paix ou la guerre, rentrèrent à toutes voiles dans les Dardanelles et jetèrent l'ancre dans leur port de Gallipoli, pour attendre l'explication de ce nuage de voiles. Ils savaient que les Vénitiens, alliés des ducs d'Andros, protégeaient les vaisseaux de ce vassal et pouvaient considérer comme une insulte faite à eux-mêmes la répression des pirateries de leur allié. Ils savaient de plus que Venise et Gênes se combattaient en ce moment sur ces mers, et que leurs bonnes relations avec les vaisseaux génois pouvaient leur être imputées à crime par les amiraux de Venise.

XVI

L'escadre de Lorédano, montée par deux provéditeurs de Venise, venait, en effet, au bruit des armements des Turcs, ou pour traiter avec eux en maîtres de la mer, ou pour incendier leur première flotte avant qu'elle pût leur disputer les flots du Levant.

Lorédano fit mouiller son escadre en face de Gallipoli, dans la Propontide. Des négociations s'ouvrirent entre les deux amiraux. Pendant ces explications, jusque-là amicales, un vaisseau génois sortit à pleines voiles de la rade de Gallipoli, cherchant à gagner la haute mer pour rejoindre la flotte génoise à Constantinople. Les Vénitiens tirèrent sur le vaisseau génois; les Turcs, croyant que ce canon était pointé contre leur propre flotte, répondirent au feu par le feu. Un combat sanglant s'engagea (1415), comme de nos jours à Navarin, par un malentendu réciproque qui n'était peut-être qu'une extermination préméditée, masquée par une feinte erreur. Les Turcs combattirent en héros, mais en victimes inexpérimentées de l'élément qui les engloutit.

Lorédano, criblé de flèches sur la poupe de son bâtiment amiral, les arracha une à une de ses bras et de ses joues sans cesser de commander les manœuvres. Le vaisseau amiral des Turcs abordé par lui, neuf galères, huit navires emportés d'assaut par les Vénitiens, devinrent le théâtre d'un étroit, mais affreux carnage où les mères, les femmes, les enfants des Turcs, contemplaient du rivage rapproché l'égorgement de leurs fils, de leurs maris, de leurs pères. Un cri d'horreur s'éleva de toute la plage de Gallipoli, où les flots rejetaient les cadavres. Dix mille soldats ottomans en bataille sur les hauteurs de la ville obscurcissaient en vain les airs d'un nuage de flèches. Trente vaisseaux turcs furent pris, coulés ou incendiés en face du port où ils venaient d'être lancés aux flots. Le feu de cet indendie éclaira toute la nuit les rives de la Propontide jusqu'à Brousse.

Le lendemain les Vénitiens, implacables dans la victoire, firent le triage des prisonniers qui avaient échappé au carnage de la veille. Ils pendirent aux vergues de leurs vaisseaux tous les Génois, Catalans, Siciliens, Français, qu'ils trouvèrent parmi les Turcs. Ils écartelèrent sur le pont du vaisseau amiral un de leurs compatriotes, qu'ils soupçonnèrent de connivence avec l'amiral ottoman. Les matelots et les soldats mahométans furent emmenés en esclavage dans les îles et dans les possessions vénitiennes du Levant. Il ne resta pas une galère de Mahomet dans ses mers. Lorédano, promenant impunément son pavillon de Ténédos à Négrepont, de Négrepont à Constantinople, imposa partout le respect de cette république, qui avait été la première alliée des Ottomans sur la terre, mais qui ne souffrait point de rivalité sur les flots.

Mahomet, humilié, fut contraint, par le canon de Lorédano, à conclure un traité avec Venise, qui reconnaissait à ces intrépides navigateurs la suprématie incontestée de la Méditerranée. Ses ambassadeurs, reçus avec pompe par la république, masquèrent mal, sous l'éclat de leur réception, les concessions navales qu'ils venaient faire au doge au nom du sultan.

XVII

L'année 1416 fut employée par Mahomet Ier à des interventions armées au nord de la Turquie dans les querelles des Hongrois, des Serviens, des Polonais, des Valaques, des Croates, et à élever des places fortes sur la rive droite du Danube, barrière contre la Germanie. Il tira une quatrième fois Djouneyd de son exil en Servie pour lui confier le gouvernement de Nicopolis, sans mémoire des nombreuses trahisons dont ce général s'était tant de fois rendu coupable envers l'empire. Les talents de Djouneyd étaient si renommés, qu'ils l'emportaient même sur les vices de son caractère. Djouneyd rappelait, en Orient, ces condottieri italiens de la même époque dont on achetait le bras en méprisant le métier.

Ce fut à la même date que Mahomet Ier bâtit, sur les

pentes du Danube, la ville et la forteresse de Giurgewo, qui flanquait encore naguère les positions ottomanes dans leurs manœuvres défensives contre les Russes, et auxquelles Mahomet donna le nom significatif de *Racine de la terre*, comme si la sécurité de l'empire s'était enracinée sous ces bastions. Il releva aussi les anciennes fortifications romaines de Trajan, vainqueur des Daces, et le pont que cet empereur avait construit sur le fleuve. Ses généraux, tantôt vainqueurs, tantôt vaincus, soutenaient pendant ses travaux des combats partiels, précurseurs de plus grandes luttes, en Bosnie, contre les Styriens et contre les chevaliers du duc d'Autriche. Les Hongrois, profitant de cette diversion, sous le commandement de leur palatin Péterfy, livraient d'héroïques combats aux généraux de Mahomet dans les bannats de leurs frontières. Dans un de ces combats chevaleresques, où les généraux se défiaient souvent corps à corps entre les deux armées, Péterfy renversa de son cheval le pacha Ishak, qui commandait les Ottomans, et, lui mettant le pied sur la gorge, le perça d'un coup de son épée. Le roi des Hongrois, Sigismond, encouragé par les exploits de Péterfy, que les gentilshommes et les paysans suivaient comme un vengeur suscité par Dieu pour relever la gloire des Slaves, leva une armée de vingt mille combattants, franchit le Danube sous Belgrade, refoula les Turcs en Servie, et reconquit sur eux la plaine et la ville de Sophia dans une bataille qui ébranla l'empire jusqu'à Andrinople.

XVIII

Mahomet Ier, retenu pendant ces désastres en Asie par les soulèvements partiels des longues guerres civiles encore mal assoupies, y déployait tour à tour la force, la politique et la générosité partie de sa politique. Une insurrection plus dangereuse dans le sein de sa capitale, de ses imans et de ses armées, lui fit oublier un moment les dangers de l'Europe et les agitations de l'Anatolie.

Après la mort de Mousa, le grand juge de l'armée, magistrature qui participait à la fois de la religion, de la jurisprudence et de la guerre, nommé Bédreddin, homme d'une haute renommée de science et de sainteté parmi les Turcs, avait été exilé à Nicée par Mahomet. Bédreddin rêvait dans son exil la vengeance de l'oubli dans lequel on laissait ses talents. C'était un de ces hommes qui troublent tout ce qu'ils ne réussissent pas à dominer. L'intrigue, vice assez rare chez les Ottomans, qui ont l'ambition franche comme le caractère, couvait d'autant plus redoutable qu'elle était moins soupçonnée dans le cœur dissimulé du grand juge. Il cherchait un brandon sur lequel il pût souffler invisiblement pour allumer le feu des séditions. Le hasard le lui offrit.

Il y avait alors (1418) à l'extrémité du cap Noir, qui forme un des côtés du golfe de Smyrne en face de Chio, sur les racines du mont Stylarios, un inspiré qui promenait de village en village ses prétendues révélations religieuses, mêlées de théories sociales, telles qu'elles couvent dans tous les pays et dans tous les temps pour fasciner l'ignorance et pour donner les vertiges de l'espérance aux peuples. Ce visionnaire se nommait Mustafa. Il était fils d'un Turc indigent qui nourrissait quelques troupeaux de chèvres sur les flancs escarpés du cap Noir. L'imagination rêveuse des Turcs, leur religion presque individuelle qui laisse une grande liberté aux interprétations vraies ou chimériques du Coran, les longues guerres civiles qui avaient donné à chacun le droit et l'habitude de se choisir sa faction, les malheurs du temps à peine guéris par la main patiente et douce de Mahomet Ier, tout prédisposait en ce moment les Turcs aux agitations et aux propagations de nouvelles sectes. Celle de Mustafa était populaire comme toute doctrine née de l'indigence et qui promet aux indigents de les venger, par la main de Dieu, de la supériorité inique des heureux du monde et de l'inégalité inévitable des conditions sur la terre. Cette utopie pouvait être une plainte juste, mais n'était pas une doctrine praticable. Elle n'en avait que plus d'empire sur les imaginations : les doctrines applicables ont des limites, les doctrines chimériques n'en ont pas. Tous les gémissements, tous les griefs, toutes les misères, tous les rêves, y trouvent leur place et leur satisfaction. C'est la puissance des utopies.

Celle de Mustafa courut comme une flamme dans les tentes qui couvraient les pâturages de l'Ionie, et gagna bientôt les villages et les villes. Les partisans du nouveau prophète lui donnèrent le nom de père et seigneur de la vérité, *Dedé-Sultan*. Les derviches embrassèrent sa cause, qui était celle de leur propre secte : une abnégation générale de toute propriété, une communion absolue de tous les produits de la nature ou du travail, une expropriation de tous ceux qui possédaient, au profit de ceux qui ne possédaient pas; les femmes seules, par une exception conforme aux mœurs jalouses de l'Orient, n'étaient pas comprises de nom dans la promiscuité universelle, mais elles y étaient comprises de fait, car, une fois la propriété, qui nourrit la femme et la famille, abolie, la femme et la famille tombaient de nécessité dans le domaine banal de ce communisme oriental. Les juifs et les chrétiens, caressés avec un habile artifice par les communistes du sultan Dedé, vinrent grossir le nombre de ses enthousiastes. On proclama en leur faveur l'égalité et la fraternité des trois cultes. Des anachorètes chrétiens de l'île de Chio, visités pendant la nuit par le prophète turc, qui leur assurait avoir traversé le détroit en marchant sur la mer, crurent ou feignirent de croire au miracle, l'attestèrent dans les îles, et confondirent le communisme monacal des derviches de la Grèce avec le communisme social des derviches turcs. Sultan-Dedé affecta hautement l'empire au nom de sa mission divine, répandit son fanatisme dans toutes les montagnes qui s'étendent du golfe de Smyrne aux vallées de Magnésie et à la plaine de Nicée, et réunit autour de son drapeau une armée de dix mille combattants et d'une multitude sans nombre de fanatiques.

XIX

Mahomet Ier, répudié comme sultan par ces insurgés au nom de Dieu, qui, voulant refaire un monde, n'hésitaient pas à renverser un empire, sentit qu'il était temps de dissiper par les armes une secte qui ne cédait rien à la raison. Il fit sortir de Brousse un détachement de six mille janissaires, commandés par le fils du roi des Serviens, Sisman, devenu musulman et un des plus fermes soutiens de l'empire. Sisman, cerné et vaincu par les communistes armés de Dedé-Sultan dans les gorges du mont Stylarios, périt sur le champ de bataille avec tous les siens. Cette victoire des sectaires sur les premiers soldats qu'on leur eût opposés parut un arrêt du ciel en faveur de leur cause, et doubla leur nombre et leur audace.

Le pacha d'Aïdin, Alibeg, chargé par Mahomet Ier de marcher sur eux par les vallées de Tyra et par les bords du golfe de Smyrne, échoua comme Sisman contre l'insurrection croissante de ces montagnes. Après avoir perdu le plus grand nombre de ses soldats à l'assaut du mont Stylarios, il échappa avec peine à la poursuite de Dedé-Sultan et s'abrita avec les débris de son armée dans la vallée de Magnésie, entre Brousse et Smyrne.

L'empire menaçait de s'écrouler tout entier sous une secte. Mahomet, qui ne pouvait découvrir Brousse, ordonna à son fils Mourad, enfant de douze ans, gouverneur d'Amasie, sous la tutelle militaire de Bayézid-Pacha, de rassembler en une seule armée toutes les troupes et toutes les garnisons de l'Asie ottomane, et de marcher sur le noyau des montagnes de Smyrne par le rivage, pendant que lui-même cernerait le pied de ces montagnes par les vallées de l'Olympe. Mourad et Bayézid, entraînant avec eux tous les Ottomans des provinces, qui commençaient à trembler pour les biens plus chers à l'homme que sa propre vie, leurs champs, leurs toits, leurs troupeaux, leurs femmes, leur postérité, s'avancèrent en masse accumulée en route contre les destructeurs de la société civile. Les communistes chrétiens, juifs, grecs, mahométans, combattirent en désespérés et tombèrent en martyrs plus acharnés à leurs illusions qu'attachés à la vie. Presque tous refusèrent la vie qu'on leur offrait en échange de leur abjuration. Mustafa-Dedé, enchaîné et mutilé, fut conduit à Éphèse, pour que son supplice eût la pompe et le témoignage d'une grande ville. On lui offrit une dernière fois le pardon s'il voulait abjurer ses doctrines. Il préféra ses rêves à l'existence. On le crucifia, et on le promena crucifié et sanglant sur un chameau dans les rues d'Éphèse au milieu de ses disciples, à qui on offrait encore le pardon s'ils consentaient à maudire leur prophète : « Non, dirent-ils tous en tendant le cou aux sabres et en jetant un dernier regard sur leur chef crucifié ; *Père sultan*, reçois nos âmes dans ton royaume. »

Bien que le sultan Dedé fût mort sous les yeux de cent mille témoins, à Éphèse, la foi dans son immortalité survécut même à son cadavre. Le bruit se répandit dans les îles et sur le continent qu'il était ressuscité et qu'il vivait caché dans les forêts de pins de l'île de Samos, voisine d'Éphèse.

Le communisme ottoman, obstiné à l'illusion comme tous les communismes qui ne se trompent qu'en plaçant le ciel sur la terre, n'avait pas péri tout entier avec son apôtre. Trois mille derviches, moines mendiants de l'islamisme qui trouvaient la justification de leur mendicité dans ce rêve, le relevèrent un moment dans la vallée de Magnésie, après le départ de Mourad. Mourad revint sur ses pas, et les platanes de la vallée de Magnésie, devenus les instruments d'un vaste supplice, portèrent en peu de jours trois mille cadavres de ces moines pendus à leurs rameaux.

XX

La Turquie d'Europe elle-même participa à cette contagion, dont le miasme survit à tous les siècles sans pouvoir jamais enfanter autre chose que des songes et des excès. Les montagnes des Balkans, entre la Servie et la Thrace, se soulevèrent au nom du même principe plus applicable à des peuples pasteurs, où les pâturages communs semblent déjà une réalisation du communisme. Mais ici les doctrines de Dedé-Sultan, fomentées par l'ambition de l'ancien grand juge de l'armée, Bédreddin, prirent un caractère politique et militaire qui menaça plus profondément l'empire. Les anciens partisans de Soliman, d'Isa et de Mousa, affectèrent de s'y affilier afin de restaurer leurs différents partis en caressant les imaginations des sectaires. Toutes ces factions, habilement flattées par Bédreddin, se fondirent en une grande faction prolétaire au service d'un tribun ambitieux. Bédreddin réunit autour de lui une armée suffisante pour balancer l'armée de son souverain. Vaincu et pris cependant à la bataille de Serès par le jeune Mourad, fils de Mahomet Ier, Bédreddin fut pendu à la suite d'un jugement rendu par les jurisconsultes de l'empire. Son titre de chancelier de la maison d'Othman, sa renommée et ses ouvrages, restes des monuments de la législation ottomane, ne le préservèrent pas du supplice.

Le communisme oriental, qui ne parut qu'un délire dans le peuple ignorant de ces forêts, parut un crime irrémissible dans un homme trop éclairé pour être sincère. C'est l'hypocrisie et la sédition que Mahomet punit en lui plus que la doctrine. Le communisme, sophisme de la justice et de l'égalité, rêve de toutes les religions qui commencent par flatter les ignorances et les aspirations des classes opprimées, avait déjà eu des tentatives de réalisation violente ou pacifique en Arabie et en Perse, après Mahomet. Les doctrines du sultan Dedé furent son dernier accès en Orient. Il passa d'Orient en Europe pour y couver et pour y éclater à son tour ; en Allemagne, après les guerres religieuses de la réforme, avec les anabaptistes ; en Angleterre, après la révolution de Cromwell, avec les niveleurs ; en France, après la révolution de 89 et après la révolution de 1848, avec les socialistes de Babeuf et avec les socialistes radicaux d'autres théories. Partout il succomba sous le cri public et sous le soulèvement unanime d'une société qui préfère avec raison la mort à l'expropriation. La propriété, rendue équitable par l'égalité des conditions auxquelles on en jouit pour la transmettre à la famille, est la loi de la société humaine ; la charité en est la vertu ; le communisme en est le délire. Ses accès seront partout dominés et courts comme une maladie de l'esprit humain.

Mahomet affermit son règne en le combattant en Asie et en Europe. Il ne resta d'autre trace de cette doctrine, étouffée dans son berceau, que des associations secrètes telles que celle des *assassins* ou ismaélites, sorte de francmaçonnerie sanguinaire qui enivrait ses fanatiques pour leur mettre le poignard à la main, à qui son fondateur, Hassan-Sabbah, trois cents ans auparavant, n'avait donné qu'un précepte destructeur de toute société et de toute morale résumé dans ces deux mots arabes : *Tout faire et tout oser*.

XXI

A peine Mahomet Ier, dont le règne a tant d'analogie avec celui de Louis XIV jeune arrachant son autorité aux factions de la Fronde, venait-il de triompher d'une faction fanatique, qu'une faction dynastique s'éleva dans les montagnes de l'Épire pour lui disputer le trône (vers 1420). Les mystères du Masque de Fer, sous Louis XIV, ne sont pas plus ténébreux que ceux du prétendant vrai ou faux qui sembla sortir du sépulcre pour redemander le sceptre à Mahomet.

On a vu (liv. VII, chap. XXXIV), dans le récit du règne de Bajazet Ier, qu'un des fils du sultan, Mustafa, avait disparu pendant la bataille d'Angora, soit confondu et méconnaissable sous les monceaux de morts, soit esclave de quelque Tartare habile à cacher sa proie, soit fugitif et inconnu parmi les bergers du mont Taurus. Depuis cette disparition, vingt années s'étaient écoulées ; Soliman, Mousa, Isa, Mahomet, s'étaient disputé et arraché tour à tour le trône sans que ce frère, évanoui ou mort, fût venu réclamer son droit ou sa part d'héritage. La guerre sociale qui venait de remuer toutes les imaginations et toutes les factions réveilla sans doute, ou dans un véritable frère du sultan retrouvé, ou dans un ambitieux habilement suscité par d'autres ambitieux, l'idée de s'emparer du trône dont tant de sultans, tour à tour possesseurs et dépossédés, avaient rendu l'accès possible aux espérances et même aux chimères.

Tout à coup le bruit se répandit dans tout l'empire que le véritable héritier de Bajazet, le brave et malheureux Mustafa, était sorti miraculeusement de sa longue obscutité, avait été reconnu par les vieux serviteurs de son père, et principalement par le fameux Djouneyd, autrefois prince de Smyrne, maintenant gouverneur de Nicopolis et des bords du Danube, et que ce prétendant légitime réclamait l'empire contre un féroce usurpateur de ses droits. L'esprit intrigant et agitateur de Djouneyd, tant de fois traître aux sultans, qui lui avaient pardonné, comme pour lui laisser l'espérance de trahir encore d'autres bienfaiteurs, rendait le témoignagne de Djouneyd suspect. Mais d'autres vieillards et d'autres pachas familiers de la cour de Bajazet Ier confirmaient cette assertion et reconnaissaient formellement, dans Mustafa, le fils déshérité de leur ancien maître. Les fils de Timourtasch et d'Évrénos, ces deux généraux et vizirs de Bajazet, attestaient également que Mustafa, avec qui ils avaient été élevés à la cour d'Ildérim, était bien le compagnon de leur enfance et l'émule de leurs exploits à la bataille d'Angora. Les princes grecs de Constantinople, qui avaient vu Bajazet et ses cinq fils à Byzance et à Brousse pendant les négociations si fréquentes entre les Paléologues et Ildérim, n'élevaient aucun doute sur l'identité du prince ottoman qui en appelait à leur souvenir; enfin, le prince des Valaques, Myrtsché, entraîné par son voisin Djouneyd dans cette cause, recueillait Mustafa dans ses États, et levait, de concert avec Djouneyd, une armée de confédérés pour rétablir le sultan légitime à Andrinople.

Mustafa et ses témoins racontaient que, laissé parmi les morts sur le champ de bataille pendant la nuit qui suivit la bataille d'Angora, il en avait été relevé par une horde de Tartares cherchant les dépouilles sur les cadavres; que, dépouillé par eux de ses armes et de ses habits de prince, et confondu dans une nudité complète avec d'autres blessés, prisonniers comme lui, ces Tartares n'avaient plus su au retour du jour lequel de leur captif était le prince ou le soldat; qu'on l'avait séparé bientôt de ses compagnons de captivité, et relégué sur les derrières de l'armée de Timour, parmi la multitude sans nom des esclaves; qu'il avait été vendu et revendu d'une tente à l'autre, et employé à la garde des chameaux; que la tribu à laquelle il appartenait, n'entendant pas sa langue, n'avait rien compris à ses signes et à ses réclamations pour faire reconnaître en lui un fils de sultan; qu'on l'avait emmené, au retour de Timour à Samarcande, jusqu'au fond de la Tartarie; qu'il y avait langui dans la servitude pendant de longues années, sans espoir de revoir jamais sa patrie; qu'enfin il avait été acheté par un marchand de Bokhara et conduit à Bagdad; que là des Persans qui parlaient sa langue l'avaient écouté et amené à Constantinople, où les Paléologues avaient vérifié sa naissance; qu'on l'avait envoyé de là à Djouneyd, à Évrénos, à Timourtasch, comme les hommes de l'empire les plus propres à constater et à prendre en main sa cause, et que ces fidèles serviteurs de son père, ainsi que Myrtsché et les princes de Servie, de Bulgarie, d'Épire, frappés de l'évidence de ses titres, n'avaient pas pu hésiter à proclamer en lui le véritable héritier d'Ildérim, le légitime empereur des Ottomans.

Cette fable ou cette vérité, et tout semble indiquer que

ce n'était pas une fable, avait rallié en peu de mois autour de Mustafa et de ses protecteurs, Djouneyd et Myrtsché, une armée d'Ottomans convaincus, et tous les restes de ces bandes éparses de Bédreddin et du sultan Dedé, que les guerres civiles mal éteintes laissent toujours à la merci des nouvelles factions. Cette armée, grossie en Bulgarie, en Épire, en Grèce, descendait au nombre de quarante mille hommes vers le golfe de Salonique, pour faire de Salonique la capitale provisoire du nouveau sultan, pour s'étendre de là dans la Thrace, s'allier avec les Paléologues de Constantinople, leur emprunter des vaisseaux de transport pour passer en Asie, et soulever ainsi les deux continents contre Mahomet, enfermé dans Brousse.

L'énergie et la rapidité de Mahomet Ier trompèrent ce calcul de Djouneyd, devenu le vizir de Mustafa. Soit que Mahomet reconnût ou ne reconnût pas son frère dans le prétendant si miraculeusement envoyé du sépulcre contre lui, il n'hésita pas à n'y montrer à ses peuples qu'un simulacre d'empereur, suscité, grâce à une ressemblance de visage, par la perfidie infatigable de Djouneyd. Soixante mille hommes de l'armée que son fils Mourad venait d'aguerrir contre les révoltés de Smyrne et du Balkan passèrent avec lui de Brousse à Gallipoli, et dispersèrent comme une poussière sans consistance l'armée de Djouneyd et de Mustafa dans la plaine de Salonique. Le prétendant et son vizir Djouneyd ne retrouvèrent pas devant Mahomet le courage dont ils avaient illustré leur jeunesse, l'un à Angora, l'autre à Smyrne. Voyant d'avance leur supplice dans leur défaite, ils se tinrent l'un et l'autre hors de la portée des traits pendant la bataille, montés sur des chevaux rapides, et prêts à fuir la mort plus qu'à saisir la couronne dans la victoire.

Au premier signe de déroute dans leur armée, ils galopèrent vers les ports de Salonique, où Démétrius Lascaris gouvernait pour l'empereur de Byzance et leur donna asile. Mahomet Ier réclama en vain de l'empereur grec ces deux ennemis. « Les hôtes sont sacrés, répondit Démétrius; je ne déshonorerai pas l'empereur mon maître en vous les livrant. » Après une longue négociation, Mahomet obtint seulement de Paléologue que Mustafa et Djouneyd, enfermés dans le couvent de la Vierge-Marie, sur le rocher de l'île de Lemnos, y fussent retenus captifs jusqu'à leur mort sous la garde des empereurs grecs, qui reçurent pour ce service un tribut annuel du sultan.

. XXII

. Kasim-Sultan, dernier fils de Bajazet Ier, laissé en otage, comme on l'a raconté, à l'empereur de Constantinople, par Soliman, au moment où il s'enfuyait d'Angora en Europe, était avec sa sœur Fatima les seuls enfants qui survécussent de la nombreuse famille d'Ildérim. Kasim avait été refusé à l'arrêt atroce, devenu loi de l'empire sous Bajazet Ier, qui condamnait à mort tous les frères du sultan, pour assurer le repos de l'empire. Mahomet-Tchélébi avait répudié à son avénement au trône cette législation barbare. Le divan de Brousse avait néanmoins condamné Kasim à perdre la vue. Mahomet adoucit, autant qu'il peut être adouci, un tel malheur, et donnait à son frère, dans le palais de Brousse, toutes les jouissances de la vie. Sa sœur Fatima, mariée par lui à un émir de Bithynie, vivait également dans le palais, objet de la tendresse et des complaisances de Mahomet. Son cœur généreux se consolait dans l'entretien habituel de cette sœur et de ce frère des désastres de la famille d'Othman, décimée par tant de dissensions et tant de désastres. Toutes ses pensées se tournèrent vers la paix, vers la justice et vers la guérison des plaies de l'empire. La concorde la plus intime régnait entre lui et la cour de Byzance, sur laquelle il n'empiéta, comme il l'avait juré à Manuel, ni un village, ni un esquif de la Propontide.

Les deux empereurs s'invitaient mutuellement à leurs fêtes, sur les rives d'Europe et d'Asie. Mahomet entra même seul, avec une confiante sécurité, dans Constantinople, en 1421, malgré les embûches que lui faisaient redouter ses vizirs.

Une galère magnifiquement décorée, et portant sous un même dais deux trônes, promena lentement les deux empereurs dans le Bosphore, aux yeux et aux applaudissements des deux peuples réconciliés par leur sagesse. Manuel, dont nous avons parlé livre VI°, passant à son tour le détroit, alla se reposer sous les tentes impériales, élevées pour Mahomet sur le rivage d'Asie. Le vieux et le jeune empereur, enfermés dans la même tente, s'entretinrent longtemps des moyens d'assurer la félicité passagère de leurs sujets, en maintenant les limites existantes entre les deux races. Les mœurs tendaient à se rapprocher, comme les cœurs. Les cultes mêmes se respectaient sans se confondre. La loyauté de Mahomet conquérait l'estime des chrétiens; la tolérance de Manuel conquérait l'amitié des

Ottomans. Manuel, pour abréger le voyage de Mahomet à Andrinople, lui donna passage, escorte et honneurs à travers ses États.

XXIII

En se rendant à Andrinople, Mahomet Ier, atteint d'une dyssenterie incurable, sentit qu'il allait quitter l'empire et la vie. Il dissimula quelques jours l'anéantissement de ses forces pour enlever le temps des intrigues aux factions qui pouvaient renaître sur son cercueil si son fils n'était pas là pour les devancer; mais, le troisième jour après son entrée à Andrinople, pendant qu'il se rendait à la mosquée, un évanouissement le précipita de son cheval. Revenu à lui, il recommanda à son vizir Ibrahim et à Bayézid-Pacha, son général, de cacher sa mort jusqu'au moment où son fils Mourad, alors à Amasie, serait arrivé, pour qu'il n'y eût point d'intervalle d'un maître de l'empire à l'autre. Tranquille sur la foi d'Ibrahim, fils du célèbre vizir Ali, et sur la fidélité de Bayézid, tuteur de sa tombe comme il l'avait été de son berceau, Mahomet fit répandre dans Andrinople le bruit de son prochain rétablissement, et s'éteignit insensiblement dans la prière et dans l'entretien de ses amis, de ses sages et de ses poëtes qui lui présageaient l'immortalité.

XXIV

Son dernier soupir ne causa aucune rumeur ni aucun changement d'habitudes dans le palais. Le grand vizir Ibrahim et le généralissime Bayézid se concertèrent avec les eunuques pour dérober l'interrègne au peuple et à l'armée. Soigneux de préparer à Mourad une armée toute prête et toute concentrée dans la capitale pour intimider tous les prétendants ou toutes les factions, ils promulguent, au nom de Mahomet Ier déjà mort, un ordre impérial qui convoquait à Andrinople toutes les troupes éparses en Europe, pour marcher de là, avec le sultan, en Asie, où ils supposent des agitations, pour motiver ce rassemblement et cette campagne. Les troupes obéirent sans soupçon de la vérité. Les janissaires seuls, inquiets de ne pas voir leur maître, comme ils en avaient l'habitude tous les vendredis, aller à la mosquée, murmurèrent, prononcèrent le mot de révolte et refusèrent de se préparer au départ s'ils ne voyaient de leurs propres yeux leur sultan. Cette exigence séditieuse pouvait confondre toute la sagesse du plan d'Ibrahim et de Bayézid. Le médecin du palais, Kourt-Ouzoun, complice de leur mystère, embauma le cadavre, composa les traits, colora les joues, coiffa le front, vêtit le corps du manteau impérial, et, asseyant le corps de Mahomet derrière une fenêtre fermée du kiosk, sous prétexte de la rigueur de l'air qui pouvait nuire à la convalescence, il déroba, sous les plis du manteau, deux eunuques qui feraient mouvoir au besoin les bras de l'empereur. Les janissaires, défilant dans les jardins devant cet automate animé des couleurs et des mouvements de la vie, saluèrent de leurs cris de joie l'image de leur maître. Tout soupçon tomba dans la ville, et les ordres d'Ibrahim s'exécutèrent à loisir dans toute la Turquie d'Europe. Pendant quarante et un jours ce subterfuge de Mahomet et de ses ministres trompa Andrinople et laissa gouverner l'empire par une ombre.

Pendant ce temps, Elvan-Beg, premier échanson de Mahomet Ier et confident d'Ibrahim et de Bayézid, envoyé par eux en courrier à Amasie, révélait le mystère au jeune Mourad. Mourad, s'échappant sans bruit de son palais d'Amasie, traversait à cheval toute la péninsule de l'Asie Mineure avec Elvan-Beg, et entrant inopinément dans Brousse, y saisissait l'empire en attendant l'arrivée du grand vizir, de Bayézid et de l'armée d'Europe, qui accourait à lui sous le faux prétexte de réprimer les troubles de l'Asie.

XXV

Telle fut la mort de Mahomet Ier, à peine au milieu de sa carrière (1421). Mais il l'avait commencée si enfant, que l'histoire peut la trouver longue et pleine. Les Ottomans, dans leur langage biblique, l'ont proclamé le Noé de leur race qui sauva leur empire naufragé du déluge de sang des guerres civiles. Jeune, on ne put lui reprocher qu'une ambition qui fut vraisemblablement celle de ses tuteurs Ibrahim et Bayézid-Pacha plus que la sienne.

Dans sa longue lutte contre des frères vicieux et contre des factions subversives, il fut héroïque. Après la victoire et la pacification on ne put lui reprocher que le plus généreux des excès, l'excès de clémence, qui, ne se lassant jamais de pardonner à des traîtres, encouragea quelquefois la trahison. Mais tout homme qui succède aux longues proscriptions civiles, qu'il s'appelle César, Henri IV ou Mahomet Ier, doit beaucoup pardonner s'il ne veut pas trop punir et perpétuer le ressentiment par les supplices. Le calme de l'empire après lui donna raison à la clémence de Mahomet contre la sévérité de ses accusateurs. Il fit aimer l'empire que ses prédécesseurs avaient fait craindre ; il ne visa pas à conquérir, mais à pacifier : c'est la conquête des véritables hommes d'État.

XXVI

Il mérita d'avoir de grands ministres par sa constance à les soutenir, et des amis véritables par sa fidélité en amitié. Il eût, comme Louis XIV, l'instinct des monuments, cette postérité en relief que les hommes de gloire aiment à laisser sur la terre après eux comme une perpétuité de leur nom. Il consacra à son Dieu et à son peuple, et non à son propre orgueil, les monuments qu'il éleva dans ses deux capitales. La grande mosquée d'Andrinople, dont chaque façade a deux cents pieds de longueur, dont neuf coupoles, soutenues par des colonnes aériennes, portent les dômes comme autant de ciels sur la tête des croyants, et que deux minarets semblables à des obélisques à jour flanquent comme deux bornes à ses portes, entre le recueillement du sanctuaire et les bruits du monde, atteste son opulence, son goût et le génie de ses architectes. La mosquée de Brousse, commencée par son aïeul, continuée par son père, achevée par lui, au milieu de laquelle les sources murmurantes du mont Olympe coulent, pour rafraîchir les fidèles, dans un bassin de marbre, comme une bénédiction des eaux du Créateur des éléments, porte aussi aux siècles le souvenir de sa piété. La chaire où les imans lisent le Coran au peuple, sculptée extérieurement par le ciseau arabe, ressemble à une corbeille de fleurs, de fruits, de coquillages, des bords de laquelle s'échappent tous les dons de la nature végétale. Une colonne d'eau jaillissant en gerbe écumante de la galerie supérieure de l'édifice fait scintiller à travers sa poussière liquide un perpétuel arc-en-ciel aux rayons du soleil.

Mahomet Ier employa une somme de cinquante mille ducats d'or et trois années de travail de ses sculpteurs à la construction d'une autre mosquée à Brousse, nommée la *Mosquée verte et salutaire*. Cette mosquée, sans péristyle, portée comme un cube de mosaïque sur une base de marbre blanc, est revêtue par compartiments de tous les marbres de couleur arrachés aux carrières de l'Asie et de l'Archipel. La porte en marbre sanguin est ciselée de maximes du Coran en relief, dont chaque lettre compose une fleur d'arabesque. Le dôme en porcelaine transparente de Perse laisse, comme dans le palais de Timour à Sarmacande, filtrer la lumière du ciel à travers son azur. « Les coupoles et les minarets, dit le savant historien de Hammer, qui fait revivre toutes les traditions locales des villes si longtemps habitées par lui, étaient revêtus, récemment encore, de porcelaine verte d'Hispahan qui les faisait briller au soleil de l'éclat des émeraudes, d'où fut donné par le peuple, à ce chef-d'œuvre de l'art ottoman, le surnom de la *Mosquée verte.* » C'est là que Mahomet avait marqué la place de son tombeau entre une maison de prière, une maison d'école et une maison de distribution perpétuelle d'aliments aux pauvres.

XXVII

Son règne, quoique agité par tant de guerres et interrompu par tant de révoltes, ne laissa pas moins une mémoire littéraire dans les annales de l'esprit humain. Les Turcs, déjà rivaux des Persans, des Arabes, des Égyptiens, semblaient avoir contracté dès cette époque, dans leur commerce avec les Grecs lettrés et raffinés de Byzance, une émulation de poésie, de science, de théologie, de jurisprudence, de médecine et d'histoire qui est le luxe du loisir des peuples qui cessent de conquérir pour civiliser.

Le plus justement célèbre des Ottomans illustres de la cour de Mahomet Ier fut Bayézid-Pacha, son sauveur, son général, son vizir et surtout son ami. Jamais Mahomet n'oublia que Bayézid l'avait relevé du champ de bataille à Angora, et, déguisé en derviche mendiant dans les montagnes du Tokat, l'avait porté sur ses épaules lorsque les pieds saignants de l'enfant ne lui permettaient plus de fuir les cavaliers de Timour.

Le sultan se plaisait à entendre les poëtes épiques ou élégiaques de son temps lui réciter les prémices de leurs poésies. Son médecin, Scheiki, était en même temps son poëte favori. Le Caramanien Djémali, auteur d'un poëme intitulé *le Soleil et la Gaieté*, lui enseignait à lire et à apprécier tous les ouvrages d'esprit de son temps en turc, en persan, en arabe, en grec, langues qu'il possédait également, et qui enrichissaient rapidement le dialecte primitif et borné des Turcs. La renommée de son amour des lettres et de sa munificence pour les lettrés attirait et retenait autour de lui, à Brousse, l'élite des hommes éminents de tout l'Orient. Au lieu de ravager, comme ses prédécesseurs, les territoires, les villes et les trésors de Byzance, il leur empruntait les arts de la paix, et ne les dépouillait que de leur génie.

Le règne trop court de Mahomet Ier le Généreux fut une halte des Ottomans en Asie et en Europe, pendant laquelle il laissa contracter à son peuple le loisir, l'ordre, la discipline, le goût de l'agriculture, le sentiment civil, le respect des limites, la sainteté des traités, les principes de la navigation, les habitudes du commerce, l'estime des supériorités de l'intelligence, la tolérance pour les cultes, la fréquentation cordiale avec les chrétiens, les négociations avec les puissances européennes, et enfin tous les bienfaits de la paix dont les Turcs avaient besoin pour étancher les plaies de dix années de dissensions civiles, et pour accroître leur population décimée par trois règnes de guerre. Quelques empereurs firent plus pour la gloire des Ottomans, aucun ne fit plus pour le salut et la consolidation de l'empire, et, pour dernier bienfait de Mahomet à sa nation, il lui laissait avec son fils Mourad un sage et un grand homme dans un enfant.

XXVIII

Mahomet Ier, mourant avec une religieuse sérénité, avait semblé entrevoir lui-même l'éclat que le règne de son fils allait répandre sur le nom d'Othman. Au moment où Ibrahim et Bayézid expédiaient à Mourad un courrier pour lui annoncer la maladie de son père, le sultan s'était fait apporter la lettre, et il avait écrit de sa main mourante ces deux vers persans après sa signature :

« Notre nuit approche ; mais elle sera suivie d'un jour plus brillant.

» La fleur passagère de notre vie se fane ; mais elle refleurira dans une autre vie. »

LIVRE DIXIÈME

I

Mourad, ou, suivant l'usage, Amurat II, quoique à peine sorti de l'enfance (1422), n'était enfant ni dans la guerre ni dans la politique. On eût dit que Mahomet Ier, son père, avait eu pour ce fils le pressentiment d'un règne précoce, quand il lui avait donné, à l'âge de douze ans, le commandement de l'armée qui allait combattre dans les Balkans l'insurrection communiste de Bédreddin. Le sultan semblait avoir voulu ainsi le familiariser de bonne heure avec les campagnes et avec les difficultés de règne qui sont l'exercice des souverains. La raison précoce aussi de cet enfant semblait correspondre aux desseins secrets de son père. Son âge, sa figure, sa grâce dans les entretiens, sa bravoure impétueuse dans la mêlée, l'adresse et la force avec lesquelles il maniait l'arc, le sabre, le cheval; sa docilité aux conseils des guerriers plus expérimentés que lui, et principalement à Bayézid-Pacha, son tuteur, sous le nom de son général; enfin cette admiration mêlée de tendresse qu'inspire toujours aux soldats la vue d'un enfant qu'ils protégent de cœur tout en lui obéissant du bras, avaient fait d'Amurat II l'idole de l'armée, l'espérance des peuples. La beauté majestueuse de son père qu'on retrouvait en traits plus féminins sur ce visage d'enfant complétait le prestige moral par le prestige des yeux. Fils d'un Ottoman, petit-fils d'une Servienne, né lui-même d'une mère circassienne, épouse favorite de Mahomet Ier, Amurat II confondait dans ses traits le sang de ces trois races; robuste comme un Ottoman, blanc comme un Servien, svelte et élancé comme un fils du Caucase, nul prince n'était plus fait par la nature pour régner sur les yeux d'un peuple qui aime à voir sur le front de ses chefs le diadème de la nature, la beauté, à côté du diadème du rang.

On n'a pas assez remarqué jusqu'ici la cause naturelle de cette beauté héréditaire dans la famille d'Othman et dans la famille souveraine de Turquie. Elle tient au renouvellement perpétuel de ce sang retrempé de génération en génération dans le sein des odalisques de toutes les races grecques, persanes, caucasiennes, toutes choisies à la plus parfaite élégance des formes pour le harem du souverain ou des vizirs. La polygamie, qui dégrade la femme et qui appauvrit la population, embellit souvent les fils des grands par le choix des mères. Elles corrigent les imperfections de traits du père; elles communiquent perpétuellement à la race souveraine des Ottomans quelques traits des races d'élite, qui les donnent elles-mêmes perpétuellement aux sérails. En remontant de sultane en sultane la filiation des empereurs actuels de Constantinople, on ne trouverait peut-être pas une mère qui n'ait donné aux fils de la famille impériale une goutte de sang étranger puisé aux sources des races les plus pures de l'Asie ou de l'Europe. Une autre cause de cette fraîcheur du sang et de cette grâce du visage, c'est que les Turcs se marient jeunes et que les premiers-nés de la race d'Othman participent ainsi de la jeunesse et de la grâce de leurs parents à peine sortis de l'enfance.

11

Amurat II, après avoir traversé rapidement et sans être reconnu l'espace considérable qui sépare Amasie de Brousse, arriva, suivi d'un échanson, avant que la mort de son père fût ébruitée, aux portes de Brousse. Ibrahim et Bayézid-Pacha, déjà arrivés avec l'élite de l'armée, l'attendaient pour le couronner. Les janissaires, enfin, informés par eux de la fin de Mahomet Ier et préparés à acclamer son fils, se portèrent à la rencontre du jeune sultan et rentrèrent triomphalement avec lui dans la capitale. On découvrit alors le cercueil de Mahomet Ier, qu'on avait entouré dans sa litière, pendant la route, des mêmes respects que si le souverain avait été vivant derrière ces rideaux. Amurat pleura, avec sanglots, son père, et déposa, avec les honneurs impériaux, le cercueil dans la mosquée verte bâtie par prévoyance de cet éternel repos.

Amurat II n'avait pas de frères en âge de faire hésiter les Ottomans à le reconnaître pour légitime successeur de son père. Mahomet Ier n'avait laissé que deux enfants presque au berceau; son oncle, Mustafa, prétendant vaincu au trône et emprisonné à Lemnos sous la garde de l'empereur grec Manuel, pouvait, s'il était rendu à la liberté par celui-ci, venir tenter la fidélité des Ottomans et diviser l'empire en deux dynasties. Le perfide Manuel envoya des ambassadeurs à Brousse pour menacer Amurat de cette compétition au trône, si le nouveau sultan ne lui donnait pas des gages et des otages pris dans sa propre famille.

Bayézid-Pacha, alors grand vizir, répondit fièrement aux envoyés grecs que les lois de l'empire n'admettraient jamais qu'un prince élevé, nourri et captif chez les infidèles (giaours), fût-il réellement du sang de Bajazet-Ildérim, régnât sur les Ottomans. L'imprudent Manuel, à cette réponse, envoya à Lemnos ce même Démétrius Lascaris qui avait sauvé la vie de Mustafa après la défaite de Salonique, pour lui rouvrir les portes de son cachot, ainsi qu'à Djouneyd, son complice et son vizir. Les deux prisonniers, délivrés, signèrent, pour prix de leur liberté, un traité forcé, avec l'empereur de Constantinople, par lequel Mustafa s'engageait à restituer, en remontant sur le trône, avec le secours des Grecs, Gallipoli et toutes les villes anciennement grecques du littoral de la Thrace, de la Bithynie et de la mer Noire.

III

Les vaisseaux de l'empereur grec débarquèrent Mustafa et Djouneyd sur la côte de Thrace, à quelque distance de Gallipoli, pour appeler les Ottomans de ces provinces à la cause, autrefois populaire, du prétendu fils d'Ildérim. L'événement prouva la sagesse des précautions prises à Andrinople par Ibrahim et par Bayézid-Pacha pour cacher la mort de Mahomet Ier; car, bien que les soldats qui composaient la garnison de Gallipoli restassent fidèles à la cause d'Amurat II par esprit militaire, les populations de la Thrace, soit par obstination à la mémoire d'Ildérim, soit par incrédulité à la sagesse d'un enfant de dix-sept ans qui se ferait un jouet de l'empire, soit fascinées par le caractère romanesque des aventures de Mustafa, qui entraîne presque toujours, plus que le vrai, l'imagination puérile des peuples, adoptèrent avec enthousiasme la cause du prétendant. Il enrôla, en peu de jours, une multitude immense de Thraces, de Macédoniens, d'Épirotes, d'habitants sauvages du mont Athos dans les plaines de Salonique. Toutes les villes maritimes de ce golfe s'ouvrirent devant lui. Il s'avança bientôt, à la tête de cent vingt mille hommes, jusqu'aux portes de Gallipoli, qui, cette fois, s'ouvrirent devant la renommée et la corruption de Djouneyd. Ce traître, consommé dans l'art d'accomplir et de préparer les défections, se trompait si rarement de parti qu'en étant avec lui on se croyait sûr d'être avec la fortune. Ce caractère, qui n'a d'analogie que dans quelques grandes figures d'ambitieux précurseurs du sort, tels que le comte de Shaftesbury, en Angleterre, et le prince de Talleyrand, en France, semblait rivaliser avec la versatilité des Grecs et se jouer avec une orgueilleuse satisfaction de la simplicité des Ottomans.

IV

Amurat II, à ce démembrement soudain de l'empire, avant qu'il l'eût encore saisi tout entier, rassembla autour de lui le conseil des vieillards les plus expérimentés du divan de son père et les trois jeunes vizirs, fils de Timourtasch, ses compagnons de guerre et de plaisirs à Amasie. Ces jeunes hommes, avec la décision prompte naturelle à leur âge, conjurèrent le sultan de passer lui-même en Europe, et de se souvenir du surnom de son aïeul Ildérim (l'éclair). Un coup de foudre, dirent-ils, peut seul déchirer ce nuage. Amurat penchait pour cette résolution. Le respect pour l'autorité du vieil Ibrahim, consommé en prudence, et la confiance dans Bayézid, consommé en guerre, le firent céder malgré lui à l'avis des vieillards du divan. Ils lui représentèrent que c'était donner aux yeux des Ottomans plus de gravité qu'il ne convenait à la tentative d'un aventurier et d'un intrigant, que de se mettre lui-même à la tête de son armée pour combattre une ombre; que, d'ailleurs, la victoire ou la défaite étaient toujours suspendues dans la main de Dieu, même dans les rencontres qui paraissaient les moins douteuses, et que, si quelqu'un devait être vaincu dans les plaines de Thrace, ce ne devait pas être le sultan.

« Un revers du sultan, dit Bayézid-Pacha, serait sa perte; un revers de son général et de son armée ne sera que la honte du général et le malheur de l'armée. »

Amurat se rendit à ces sages avis, moins sages peut-être que ne l'eût été sa témérité. Bayézid-Pacha prit le commandement de l'armée d'Asie, à peine composée de trente mille hommes, traversa la Propontide sur des vaisseaux d'emprunt que les Génois, maîtres du port de Phocée, dans le golfe de Smyrne, louèrent à prix d'or au sultan, et campa sous les murs de Gallipoli, ayant devant lui l'armée innombrable de Mustafa, et derrière lui la garnison insurgée de Gallipoli, commandée par l'habile et courageux Djouneyd. Cette situation du camp de Bayézid-Pacha exposait ses troupes au double embauchage du peuple de la Thrace, qui prenait tout entier parti pour Mustafa, et des soldats de Gallipoli, anciens camarades des janissaires, qui provoquaient du haut des murs leurs compagnons de guerre à imiter leur défection.

Aussi Bayézid-Pacha fut-il bientôt impuissant à combattre et à résister. S'il s'avançait contre Mustafa, la garnison de Gallipoli sortait sur ses pas, et l'attaquait par ses derrières et par ses flancs; s'il restait plus longtemps immobile, cette immobilité prouvait son impuissance, et la désertion décimait son camp.

Mustafa, dirigé par les inspirations de Djouneyd, et n'ayant rien à perdre et tout à gagner dans l'audace, s'avançait toujours en Thrace, non plus avec une armée, mais avec un peuple à sa suite. Sa ressemblance avec Bayézid-Ildérim, dont les vieillards entretenaient les jeunes gens, la pitié pour le sort de ce héros, mort captif de Timour en défendant les Ottomans contre le fléau de l'Asie; la mâle beauté de Mustafa, qui avait reçu de la nature ou de l'artifice la majesté d'un maître d'empire; son accueil cordial aux paysans de la Thrace et de la Thessalie; son éloquence insinuante; ses adjurations aux soldats; ses longs malheurs; ses aventures merveilleuses ou feintes, mais qui semblaient aux Ottomans crédules marquées du doigt de Dieu; enfin l'or et les promesses que l'opulent Djouneyd faisait couler par mille canaux obscurs dans les tentes de Bayézid, donnaient à la cause du prétendant une popularité à la fois rurale et soldatesque, qui entraînait tout devant ses drapeaux, même ceux qui avaient passé la mer pour le combattre. L'infortuné Bayézid-Pacha, ne pouvant ni avancer avec sûreté ni se retirer avec honneur, comptait tous les matins avec terreur le nombre décroissant de ses troupes, qui passaient pendant les ténèbres dans l'armée de Mustafa. Dans la guerre civile, on ne peut compter longtemps sur les soldats isolés de l'esprit du peuple. Là où court le peuple, là coule bientôt l'armée, car toute armée est peuple, par ses instincts comme par son origine. Bayézid s'éloigna de la contagion, se rapprocha d'Andrinople, et campa dans la plaine ou dans les marais de roseaux, non loin de cette capitale.

V

Bientôt Mustafa, rassuré par les acclamations unanimes des villes et des villages qui lui faisaient cortége vers Andrinople, osa établir son camp dans la plaine, en face du camp de Bayézid-Pacha. Les Turcs nomment cette plaine Sazlidéré.

Comme Napoléon à son retour de l'île d'Elbe se présentant seul et découvert aux soldats envoyés pour le combattre, Mustafa, qui au lieu de gloire étalait ses infortunes et ses droits, s'avança seul entre les deux armées, et, haranguant avec intrépidité les janissaires de Bayézid, incertains déjà entre les deux causes, les défia de frapper en lui le fils d'Ildérim, le blessé d'Angora, la victime de Timour, l'empereur légitime et prédestiné des véritables Ottomans. Du moment où les soldats écoutent, ils sont complices. Ceux de Bayézid, entraînés par ces souvenirs, par ces adjurations, par l'horreur de commettre un sacrilége contre le sang d'Othman, par la vue et par les cris de cette multitude dévouée à Mustafa, et qui leur tendait des bras ouverts au lieu d'armes, jetèrent le même cri que cette foule, et, entourant le cheval du prétendant, lui firent une seule armée de ces deux camps.

Mustafa fit enchaîner Bayézid-Pacha et les généraux fidèles à Amurat II par leurs propres janissaires, et entra sans combat dans Andrinople, aux cris de l'armée et du peuple. Le palais du sultan, qu'il appelait le palais de ses pères, s'ouvrit devant lui.

VI

Le lendemain de cette défection de la moitié de l'empire, Mustafa fit amener en sa présence Bayézid-Pacha et

Hamza, son frère, chargés de chaînes. Il remit Bayézid à la merci de son ennemi Djouneyd, comme si la vengeance eût été le prix le plus cher de la victoire pour le cœur de ce barbare astucieux. On se souvient que Bayézid avait autrefois demandé à Djouneyd la main de sa fille, que Djouneyd la lui avait refusée avec insulte, et l'avait donnée de préférence à un esclave albanais affranchi par lui, nommé Aoudoulas; que Bayézid-Pacha, par une lâche et féroce représaille, ayant fait Aoudoulas prisonnier de guerre dans Nymphéon, l'avait dégradé et l'avait enrôlé parmi ses eunuques. Djouneyd avait sa fille et son gendre à venger. Il entraîna Bayézid dans la cour du palais d'Andrinople, et ordonnant aux tschaouschs de suspendre le coup du yatagan sur sa tête :

« C'est pourtant dommage, dit-il en raillant le supplicié avant le supplice, de trancher la tête à un homme si habile à mutiler ses prisonniers ! »

La tête de Bayézid roula dans la cour de ce même palais où sa fidélité et sa prudence avaient deux fois restauré l'empire. Il s'attendait à ce sort en quittant le palais de Brousse, car, avant de partir, il avait fait son testament, et, comme il n'avait pas d'enfants, il avait légué son immense fortune de cinq cent mille aspres à Oumour-Beg, un des fils de Timourtasch, en récompense, disait le testament, de son inviolable attachement au sultan Amurat.

Djouneyd ne punit pas Hamza-Beg, frère et lieutenant de Bayézid, des injures qu'il avait à venger sur cet ennemi. Il rendit la liberté à celui qui devait à son tour venger sur lui le sang de Bayézid.

VII

A peine Mustafa, qui avait été si odieusement secondé par les Grecs de Constantinople, fut-il maître de la moitié de l'empire, que la cour de Byzance lui demanda l'exécution du traité par lequel le prétendant s'était engagé à restituer Gallipoli et toutes les villes de la côte à la domination byzantine. Mustafa, qui n'avait pas hésité à tout promettre, n'hésita pas à tout nier. Le peuple et l'armée n'auraient eu qu'un cri contre le nouveau sultan, s'il avait récompensé leur défection par un honteux démembrement de l'empire.

« Ce n'est pas, répondit-il, au profit de l'empereur Manuel que je reconquiers mes États. » Démétrius Lascaris, général de Manuel, lui reprocha en vain sa perfidie.

« Va, lui dit Mustafa, ramène à ton maître ses troupes, dont je n'ai plus besoin. L'injure que j'ai subie des Grecs me dispense de la reconnaissance. Vous m'avez donné, il est vrai, un asile dans Salonique, mais vous m'avez plus tard donné un cachot à Lemnos, nous sommes quittes, et je n'agirai désormais que comme sultan des Ottomans. »

Manuel, irrité, après avoir fomenté l'insurrection de Mustafa contre Amurat, chercha à fomenter la vengeance d'Amurat contre Mustafa. Il envoya Démétrius Lascaris à Brousse pour se liguer avec la même perfidie avec un des sultans contre l'autre. La cour de Byzance ne se maintenait plus à Constantinople qu'en se jetant tour à tour comme un faux poids dans la balance de toutes les ambitions révoltées chez les Ottomans. Elle se préparait ainsi pour un jour prochain la haine et la vengeance des deux causes qu'elle servait et trahissait avec la même impudeur. Ce gouvernement, où toute vertu était morte, ne vivait plus que de ses vices. Sa mort ne pouvait tarder; il la justifiait d'avance par ses perversités envers tous ses voisins.

VIII

Soit que la longue servitude eût énervé l'âme de l'heureux Mustafa, soit qu'il voulût se hâter de jouir en parvenu d'un trône dérobé par l'astuce, il s'endormit promptement à Andrinople dans les délices des palais, des jardins et des harems de sa cour. Pour s'attacher les troupes irrégulières des villageois et des pasteurs, dont l'affluence lui avait conquis le trône, il assigna pour la première fois à ces volontaires, sous le nom de *mossellimans* (hommes exempts des services ordinaires), une solde de cinquante aspres par jour, opposant ainsi aux janissaires privilége contre privilége.

Djouneyd, qui ne trouvait déjà plus en Mustafa l'énergie, présage de la durée de son règne, et qui ne voulait servir longtemps que les habiles et les heureux, tenta vainement d'arracher son nouveau maître aux langueurs d'Andrinople et de lui faire achever la conquête de l'Asie, où il espérait retrouver lui-même sa principauté de Smyrne. Découragé de ses efforts, et jugeant d'un œil exercé l'incapacité de Mustafa, Djouneyd tenta sourdement d'obtenir le pardon de tant de trahisons par une trahison plus éclatante.

Il savait, par la longue expérience qu'il en avait faite sous Soliman, sous Mousa, sous Mahomet Ier, sous Mustafa lui-même, qu'on ne refuse rien à qui offre un empire. Il envoya des émissaires secrets à Ibrahim, vizir d'Amurat II, pour lui offrir d'abandonner Mustafa à son sort inévitable, et de restituer Andrinople au fils de Mahomet Ier, si le fils de Mahomet voulait à son tour lui restituer à lui-même ses principautés héréditaires et indépendantes de Smyrne, de Tyra, de Nymphéon et des plus belles vallées de l'Ionie. Amurat ne pouvait hésiter à se rattacher à ce prix un auxiliaire si utile à ses amis, si nuisible à ses ennemis. On promit tout à Djouneyd, et il promit tout à son tour.

IX

Cependant, pour entraîner Mustafa plus rapidement à son sort, il fallait l'arracher au palais d'Andrinople, où le sultan ne pouvait venir l'attaquer sans soulever contre lui-même toutes les provinces d'Europe, qui défendraient dans Mustafa leur ouvrage. Djouneyd entraîna Mustafa en Asie sous prétexte d'achever la restauration de l'empire en chassant Amurat de la véritable capitale.

Mustafa, suivi d'une nombreuse armée de paysans indisciplinés, traversa la Propontide sur des galères empruntées aux Vénitiens, débarqua à Lampsaque et se répandit dans la vaste plaine qui domine le mont Olympe, et qu'arrose le fleuve Rhyndacus, aujourd'hui le fleuve Ouloubad.

Amurat, à l'aspect de cette innombrable multitude, dont les feux couvraient, la nuit, la plaine de Lampsaque, trembla un moment pour sa capitale; mais, rassuré bientôt par les confidences que lui fit son vizir Ibrahim de la trahison préméditée de Djouneyd et par l'intrépidité du petit nombre de braves compagnons de ses jeunes années, restés inébranlablement fidèles à sa fortune, il sortit de Brousse avec vingt mille combattants d'élite seulement, et, couvrant son front des flots alors grossis par les pluies du Rhyndacus, son aile gauche appuyée sur les forêts impénétrables du mont Olympe, son aile droite défendue par un marais plein du débordement du fleuve, il attendit les manœuvres lentes et difficiles que tenteraient les généraux de Mustafa pour l'attaquer dans cette redoute naturelle. Ils ne pouvaient l'aborder qu'en allant chercher sur les flancs mêmes du mont Olympe des sentiers solides, mais étroits, où le petit nombre est égal à une multitude.

Mustafa, déconcerté par cette attitude, ne pouvant ni diriger ni contenir les masses de paysans qui dévoraient la plaine sous leurs chevaux, restait immobile en attendant que le fleuve, rentré dans son lit, ouvrît des routes ou des gués à ses troupes. Il respirait autour de lui la trahison sans pouvoir et sans oser la convaincre et la punir. Le vizir d'Amurat, Ibrahim, pendant qu'il traitait la perte de Mustafa avec Djouneyd, avait fait parvenir par de fausses confidences à Mustafa des lettres où on lui révélait à demi l'infidélité de Djouneyd. Ces deux complices, ainsi suspects et nécessaires l'un à l'autre, s'observaient en silence sans se révéler leurs soupçons. La défiance mutuelle ralentissait ou neutralisait tous les plans d'attaque. Mustafa voyait des piéges jusque dans les victoires qu'on lui promettait. Tout languissait ainsi dans son camp, quand une habileté profonde du grand vizir Ibrahim vint assurer à son maître une victoire presque sans combat.

X

Le chef féodal d'une nombreuse tribu des Balkans, nommé Mikhal-Oghli, qui exerçait sur les paysans de cette province d'Europe le même ascendant héréditaire exercé par les Caramans sur le Taurus, avait été fait prisonnier par Mahomet Ier, père du jeune sultan, dans une insurrection de ce vassal, et enfermé depuis cette époque dans la forteresse asiatique de Tokat. Ibrahim, qui connaissait la popularité de ce vaillant chef de paysans sur les tribus turques de l'Europe, rendit la liberté à Mikhal-Oghli et l'appela au camp d'Amurat. Le vieux vizir savait que les avant-postes de l'armée de Mustafa étaient principalement confiés aux paysans du Balkan.

Dans une nuit sombre, au moment même où les paysans de Mikhal-Oghli, assis autour de leurs feux, sur la rive opposée du Rhyndacus, s'entretenaient entre eux de la longue captivité de leur chef et regrettaient qu'il ne fût pas avec eux à la tête de ses ayams pour les conduire à la victoire, Mikhal-Oghli lui-même, s'avançant à cheval jusque dans les flots du Rhyndacus et reconnaissant les feux de ses anciens vassaux, jeta un cri formidable qui, retentissant dans la nuit d'une rive à l'autre, fut reconnu par les akindjis pour le cri de guerre inimitable de Mikhal-Oghli, dont la voix sonore et vibrante était célèbre pour sa portée dans les tribus des Balkans.

« — Est-ce vous, Mikhal-Oghli, ou est-ce votre ombre? dirent les akindjis.

» — C'est moi-même, répondit le chef; c'est moi, libre et serviteur du vrai sultan, qui viens combattre avec mes enfants et mes frères pour la cause de la patrie contre un misérable aventurier qui vous trompe et qui la déchire; tirerez-vous vos flèches contre le sein de votre beg? »

A cette voix, à ces paroles, au bruit des pas du cheval de Mikhal-Oghli dans l'eau du fleuve, les akindjis s'appellent, se concertent, se débandent, courent à leurs chevaux, se précipitent à la nage dans le fleuve pour embrasser leur chef adoré, et passent, au nombre de dix mille, à sa suite, dans le camp d'Amurat.

Les azabs, autres troupes auxiliaires de Mustafa, ayant voulu, le matin, poursuivre et punir les akindjis, franchissent à gué le fleuve près des contre-forts du mont Olympe.

Deux mille janissaires, apostés par Oumour-Beg, fils de Timourtasch, se découvrent, s'élancent au galop sur les traces d'Oumour-Beg, surprennent et noient les cinq mille azabs dans les flots du Rhyndacus. Les prisonniers furent à si vil prix, dans le camp d'Amurat, ce jour-là, qu'un janissaire en vendit deux pour une tête de mouton : de là vint le proverbe de mépris des janissaires contre les azabs, troupes rivales, et les haines qui ensanglantèrent jusqu'à Mahmoud la rivalité de ces deux corps privilégiés de l'armée.

XI

La nuit suivante, Djouneyd, qui avait cru s'apercevoir dans la journée de quelques signes de défiance dans la physionomie de Mustafa et qui craignait qu'une trahison ne devançât l'autre, sortit en silence de ses tentes avec soixante cavaliers de sa maison qui portaient ses trésors, et s'évada à temps par la route d'Aïdin. Cette fuite, révélée au jour, parut aux soldats européens de Mustafa la fuite de la fortune. La panique se répandit dans cette multitude à qui la plaine ne paraissait pas assez large pour la déroute. Les soldats d'Amurat leur criaient en vain de s'arrêter et de se confondre dans les rangs comme des Ottomans : ils se croyaient poursuivis par la voix de Mikhal-Oghli et par les perfidies de Djouneyd. Mustafa lui-même, abandonné de tous ses soldats et suivi seulement de ses pages, galopa à toute course vers Lampsaque, et, se jetant dans une barque de pêcheurs, repassa seul cette mer qu'il venait de traverser avec cent mille soldats.

XII

Amurat II le suivit de près à Lampsaque, et, voulant le prévenir à Andrinople, implora à tout prix un vaisseau des Génois pour le transporter avec une poignée de ses braves compagnons sur l'autre rive. Adorno, noble génois, commandant de Phocée, qui se trouvait avec quelques-unes de ses galères dans les eaux de Lampsaque, donna, en cette occasion, un exemple mémorable du génie âpre et subtil de ces marchands de Gênes : il embarqua à prix d'or le sultan et trois cents de ses pages sur sa galère, se fit suivre lui-même par d'autres galères armées; puis, quand il fut en pleine mer, au milieu du détroit, à égale distance d'Asie et d'Europe et maître absolu du sort d'Amurat :

« Sultan, lui dit-il, en se jetant à ses pieds en signe de respect, mais lui montrant du geste les canons de ses galères de conserve en signe de menace, remettez à la république de Gênes les arrérages de vingt mille ducats d'or qu'elle vous doit pour l'amodiation des mines d'alun de la montagne de Phocée et le tribut que vous avez imposé pour cette exploitation, sans quoi nous vous reporterons sur la côte d'Asie et vous perdrez la moitié d'un empire. »

Le sultan sourit, méprisa le marchand, et signa gracieusement la remise du tribut. Les Turcs combattaient pour la gloire et l'empire : les Ragusains, les Vénitiens, les Génois, combattaient pour la richesse. Ces deux races ne pouvaient pas se comprendre. Le commerce, qui enrichit les peuples, rapetisse les mobiles des ambitions humaines.

XIII

Cependant Adorno, fidèle à la probité, ce génie aussi du grand commerce, refusa le lendemain à Mustafa de trahir Amurat II. Du haut des tours de Gallipoli, où Mustafa, fuyant de Lampsaque, s'était réfugié, ce sultan, à demi détrôné, contemplait la mer couverte des vaisseaux de Gênes, qui apportaient l'armée de son ennemi en Europe. Il fit offrir à Adorno tous les trésors accumulés dans la forteresse de Gallipoli, s'il voulait reporter ses ennemis sur la côte d'Asie. Adorno refusa les trésors pour tenir sa parole à Amurat.

A peine le sultan vainqueur eut-il réuni trois mille janissaires sous les murs de Gallipoli, qu'il se présenta aux portes, couvert seulement par la nuée de flèches que ses trois cents pages lançaient sur les remparts. Le seul aspect d'Amurat fit fuir, par toutes les portes qui ouvraient sur la plaine de Thrace, les restes épouvantés des bandes de Mustafa. Ce sultan eut à peine le temps de les devancer à Andrinople, d'y rassembler à la hâte ses trésors, de les charger sur des mules et de fuir encore vers le mont Hémus, espérant trouver un asile et un vengeur chez le prince de Servie.

Amurat, plus prompt à la poursuite que Mustafa, embarrassé de ses richesses, ne l'était à la fuite, traversa, sans s'y arrêter, Andrinople, fit monter ses cavaliers sur les chevaux frais abandonnés par Mustafa, et l'atteignit à Yénidjé, village des montagnes, à une journée de la capitale. La suite de Mustafa, dispersée à l'approche inopinée des cavaliers turcs, abandonna son maître à son sort. Mustafa n'eut que le temps de s'enfoncer dans une gorge du mont Togan, qui couvre de ses forêts le lit du torrent de la Toudja, et de se blottir sous les racines d'un chêne trempant dans l'onde. Le geste muet d'un de ses esclaves révéla sa retraite à Amurat, qui l'arracha de ses propres mains de son antre, comme si un sultan ne pouvait être enchaîné que par un autre sultan.

Amurat ramena l'empereur apocryphe chargé de fers et de malédictions à Andrinople par ce même peuple de paysans qui s'était levé en masse peu de jours auparavant pour placer cet aventurier, cher à son imagination, sur deux trônes. Le sultan, pour bien attester sa mort aux populations incrédules du mont Hémus, fit élever une potence sur la plus haute tour des remparts d'Andrinople, y fit suspendre son rival et laissa flotter son cadavre à des chaînes dans les airs jusqu'à ce que les aigles et les corbeaux du mont Hémus eussent dépecé le monarque d'Andrinople et laissé ses ossements à nu blanchir au soleil.

XIV

Sans perdre de temps pour sa vengeance, Amurat II, après avoir consolidé son règne à Andrinople, conduisit son armée encore fervente d'ardeur et enivrée de ses victoires sous les murs de Constantinople pour demander au vieux et perfide Manuel la réparation des trahisons à la foi jurée dans l'assistance donnée par les Grecs à Mustafa. Le peuple mobile de Constantinople, qui avait exigé du vieil empereur de délivrer Mustafa pour inquiéter Amurat, assiégea de foule et de clameurs le palais des Blakernes pour exiger maintenant de la cour les plus serviles concessions au vainqueur de Mustafa. La terreur qui avait saisi la ville se tournait en soupçons et en fureur contre les ministres et les négociateurs de Manuel, trop lents, s'écriait le peuple, à satisfaire la juste colère du sultan. Théologos, premier interprète de la cour de Manuel, ayant été envoyé à Amurat par Manuel pour adoucir ses exigences, et n'ayant pas réussi encore à conclure une paix dont les conditions étaient trop humiliantes pour son maître, fut accusé par la rumeur publique de traîner en longueur les négociations dans l'intérêt de son ambition personnelle. Le peuple demandait sa tête à grands cris; les archers de l'île grecque de Candie, qui formaient la garde du palais, lassés de défendre l'accusé, finirent par exiger eux-mêmes son supplice de l'empereur. Le faible empereur jeta Théologos au peuple pour détourner sa rage de sa propre famille. Les Candiotes traînèrent l'innocent ministre sous les fenêtres du palais, lui crevèrent les yeux, l'ensanglantèrent de blessures et l'enfermèrent, aveugle et mourant, dans une citerne où il expira peu de jours après.

Sa maison, forcée, pillée, incendiée par la populace de Constantinople, renfermait les vases d'or et les riches présents qu'il était chargé par l'empereur de porter secrètement à Amurat pour en obtenir des conditions plus favorables. Ces trésors innocents parurent au peuple un témoignage accusateur des fraudes et des concussions de Théologos. La calomnie survécut même au supplice.

Cependant le sultan, qui connaissait et qui aimait Théologos, souvent envoyé par Manuel à la cour de Mahomet Ier, son père, s'indigna de cette immolation d'un innocent. Il soupçonna un autre ministre de Manuel, Pyllis l'Éphésien, rival de Théologos, d'avoir fomenté cette sédition contre son collègue par ses insinuations odieuses semées dans le peuple. Pyllis l'Éphésien était en ce moment dans les tentes des Ottomans pour négocier. Amurat le fit charger de fers, l'interrogea par la torture pour lui arracher l'aveu de ses intrigues, et le fit monter sur un bûcher déjà allumé pour expier ses crimes dans les flammes. Pyllis n'échappa au supplice que par l'apostasie; il abjura le christianisme et se réfugia dans la foi de Mahomet.

XV

Pendant ce blocus de Constantinople, qui n'avait plus d'espace libre que sa mer, Amurât II, dispersant ses cavaliers dans les campagnes qui dépendaient encore de l'empire grec (en 1422), fit un désert des vergers, des jardins, des villages, des maisons de plaisance, dont le luxe d'un double empire avait couvert et décoré les abords de la première capitale de l'univers. Les eaux et les arbres portèrent la peine des crimes et de la lâcheté des habitants. Pour étouffer plus étroitement la respiration de la ville des Paléologues, Amurat construisit un rempart extérieur, qui s'étendait depuis le palais Cyclopion, dont les jardins étaient suspendus sur la mer de Marmara, jusqu'au palais élevé des Blakernes, qui dominait le port de la Corne-d'Or du haut de la colline impériale. Ce rempart, surmonté de tours en bois comblées de terre, faisait face aux remparts antiques et aux tours de marbre qui enserraient la ville de Constantin dans un demi-cercle de constructions où l'art grec, le bas-relief, les corniches, les chapiteaux, les arcs de triomphe, avaient égalé les fortifications d'une vaste capitale aux parois d'un temple.

Le bruit semé par le sultan, en Asie et en Europe, que les trésors des Grecs seraient abandonnés aux soldats, avait grossi son camp de marchands de bétail, de marchands d'esclaves, d'usuriers juifs, de trafiquants même chrétiens, qui attendaient cette proie, la plus riche des trois mondes. Des nuées de derviches mendiants, accourus du Diarbekir, du Taurus, de la Caramanie, « se partageaient déjà en idée, disent les historiens génois et vénitiens du camp d'Amurat, les riches monastères et les vierges consacrées qui peuplaient les innombrables couvents de cette cité monacale. »

Le vieux cheik Bokhari, à qui Bajazet Ildérim avait donné en mariage une de ses filles, éprise de ses vertus, et qu'on appelait alors l'*émir-sultan*, vint rejoindre Amurat avec une escorte de cinq cents disciples à cheval. Oracle des Ottomans depuis trois règnes, le cheik Bokhari, à qui la sagesse de ses conseils faisait attribuer le don de prophétie, et qui passait pour conduire avec lui la victoire, entra dans le camp au milieu de l'armée prosternée tout entière aux pieds de sa mule. Il s'enferma après cette procession triomphale dans l'humble tente de feutre gris, seul palais qu'il voulût habiter par abnégation, et invoqua toute la nuit *Allah*. Ses disciples, pendant cette méditation du maître, apostrophant du haut des tours les gardes de Constantinople, leur montraient du geste l'immensité des tentes du sultan, et les défiaient d'appeler à leur aide le Christ, si souvent désavoué dans sa sainteté par leurs vices et par leurs mensonges.

XVI

Le lendemain, le cheik Bokhari, montant un cheval de bataille et suivi de ses cinq cents cavaliers, s'avança le sabre à la main jusque sous les murs de Constantinople, auxquels les jardins du palais des Blakernes étaient adossés. C'était le 26 août 1422. Comme un héraut des guerres chevaleresques, le vieillard, brandissant son sabre contre la ville, poussa trois fois le cri de guerre : « Allah et Mohammed ! »

Ce fut le signal de l'assaut ; deux cent mille hommes de chaque côté, tous également debout sur des remparts et sur des tours qui faisaient ressembler ce combat à une bataille de deux villes plutôt qu'à une bataille de deux armées, obscurcirent l'air de nuages de traits, de pierres, de fumée et de feu. Cette lutte immobile, qui s'étendait avec la même épaisseur de combattants depuis le palais de Bois, aujourd'hui les Sept-Tours, baigné par la mer de Marmara, jusqu'au petit fleuve Lycus, humble ruisseau qui se jette à travers les prairies d'une vallée dans le bassin encaissé de la Corne-d'Or, embrassait tout l'espace où Byzance n'a pas pour fossés ses trois mers.

Byzance avait retrouvé quelques restes de courage romain dans l'extrémité du péril. Ses palais, ses temples, son Dieu, ses richesses, ses femmes, ses enfants, sa liberté, sa vie, tout l'empire tremblait, priait, combattait derrière ce rempart, qui en s'ébréchant allait ouvrir passage à un déluge d'Ottomans. Le vieil empereur de Constantinople,

Manuel, âgé de près de quatre-vingts ans, semblait n'avoir vécu jusqu'à cet âge que pour assister de son lit de mort au dernier jour de son peuple. Il rendait ses derniers soupirs pendant le combat. Jean Paléologue, son fils, combattait pendant l'agonie de son père à la porte Saint-Romain, la grande issue triomphale de Constantinople sur la campagne.

Tout le peuple, jusqu'aux femmes, aux vieillards, aux enfants, aux prêtres, aux moines, aux religieuses, était devenu armée dans ce jour suprême ; les uns cherchant le salut, les autres la mort, tous le martyre. Les deux religions combattaient comme les deux peuples. Les cris d'*Allah!* et de *Chrystos!* s'entre-choquaient dans le tumulte des airs. Chacune des deux armées attendait un miracle pour triompher. La nature des armes fut le seul miracle ; les Turcs, qui n'avaient encore ni artillerie, ni mineurs, ni feu grégeois dans leur armée, et dont le cheval et le sabre étaient les seules armes, ne pouvaient assaillir des remparts fortifiés par sept siècles que par des échelles écrasées sous les rochers qui roulaient des créneaux. Les soldats de Paléologue tombés sous les flèches étaient remplacés à l'instant sur la brèche par des centaines d'autres combattants, fournis par deux millions d'hommes. L'abîme de poussière, de feu et de fer qui séparait les deux remparts ne se comblait que de cadavres. Pas un créneau des murs inébranlables et des tours massives de Constantinople ne tombait sous les machines de bois et de boue des Turcs. Le jour baissait sans avoir ralenti la bataille, mais sans avoir aussi avancé d'un pas la victoire. Chaque parti semblait également invoquer la nuit pour accuser de son insuccès les ténèbres.

La superstition des deux peuples aida à séparer enfin les combattants. Une vierge mystérieuse, vêtue d'une robe violette brodée d'or, et le visage rayonnant des derniers éblouissements du jour, apparut tout à coup sur les murs, à travers la fumée, aux yeux des Grecs et même des Turcs. A cet aspect naturel ou prémédité d'une femme de beauté céleste protégeant du geste la ville des miracles, les Grecs consolés et les Ottomans consternés cessèrent de combattre. Une immense clameur de reconnaissance à la Panagia, vierge miraculeuse des Byzantins, s'éleva dans les airs, et jeta la panique parmi les crédules derviches de Bokhari. Amurat II, aussi superstitieux que son peuple, ordonna à l'armée de brûler ses tours inutiles, d'abandonner sa circonvallation de bois, et de rentrer dans le camp. Ce vain assaut de douze heures entre deux armées qui n'avaient pu s'approcher corps à corps coûta peu de sang aux deux nations. On ne releva au pied des remparts que quelques centaines de cadavres. Mais l'assaut de deux cent mille Ottomans, ainsi victorieusement repoussés par une ville amollie, rendit aux Grecs la confiance qu'elle enleva aux Turcs, et prolongea d'un règne la durée de l'empire.

XVII

Une nouvelle manœuvre des Grecs, et cette fois légitime, puisqu'elle était destinée à faire diversion à leur ruine, rappela ce même jour Amurat II en Asie. La cour de Byzance venait de nouveau d'agiter l'Asie sous son trône.

Un de ces Grecs renégats de la trempe de Djouneyd, que les souverains ottomans appelaient souvent dans leur cour pour enseigner à leurs fils les lettres, les arts et la politique des peuples plus mûrs dans la civilisation raffinée de l'Occident, Élias, échanson de Mahomet I*er*, élevait dans le palais de Brousse les deux jeunes frères d'Amurat. L'aîné de ces enfants, nommé aussi Mustafa-Sultan, était âgé de douze ans, le second de huit. Élias, à l'instigation des Paléologues, enleva une nuit ses deux élèves du palais de Brousse et les conduisit à la cour des Caramans, toujours prêts, comme on l'a vu, à s'élever contre la maison d'Othman.

Les Caramans saluèrent du titre de sultan le jeune Mustafa, sous prétexte qu'il était fils d'une princesse servienne, épouse de Mahomet I*er*, tandis qu'Amurat n'était que le fils d'une belle odalisque. Ils donnèrent une armée de Turcs à Mustafa pour reconquérir Brousse et le trône que la promptitude d'Amurat lui avait dérobé.

L'armée des Caramans, profitant de l'absence du sultan, qui avait laissé l'Asie sans troupes, s'avança jusqu'aux portes de Brousse, et somma la capitale de reconnaître dans le jeune prétendant le véritable maître de l'empire. Les habitants, consternés, n'osant ni trop proscrire le sang de Mahomet, ni trop s'exposer aux ressentiments d'Amurat, députèrent leurs vieillards avec des hommages et des présents vers Mustafa, mais déclarèrent qu'ils n'étaient pas libres d'ouvrir leurs portes à une armée étrangère. Élias, irrité, mais impuissant, conduisit son élève et son armée devant la seconde ville impériale de Bithynie, Isnik, et s'en empara après un siége de trente jours. D'Isnik, le jeune empereur Mustafa se rendit mystérieusement à Constantinople, où il fut reçu en souverain par les Paléologues; il conclut un traité avec eux, à l'exemple de son père et de ses oncles.

XVIII

Pendant cette absence du jeune empereur, Amurat II, repassant précipitamment en Asie, préparait à la fois la corruption et la force pour étouffer cette compétition imprévue du trône dans le sang d'un enfant dont le seul crime était le crime de son gouverneur. Élias, flatté par Amurat de l'espérance d'être nommé gouverneur de toute l'Anatolie pour prix de sa perfidie envers ses élèves, se vendit aussi facilement au sultan qu'il s'était vendu à l'ambition des Caramans. Il empêcha, par mille artifices et par mille lenteurs, les Caramans d'emmener avec eux le jeune sultan en sûreté dans leur domaine en se retirant eux-mêmes devant l'armée d'Amurat.

Le sultan, informé secrètement par le traître de la retraite de Mustafa dans les environs d'Isnik, envoya en avant Mikhal-Oghli, avec une troupe de cavaliers, pour s'emparer de ses jeunes frères. Leur fidèle vizir, Tadjeddin, défendit leur asile dans un combat singulier contre Mikhal-Oghli pour leur donner le temps de sortir du bain et de fuir. Mais pendant ce duel héroïque, où Mikhal-Oghli tomba frappé à mort sous le yatagan de Tadjeddin, Élias, chargeant de cordes Mustafa, l'emmena aux avant-postes de l'armée d'Amurat, aux portes d'Isnik, et le livra à Mézid-Beg, grand écuyer de l'empereur. Le pauvre enfant fut pendu aux branches d'un figuier, dans un jardin, à la porte de la ville, pour que l'armée défilât en passant devant son cadavre. Le second frère d'Amurat, quoique dans un âge qui ne permettait pas même l'intelligence du crime, disparut de même sous l'atroce prévoyance des ministres du sultan.

Ainsi le principe d'hérédité du trône par droit d'aînesse, qui manquait à la constitution de l'empire, était suppléé déjà trois fois en trois règnes par le fratricide. Dans les législations imparfaites de l'Orient, le sang comble le vide des lois.

XIX

Amurat II ne s'arrêta à Isnik que le temps nécessaire pour faire rendre les honneurs funèbres aux deux enfants, et pour les envoyer au tombeau de leur père dans la mosquée verte de Brousse. Il marcha droit sur la principauté d'un de ses vassaux les plus puissants, le prince de Castémouni, Isfendiar, qui avait fomenté et soutenu la rébellion de ses frères. Isfendiar, trahi dans la bataille par son propre fils, le prince Kasim, et blessé par la main de son propre vizir, Yakschi-Beg, s'enfuit à Sinope, ville maritime de la mer Noire, dont il avait fait sa capitale.

Poursuivi dans Sinope par l'armée ottomane, Isfendiar ne put acheter le pardon et la paix d'Amurat qu'en lui donnant en mariage sa fille, la célèbre princesse de Sinope, dont la beauté chantée par les poëtes et les historiens du temps avait enflammé l'amoureuse imagination du jeune sultan. Cette passion du sultan pour la beauté de ses épouses, dont les charmes se disputèrent tour à tour ou tout à la fois son cœur, agita souvent, du fond de ses palais, la politique de l'Orient.

XX

Ses victoires ne le rassuraient pas complétement sur la sécurité de son trône, surtout en Asie où des feudataires si puissants et si inquiets ne se soumettaient que pour méditer des rébellions nouvelles. Les trahisons nombreuses d'Élias-Beg et de Kasim-Beg, dont il avait profité, couvaient dans son propre conseil. Les rivalités qui existaient entre les cinq vizirs entre lesquels il avait, par nécessité, dans ses jours difficiles, partagé sa faveur, pouvaient éclater en ingratitude et se tourner contre lui-même. Il commença par satisfaire largement l'ambition des trois fils de Timourtasch, ses compagnons d'enfance et de guerre, en donnant à Oumour-Beg, le premier, la principauté du Kermian, à Ouroudj, le second, le rang et le titre de *beylerbeg* ou prince des princes (généralissime), au troisième, Ali-Beg, la principauté de Saroukhan. Ces trois vizirs, ainsi récompensés et éloignés, réduisaient à deux le nombre des vizirs qui se partageaient l'exercice de l'autorité impériale. Amurat II était sûr de la fidélité du premier, Ibrahim-Pacha, l'ami de Mahomet Ier son père, l'auteur de sa propre fortune, l'habile complice de l'infortuné Bayézid-Pacha dans les deux mois de gouvernement posthume qui, en déguisant la mort de Mahomet, avait assuré le trône à son fils aîné.

Mais le second, Aouz-Pacha, plus ambitieux qu'il ne convient à un vizir, avait pris sur l'armée un ascendant qu'il songeait ou à imposer au jeune sultan, ou à exploiter séditieusement pour lui-même en se faisant offrir le trône par une popularité soldatesque habilement fomentée parmi les janissaires. Aouz-Pacha se défiait des ombrages du sultan, comme le sultan se défiait des trames de son ministre. Le vigilant Ibrahim veillait et avertissait son maître des pas équivoques de son dangereux collègue. Amurat, qui avait temporisé par prudence, sentit que l'heure était venue de frapper ou d'être frappé.

Un jour que le divan était rassemblé pour délibérer sur une émotion sourde des janissaires, le sultan, comme par un geste accidentel et familier, appuya la main sur la poitrine d'Aouz-Pacha et entendit une cuirasse de combat résonner sous la robe du vizir. A ces armes cachées et portées au conseil de son maître, le sultan, convaincu ou d'une injurieuse précaution ou d'une coupable préméditation, ordonna aux tschaouschs ou *chiaoux* de crever les yeux du vizir. Ce supplice, exécuté sans révolte à sa voix sur le favori de l'armée, coupable au moins de son excès de prudence, et l'éloignement des trois fils de Timourtasch, trop puissants en Asie pour des courtisans, confirmèrent, par le silence et par la terreur de l'armée, l'autorité du sultan. On espéra tout d'un prince qui savait récompenser; on craignit tout d'un maître qui osait punir; on céda tout à un sultan qui voulait régner.

Après ce double coup d'État d'Isnik qui rendait l'unité au conseil, le fidèle Ibrahim, que le sultan appelait familièrement *Lala* ou père, fut seul vizir, tête et main du sultan.

XXI

Les fêtes de ses noces avec la princesse de Sinope signalèrent le retour d'Amurat à Andrinople (vers 1426). La jeune veuve de Khalil-Pacha, princesse élevée depuis la mort de son mari dans le harem du sultan, fut envoyée avec un cortége impérial à Sinope pour ramener la fiancée du sultan dans la capitale. Son entrée triomphale à Andrinople rivalisa les pompes nuptiales de Constantinople et de Samarcande. Trois jeunes sœurs d'Amurat furent mariées le même jour, l'une à Kasim-Beg, beau-frère du sultan et fils d'Isfendiar ; la seconde à Karadja-Tchélébi, gouverneur général des provinces turques de toute l'Asie ; la troisième au fils du grand vizir Ibrahim-Pacha.

Les princes souverains de Servie et de Valachie assistèrent à ces noces à Andrinople moins en alliés qu'en vassaux. Le sultan, qui ne désirait plus que la paix, les envoya en son nom offrir de riches présents au roi de Hongrie, Sigismond, en gage de déférence et de réconciliation. Des chevaux turcomans, des armes de Perse, des brocarts de Bagdad, des tapis de Caramanie, des vases d'or ciselés pour brûler les parfums de l'Yémen, composaient ce tribut de l'amitié. Le roi de Hongrie y répondit par des présents d'Europe, des draps de Flandre, des chevaux de Frise, des dentelles de Malines, des pommeaux de selle en or, des velours d'Utrecht et des bourses de florins d'or de Hongrie.

Amurat s'enivrait de son amour pour la princesse de Sinope.

XXII

De tous les princes ses voisins et de tous les princes ses vassaux qui avaient agité le commencement de son règne, il ne lui restait à pacifier ou à dompter que le vieux Djouneyd. La vieillesse n'anéantissait pas dans ce vieillard l'inquiétude et la perfidie dont il avait tissu sa longue destinée. Après avoir élevé et perdu trois sultans, il rêvait d'en perdre un quatrième, toujours ingrat envers la grâce qu'il avait reçue ou toujours mécontent du prix de ses trahisons.

Le lendemain de la nuit où il avait déserté le camp de Mustafa sur le Rhyndacus, donnant ainsi à l'armée le signal de la défection et la panique de la déroute, Djouneyd était arrivé avec les soixante-dix cavaliers de sa suite à Tyra, délicieuse ville de ses anciens domaines dans la vallée ombreuse du Strymon. Là, après avoir reposé ses chevaux et grossi son escorte d'une nuée de ses anciens vassaux fiers de s'unir à lui pour humilier Smyrne leur rivale en opulence et en commerce, Djouneyd avait franchi en un jour la plaine de Burghaz-Owa, où serpente le Caïstre, et fondu sur Smyrne, sans maître et sans garnison pendant la lutte entre les deux sultans.

Smyrne, Phocée, les bords du golfe, les villes et les villages de l'Ionie, depuis le cap Noir jusqu'à Éphèse, voyant reparaître un prince qui les avait longtemps gouvernés et qui se disait reconnu et restauré par Amurat, lui avaient fourni, en peu de jours, des trésors et des soldats pour reconstituer sa puissance. En vain le prince d'Aïdin, inquiet et jaloux de voir reparaître un tel voisin, avait marché contre lui avec son armée ; Djouneyd, le prévenant avec six mille combattants dans les gorges entre Éphèse et Tyra, avait débouché audacieusement dans le bassin de Burghaz-Owa, et, appuyant sa gauche à un lac, sa droite aux marais du Caïstre, avait attendu le prince d'Aïdin.

Les deux armées, après s'être un moment mesurées de l'œil sans pouvoir s'aborder à cause des marais du Caïstre qui les séparaient, avaient livré le sort de la bataille à un duel à mort entre les deux chefs dans le seul espace solide entre les deux camps.

Djouneyd, malgré le poids de ses quatre-vingts ans que l'ardeur de son ambition l'empêchait de sentir au moment de reconquérir ou de perdre pour jamais ses domaines, avait lancé son cheval contre le cheval du jeune pacha d'Aïdin avec l'impétuosité du désespoir. Après une lutte acharnée entre les deux cavaliers où la vigueur et l'adresse avaient suspendu longtemps la mort sur leurs têtes, Djouneyd, levant sa masse d'armes pour frapper sans s'inquiéter s'il serait frappé lui-même, avait abattu du coup le pacha d'Aïdin sans mouvement aux pieds de son cheval.

A ce prodige de force par la main d'un vieillard, les deux armées avaient applaudi sans distinction de cause comme à un arrêt du ciel, et l'armée du pacha elle-même avait reconnu Djouneyd pour prince d'Aïdin. Les provinces de Smyrne, d'Éphèse, de Phocée, de Tyra, de Magnésie, d'Aïdin, étaient retombées par cet exploit entre les mains de Djouneyd. L'indépendance d'un si vaste territoire sous une maison si ambitieuse et si perfide menaçait presque le sultan d'un empire rival du sien en Asie.

XXIII

Amurat II se hâta, aussitôt que son règne fut consolidé à Andrinople, d'envoyer une armée refréner cette ambition et rétablir l'autorité impériale dans ces provinces usurpées pendant son absence. Il chercha parmi ses généraux celui qui avait le plus d'outrages personnels à venger dans le sang de Djouneyd. Ibrahim, son grand vizir, lui conseilla de confier son armée à Khalil-Pacha. Khalil avait épousé la sœur de l'infortuné Bayézid-Pacha, cruellement supplicié par Djouneyd sous les murs de Gallipoli après la défection de ses troupes au sultan Mustafa. Cette sœur aimée et honorée du sultan avait inspiré à son mari Khalil ses ressentiments implacables contre le meurtrier de son frère.

Quarante mille hommes, des meilleures troupes d'Amurat, suivirent Khalil en Asie et s'avancèrent par la vallée de Magnésie vers les gorges étroites de Tyra, qui s'ouvrent sur Aïdin et sur Smyrne. Djouneyd attendait, dans ces Thermopyles de ses possessions, l'armée ottomane. Son frère Hamza et son fils Kourd, se détachant la nuit de son camp de Tyra et gravissant les forêts ténébreuses et escarpéesde la chaîne de montagnes à laquelle la ville est adossée, fondirent, au jour naissant, sur l'armée turque; mais, surpris eux-mêmes par une réserve de Khalil, laissée en arrière pour surveiller ces forêts, Hamza et Kourd, blessés et prisonniers, tombèrent dans les fers de Khalil.

Djouneyd, à la nouvelle de son fils et de son frère vaincus et captifs, abandonna les gorges, les vallées de Tyra et la plaine du Caïstre aux Ottomans, et s'enferma précipitamment, avec un petit nombre de guerriers intrépides, dans un château presque inaccessible, dont les débris sont encore aujourd'hui suspendus comme une aire d'aigle sur les flancs du mont Hypsila en vue de la mer, en face de l'île montueuse de Samos. Là, pleurant d'avance la mort de son fils et de son frère, envoyés chargés de fers à Andrinople, il se préparait à illustrer au moins sa mort par sa vengeance sur Khalil.

Bientôt cependant, apprenant que le sultan envoyait pour jouir de son supplice Hamza, ce frère de Bayézid-Pacha qu'il avait épargné à Gallipoli en tranchant la tête de Bayézid, Djouneyd, qui avait encore la mer libre devant lui, laissa ses derniers défenseurs dans son château du mont Hypsila et s'enfuit sur une barque en Caramanie.

Après avoir enrôlé quelques milliers de cavaliers, il revint par les vallées du Taurus sur Tyra et sur Éphèse, se fit jour partout par son sabre à travers l'armée de Khalil, et, se fortifiant de nouveau sur le mont Hypsila, il força, par son attitude, les Ottomans à négocier avec lui.

Khalil lui accorda une capitulation honorable et sûre et le reçut sous ses tentes dans son propre camp. Mais Hamza, qui n'avait pas engagé sa parole et qui épiait l'heure de la vengeance dans Éphèse, envoya quatre bourreaux pendant la nuit aux tentes de Djouneyd, avec ordre de lui rapporter la tête du meurtrier de son frère. Les bourreaux, introduits sans bruit dans sa tente, craignirent de succomber dans leur meurtre contre ce vieillard éveillé, et lui tranchèrent la tête pendant son sommeil.

Hamza envoya cette tête, aussi fertile en perfidies qu'en héroïsme, à Andrinople, où les têtes déjà coupées de Kourd, son fils, et de Hamza, son frère, l'attendaient exposées aux portes du sérail.

Digne fin d'un traître qui avait tout sacrifié à la fortune de sa famille morte avant lui, et qui avait appris par tant de trahisons à ses ennemis à se faire un jeu de la parole humaine.

XXIV

Élias-Beg, qui venait, en séduisant et en livrant les deux enfants de Mahomet Ier, de fonder, à l'imitation de Djouneyd, sa fortune sur la perfidie, reçut par le supplice le prix mérité de ses forfaits. Ses deux fils, Ouwéis et Ahmed, enfermés par ordre du sultan dans les cachots de Tokat, s'évadèrent, l'un caché dans un char de foin, l'autre dans un sac d'avoine. Ouwéis, découvert aux portes de la ville, fut décapité; Ahmed parvint à se réfugier en Perse.

Le prince de Caramanie, Mohammed-Beg, souleva de nouveau ses peuplades pour venger sa sœur, épouse d'Othman-Beg, prince de Tekké, que les troupes du sultan avaient faite esclave après avoir vaincu et tué son mari. Mais, le prince de Caramanie ayant été tué par un boulet de canon parti des remparts de Satalie qu'il assiégeait, son fils aîné, le prince Ibrahim, ramena le corps de son père en Caramanie pour l'ensevelir avec ses pères.

Deux autres fils du prince mort, vaincus et prisonniers sous les remparts de la ville assiégée, furent conduits au sultan à Andrinople. Amurat les traita en alliés et non en ennemis, il donna à chacun d'eux la main d'une de ses sœurs, et envoya à Ibrahim-Beg, l'aîné, l'investiture de la principauté paternelle de Caramanie.

XXV

Mais les généraux du sultan en Asie n'imitaient ni la générosité ni la bonne foi du maître. Corrompus par leur fréquentation avec les transfuges grecs, qui leur enseignaient la perfidie comme un art politique, et conservant la férocité native des Tartares, ils n'épargnaient, pour dompter les peuplades rebelles à leur gouvernement, ni l'astuce ni le sang.

Plusieurs de ces forfaits politiques consternèrent à cette époque la basse Arménie, déjà soumise au joug des sultans. Yourkedj-Pacha, qui gouvernait cette province pour Amurat, n'ayant pu réduire par les armes quatre frères turcomans chefs de tribu qui, ravageant les campagnes de Tokat et de Kars, enlevaient les femmes et les troupeaux, incendiaient les tentes des Turcs, leur envoya son propre fils pour les convier à une entrevue de pacification en leur faisant espérer l'investiture d'une principauté héréditaire dans ces montagnes. Les barbares se laissèrent convaincre par la présence du fils de leur ennemi, qui se remettait ainsi en otage dans leurs mains, et par les présents d'Yourkedj-Pacha. Arrivés au lieu désigné pour l'entrevue, avec cinq cents cavaliers de leurs tribus, ils y trouvèrent, au lieu d'Yourkedj, un message de ce pacha qui prétextait une maladie pour cause de son absence, et qui les conjurait de venir jusque dans Amasie, où les attendaient l'accueil et l'inviolabilité dus aux négociateurs. Ils y suivirent sans défiance le fils du pacha.

Yourkedj-Pacha les reçut comme des hôtes sacrés, les logea dans son propre palais, s'assit avec eux à un long festin où il les enivra de confiance, de vin et de sommeil. Un réveil terrible leur était préparé. Avant que l'aube eût dissipé l'engourdissement de l'ivresse et du sommeil, les bourreaux apostés par Yourkedj-Pacha fondirent sur ces cinq cents hôtes, dispersés dans différentes salles du palais d'Amasie, les désarmèrent, les garrottèrent et les jetèrent dans une citerne antique, sous les remparts, que le pacha fit murer sur leurs têtes, après avoir fait allumer, devant le seul soupirail resté ouvert, un bûcher dont la fumée les étouffa tous. Pendant leur lente agonie, dont on entendait les sourds gémissements sous les pieds du peuple d'Amasie, à travers la terre, le pacha, montant à cheval, se précipita à la tête de ses troupes sur leurs tribus sans défense, et les extermina jusqu'au dernier enfant. A son retour à Amasie, sept jours après le supplice, une pauvre mère se jeta à ses genoux, et lui prouva qu'on avait garrotté et enfermé par erreur son fils innocent et né d'une autre race dans le tombeau des brigands. Elle le conjura de faire rouvrir pour elle ce sépulcre, pour s'assurer si son fils vivait encore, ou pour l'ensevelir du moins dans la terre de ses pères, avec les justes de sa tribu. Yourkedj-Pacha, attendri, fit démolir la voûte du souterrain pour cette seule femme. Elle y entra, y chercha lentement le corps de son fils parmi ces centaines de cadavres. Elle le retrouva évanoui, mais vivant encore; l'air et le jour lui rendirent le sentiment. Le sépulcre, témoin de cette lente agonie, se referma sur tous les autres.

Les guerres d'Italie dans Machiavel ne révèlent pas plus de perfidies, de ruses et de férocité sous les Borgia que les Turcs d'Yourkedj-Pacha n'en déployèrent pour conquérir ou surprendre les châteaux et les principautés de l'Arménie.

XXVI

Le prince de Kermian, égale en puissance aux princes de Caramanie, convaincu qu'il ne léguerait que des guerres et des ravages éternels à ses peuples après lui en disputant un reste d'indépendance aux Turcs, se rendit de lui-même à Andrinople avec sa famille, y fut reçu en souverain et légua sa principauté au sultan. Tout se pacifiait sur la Méditerranée sous les lieutenants d'Amurat II. Les bords du Danube seuls s'agitaient et appelaient les négociations ou les armes.

Une insulte des Hongrois à une ville cédée par le roi des Serviens aux Ottomans fit éclater une première guerre entre Sigismond, roi de Hongrie, et le sultan. Les Hongrois, qui avaient franchi le Danube, y furent précipités par les Turcs. Le roi Sigismond, presque atteint dans la déroute par les spahis d'Amurat, ne dut son salut qu'au généreux dévouement de son frère d'armes Zavissa de Garbow, qui, se revêtant des insignes de la royauté et tournant son cheval contre les vainqueurs, ralentit leur poursuite en se faisant immoler pour son roi et son ami.

XXVII

La paix momentanément rétablie par cette victoire sur le Danube, Amurat II conduisit lui-même son armée d'Europe sur Salonique (1429), ordonnant à son lieutenant en Asie, Hamza, vainqueur de Djouneyd, de conduire également contre cette capitale l'armée de Brousse. La cour de Byzance réclama en faveur de Salonique les traités par lesquels le sultan lui garantissait ses territoires et ses villes; Amurat répondit avec fondement aux envoyés de Jean Paléologue, alors empereur de Constantinople, que Salonique « avait cessé d'être une capitale grecque, puisque Jean Paléologue l'avait livrée aux Vénitiens, alors ennemis des Ottomans, et qu'il ne respecterait les traités conclus avec les Grecs que là où il trouverait des Grecs pour les respecter eux-mêmes. »

Arrêté quelques jours à Sérès, sur la route de Salonique, pour attendre Hamza et l'armée d'Asie, Amurat II s'y oublia dans les délices de son harem, seul vice de sa jeunesse. Il n'y suivit lentement ses armées qu'après que Hamza, son général, eut investi Salonique d'une telle multitude de combattants, que les murailles seules de la place pouvaient couvrir les Vénitiens et les Grecs contre ce débordement d'Asiatiques et d'Européens. Le regard du sultan imprima l'élan à ses soldats. L'assaut fut annoncé pour le 28 février (1430). Amurat fit promettre d'avance un pillage impuni à tous ses soldats. Les habitants de Salonique entendirent en tremblant les hérauts turcs dévouer leurs richesses, leurs familles, leur liberté et leur vie aux barbares. Ils coururent aux églises au lieu de courir aux armes; les reliques de saint Démétrius, patron des Grecs superstitieux, d'où découlait, disaient-ils, une huile miraculeuse, leur parurent le seul palladium de leur liberté. Les Vénitiens, trop peu nombreux pour couvrir seuls les immenses remparts de la ville, se multiplièrent sur les créneaux et sur les tours. Mais les nuées de traits qui obscurcissaient l'air sur leurs têtes permettaient aux Ottomans de descendre dans les fossés et d'appliquer les échelles aux murs. Amurat, à cheval au premier rang de ses janissaires, parcourait l'enceinte extérieure, dirigeant du geste et de la voix les escalades. Les pierres roulées du haut des créneaux par les assiégés écrasaient en vain les assaillants sous les débris des échelles; d'autres gravissaient sur les corps de leurs camarades et s'attachaient avec les mains comme avec des crampons aux créneaux. Les Vénitiens ne pouvaient couper autant de mains que les Turcs en élevaient vers les brèches. Un soldat turc, parvenu enfin au sommet d'une des tours défendue au milieu de vingt cadavres par un seul Vénitien, lutte corps à corps avec ce héros à la vue des deux armées sur la plate-forme, renverse le Vénitien, lui coupe la tête et la lance dans la ville au milieu des Grecs consternés.

Les Grecs, à cet aspect, croient que les remparts sont débordés par les Turcs; ils redescendent et sèment dans la ville entière le bruit et le désespoir de la défaite. Les Vénitiens eux-mêmes abandonnent la ville à sa lâcheté, se replient sur le port, en interdisent l'approche aux habitants, s'élancent les uns en barques, les autres à la nage vers leurs galères qui les emportent, et entendent de loin en voguant sur le golfe le long cri de la capitale égorgée.

« Le pillage et le carnage, raconte le Grec Anagnosta, témoin de cette nuit sinistre, dépassèrent l'espérance des Turcs, la terreur des Grecs. Nulle maison n'échappa aux glaives, aux chaînes, aux flammes, aux outrages des Asiatiques acharnés à leur proie. A la fin du jour, chaque soldat chassait comme un troupeau devant lui, à travers les rues de Salonique, des troupes de femmes, de filles, d'enfants, de caloyers, d'anachorètes, de moines de tous les monastères ; les prêtres enchaînés avec les vierges, les enfants avec les vieillards, les mères avec les fils, par des dérisions de l'âge, de la profession, du sexe, qui ajoutaient une barbare ironie à la nudité et à la mort même.

» Les églises, où les habitants avaient entassé leurs trésors, virent leurs autels, déracinés du sol, rouler en poussière sur les voûtes enfoncées des tombeaux pour rendre l'or qu'on leur avait confié. Les tableaux sacrés, accumulés en immenses bûchers dans les nefs, furent brûlés ; la tombe de saint Démétrius rendit le corps de ce patron des Grecs à la haine, et ses restes, coupés en morceaux, furent précipités dans les flammes. Le puits de l'huile sainte que les prêtres grecs faisaient découler de son cercueil fut descellé, vidé, tari, souillé par les musulmans ennemis de ces crédulités. »

Mais la contagion de cette superstition monacale atteignit les paysans de l'Asie eux-mêmes, et ils attribuèrent plus tard à cette huile une vertu curative dérobée par eux à leurs ennemis.

Vingt mille esclaves, indépendamment des milliers de cadavres répandus dans les maisons, dans les temples, dans les rues, sortirent des portes de Salonique pour aller pleurer leur liberté, leur honneur, leur chasteté, dans le camp des vainqueurs.

Amurat II, plus voluptueux que cruel, regrettant la parole qu'il avait donnée à ses armées, s'éloigna de la ville pendant cette honteuse journée, pour ne pas entendre le cri de ce peuple sacrifié à la vengeance. Il fit dresser sa tente sur les bords verts et fleuris du Gallicus, fleuve d'arrosement qui serpente en descendant des montagnes à travers les vergers de Salonique. L'horreur et le remords de cette ruine, les gémissements des familles traînées en servitude l'y poursuivirent. Il ne put résister au spectacle de cette agonie d'un peuple innocent; il ordonna d'arrêter le sac de la ville; il défendit de tuer un seul captif; il rendit la liberté à tous ceux que les lois de la guerre attribuaient personnellement au sultan; il se réserva également pour sa part de conquête tous les monuments et édifices de Salonique que la fureur de l'assaut avait épargnés; il restitua même aux habitants, qui se rachetèrent en grand nombre, leurs maisons et les propriétés dont ils jouissaient avant la guerre contre les Vénitiens; enfin, pour repeupler cette magnifique capitale à moitié vide, il y versa les populations de quelques villes grecques voisines, de l'intérieur des terres, qui s'étaient soumises sans résistance à son armée.

Les conséquences de la conquête de Salonique se bornèrent à l'enlèvement de quelques beaux marbres antiques, transportés, des temples que ces bas-reliefs décoraient, à Andrinople, pour y décorer les ponts et les bains qu'Amurat II y construisait avec les débris de la Grèce, à la transformation des immenses couvents de caloyers et de moines en caravansérais, maisons banales d'hospitalité pour les voyageurs. Les églises, à l'exception de celles dont le service du culte pour les Ottomans nécessita la transformation en mosquées, furent restituées aux chrétiens. Nul d'entre eux ne fut contraint de sauver sa vie par l'abjuration de sa foi. L'islamisme se faisait place les armes à la main en Europe et en Asie, mais il laissait leur culte aux populations conquises. Le Coran et la politique ordonnaient le zèle sans autoriser la persécution.

XXVIII

Ainsi changea pour longtemps de maître Salonique, cette clef de la mer, de la Thessalie et de la Grèce, cette rivale de Smyrne et de Constantinople, cette colonie de la Macédoine, à laquelle Thessalonice, sœur du grand Alexandre, avait donné son nom. Les Romains, après Alexandre, avait pressenti l'importance d'une capitale maritime assise au fond du dernier golfe de la Méditerranée, port pour leurs vaisseaux, et nœud pour leurs armées de terre entre Byzance et Athènes, entre l'Orient et l'Occident. Les empereurs, jaloux d'attacher leur mémoire à ses monuments, l'avaient embellie d'arches triomphales et de colonnades corinthiennes, qui portaient sur leurs plates-formes les chefs-d'œuvre de la sculpture de l'Attique. Constantin, en embrassant la religion des chrétiens, avait mutilé mais non entièrement détruit ces œuvres de l'art antique. On admire encore aujourd'hui les fragments ossuaires de marbre de trois cultes renversés et couchés dans la poussière les uns par les autres.

L'empereur Théodose, par une vengeance digne des barbares, pour punir une émotion du peuple de Salonique en faveur d'un cocher du cirque, avait fait convier les habitants sur le théâtre de leur sédition, sous prétexte de jeux publics, et avait fait massacrer douze mille spectateurs, de tout sexe et de tout âge, par ses soldats. Les Normands l'avaient souillée, ensanglantée et incendiée dans leurs conquêtes, par des pillages, des viols, des massacres, qui avaient égalé les crimes de Théodose. Enfin Amurat II et les Vénitiens venaient de la bouleverser de fond en comble en se la disputant.

La force, la convenance et les délices de sa situation y retinrent ou y rappelèrent bientôt une population de cent cinquante mille habitants : Grecs, Épirotes, Juifs, Ottomans, y exerçant en paix, sous la tolérance des sultans, leur culte, leurs mœurs, leur commerce, leur agriculture. Salonique s'élève encore de nos jours, étendant ses deux bras autour de son port, comme pour embrasser la mer à laquelle elle doit sa richesse, étayée sur les collines, adossée aux montagnes sombres de la Thessalie, entourée de ses cyprès, qui semblent pleurer tant de générations sur ses tombes, et dominée par sa citadelle aux sept tours démantelées, signe de ruine plutôt que de force, où les Grecs, les Romains, les Arabes, les Normands, les Byzantins, les Macédoniens et les Turcs, se sont tour à tour renversés de ses remparts, pour perdre ou pour conquérir cette reine esclave du plus beau golfe de la Méditerranée.

Salonique devint, après la conquête d'Amurat II, la rivale de Brousse et d'Andrinople, et la grande halte des Turcs pour leur invasion définitive de la Grèce, du Péloponèse et des rivages convoités de l'Adriatique.

XXIX

Déjà ces provinces, détachées de l'empire de Byzance par le partage que l'empereur Manuel en avait fait entre ses sept fils, et par les conquêtes que les Ragusains, les Vénitiens, les Génois, s'y étaient distribuées en grands fiefs, n'étaient plus capables d'une résistance compacte aux armes des dominateurs de Salonique. Les grandes îles de Négrepont et de Candie relevaient des Vénitiens; les îles enchantées de Chio et de Lesbos, des Génois; Athènes, Thèbes, la Phocide, l'Acarnanie, l'Épire, l'Étolie, des fils d'un aventurier sicilien, qui se disputaient les armes à la main leurs héritages, et appelaient tour à tour les Turcs comme arbitres de leurs dissensions.

La ville de Janina, assise comme celle de Cachemire au bord de son lac, dans un fertile et inaccessible bassin de l'Albanie, s'était volontairement offerte et donnée à Amurat II pour échapper à ces déchirements des provinces et à ces vicissitudes de domination, trop faible pour rien défendre. Le sultan, conformément à ce traité avec les habitants de cette opulente ville, y avait envoyé quelques fils des principales familles ottomanes d'Andrinople, pour y exercer en son nom le gouvernement, et pour y faire respecter par les voisins ambitieux de Janina l'inviolabilité d'une possession turque. La beauté des filles chrétiennes de l'Épire séduisit les yeux de ces jeunes officiers d'Amurat. Ils demandèrent ces vierges pour épouses aux familles de Janina. La différence de religion leur ayant été objectée par les Épirotes; ces jeunes guerriers s'apostèrent un dimanche aux portes de la cathédrale, et enlevèrent par une violence concertée dix-huit de ces plus belles Albanaises aux bras de leurs mères. Le sang ne coula pas dans ce rapt, mais les parents consentirent à laisser leurs filles aux bras de leurs ravisseurs. De là la multiplication en Albanie de familles moitié turques, moitié chrétiennes, qui confondirent les deux races.

XXX

Une peste et un tremblement de terre suspendirent pendant les premiers mois de l'année 1430 l'invasion définitive du sultan dans la Grèce. Le fléau enleva trois fils d'Amurat qui vivaient renfermés dans le palais d'Andrinople, et son habile vizir Ibrahim-Tschendereli, fils, petit-fils et père de vizirs du même nom également heureux dans leur fidèle administration de l'empire. Ibrahim-Tschendereli, déjà retiré volontairement du viziriat et comblé de respects par le sultan, avait désigné, pour le remplacer, son fils Khalil-Pacha, élevé par lui dans la perspective et dans l'habitude des grandes affaires. Amurat pleura son vizir comme il aurait pleuré un père. Le goût du loisir, de la méditation et des voluptés du harem, qui le dominait toutes les fois que la nécessité ne le réveillait pas de ses plaisirs, lui fit livrer à son nouveau grand vizir Khalil-Tschendereli la politique presque héréditaire du divan. C'est ainsi qu'on vit Louis XIV en France et même les rois et les parlements en Angleterre transmettre le ministère de père en fils dans la famille des Louvois, des Colbert, des Pitt, où l'esprit de gouvernement était devenu une tradition pour ainsi dire domestique.

XXXI

Mais les agitations du Danube en Europe, de la Caramanie en Asie, ne laissèrent pas de longs loisirs à Amurat II ni à son ministre. Le despote de Transylvanie, Brankovich, menaça ses frontières; puis, menacé lui-même par les Vénitiens et les Allemands, il implora la paix et l'alliance du sultan. Sa fille Mara, encore enfant, fut envoyée par Brankovich au sultan, fiancée avec Amurat et élevée avec les plus grands respects dans le sérail jusqu'à l'âge nubile. Sa précoce beauté, qui devait agiter bientôt l'empire, fit attendre avec impatience par Amurat l'heure de la proclamer sa seconde épouse.

Une cause futile parmi nous, grave chez des peuples équestres et pasteurs, fit éclater, en 1434, la guerre de Caramanie entre deux princes turcomans dont l'un avait enlevé à l'autre, par une ruse déloyale, un cheval d'une renommée héroïque parmi ces tribus. Le ravisseur était Ibrahim-Beg de Koniah, à qui le sultan avait donné, comme nous l'avons raconté, sa sœur la plus aimée en mariage. Ibrahim refusant obstinément à son beau-frère de rendre le cheval à son possesseur, le sultan marcha lui-même d'Europe en Asie pour faire justice au prince offensé. Ibrahim-Beg, vaincu à Koniah et dépouillé par sa défaite de ses États, envoya sa femme au sultan pour ramener le cheval et implorer sa grâce. Amurat, qui ne savait rien refuser aux larmes des femmes, rendit la principauté de Caramanie pour un cheval.

Pendant cette courte guerre, Sigismond, roi de Hongrie, ayant provoqué de nouveau les Ottomans sur le Danube, Amurat II fit passer le fleuve à son général Ali, fils d'Évrénos, formé à la guerre sous son père, comme son vizir Khalil avait été formé à la politique par Ibrahim-Tschendereli. Ali-Évrénos inonda la Transylvanie en débouchant, comme un torrent, des *Portes de Fer* avec cinquante mille Ottomans. Soixante-dix mille prisonniers ramenés par lui en servitude et des troupeaux innombrables furent l'indemnité de cette campagne qu'Amurat n'avait pas commencée. Un jeune étudiant allemand, du nombre de ces captifs, était destiné par le sort à subir vingt ans d'esclavage dans les tentes et dans les palais des sultans, et à rapporter dans sa patrie l'histoire des mœurs et des événements de cette cour.

XXXII

Le beau-père du sultan, père de la jeune Mara, qui avait repris les armes contre Amurat II pendant l'expédition de Hongrie, assiégé et pris dans Sémendria par Évrénos, fut condamné à perdre les yeux et à languir jusqu'à sa mort dans la prison de Tokat, au fond de la Cilicie. Deux des fils de Timourtasch, chefs héréditaires, comme Évrénos, des armées du sultan, ravagèrent de nouveau les plaines de la Hongrie, et ramenèrent à Nicopolis de telles multitudes d'esclaves, qu'une des plus belles vierges hongroises exposées au marché de Nicopolis y fut vendue pour une paire de sandales par le soldat à qui elle était échue en partage.

Le sultan, loin de s'enorgueillir de ces dépouilles, négociait, au milieu de ces triomphes, pour s'acquérir des alliances pacifiques de l'autre côté du Danube (vers 1437). Les Polonais, quelquefois alliés, quelquefois rivaux des Hongrois, lui parurent la nation la plus propre à contre-balancer par leur amitié avec les Turcs la puissance croissante des Hongrois, qui s'étendait par ses affinités avec l'Allemagne. Il envoya des ambassadeurs avec de riches présents au roi de Pologne Ladislas.

Les Polonais, une de ces tribus émigrées peut-être dans la nuit des temps non historiques des plateaux de la Tartarie dans les steppes presque aussi vagues de la Sarmatie, portaient avec les Russes, les Serviens, les Transylvains, les Esclavons, les Croates, le nom générique de Slaves, nom qui signifie les *Crieurs de guerre*. Ce nom disait leur génie; peuple équestre, amoureux d'une liberté sans limite, incapable de repos et de stabilité, également prêt à céder son indépendance à des maîtres par esprit de faction, et à la recouvrer sur des oppresseurs par héroïsme, changeant de gouvernement par mobilité de passions, république, monarchie héréditaire, monarchie élective, rassemblant dans ces formes contradictoires les instabilités de leur caractère natal; l'histoire leur doit tour à tour la pitié ou l'admiration; mais nation qui conserve au milieu de ses vices politiques la dernière vertu des peuples, le courage, qui fait respecter même la servitude.

Tel était le peuple auquel Amurat II envoyait offrir de se liguer avec lui pour refréner ensemble les Hongrois.

XXXIII

Ladislas, porté au trône à l'âge de dix ans pour y subir le flottement des factions opposées, seule politique des Polonais, aurait facilement accédé à l'alliance des Ottomans par antipathie contre les Hongrois ; mais le héros des Hongrois, Huniade Corvinus, dont nous avons raconté la naissance illégitime des amours de Sigismond et d'une favorite cachée dans les forêts de sa capitale, régnait par l'éclat de ses exploits et par la popularité de son nom sur ses braves et sages compatriotes les Hongrois.

Les Hongrois, race également héroïque descendue des Huns, possédaient les vertus des Polonais sans leurs excès ; le bon sens chez eux s'alliait au courage, et le patriotisme à la liberté. Capables d'abnégation autant que de dévouement, ils écoutèrent les sages conseils d'Huniade. Huniade, vayvode ou chef militaire de Transylvanie, pouvait aspirer à leur trône alors électif. L'estime et la victoire le lui auraient voté. Il préféra le rôle de sauveur de son pays à son ambition ; il craignit de troubler par des prétentions à l'empire une confédération défensive des États chrétiens du Danube contre les Ottomans. Il conjura les Hongrois d'offrir leur couronne à Ladislas, déjà roi de Pologne et de Bohême, et de l'oublier lui-même pour se fondre en une seule monarchie avec les Polonais. De la nation hongroise ainsi calmée et fortifiée il ne se réserva que l'épée, que lui assignaient d'avance son autorité morale et son génie militaire.

Les paroles et les présents des ambassadeurs d'Amurat II

échouèrent devant cette politique habile et patriotique du héros et du conseiller des Hongrois. Huniade aspirait depuis son enfance à être le Godefroi de Bouillon d'une croisade de la Germanie contre ces nouveaux Sarrasins qui menaçaient de franchir le Danube et la Save, comme ils avaient franchi l'Oxus, le Tigre et l'Euphrate. La race, la religion, la patrie, la gloire, la chevalerie, la noble ambition qui aspirent à la gloire plus qu'à la puissance et qui s'honorent plus d'être le Machabée du christianisme que le fondateur d'une dynastie hongroise, faisaient d'Huniade l'ennemi le plus redoutable d'Amurat. Jeune, beau, intrépide, éloquent, fils illégitime d'un empereur maître aujourd'hui de l'Allemagne, ayant eu à se légitimer lui-même par ses exploits, élevé par son mérite et par la faveur de son père présumé, l'empereur d'Allemagne, Sigismond, au rang de vayvode ou de général héréditaire de ces Transylvains aventuriers de l'Allemagne, le héros hongrois avaient grandi et vieilli en combattant les Turcs; il avait juré de mourir en les refoulant jusqu'en Asie.

La terreur qu'inspiraient de proche en proche à toute la chrétienté la chute de Salonique, l'invasion de la Grèce, la possession de Janina, le double ravage de la Hongrie par les fils de Timourtasch, ralliaient en un seul faisceau défensif et offensif tous les trônes et tous les peuples limitrophes des Ottomans depuis Moscou jusqu'à Vienne, et depuis Vienne jusqu'à Venise. Le pape, par ses légats, sortes d'ambassadeurs sacrés portant avec eux les bénédictions ou les foudres du ciel à toutes les cours du Midi et du Nord, stimulait le zèle des princes et des peuples. Une croisade nouvelle, mais cette fois une croisade politique et militaire, s'organisait contre Amurat II. La religion en était l'âme, le patriotisme en était la raison; Huniade en était à la fois le conseil et le héros.

XXXIV

La réponse évasive du jeune roi de Pologne, devenu en ce moment roi de Hongrie par le désintéressement d'Huniade, ne permit plus à Amurat de se faire des illusions de paix. Il ordonne à Ali-Beg, fils d'Évrénos, d'assiéger Belgrade, forteresse de Servie, que Brankovich, avant sa déite et sa captivité, avait donnée en garde aux Hongrois. Cette ville, conquise et reconquise depuis tour à tour dans tant de guerres entre l'Europe et les Turcs, était à la fois la clef de la Servie, de la Turquie et de la Hongrie. Construite à l'issue des défilés du Balkan, au bord des impénétrables forêts de ces montagnes, sur un plateau en pente douce qui domine le large confluent de la Save et du Danube, ces deux fleuves, confondus en un seul au pied de ses remparts, lui forment une demi-ceinture d'eau rapide plus semblable à un bras de mer qu'à une rivière. De ce plateau, nivelé par la nature en étages successifs qui défient l'escalade des assaillants, le regard embrasse toutes les évolutions des armées ennemies dans les prairies sans limites où se perd l'horizon plat de la Hongrie. Du côté de terre, des collines et des mamelons entrecoupés de gorges profondes et ombragés de chênes à peine éclairés par la hache des Serviens, forment autour d'épais remparts autant de bastions défensifs qui couvrent la ville contre l'assaut des assiégeants. La Save et le Danube libres apportent sans cesse aux habitants les vivres, les armes, les combattants, pour réparer les consommations ou les pertes d'un siége.

Telle était Belgrade, que le fils d'Évrénos avait la difficile tâche de conquérir à son maître. Six mois de siége ne purent triompher de la force du site et du génie d'Huniade. Ali-Beg fut contraint de replier son armée, décimée par le canon des Hongrois, laissant les bords de la Save et les gorges de Servie infectés par les cadavres de ses soldats (1441.)

XXXV.

L'armée turque, rebutée par la force de Belgrade, se jeta sur la Transylvanie pour combattre en rase campagne et sur son propre territoire le héros transylvain qui l'avait fait échouer sur le Danube. Mézid-Beg, ancien chef des Turcomans de Siwas, qui avait jadis lutté contre Timour lui-même en Asie, et dont soixante ans de guerres n'avaient pas lassé la vieillesse, reçut d'Amurat le commandement de l'armée de Transylvanie, incendia les campagnes, dépeupla les villages, trancha la tête aux chefs, aux évêques, aux prêtres, enchaîna les femmes et les enfants transplantés en Turquie, assiégea Hermanstadt, capitale de la Transylvanie. Huniade, entraînant à sa suite une armée de Polonais, de Hongrois, de Bohémiens, d'Allemands, de Styriens, de patriotes transylvains ralliés à sa voix, pour sauver son propre peuple, fondit sur le féroce vieillard turcoman sous les murs d'Hermanstadt. Le vieux guerrier, sachant que le nœud de cette confédération était Huniade, et que l'âme de ce héros était l'âme de la Hongrie, sentit que la mort de ce chef serait la mort de son armée. Il songea moins à vaincre cette confédération que leur Yanko : c'était le nom barbare et populaire sous lequel Huniade, terreur des Ottomans, était connu dans leur camp. Mézid-Beg forma une colonne de trois mille spahis, choisis à leur intrépidité et à la rapidité de leurs chevaux, pour envelopper et tuer le seul Huniade.

Cette colonne renversa tout devant elle et traversa comme un torrent les rangs des Hongrois pour atteindre le mamelon sur lequel le vayvode de Transylvanie dirigeait de l'âme et du geste la bataille. Ses espions l'avertirent à temps de l'intention de cette charge ; ses officiers le conjurèrent de sauver en lui le génie de la Hongrie. Simon de Kémény, son plus intrépide lieutenant, lui arracha la cuirasse, le casque, l'aigrette et le cheval roux à la crinière noire qui le désignaient aux coups des Ottomans. Il se revêtit de l'armure, monta le cheval, se précipita lui-même au-devant des spahis, trompés par cette généreuse ruse, et tomba victime volontaire avec trois mille de ses Hongrois sous le sabre des Turcs.

XXXVI

Au moment où Huniade, sous l'armure de Kémény, fondit sur le camp des Ottomans, les défenseurs d'Hermanstadt se précipitaient sur eux par derrière dans une sortie concertée. Les assiégeants, pris entre deux armées, perdirent vingt mille hommes entre les remparts et la circonvallation. Huniade ne voulut laisser à personne la gloire et la vengeance de combattre et de frapper le vieux Turcoman, fléau de sa patrie. Mézid-Beg et son fils tombèrent l'un et l'autre sous la masse d'armes d'Huniade; il entra couvert de leur sang dans Hermanstadt. Pendant le festin que les habitants délivrés donnèrent le soir à leur libérateur, les Hongrois, aussi féroces que les Turcs, amenaient par groupes leurs prisonniers désarmés dans la salle du festin funèbre et les massacraient sous les yeux d'Huniade, ivre de sang. Lui-même, par une barbarie qui déshonorait la sainteté de sa cause et l'héroïsme de son bras, se fit apporter le lendemain les dépouilles des tentes de Mézid-Beg et de son fils. Il chargea un chariot traîné par six chevaux de ces dépouilles, et, jetant par-dessus un monceau de troncs humains et de membres mutilés, il couronna cette pyramide triomphale par les têtes coupées du vieux pacha, de son fils, de ses généraux, et il envoya ce chariot en tribut au despote de Scrvie, son allié.

Un vieillard turc, à qui on avait laissé la vie pour ce tribut dérisoire des Ottomans aux Serviens, était assis sur ce monceau de dépouilles humaines, et chargé de les offrir à la cour de Servie. Ce char de la vengeance traversa ainsi la Transylvanie pour attester aux populations dispersées la défaite des Turcs et les représailles sanguinaires du héros hongrois.

XXXVII

Vers 1442, Schehabeddin, envoyé avec une troisième armée par Amurat II pour venger Mézid-Beg, trouva Huniade dans la plaine de Vasag, renforcé par la renommée de ses deux victoires et par les soldats les plus aguerris de l'Allemagne. Schehabeddin laissa dans cette plaine dix mille morts, huit mille prisonniers, tous ses généraux et le cadavre d'Othman-Beg, le plus vaillant des petits-fils de Timourtasch. Lui-même, prisonnier d'Huniade, et conduit chargé de chaînes à Ladislas, apporta à Bude, capitale de la Hongrie, la nouvelle de sa défaite.

Huniade, sans laisser respirer les Ottomans, s'élança avec trois armées multipliées par la victoire jusque dans le cœur de la Servie turque, aux portes de Nissa, grande ville qui ferme les gorges de la Morawa. Il y trouva une quatrième armée turque formée précipitamment des réserves de tout l'empire et commandée par les princes et par les begs de toutes les provinces d'Europe et de toutes les principautés d'Asie appelés par l'extrémité du danger au secours de l'empire. Leur nombre dépassait de cent mille combattants le nombre des confédérés d'Huniade. Mais Huniade avait un nom et inspirait un fanatisme qui valaient à eux seuls tout un peuple.

Le frère du grand vizir Khalil, second fils d'Ibrahim-Tschendereli, commandait les Ottomans. Adossé à Nissa, appuyé à droite sur le lit infranchissable de la Morawa, couvert à gauche par des rochers escarpés, inaccessibles à l'artillerie et à la cavalerie des chrétiens, Amurat II, au lieu d'appeler Huniade dans un espace ouvert, où le nombre aurait pu submerger le génie, attaqua Huniade dans ce défilé, où la victoire devait se disputer corps à corps. Les trois colonnes que le sultan envoya tour à tour à cet assaut se brisèrent contre l'artillerie et les palissades des Hongrois. Huniade, formant lui-même son armée en une seule colonne d'attaque, traversa Nissa sur les pas des Ottomans découragés, et, les dispersant à droite et à gauche dans la plaine, qui s'élargit après la ville, rejeta une moitié de l'armée d'Amurat à gauche entre son infanterie et la Morawa, l'autre moitié à droite entre ses cavaliers et les montagnes, prenant ainsi en un double coup de filet d'innombrables prisonniers forcés de choisir entre la captivité ou la mort. Amurat, avec le centre seul et isolé de son armée, se replia vaincu, mais combattant toujours, sur Sophia. Huniade y entra sur ses traces, et se prépara à marcher de là sur Philippopolis, dernière ville qui protégeât Andrinople.

XXXVIII

Mais l'hiver, qui couvrait déjà le mont Hémus de frimas, sauva la capitale de l'empire. Amurat II, retranché au défilé qui porte le nom des *Portes de Trajan*, parce que cet empereur l'avait fait fermer par une porte contre les barbares, retranché aussi au défilé de Soulouderbend, appelé ainsi des eaux qui le défendent par une inondation artificielle, attendait Huniade sur ces seules brèches de la muraille continue du Balkan (vers 1443). Le sultan, à l'aspect de la cavalerie hongroise prête à escalader le défilé, lâcha, sur la pente rapide de l'Hémus, les écluses où il avait accumulé les eaux dans des bassins gelés seulement à la surface. Ces eaux, en se précipitant en nappes minces sur les sentiers que devait gravir la cavalerie d'Huniade, les recouvrirent pendant la nuit d'une nappe de glace dont l'escarpement redoublait le danger pour les chevaux. Huniade et son armée reculèrent devant ces frimas. Les portes de Trajan, obstruées par Amurat de rochers précipités du haut des corniches du Balkan, le forcèrent à chercher un autre passage. Le défilé moins inaccessible d'Isladi leur ouvrit enfin le mont Hémus après un assaut où les rocs, les neiges, les quartiers de glace combattaient en vain pour les Ottomans. Huniade, comme l'Annibal des Germains, avait juré de vaincre la nature même pour atteindre ses ennemis au cœur de l'empire. Une dernière bataille livrée par lui dans la plaine d'Yalowaz, au pied du Balkan franchi, lui livrait la délicieuse vallée de Philippopolis et bientôt les fertiles bassins d'Andrinople.

XXXIX

Soit que la désunion, qui dissout toutes les confédérations après les victoires plus qu'après les revers, empêchât le héros hongrois de suivre sa pensée jusqu'à l'anéantissement des Turcs dans leur capitale découverte d'armée; soit que le retour précipité d'Amurat, rappelé d'Asie, où il combattait, par les périls d'Andrinople, intimidât les Hongrois; soit plutôt que le jeune roi de Pologne et de Hongrie,

Ladislas, dominé par son conseil où Huniade comptait des envieux, ne voulût pas accorder tant de gloire à un seul homme, Huniade s'arrêta au pic méridional du Balkan, et, laissant son armée se consolider, à Sophia et à Nissa, repassa lui-même précipitamment le Danube avec Ladislas. Le roi et le général revinrent triompher dans la capitale de la Hongrie. Ils rêvaient pour le printemps suivant une autre campagne.

XL

La lassitude de tant de guerres et la sagesse du grand vizir Khalil conseillèrent à Amurat II de reprendre des forces dans une longue paix. Les revers de ses généraux en son absence étaient des malheurs et non des humiliations personnelles pour lui. Partout où il avait paru en personne il avait vaincu. La pacification de l'Asie, la conquête de Salonique et de l'Épire, doublaient ses forces à l'orient. Il résolut de faire à l'occident, sur le Danube, tous les sacrifices compatibles avec la sûreté des Ottomans en Europe. La félicité de ses peuples était à ses yeux sa première gloire. Lui-même, comme on l'a vu, avait la passion du loisir et de l'amour, le génie naturel de la paix. Sa seconde sœur, mariée par lui à Mahmoud-Tchélébi, qu'Huniade avait fait prisonnier et qu'il retenait en gage de négociation dans les cachots d'Hermanstadt, inconsolable de son veuvage, obsédait le sultan de ses larmes pour qu'il rachetât un époux adoré. Amurat ne refusait rien à l'amour, rien à sa famille. Il chargea de nouveaux ambassadeurs d'aller offrir des accommodements aux différents princes chrétiens dont le faisceau formait la force d'Huniade et au roi de Hongrie lui-même. A Drakul, prince de Valachie, il restituait ses États; au despote de Servie, son royaume et ses deux fils prisonniers à Tokat avec leur oncle aveugle; à Ladislas et à l'assemblée des Hongrois, l'inviolabilité mutuelle des deux frontières.

Ladislas, encouragé à la guerre éternelle par Huniade, hésitait; mais les confédérés, dont il attendait au printemps les contingents promis pour la nouvelle campagne, désintéressés par Amurat, abandonnèrent les Hongrois à eux-mêmes. Cette immobilité des confédérés contraignit Ladislas et la diète à la paix.

Les assemblées n'ont pas la constance et la passion de gloire des héros. Huniade fléchit sous la volonté de son pays. La paix de Szégedin fut signée entre les Hongrois et les Turcs le 12 juillet 1444. Les deux souverains la ratifièrent, l'un par un serment sur l'Évangile, l'autre par un serment sur le Coran, prenant ainsi chacun leur Dieu pour témoin et pour vengeur de la foi jurée. Une rançon de soixante mille ducats d'or, payée par le sultan à Ladislas, rendit à sa sœur le mari qu'elle pleurait dans Mahmoud-Tchélébi. L'Orient respira. Amurat songea au repos, à la vie contemplative, à l'amour, principales ambitions de sa vie.

XLI

La mort de son fils aîné, Alaeddin, qu'il chérissait comme le fruit de ses premières amours avec la princesse de Sinope, et auquel il destinait le trône après l'avoir affermi, le jeta dans cette mélancolie des hommes heureux, mais dont la félicité s'attriste à leurs yeux par la brièveté du bonheur même. Son autre fils, qui fut depuis Mahomet II, était encore dans l'enfance. Ce prince n'annonçait pas dans ses premières années la virilité impétueuse qui caractérisa plus tard son règne. Il tenait de sa mère, la princesse de Servie, Hélène, seconde épouse du sultan, la beauté féminine, la grâce timide, et la complaisance un peu servile aux volontés de son père et de ses maîtres, qui, dans les femmes de ces races slaves, rappelle les habitudes de l'antique esclavage. Amurat ne se croyait pas destiné à de longs jours; il craignait que son fils, surpris par le trône avant d'avoir été exercé au maniement des armes et à l'empire, ne succombât aux difficultés de la guerre et de la paix. Il voulut l'y exercer lui-même pendant qu'il en était temps encore, et le faire régner sous ses yeux, afin de réparer ses fautes s'il en commettait, et de voler à son secours si la fortune lui destinait des adversités.

Remettre le gouvernement à un enfant confié à d'habiles et fidèles ministres que lui-même avait formés, s'éloigner de la capitale, et pour ainsi dire, vivant, de la vie, pour ne s'occuper que de la méditation des choses éternelles, assister de loin à un règne posthume, le conseiller s'il s'égarait, le soutenir s'il chancelait, et régner en quelque sorte deux fois, tout en déposant jeune encore le fardeau du gouvernement qui importunait sa mollesse : telle était la pensée d'Amurat, pensée de prévoyance pour son fils, de sollicitude pour l'empire, de philosophie voluptueuse pour lui-même. Dioclétien avait eu la même lassitude, dans les mêmes circonstances ; Charles-Quint l'avait accomplie en Espagne ; Tibère l'avait simulée à Rome ; Amurat II la renouvelait chez les Ottomans. Plus les hommes sont dignes de régner, plus ils sont souvent tentés d'abdiquer une situation qui ne trompe pas moins par son néant les grandes âmes qui possèdent les peuples, que, vue du dehors, elle ne trompe les peuples qui sont possédés et dédaignés par ces maîtres d'empires.

XLII

Amurat II eut sans doute moins de peine à prendre cette résolution héroïque qu'à la faire accepter des trois princesses rivales et ambitieuses, et toutes jeunes encore, qu'il avait épousées, et qui se disputaient l'ascendant sur son cœur et sur sa politique. Si l'on en croit tous les historiens contemporains, allemands, ottomans ou grecs, témoins plus ou moins initiés aux mystères du sérail d'Andrinople, ces trois princesses, également belles, et dignes de posséder exclusivement l'âme de leur époux, la princesse de Sinope, la princesse Hélène de Servie, et la jeune princesse Mara, fille du vayvode de Transylvanie, agitaient de leurs jalousies, de leurs intrigues et de leur haine mutuelle, non-seulement la cour, mais le ministère, les armées, la politique d'Amurat.

On se fait en Europe, sur la foi d'historiens ou de voyageurs mal informés, de fausses images du sort des princesses ottomanes ou chrétiennes épousées par les empereurs de Brousse, d'Andrinople ou de Constantinople; on ne voit dans le sérail, livré à la polygamie, qu'un troupeau d'odalisques servant aux plaisirs capricieux du maître, qu'un esclavage un moment couronné, pour être dégradé le lendemain, par le dédain d'un époux rassasié, dans la triste et éternelle captivité d'un harem. Ni la religion, ni la loi, ni les mœurs, ni l'histoire, ne dégradaient ainsi le mariage et le sort des épouses musulmanes ou chrétiennes des sultans, des princes, des grands de l'empire. On a déjà vu, dans les règnes du premier Amurat et de Bajazet Ildérim, des exemples de mariages entre les sultans et des princesses filles, sœurs, nièces des empereurs de Byzance, ou des princesses chrétiennes de Servie, environnées dans le palais de Brousse de tous les respects, de tous les honneurs et de toutes les libertés de culte attribués au rang d'impératrices. On a vu même ces princesses, que la politique ou la victoire livraient quoique chrétiennes à des époux à qui la religion permettait d'avoir plusieurs femmes, emmener des aumôniers, et exercer ouvertement leur religion dans les palais de leurs maris. Bien que ces princesses, épouses multiples mais légitimes de sultans, fussent astreintes sous ce rapport à la loi de la pluralité des femmes, elles n'en jouissaient pas moins dans les sérails de tous les priviléges, de tous les respects et de toutes les splendeurs du titre d'épouses et d'impératrices; elles n'en exerçaient pas moins sur le cœur et sur la politique de leurs maris l'ascendant que leur naissance, leurs charmes, leur esprit et leur titre de mères de fils destinés au trône leur assuraient dans l'intérieur du sérail. Nous verrons bientôt des femmes qui n'étaient pas même nées princesses régner, et même perpétuer pendant plusieurs règnes leur domination dans le sérail, avec autant d'empire que Théodora sous Justinien dans le palais de Byzance. Ce sérail, que l'imagination se présente comme une prison, séjour des soupirs et des humiliations des sultanes, bien qu'il fût interdit par les mœurs aux regards des hommes, n'en renfermait pas moins, à l'ombre des vastes enceintes du harem, toutes les pompes, toutes les intrigues des palais de l'Occident.

XLIII

Le mariage, dans la loi de Mahomet, quoique combiné par une condescendance du prophète aux mœurs des Arabes avec la tolérance de la pluralité des femmes, est un acte à la fois religieux et civil qui impose aux époux un grand respect du titre et des droits sacrés d'épouse; il n'est permis qu'à ceux des Ottomans qui peuvent nourrir, loger séparément et entretenir convenablement une ou plusieurs femmes. La loi le consacre seule, mais le prêtre le bénit; les noces sont célébrées pendant quatre jours avec une publicité et des fêtes dont nous avons vu l'éclat dans les mariages des fils de Timour et de Mahomet 1ᵉʳ; les deux familles conduisent, avec un cortége imposant, l'épouse dans la maison de son époux. La répudiation, permise à la requête de la femme autant que du mari, est soumise à des conditions très-favorables aux droits, à la liberté, à la dignité de l'épouse. L'homme qui, ayant épousé une femme libre, lui donnerait pour compagne une femme esclave, perdrait son droit sur sa première épouse. Les épouses ont droit légal à une parfaite égalité de traitement, d'égrads, de la part du mari commun. Le mari ne peut forcer sa femme à recevoir chez elle ses enfants d'un autre lit. Il doit attacher au service de chacune de ses épouses des esclaves ou des serviteurs exclusivement affectés à chacune d'elles. Si la femme se plaint d'infractions à ces lois de harem, le magistrat juge et fait justice à celle qui se plaint. Les mariages entre musulmans et chrétiennes sont légaux pourvu que les enfants soient élevés dans la religion du père. La moindre injure et la simple menace de répudiation du mari à l'épouse dissout le mariage et autorise la femme à recouvrer son indépendance. Les droits de la maternité sont garantis dans l'épouse : rien ne peut la priver du droit de garder ses enfants de l'un et de l'autre sexe dans sa maison et dans sa dépendance. La tendresse filiale à son égard n'est pas seulement dans la nature et dans les mœurs des Orientaux, elle est dans la loi. Le devoir de pourvoir à tous les besoins de la mère est attribué impérieusement, non-seulement aux fils et aux filles, mais au frère, à la sœur, au neveu, à la nièce, jusqu'à la limite de la parenté du sang.

XLIV

Les sultans ne sont exceptés d'aucune de ces lois religieuses du mariage. La toute-puissance du souverain et le luxe oriental de leur cour, tout en accroissant pour quelques-uns d'entre eux le nombre des favorites non épouses, avec lesquelles la cohabitation est licite comme dans les tentes des patriarches, n'attente en rien aux priviléges et aux autorités domestiques des femmes légitimes des sultans ou des princesses de la maison impériale. Ces femmes ou ces princesses occupent, dans l'enceinte toujours immense des palais d'hiver dans la capitale, ou des palais d'été dans la campagne, des palais isolés au milieu de jardins, palais dans lesquels elles sont servies chacune par une cour d'intendants, d'eunuques, d'esclaves attachés à leur maison. Leur luxe égale le luxe du sérail du sultan leur maître, qui visite tour à tour, selon ses devoirs ou ses affections, ces différentes colonies de sa famille. Les occupations, les rivalités, les intrigues, les mœurs et les plaisirs de ces princesses, décrits par une Européenne introduite sous un des derniers règnes dans l'intimité d'une sœur du sultan, éclairent l'histoire sur les mystères des sérails et sur le mode d'existence des trois princesses, épouses d'Amurat II, dans l'intérieur des palais d'Andrinople, de Brousse et de Magnésie.

« La sultane Asma, raconte ce témoin intime et privilégié par son sexe, désira me recevoir dans son palais du sérail. L'intendante du palais extérieur fut chargée de nous conduire à la sultane. Arrivées au sérail de cette princesse, enfermé dans les murs du grand sérail, l'intendante fit ouvrir une première et une seconde porte de fer gardées par des portiers différents; une troisième porte, en s'ouvrant, nous découvrit plusieurs eunuques noirs qui, un bâton blanc à la main, nous précédèrent en nous faisant traverser une cour intérieure dont la garde leur était confiée : ils nous introduisirent dans une grande salle nommée la chambre des étrangers.

» La kyaya-kalem, ou l'intendante de l'intérieur, vint nous y recevoir, et les esclaves qui la suivaient, nous ayant aidées à dépouiller nos voiles, nous conduisirent à l'appartement de la sultane. Elle était magnifiquement vêtue, parée de diamants et de perles, assise dans l'angle d'un riche divan qui meublait son salon, et dont les tapis de pied et les tentures étaient d'étoffes de soie relevées d'or et d'argent. Des coussins recouverts de satin rayé d'or, apportés et étendus devant la sultane, nous servirent de siéges, pendant qu'une soixantaine de jeunes filles richement vêtues de robes traînantes se partagèrent en deux files, à droite et à gauche, en entrant dans la salle, et vinrent chacune se ranger en haie les mains croisées sur leurs ceintures.

» La sultane ordonna à l'intendante de nous conduire dans ses jardins, de nous y fêter et de nous ramener ensuite pour accomplir la visite. L'intendante nous conduisit dans son appartement. On nous servit un festin seules avec elle, tandis qu'un grand nombre d'esclaves n'étaient occupées qu'à nous servir et à décorer de leur présence l'appartement. Le repas fini et le café présenté, on offrit les pipes, que nous refusâmes pour parcourir les jardins.

» De nouvelles troupes d'esclaves avaient été disposées près d'un fort beau kiosk où la compagnie devait se rendre. Ce pavillon, richement meublé et décoré, bâti sur un grand bassin d'eau, occupait le milieu d'un jardin où des espaliers de roses élevés de toutes parts cachaient aux yeux les hautes murailles qui formaient cette prison. De petits sentiers très-étroits et cailloutés en mosaïque formaient, selon l'usage, les seules allées du jardin; mais un grand nombre de pots et de corbeilles de fleurs, en offrant à l'œil un petit fouillis agréablement coloré, invitait à en jouir dans l'angle d'un bon sofa, le seul but de ces promenades. On y fut à peine assis, que les eunuques, qui avaient précédé la marche, se rangèrent en haie à quelque distance du kiosk, pour faire place à la musique de la princesse. Elle était composée de dix femmes esclaves qui exécutèrent différents concerts, pendant lesquels une troupe de danseuses, non moins richement mais plus lestement vêtues, vint exécuter différents ballets assez agréables par les figures et la variété des pas. Ces danseuses étaient aussi de meilleure compagnie qu'elles ne le sont ordinairement dans les maisons particulières; bientôt une nouvelle troupe de douze femmes, vêtues en hommes, arriva pour ajouter sans doute à ce tableau l'apparence d'un sexe qui manquait à la fête. Ces prétendus hommes commencèrent alors une espèce de joute, pour se disputer et s'emparer des fruits que d'autres esclaves venaient de jeter dans le bassin. Un petit bateau, conduit par des bateliers femelles, également déguisés en hommes, donna aussi aux étrangères le plaisir de la promenade sur l'eau; après quoi, ramenées chez la sultane, elles en prirent congé avec les cérémonies d'usage et furent conduites hors du sérail avec le même cérémonial.

» Ces détails pourront faire juger, ajoute l'étrangère, de la vie intérieure des harems et donner quelque idée des plaisirs qui en détruisent la monotonie.

» Le jardin des épouses du sultan, frère d'Asma, sultane, plus vaste que le jardin d'Asma, mais disposé dans le même goût, sert de théâtre à ces fêtes nocturnes. Des vases de toute espèce, remplis de fleurs naturelles ou artificielles, sont apportés pour le moment, afin d'augmenter le fouillis qu'éclaire un nombre infini de lanternes, de lampes colorées et de bougies placées dans des tubes de verre qui sont répétés par des miroirs disposés à cet effet. Des boutiques, garnies de différentes marchandises, construites pour la fête, sont occupées par les femmes du harem, qui y représentent, sous des vêtements analogues, les marchands qui doivent les débiter. Les sultanes, sœurs, nièces ou cousines, sont invitées à ces fêtes par le Grand Seigneur, et elles achètent, ainsi que Sa Hautesse, dans ces boutiques, des bijoux et des étoffes dont elles se font mutuellement présent : elles étendent aussi leur générosité sur les femmes du Grand Seigneur, qui sont admises à ces divertissements et qui en donnent de semblables au sultan et aux princesses de sa famille. »

XLV

On conçoit combien cette vie des cloîtres de l'Orient, qui concentre les regards, les pensées, les plaisirs, les passions, les rivalités dans l'étroite enceinte d'un sérail, doit donner de futilité, mais en même temps d'intensité et de férocité aux jalousies, aux ambitions, aux intrigues d'un sérail habité par des princesses, femmes d'un même époux, mères d'enfants rivaux, dont la fortune ou l'infortune feront un jour leur gloire ou leur deuil.

C'est pour satisfaire tour à tour les passions des trois princesses de Sinope, de Servie et de Transylvanie, ses épouses, participant du fond de leurs sérails aux ambitions de leurs trois familles, et jalouses de s'humilier réciproquement dans leur orgueil par les armes du sultan, qu'Amurat II avait gagné ou perdu tant de batailles sur le Danube ou sur la mer Noire. Il avait le cœur mais aussi les faiblesses des héros. On croit que le repentir de ses faiblesses pour les trois princesses et surtout pour Mara, la plus jeune et la plus séduisante de toutes, et le désir de se prémunir lui-même contre le danger de la toute-puissance mise au service de l'amour, furent une des causes secrètes de son abdication. L'âge n'avait amorti encore en lui ni ses vices ni ses vertus. Il n'avait pas quarante ans quand il descendit du trône.

Avant de quitter son palais d'Andrinople, il forma autour de son fils, Mahomet II, un conseil de gouvernement composé des hommes de loi ou des hommes de guerre qui lui avaient donné, pendant ses conquêtes ou ses revers, les témoignages les plus éprouvés d'attachement, de talents, de vertus. Son grand vizir, Khalil-Pacha, restait son œil et sa main dans ce divan. Le mollah Kosrew, vieillard consommé dans la législation, fut nommé grand juge de l'armée, discipline vivante dont l'autorité ne voulait ni partialité ni faiblesse.

Vers 1444, après avoir pourvu ainsi avec calme au sort de l'empire, il songea au sien, et, pour se prémunir contre l'ingratitude de son fils ou de ses ministres, il se réserva à lui-même, pendant sa vie, la souveraineté et les revenus des trois plus belles provinces pastorales de l'empire en Asie : la province de Mentesché, celle de Saroukhan, celle d'Aïdin, de qui dépendent la Carie, la Méonie, l'Ionie, les vallons, les coteaux, les golfes de Smyrne, et enfin la *Tempé* asiatique, l'incomparable vallée de Magnésie, dont les édifices, les jardins, les mosquées, les eaux, les cyprès, détachant aujourd'hui leurs coupoles, leurs aqueducs, leur feuillage sur un ciel de saphir, rappellent au voyageur ou à l'historien cette autre Salone d'un autre Dioclétien.

LIVRE ONZIÈME

I

A peine Amurat II s'était-il retiré dans sa gloire et dans son repos sous les cyprès du palais en ruine de Magnésie, avec ses épouses, son harem, ses pages et quelques grands officiers de sa cour plus attachés à l'homme qu'au trône, que le pape, les Hongrois, les Polonais, les Valaques, les Transylvains, les Serviens, les Allemands de Sigismond, voyant le trône occupé par un enfant et l'empire à la merci du hasard, s'agitèrent à la voix de l'implacable Huniade, et renouèrent la ligue des puissances chrétiennes si habilement dissoute par la généreuse politique d'Amurat.

Il faut le dire à la gloire des Ottomans et à l'humiliation de la politique italienne et germanique de cette époque, il fut honorable à Amurat d'avoir cru à la bonne foi de la chrétienté; il fut honteux à la chrétienté d'avoir trompé la foi des Turcs. Tous les historiens sans exception qui ont eu sous la main cette page d'histoire, même ceux qui ont le plus de partialité avouée pour Huniade et pour la politique de la cour de Rome, tels que l'abbé Mignot et M. de Salabery, flétrissent la déloyauté et condamnent le parjure des confédérés, absous de la violation de la foi jurée et de la trêve conclue par un bref du pape.

« Le pape Eugène IV, dit l'abbé Mignot dans ses Annales, envoya le cardinal Julien Cesarini légat en Hongrie, pour calmer les scrupules du roi Ladislas, et pour lui faire comprendre qu'un serment, quelque sacré qu'il puisse être, ne lie point envers les infidèles, et que c'est faire une œuvre agréable à Dieu que de se parjurer pour exterminer ceux qui l'offensent. Enfin un bref d'absolution d'Eugène IV, les sophismes de son ambassadeur le légat Cesarini, l'amour de la vaine gloire, le faux zèle, la superstition, étouffèrent dans le cœur de Ladislas le cri de la conscience et le sentiment de l'équité. »

« Le temps des croisades était passé, dit à son tour M. de Salabery, les motifs religieux n'étaient plus capables d'armer les souverains de l'Europe pour la cause de la chrétienté. Frédéric III, alors empereur d'Allemagne, n'était pas digne d'être le chef d'une telle expédition. L'Angleterre et la France étaient occupées et affaiblies par leur longue rivalité. Les Vénitiens, le duc de Bourgogne, le pape Eugène IV, le jeune roi de Hongrie Ladislas, entrèrent seuls dans cette *coalition honteuse*, et à la suite de ces noms, c'est à regret que la postérité lit le beau nom d'Huniade. Il faut ajouter, pour l'opprobre d'un seul et pour l'excuse de tous, que le pape Eugène envoya son légat, le cardinal Julien Cesarini, déclarer qu'une paix jurée sur l'Évangile était nulle parce qu'elle avait été faite sans l'intervention du souverain pontife. »

II

Pour sanctionner ce machiavélisme sacré de la cour de Rome, le légat Cesarini, le sublégat vénitien et un envoyé du duc de Bourgogne promirent à Huniade le royaume de Bulgarie pour sa part de dépouilles. La conscience un moment soulevée du héros hongrois fléchit devant l'ambition. Il entraîna le jeune roi Ladislas, son pupille, avec l'armée hongroise, comme pour mettre son parjure à l'abri d'un parjure royal. Le chef des Valaques, Drakul, longtemps hésitant, finit par s'associer à la ligue. L'armée confédérée commandée par Huniade, ralliée et fortifiée par les Valaques, traversa le Danube sur des ponts de radeaux, qui semblaient transporter toute la population d'une rive à l'autre de ce fleuve. Dix mille chariots suivaient l'armée. « On eût dit, raconte *Chalcondyle*, que chaque combattant avait apporté sa maison, amené sa famille et ses troupeaux avec lui. »

La jonction de cette armée et des Valaques de Drakul se fit dans la plaine de Nicopolis. Les prédictions d'une prophétesse bulgare et un tremblement de terre qui secoua les bords du Danube sous les pas de cette multitude étonnèrent et suspendirent un moment l'armée. Drakul, frappé d'un pressentiment sinistre, y vit une condamnation du parjure des confédérés déclarée par le ciel. Une querelle violente s'éleva dans le conseil de guerre entre lui et Huniade, qui voulait braver à la fois, pour satisfaire sa haine, la justice et les éléments. Drakul tira son sabre et provoqua en combat singulier le chef des confédérés. On le désarma, on fit jurer aux deux guerriers l'oubli de cette offense.

L'armée, suivant lentement la rive droite du fleuve, de peur de s'engager dans les défilés étroits de la Servie, contourna le Balkan, incendia indifféremment, sur sa longue route, les villes grecques et les villages ottomans, considérant comme aussi ennemis du pape les chrétiens hérétiques de la Bulgarie que les musulmans.

Huniade, qui précédait les confédérés à la tête de trois mille cavaliers hongrois, élite de la croisade, déboucha enfin au bord de la mer Noire à *Varna*. Il fit camper l'armée tout entière au fond de ce golfe formé par deux caps avancés sur la mer, dont l'un porte Varna, l'autre Galata ou Kalliacré. Un marais large et profond sépare dans le bassin du golfe ces deux villes grecques. Huniade, après avoir fait reposer cette multitude à l'extrémité du Balkan qui fléchit et disparaît dans la mer, espérait suivre encore le rivage jusqu'à l'embouchure du Bosphore, laisser Constantinople à gauche, pénétrer dans la Thrace par les défilés grecs de Belgrade, fondre sur Andrinople, l'effacer de l'Europe par les armes, balayer les Turcs de Gallipoli, de Salonique, de l'Épire, et rentrer vainqueur et roi dans la Bulgarie, confondue sous ses lois avec la Hongrie et la

Pologne. L'absence d'Amurat II lui avait donné cette audace; la présence inattendue du héros ottoman la lui enleva.

III

Amurat II, informé par son vizir Khalil de la ligue formée contre l'empire par le pape et par Huniade, du passage du Danube et du danger de son fils, n'avait pas hésité à reprendre, non l'empire, mais le commandement de l'armée qui allait porter l'empire avec elle. Aussi prompt qu'*Ildérim* son aïeul, et plus heureux que lui, il avait rassemblé en peu de jours, dans les plaines de Nicomédie, à marches forcées, toutes les troupes disséminées en Asie et toutes les garnisons de Salonique, de la Thrace, d'Andrinople. Cent mille combattants aguerris et dévoués à la mort pour sauver l'empire s'étaient réunis autour de ses tentes à Nicomédie (1445). Peu confiant dans la loyauté des Grecs de Constantinople, il avait préféré se fier aux Génois du Pont-Euxin pour faire franchir à son armée le Bosphore qui le séparait d'Huniade.

Les Génois, heureux de servir les Turcs contre leurs ennemis les Vénitiens, ligués avec Huniade, avaient envoyé tous leurs vaisseaux et toutes leurs barques à l'extrémité du Bosphore, et transporté en peu de jours sur cette mer étroite les cent mille hommes du sultan sur la rive d'Europe. Amurat II, une fois débarqué sur la plage qu'Huniade devait suivre pour éviter les hauteurs inaccessibles du Balkan, avait marché à la rencontre des croisés pour les devancer au tournant étroit du Danube et du Balkan sur la mer. Il avait assis son camp sur un site où son regard expérimenté des champs de bataille voyait toutes les conditions de la victoire.

Sa droite était couverte par la mer, sa gauche par les pentes escarpées de l'Hémus, son centre par une large et profonde tranchée qui défiait l'impétuosité des chevaux hongrois ou sarmates; il avait fait planter sur le rebord élevé de ce fossé une lance à la pointe de laquelle flottaient, en reproche du parjure des chrétiens et en symbole de la justice de sa cause, le traité déchiré et le serment violé de *Szégedin*. Sans souvenir des crimes passés, pourvu que le coupable rachetât sa faute par ses exploits, il avait rappelé des cachots de Tokat son infidèle vizir Tourakhan, qui avait jadis conspiré contre lui à son avénement au trône, et il lui avait confié les troupes formant sa droite; sa gauche était placée sous les ordres de Karadja, guerrier consommé dans la défense des défilés de l'Hémus; Amurat s'était réservé le commandement du centre ottoman, plus ouvert à l'assaut des chrétiens. Ses janissaires combattaient sous lui.

IV

Huniade, quoique un moment déconcerté par l'apparition d'une armée ottomane sur la route qu'il croyait ouverte aux confédérés, ne doutait pas de la victoire. Il couvrit la gauche de son armée par le marais de Varna et par les dix mille chariots de ses bagages; il entoura au centre le roi

Ladislas, le légat du pape Cesarini, les ambassadeurs vénitiens des quarante mille Allemands, Polonais, Valaques, Serviens, exercés à la tactique des Turcs et habitués à les vaincre. Lui-même, se plaçant à droite à la tête de la cavalerie hongroise, impétueuse et irrésistible dans son premier élan, il indiqua du geste à ses escadrons l'infanterie européenne de Karadja comme le rempart qu'il fallait franchir à tout prix pour faire brèche à la ligne d'Amurat II, et pour envelopper après, en se repliant vers la mer, l'armée ottomane.

Aussi prompt que son coup d'œil et son geste, il s'élança lui-même de toute la rapidité de son cheval sur Karadja avec ses plus hardis cavaliers, fendit comme un tourbillon de poussière les fantassins turcs, et, galopant au delà de leurs lignes rompues et dispersées dans la plaine sur la retraite des Ottomans, fit jeter un cri de déroute aux janissaires. Amurat lui-même, attaqué en front par les quarante mille combattants de Ladislas, découvert par sa gauche évanouie, presque coupé à sa droite par les dix mille cavaliers hongrois d'Huniade, se troubla, pâlit, regarda en arrière, et, tournant la tête de son cheval du côté de la mer, sembla regarder quel espace restait à la fuite.

Mais, à ce moment, le vieux Karadja, qui accourait couvert de poussière et de sang après s'être relevé du champ de bataille, où la cavalerie hongroise avait passé sur son corps, se jeta à la bride du cheval de son maître, et, le gourmandant avec l'autorité du désespoir, lui dit « qu'un sultan, s'il devait mourir, ne devait mourir qu'en avançant sur ses ennemis. »

A ce geste de Karadja, un officier des janissaires, nommé *Yézidji-Toghan*, croyant voir un outrage ou une violence à son maître, leva son sabre pour couper la main du beglerbeg qui retenait le cheval ; mais, avant que le sabre d'Yézidji fût retombé sur le bras de Karadja, un cavalier hongrois d'Huniade, jeté par la fougue de son coursier dans cette mêlée, fendit la tête au janissaire, dont le corps roula aux pieds du sultan. Amurat, raffermi par le sang-froid de Karadja, combattit en soldat sur la brèche de la tranchée, et, prenant dans sa main droite la lance qui portait le serment violé des chrétiens, l'agita comme un drapeau de ralliement aux yeux des janissaires et les précipita lui-même au delà du fossé comblé de morts sur le centre des confédérés.

V

Les janissaires, redevenus tous des héros par la présence et par l'héroïsme de leur sultan, brisèrent du choc ces quarante mille soldats du centre, où manquaient le coup d'œil et le courage d'Huniade, séparé d'eux par le ralliement des Turcs. Le jeune roi Ladislas tomba renversé par son cheval, blessé au jarret d'un coup de hache. Un vétéran des janissaires, nommé Khizr, se précipitant sur son corps, lui coupa la tête, et, l'élevant à la pointe de son sabre :

« Hongrois, cria-t-il à ceux qui combattaient encore, pour qui combattez-vous? Voyez, voilà la tête de votre roi. »

Ce cri, cette tête sanglante, ce visage reconnu du jeune roi aux boucles flottantes de ses cheveux, achevèrent la déroute par le découragement et par l'horreur dans les rangs des croisés. Huniade, revenu trop tard sur ses pas, vit de ses propres yeux ce sanglant trophée planté en terre sur une lance à côté de la lance qui portait le serment violé de Szégedin. Il se jeta trois fois avec des cavaliers nouveaux dans les rangs des Turcs pour relever et emporter au moins le cadavre de l'enfant qu'il avait conduit à sa perte ; trois fois il fut obligé de se retirer de la mêlée couvert par ses chevaliers, et de laisser aux Turcs le corps du roi. Les Hongrois l'entraînèrent malgré lui dans la déroute et dans la nuit. L'aile gauche des confédérés, coupée de son centre, resta jusqu'au lendemain immobile et muette derrière ses palissades, ses chariots et ses marais. A l'aurore, Amurat, qui les avait cernés pendant les ténèbres, y fit jeter la tête de Ladislas par-dessus les palissades pour les convaincre que la résistance n'avait plus d'espoir. Il entra sans combat dans l'enceinte où les courtisans de Ladislas, le légat du pape, Cesarini, le sublégat vénitien, les évêques d'Erlau et de Groswardein, conseillers et victimes de cette croisade, tombèrent dans les fers des Ottomans. Juste châtiment infligé par une Providence qui ne dispense aucun culte de la première vertu des hommes, la vérité sur les lèvres et la bonne foi dans le cœur.

VI

Amurat II, qui avait vaincu et découragé en un seul jour tous les ennemis de son empire et de son fils à la fois, se promena à cheval le lendemain sur le champ de bataille pour relever les blessés et ensevelir les morts.

« N'est-il pas étonnant, dit-il au vieux Azab-Beg, son écuyer, qu'on ne voie que de jeunes visages parmi ces morts chrétiens, et pas une tête de vieillard?

» — Non, répondit Azab-Beg, cela n'est pas étonnant, car s'il y avait eu parmi ces confédérés une seule tête blanche de bon conseil, ils n'auraient pas tenté une entreprise si injuste et si insensée. »

Les chariots des Valaques, des Hongrois, des Polonais, servirent à rapporter à Andrinople les riches dépouilles du camp des chrétiens. Amurat envoya par Azab-Beg les cuirasses des chevaliers allemands en présent au soudan d'Égypte, et fit embaumer dans des aromates et dans du miel la tête coupée du malheureux Ladislas, et l'envoya à Brousse en hommage triomphal à la justice de sa cause et à la fortune des Ottomans. Les habitants de Brousse accoururent en foule au-devant de cette dépouille, lavèrent la tête dans le torrent du *Nilufer*, et, la plantant de nouveau, comme les Parthes avaient fait de celle de *Crassus*, au bout d'une pique, ils la promenèrent trois jours dans les quartiers de leur capitale. Des chrétiens de Brousse la recueillirent et l'ensevelirent enfin dans une chapelle du mont Olympe.

Amurat II, satisfait d'avoir sauvé son fils et son peuple, dédaigna d'aller triompher à Brousse ou à Andrinople. Il remit l'armée, les prisonniers, les dépouilles, la victoire entière aux beglerbegs du jeune empereur, et, repassant le détroit sur une barque génoise, il rentra en simple soldat licencié dans sa solitude de Magnésie.

Les tombeaux de vingt-deux odalisques et ceux des nombreux compagnons de ses plaisirs qu'on montre sous les cyprès de Magnésie, les bains, les jardins, les kiosks de marbre, les minarets, dont la blancheur contraste avec la verdure sombre des lauriers et des orangers séculaires, les eaux murmurantes, attestent, comme les traditions ottomanes, que la volupté et la contemplation s'y partageaient les jours du sultan dégoûté, non de jouir, mais de régner, et que ce Salomon des Turcs confondait en lui, comme le premier Salomon, le héros, le sage et le voluptueux.

Mais la politique semblait jalouse de son oisiveté.

VII

La paix si heureusement rétablie avait corrompu à la fois à Andrinople le souverain encore enfant et l'armée rendue indisciplinable par sa victoire. Les janissaires, ne sentant plus sur eux la main ferme d'un maître qu'ils étaient accoutumés à aimer et à craindre, voulurent gouverner à leur caprice la capitale qu'ils avaient sauvée par leurs armes. L'incendie, ce murmure muet et anonyme par lequel cette milice insubordonnée intima tant de fois depuis ses volontés au divan, dévora une partie considérable d'Andrinople. Ils poursuivirent jusque sur le seuil de l'appartement du jeune sultan le chef des eunuques, devenu l'objet de leur colère parce qu'il refusait de leur assujettir son maître; furieux de ce que le sanctuaire du palais avait dérobé le vieillard à leurs coups, ils pillèrent les palais et les maisons de tous les officiers de la cour et de tous les mollahs réputés leurs ennemis dans Andrinople; ils traînèrent dans les rues les cadavres mutilés des habitants. Sortant après ces crimes de la ville, que les spahis et les bostandgis leur disputaient, ils se retirèrent séditieusement, comme autrefois le peuple de Rome au mont Aventin, sur la colline de Bautschoul, d'où ils menacèrent la ville d'une nouvelle et plus terrible invasion. Tout tremblait à Andrinople, depuis le sultan jusqu'au peuple. Khalil-Pacha, le grand vizir, temporisait sagement mais péniblement avec eux. Ils demandaient, les armes à la main, une augmentation de solde d'un aspre par jour : première exigence de cette milice, qui ne servait qu'à condition de régner. Mahomet, assiégé dans son palais et tremblant d'être détrôné par les tribuns militaires fauteurs de cette révolte, accorda l'augmentation de solde; les janissaires, feignant une satisfaction complète de leurs griefs, rentrèrent en ordre dans la capitale. Mais leur apparente soumission ne fut qu'une oppression déguisée sous les formes du respect. Ils voulurent imposer bientôt au sultan la destitution, l'exil, le meurtre de ses ministres; le gouvernement passa tout entier dans les conciliabules de leurs ortas. Andrinople, semblable à une ville conquise, trembla de nouveau sous ses maîtres. Mahomet ne régnait plus qu'à la condition de complaire ou d'obéir à ses soldats.

VIII

Le grand vizir Khalil, le beglerbeg ou généralissime de l'armée d'Europe, *Ouzghour-Pacha* et *Ishak-Pacha*, les conseillers les plus menacés par les janissaires, se retirèrent du divan pour amortir les séditions incessantes qui grondaient contre eux et pour éviter de nouveaux crimes. Les rebelles affectèrent de prendre contre ces tuteurs de

Mahomet le parti du jeune sultan; ils lui représentèrent l'humiliation de régner sous des ministres imposés par son père; ils l'enivrèrent d'adulation; ils parvinrent à enfler le cœur d'un souverain de quinze ans d'un orgueil et d'une jalousie qui firent de leur maître leur complice. L'empire, indigné, se décomposait sous la main d'un enfant à la merci d'une milice anarchique et d'un harem gouverné par des odalisques et des eunuques. Le peuple d'Andrinople regardait d'où lui viendrait son salut.

Ce soulèvement presque unanime de l'opinion contre les excès des janissaires et contre la faiblesse du fantôme de souverain, instrument complaisant de leur tyrannie, encouragea Khalil au seul acte qui pût sauver à la fois le peuple et le règne. Il convoqua secrètement dans sa maison *Ouzghour-Pacha*, *Ishak-Pacha* et les principaux vizirs ou généraux déposés par les janissaires, le mufti d'Andrinople, le cadi de la ville, le grand juge de l'armée et les imans dont la parole avait le plus d'autorité dans les mosquées sur le peuple. On convint d'envoyer en secret un député de cette sainte conjuration à Magnésie, pour conjurer Amurat II de remonter sur le trône et de sauver l'empire de l'anarchie après l'avoir sauvé de la conquête. Sarudjé-Pacha, homme sûr, hardi, éloquent, qui avait eu pendant les deux premiers règnes d'Amurat toute la confiance du sultan, et qui inspirait à ce titre le plus de défiance à la nouvelle cour, fut choisi pour cette mission. Il monta à cheval dans la nuit, sous prétexte de se rendre dans son gouvernement de Salonique, franchit rapidement la Thrace, et se rendit à Magnésie auprès de son ancien maître. Le tableau des excès des janissaires, des désordres du sérail, de la décomposition de l'empire, retracé dans les lettres de Khalil et dans les récits de Sarudjé-Pacha, arracha des larmes à Amurat. Entre les délices de sa retraite et les périls d'un troisième règne plus orageux que les deux autres, il n'hésita pas un instant. L'indignation contre les janissaires, la pitié pour son fils, le salut de son peuple, la gloire de relever encore une fois au dedans la maison d'Othman qu'il avait sauvée au dehors, le décidèrent à voler au secours de son fils égaré et peut-être ingrat. Le respect filial, vertu innée chez les Ottomans, ne le laissait pas douter de l'obéissance de son fils quand il verrait son père lui redemander l'empire au nom de son propre salut et du salut de son peuple; mais il craignit avec raison que les janissaires, maîtres du gouvernement, des dignités, des trésors, sous un simulacre de sultan, n'élevassent, à son approche, trône contre trône, et ne contraignissent le père à combattre contre le fils. Il résolut donc de surprendre et de frapper à la fois cette milice, et de lui arracher son fils avant qu'elle eût le temps de le corrompre et de l'armer contre son père (1446).

IX

Un derviche, confident des mesures insinuées aux vizirs qui conspiraient le salut de l'empire, traversa par ses ordres le Bosphore, et remit à Khalil le plan et l'heure de la restauration. Dans sa lettre, Amurat annonçait à Khalil qu'il arriverait seul pendant la nuit aux portes d'Andrinople, pour frapper les janissaires ou pour mourir sous leurs coups; mais il l'engageait à éloigner par quelque rusé son fils de la capitale, pendant qu'il y rentrerait lui-même, de peur qu'en ressaisissant le sceptre il n'eût la douleur de paraître l'arracher à son fils.

Khalil et les conjurés n'eurent pas de peine à entraîner, par leurs affidés dans le palais, un jeune sultan amoureux des plaisirs à une absence de sa capitale. Sous le prétexte d'une chasse dans les forêts du mont Rhodope, les confidents de Khalil, dans le harem, éloignèrent pour quelques jours Mahomet d'Andrinople.

Pendant ces manœuvres de Khalil, Amurat II, sous le déguisement d'un berger turcoman conduisant des chevaux à vendre, s'approchait de la ville, et campait sous la tente noire des pasteurs d'Asie. Sarudjé-Pacha et quelques pages, déguisés sous les mêmes habits, l'accompagnaient, cachant leurs armes sous le feutre de leurs manteaux.

Khalil avait informé le sultan de l'éloignement de son fils. Saganos-Pacha, grand vizir, favori du jeune Mahomet, instrument servile des janissaires, s'endormait dans une oisive sécurité; la cour était sans soupçon, les janissaires sans crainte, la ville seule, sourdement travaillée par les imans, fermentait de mécontentement sous ses maîtres. Les mosquées retentissaient de prédications sinistres, les cafés de murmures, les bazars d'imprécations contre le gouvernement d'un enfant asservi à une soldatesque. Khalil avait aposté dans tous ces lieux publics des orateurs populaires chargés de rappeler au peuple la gloire éclipsée des Ottomans, l'ordre, la félicité et la grandeur de l'empire, relégués à Magnésie avec Amurat. Son nom, regretté et béni, couvait dans tous les cœurs; l'oppression seule l'empêchait d'éclater.

A ce moment et à l'heure où le peuple sortait en foule

des mosquées, après la prière du milieu du jour, le sultan et ses amis, quittant leurs tentes, sellant leurs chevaux et dépouillant leurs manteaux de feutre pour revêtir le costume et les armes des solennités impériales, entrent à cheval dans Andrinople, sont reconnus, acclamés, étouffés d'embrassements par le peuple, qui s'élance des mosquées, des cafés, des bazars, des maisons, pour contempler son libérateur, et qui le conduit en triomphe au palais, en appelant les janissaires au repentir et à la fidélité. Le seul aspect d'Amurat, leur ancien compagnon de guerre et de gloire, ses regards irrités, ses reproches sévères mais paternels, les avaient prosternés aux pieds de son cheval. Cette milice, qui commençait à se lasser de ses séditions punies par son anarchie et par le mépris du peuple, saisit elle-même ses agitateurs et les conduisit enchaînés devant le héros de Varna. Le sultan gourmanda et pardonna, mais il sentit la nécessité de faire acheter ce pardon à ces prétoriens turbulents par des exploits utiles à la grandeur de l'empire. Aucun sang versé ne souilla cette révolution paternelle accomplie par un prince qui venait sauver plus que châtier son fils. Amurat se contenta d'exiler Saganos, le vizir et le corrupteur de Mahomet, dans ses terres d'Asie, et d'envoyer son propre fils attendre à sa place, à Magnésie, que l'âge, les leçons d'habiles politiques et son exemple le rendissent plus capable de régner.

Khalil, qui avait conçu, préparé et accompli cette restauration patriotique de son ancien maître, reprit les fonctions de grand vizir, qu'il remplit jusqu'à la mort de l'illustre empereur.

X

Les longues séditions d'armées ne se guérissent que par la guerre. Amurat II, pour enlever la sienne aux factions, l'entraîna, sans lui laisser le temps de se corrompre de nouveau, à Sérès, pour la répandre sur le Péloponèse. L'isthme de Corinthe, coupé par un fossé et fermé par une haute et épaisse muraille, reste de celles que Jules César, Caligula et Néron avaient construites pour abriter la Morée contre les barbares, était défendu par Constantin Paléologue et Constantin, fils de Manuel, héritier de la Morée, qui devait bientôt hériter de Constantinople, et mourir le même jour que son empire.

Constantin montra sur la muraille de Corinthe la même intrépidité que sur la brèche de Byzance. Ce courage ne servit qu'à illustrer son nom. Le quatrième jour après la réunion de l'armée ottomane au pied de la muraille de l'isthme, Amurat fit allumer de nombreux bûchers sur le front de son camp pour éclairer l'assaut général. Au cri d'*Allah!* au son des trompettes, au bruit des tambours tartares, l'armée s'élança sous la pluie de traits, de boulets, de feu grégeois des Grecs. Les cadavres des janissaires comblèrent le fossé. Le même vétéran qui avait coupé la tête du roi Ladislas à Varna gravit le premier au sommet du mur, et y planta le drapeau surmonté du croissant : c'était le Servien Khizr.

Cette digue fut emportée; deux cent mille Turcs inondèrent la Morée. Corinthe elle-même, ville sacrée par son antiquité, par ses dieux, par ses arts, par la beauté de ses femmes, par ses sources, par ses cyprès, par ses ruines même, d'où son incomparable situation la relevait toujours, tomba de nouveau ensevelie dans ses flammes par la main de Tourakhan, cet ancien et ambitieux vizir d'Amurat. On la vit brûler d'Athènes, d'Égine, de Lépante, du Cythéron et du Pinde. Les habitants, ainsi que ceux de Patras, furent emmenés en esclavage en Asie, au nombre de soixante mille.

Constantin, après ses généreux mais sanglants efforts pour conserver le Péloponèse libre à sa famille, se soumit au tribut, et devint le vassal du sultan. A ce prix, les Turcs évacuèrent la Morée sans attenter au culte ou aux propriétés des habitants, et se portèrent en masse sur l'Albanie, une de leurs provinces qu'un grand homme venait d'appeler à la liberté. Ce grand homme était Scander-Beg, l'*Huniade* des Albanais.

XI

L'Albanie, dans l'acception la plus étendue de ce nom, est cette longue et haute chaîne de montagnes, entrecoupées de vallées profondes et de bassins fertiles, qui se ramifie depuis les sommets de l'Épire et les neiges éternelles du Pinde jusqu'au fond du golfe de Venise, où elle vient se renouer presque perpendiculairement aux Alpes de la Germanie. Un des flancs de cette chaîne regarde la Turquie d'Europe, les plaines d'Andrinople, les vallons de la Bulgarie, les forêts vierges de la Servie, les plaines de la Hongrie et de la Transylvanie ; l'autre flanc, plus escarpé et plus calciné par le soleil, regarde l'Adriatique, les îles Ioniennes et les rivages lointains de l'Italie. Toute cette côte, depuis le golfe de Lépante, où finit la Grèce proprement dite, est dentelée d'anses, de rades, de ravines plus ou moins creuses où la mer s'insinue entre les escarpements des rochers; de petites plaines abritées, tièdes, fertiles comme des jardins exposés au soleil, s'étendent çà et là sur le bord des flots au fond de ces anses. Elles présentent à la mer une ville, une citadelle, un port, des voiles teintes d'ocre comme les voiles des anciens navigateurs grecs, des vergers autour de leurs murailles crénelées, des tours en ruine sur leurs écueils; puis ces plaines vont se perdre en se rétrécissant et en s'élevant dans les gorges creusées par les torrents qui découlent des neiges ou des lacs de l'intérieur des montagnes.

Le nœud robuste qui semble unir tous les rameaux divergents de cette chaîne des Alpes à un tronc commun est l'Épire ou la basse Albanie et la Macédoine, ce royaume de Philippe et d'Alexandre qui semble pencher sur la Grèce pour la dominer, et sur la Turquie d'Europe pour en servir tour à tour ou pour en menacer les possesseurs.

La Bosnie, la Dalmatie, la Croatie, les faîtes mêmes de la Bulgarie et de la Servie, sont des étages superposés de l'Albanie supérieure. Les neiges, les pâturages, les forêts, les lacs, les torrents et les précipices inaccessibles, les bassins encaissés entre les racines des montagnes, les plaines engraissées de l'écoulement des eaux et des terres, les villages suspendus aux parois des rochers, les villes intérieures ou maritimes, les citadelles, les ports, les îles, leur sont également distribués. C'est un seul peuple sous des noms divers. Leur origine est ténébreuse comme leurs montagnes. Leur langue, conforme à sa racine, dérive insensiblement dans ses dialectes depuis le grec vulgaire de l'Attique jusqu'au turc de la Thrace, et depuis l'italien corrompu des îles jusqu'à l'allemand sauvage de la Croatie. Leur religion, altérée aussi par le voisinage, par l'invasion et par la colonisation de leurs plaines, flotte du mahométisme au christianisme, et du schisme grec au catholicisme romain, selon les races avec lesquelles ils commercent ou combattent tour à tour. Ils changent avec une étonnante facilité de cultes, ou ils les mélangent dans une promiscuité barbare, qui associe les rites de l'un avec les superstitions de l'autre. Cette promiscuité de dogmes les rend aptes à servir indifféremment les chrétiens contre les musulmans ou les musulmans contre les chrétiens, au gré de leur génie aventurier et de leur fabuleuse intrépidité. La seule chose qui soit immuable chez les Albanais, c'est la passion de l'indépendance et de la gloire. Cette passion de la gloire est le trait dominant de leur caractère et la source de leur héroïsme : c'est la terre des héros dans tous les temps. Leur héroïsme se trompe quelquefois d'objet et prend le pillage pour l'ambition. On conçoit qu'Homère y ait trouvé Achille; la Grèce, Alexandre; les Turcs, Scander-Beg, hommes de même race, de même sang et de même génie.

XII

On ignore de quelle souche humaine les Albanais sont les rejetons. On les retrouve sous le nom d'Illyriens dans leurs forteresses natales avant les Grecs, les Hongrois, les Germains, les Vénitiens, les Turcs. Quelques historiens croient reconnaître dans leurs traditions et dans leur langue une colonie italique de pasteurs d'Albe, émigrés avec leurs troupeaux du Latium, et transportés on ne sait comment dans cette Illyrie dont ils étaient séparés par l'Adriatique. D'autres font dériver leur nom de la blancheur des neiges qui couronnent une partie de l'année les cimes de leur patrie. Il est certain qu'une ville d'Albe avait été construite par eux avant les temps grecs, sur les confins de la montagne qui les sépare de la Servie. Il est plus vraisemblable que ce nom leur vient du mot *Alb* rapproché du mot *Alp*, qui, dans presque toutes les langues primitives, signifie hauteurs et pâturages, et des lieux a été étendu aux hommes.

Leur beauté, mâle chez les hommes, majestueuse et virile encore chez les femmes, est célèbre dans l'Orient. Ce sont les Circassiens et les Circassiennes de l'Adriatique.

Le Caucase en Asie, l'Albanie en Europe, semblent se correspondre géographiquement et moralement du fond des deux grands golfes de la Méditerranée, qui unissent leurs eaux par le courant du Bosphore à Constantinople. Les Albanais sont des Circassiens d'Europe, les Circassiens sont des Albanais d'Asie. Ces deux groupes de montagnes semblent avoir enfanté les mêmes hommes, les mêmes femmes et les mêmes mœurs. C'est de ces deux sources, comme des neiges de leurs sommets, que découlent depuis cinq siècles, par le mélange fréquent des trois sangs, la beauté et l'intrépidité qui retrempent la race et la vigueur des Ottomans. Ils aiment les armes, les combats, les aventures, les courses sur terre et sur mer, les brigandages périlleux, les champs de bataille sans acception de causes, les engagements militaires dans les camps des sultans d'Égypte, de Syrie, de Constantinople. La discipline trop régulière des armées européennes leur pèse, ils préfèrent l'éclat des exploits individuels, la licence des camps ottomans, le combat corps à corps sur les chevaux impétueux de l'Arabie ou de la Transylvanie, la civilisation qui permet aux esclaves de monter, au caprice du maître, de la servitude au rang de vizir ou de pacha, la religion qui donne des harems et des esclaves aux héros.

Leur esprit est poétique comme leurs mœurs ; leurs chants populaires, surtout ceux de leur époque héroïque sous leur compatriote Scander-Beg, rappellent les chants homériques plus que les chants amollis de la Grèce moderne. Ils mêlent, comme Achille, la poésie, la musique et la danse à la guerre. Dans le loisir de leur vie, tour à tour somnolente ou fiévreuse, on les voit nonchalamment couchés au soleil, sur la plage ou sur la terrasse de leurs maisons, chanter, en s'accompagnant des sons d'une lyre rustique, leurs propres exploits, ou danser, comme des femmes, aux rhythmes tour à tour belliqueux et efféminés de leurs instruments.

Leurs poëmes historiques rappellent le sacrifice d'Iphigénie par Agamemnon. La fondation de Scutari, une de leurs principales villes, fait croire que leurs ancêtres livraient des victimes vivantes à la terre, pour que la terre satisfaite tolérât les fondements de leurs cités. « Les trois frères albanais qui bâtirent la citadelle de Scutari, disent leurs historiens, leurs poëtes, murèrent une jeune femme vivante et mère d'un enfant à la mamelle dans les souterrains de la forteresse. La jeune mère condamnée ainsi à une mort lente sous la nuit de ce cachot demanda pour toute grâce qu'on laissât au mur une fente par laquelle elle pût donner encore à son fils la dernière goutte de son sein avec sa vie. On lui accorda cette faveur : elle mourut en allaitant son fruit. La terre, émue de cette tendresse de mère, survivant même à l'espérance et à la vie, s'ouvrit d'elle-même où le lait avait coulé de la mamelle de la mère, et y fit couler éternellement la source jaillissante des eaux de Scutari. »

Le gouvernement des Albanais était féodal comme les gouvernements de l'Orient, formés par la nature sur le type de la famille patriarcale, gouvernement favorable à la fois à la liberté et à la servitude, où le père est chef, où la famille est tribu, où les serviteurs sont esclaves, où le pouvoir, désigné, pour ainsi dire, divinement par la naissance et la primogéniture, est sacré et incontestable comme la paternité, et où la confédération mobile et passagère des tribus entre elles forme l'État, tantôt réunies en faisceau pour la guerre nationale contre d'autres races, tantôt divisées en groupes indépendants pour la liberté commune. Chaque ville, chaque province, chaque village, reconnaissaient un prince, un seigneur, un beg, qui gouvernait despotiquement d'après les traditions et les mœurs. Cet assujettissement des villes, des provinces, des villages à leurs seigneurs ou à leurs princes féodaux n'enlevait rien au sentiment de la liberté générale et à la passion du patriotisme, mobile suprême des Albanais.

XIII

On a vu que, sous les premiers sultans d'Andrinople, tantôt par des incursions en Épire, tantôt par des inféodations volontaires comme celle de Janina, tantôt par la conquête à main armée comme celle de Troia après la possession de Thessalonique, l'Albanie tout entière était devenue ottomane. L'islamisme et le christianisme s'y confondaient sans lutte par la tolérance mutuelle des deux religions chez un peuple où les deux cultes se partageaient habituellement les mêmes familles. La conformité des mœurs guerrières et pastorales avait facilement uni les deux races. Les consciences étaient libres; l'orgueil national souffrait seul chez les Albanais de la domination et du tribut imposés par les gouverneurs turcs.

Tel était l'état de la basse Albanie ou de l'Épire (1448) quand Amurat II, après le siége de Corinthe et par la soumission de la Morée, enveloppa, pour ainsi dire, par les bords conquis de l'Adriatique, cette contrée, qu'il cernait au nord par Andrinople et par la vallée de l'Hèbre ou de la Maritza. La politique conquérante des trois derniers sultans tendait évidemment à occuper tous ces hauts lieux, citadelles naturelles de la Germanie qui s'étendent du sommet du Pinde jusqu'au fond du golfe Adriatique à Venise, à descendre les Alpes styriennes en Allemagne, et à embrasser ainsi, par la mer Noire d'un côté et par la Méditerranée de l'autre, toute cette Germanie qu'ils avaient entrevue des bords du Danube. Les vastes plaines arrosées et herbeuses ont toujours été l'ambition irrésistible des peuples pasteurs. Les races, comme les fleuves, ont leur courant du flanc des montagnes et ne s'arrêtent que dans les larges bassins de la terre.

XIV

Un pressentiment instinctif de cet asservissement complet de l'Albanie et le sentiment d'une nationalité prête à être absorbée dans une autre commençaient à agiter l'Épire, quand la victoire de Varna, par Amurat II, fit taire pour un moment ce premier murmure d'indépendance chez les Albanais, sous l'impression d'un triomphe qui assurait aux Turcs une irrésistible supériorité et une longue paix.

Mais, à la fin de l'année 1448, Huniade, que la défaite et la mort de Ladislas n'avaient pas dépopularisé en Hongrie, fut nommé régent du royaume pendant la minorité d'un enfant, appela de nouveau toute la Hongrie militaire aux armes pour venger la mort de leur roi et de leur noblesse, et passa le Danube au pont de Trajan. L'armée hongroise, traversant la Servie, incendia de sa cavalerie la même plaine de Kossowa (la plaine des Merles), où Amurat Ier avait été tué dans sa tente par *Milosch*, et où *Bajuzet Ildérim* avait fait massacrer dix mille prisonniers serviens, hongrois et allemands. Amurat accourut avec soixante mille hommes de ses vétérans de Varna. Il offrit, avant le combat, la paix à Huniade. Huniade, que sa défaite rendait intraitable, refusa. Une vieille femme de

Kossowa, consultée par lui, lui prédit en vain sa défaite :

« Parce que les Turcs, lui dit-elle, n'avaient pu passer la rivière qui coupe la plaine des Merles qu'en trois jours, et qu'un jour avait suffi aux Hongrois pour passer d'un bord à l'autre. »

La bataille, acharnée et pleine de retours, dura sans interruption trois jours et une nuit; elle flottait encore indécise, quand les Valaques, entraînés malgré eux dans cette croisade, et indignés de la mauvaise foi d'Huniade, qui prodiguait leur sang pour sa seule gloire, passèrent en masse dans le camp des Turcs. Huniade s'enfuit une seconde fois, laissant vingt mille Hongrois et Polonais, fleur de la chevalerie allemande, sur le champ de bataille. La rivière déborda d'eau mêlée de sang sous les vingt mille cadavres d'hommes et de chevaux jetés dans son lit.

Au moment où Huniade, déchu de sa gloire par deux revers, fuyait avec une poignée de cavaliers par les forêts de la Servie vers Belgrade, le héros des Albanais, Scander-Beg, apparaissait sur la cime des montagnes qui jettent leur ombre sur la plaine de Kossowa à la tête d'une nuée de montagnards. Il les amenait au secours d'Huniade; mais Huniade avait eu l'orgueil de ne pas attendre le secours de Scander-Beg après l'avoir sollicité.

Le chef albanais, voyant d'en haut la plaine couverte des corps des Hongrois, et la rivière roulant les cadavres des chevaux et des hommes, maudit l'orgueilleuse témérité d'Huniade, et rentra dans ses forêts pour épier une autre occasion de fondre sur les Ottomans. Il était trop tard : Huniade, abandonné même de ses serviteurs, errait seul avec son épée dans les forêts de la Bulgarie. Rencontré et attaqué là par deux brigands, il se dépouilla de sa chaîne d'or; pendant qu'ils se la disputaient, il reprit son sabre, dont il avait été désarmé, tua un des bandits, effraya l'autre et reprit sa route vers la Hongrie.

Disons quel était cet autre Huniade, plus barbare, mais plus grand que le héros hongrois, et qui, sans autre appui que lui-même, et sans autres alliés que ses montagnards patriotes, contre-balança pendant deux règnes et un quart de siècle la fortune des Ottomans. Ce grand homme que nous avons déjà signalé était Scander-Beg.

XV

A l'époque où Amurat II avait conquis l'Épire par ses lieutenants détachés de l'armée de Salonique, un chef héréditaire des Albanais, prince ou beg de *Moghléna* (l'ancienne principauté d'Émathie), nommé Jean Castriot, avait conservé sa principauté à la condition de payer le tribut aux Ottomans, et d'envoyer quatre de ses jeunes fils à la cour d'Amurat pour y être élevés dans la fidélité à la Porte et dans la religion du prophète. Le sultan, qui appréciait à un haut prix l'aptitude et la valeur du sang albanais, désirait naturaliser les enfants des nobles familles souveraines de l'Albanie dans sa cour, dans ses écoles, dans ses armées. Leur présence à Brousse ou à Andrinople lui garantissait la soumission de leurs pères. Leur intelligence et leur héroïsme naturel lui préparait des généraux pour ses campagnes. Il les formait à toutes les études libérales et à tous les exercices militaires propres à en faire dans leur âge mûr la force et l'illustration de son empire.

L'épouse du prince d'Émathie, mère de neuf enfants, mais qui n'avait que ces quatre fils, pleura amèrement sur leur sort en les livrant aux officiers d'Amurat. C'était une de ces femmes supérieures qui donnent une âme virile avec leur sang à leurs fils, et de qui naissent ordinairement les hommes de génie ou les héros. Le père les suivit de sa sollicitude et leur donna des serviteurs éprouvés pour leur enseigner leur langue paternelle et pour les entretenir de leur race et de leur patrie au milieu des étrangers.

Amurat II, aussi doux dans l'intérieur de son sérail qu'il était intrépide dans ses camps, reçut les quatre enfants en père plus qu'en vainqueur. Il les confia aux maîtres de ses propres fils. Les trois plus jeunes de ces enfants, dépaysés à un âge trop tendre, moururent pendant les premières années de leur exil. Georges, l'aîné, qui fut depuis le prince Alexandre ou *Scander-Beg*, survécut seul à ses frères. La nature lui avait donné en même temps le corps et l'âme d'un héros. La beauté de sa mère, célèbre en Albanie, la structure à la fois robuste et élancée de sa race, se retrouvaient en lui. Il avait en même temps cette aptitude prompte, facile et universelle du génie grec qui semble ouvrir l'intelligence à la lumière intérieure, avec la même spontanéité irréfléchie qui ouvre le regard extérieur au jour éclatant du ciel ionien. Mais sous cette beauté un peu efféminée des jeunes Grecs on retrouvait, disent ses panégyristes byzantins eux-mêmes, dans les traits, dans les yeux, comme dans le caractère, on ne sait quelle mobilité sauvage qui rappelait le barbare aussi capable d'héroïsme que de perfidie et de férocité.

« Le jeune Scander-Beg, disent-ils, était de taille élevée et souple, étroit de ceinture, large d'épaules, bombé de poitrine, léger de jambes, fier, cadencé et théâtral de démarche ; son cou était large et long, sa tête petite, son front élevé, son visage ovale ; ses yeux bruns veinés de feu, ses traits frais et gracieux comme des traits de femme, ses cheveux noirs et naturellement bouclés sur le cou ; son teint blanc et coloré par le sang pur de ses montagnes natales ; son regard doux et hardi sans impudence, mais un peu faux ; sa voix portait à une grande distance comme celle des bergers de son pays, qui se répondent d'une vallée à l'autre par-desssus le mugissement de leurs eaux. Il parlait l'albanais, le grec, le turc, l'arabe, l'italien indifféremment. Il composait des vers et chantait en s'accompagnant de la lyre des Épirotes dans toutes ces langues.

» Il maniait le cheval, le sabre, le djérid et l'arc des Turcomans avec une vigueur et une grâce qui l'avaient rendu terrible et célèbre avant l'âge de la force parmi les pages d'Amurat. La vanité martiale de ses compatriotes éclatait dans toutes les occasions où il fallait surpasser les autres guerriers de cette cour. Le sultan le traitait en favori, presque en fils ; on lui supposait même pour cet Albanais plus de complaisance qu'il ne convient d'homme à homme. Ces amitiés dépravées, communes dans l'antiquité aux Grecs et aux Tartares, et dont Sparte avait tenté de faire une vertu dans ses institutions contre nature, incriminaient souvent alors, en Albanie comme en Turquie, le favoritisme des cours et des camps. » Mais ces rumeurs vagues et sans authenticité des chroniques grecques de Byzance paraissent indignes de la vertu d'Amurat et contradictoires avec sa passion pour *Mara*, pour *Hélène* et pour la princesse de *Sinope*, qui régnèrent tour à tour sur son cœur.

XVI

Amurat II, résolu d'adopter le jeune prince albanais dans sa maison, lui enseigna lui-même les exercices, les maximes de la guerre, la religion des Turcs, le fit circoncire, et l'éleva rapidement de grade en grade jusqu'au commandement de cinq mille hommes de cavalerie. Il lui donna de plus, pour soutenir son rang, un *sandjak* ou principauté héréditaire en Asie, dans la vallée du Tmolus, et le titre de Beg ou prince. C'est de ce jour que Georges Castriot devint connu parmi les Ottomans sous le nom de *Scander-Beg* ou du prince Alexandre. Le souvenir de son premier culte paraissait tellement éteint ou répudié dans son âme, qu'aucun guerrier ottoman ne l'égala en exploits contre les Hongrois, les Serviens, les chrétiens, dans les guerres de Transylvanie, de Servie, à la bataille de Varna, et que le sultan, après cette dernière bataille, lui donna le commandement des quarante mille Ottomans asiatiques chargés de soumettre ou de punir l'Albanie.

« Il s'y signala, disent les chroniques du temps, par un dévouement sans pitié à Amurat, son maître, espérant mériter ainsi des Turcs l'investiture de la principauté d'Albanie, après la mort de son père Jean Castriot. »

Les chroniqueurs chrétiens de cette guerre, forcés d'avouer les férocités du renégat favori d'Amurat contre ses frères, louent Scander-Beg de ces excès contre eux-mêmes, partialité versatile de tous les temps, qui transforme en vertus les crimes, quand ces crimes deviennent utiles à la cause qu'on veut célébrer.

« Il agissait ainsi, disent-ils, *avec un artifice consommé, afin d'inspirer une confiance plus absolue aux Turcs et de mieux les tromper ensuite au profit des chrétiens.* »

Cependant, Jean Castriot étant mort sans autre héritier mâle que son fils Georges devenu Scander-Beg, Amurat II, qui voulait dépayser les princes d'Albanie pour que leur puissance empruntée de la sienne n'eût pas de racines trop profondes dans le sol natal, refusa à Scander-Beg l'héritage paternel. Il envoya, par le conseil de son visir Khalil, d'autres gouverneurs en Albanie. Scander-Beg, déçu dans sa longue espérance, sentit et dissimula l'impression de l'outrage.

Il avait perdu sa jeunesse, son sang, ses exploits, sa religion au service des Ottomans, pour mériter d'eux l'empire de ses ancêtres, et au moment où la récompense était dans la main d'Amurat, le sultan le dégradait de ses espérances, imposait la servitude à sa patrie et donnait d'autres maîtres à ses compatriotes. Le ressentiment et la vengeance devinrent les seules passions de sa vie. La grandeur des bienfaits qu'il avait reçus du sultan ne lui parut plus que la mesure de la grandeur de ses ingratitudes. Il se jura à lui-même, et il jura à son neveu Hamza, fils de sa sœur, qu'il avait appelé et élevé près de lui, de coûter aux Ottomans autant de sang qu'il leur avait valu de triomphes.

Il se prépara des partisans et des complices en Albanie par les clients de sa famille; il y sema les griefs, les murmures, les désespoirs du patriotisme trompé; il y fit répandre, par ses sœurs et par ses neveux, la flamme mal amortie de l'antique indépendance. Il affecta la haine du culte contraint qu'il avait embrassé et le fanatisme secret d'un chrétien repentant de l'apostasie qui veut racheter ses compatriotes par les armes et son Dieu par le martyre. Ces ferments d'insurrection habilement fomentés, et son nom jeté en espérance dans toutes les montagnes, il épia l'occasion, il combina une ruse, il attendit l'heure : elle s'offrit.

C'était le moment où Huniade, parvenu une troisième fois à renouer la ligue des princes chrétiens du Danube, rentrait en Servie par Belgrade et attendait avec une armée déjà victorieuse Amurat II dans la *plaine des Merles* à Kossowa.

La fortune des Turcs semblait chanceler. Une défection imprévue concertée avec Huniade pouvait l'abattre pour toujours en Europe. Le Danube était franchi, la Servie délivrée, le Balkan menacé ; le sultan surpris dans sa sécurité n'avait pu rassembler à la hâte que cinquante mille hommes pour couvrir l'empire contre les cent mille confédérés du héros hongrois.

Amurat campait derrière la Morawa, incertain s'il oserait la franchir ou s'il attendrait dans son camp fortifié l'assaut des cent mille Hongrois. L'heure parut décisive à Scander-Beg, qui campait avec six mille spahis asiatiques non loin des tentes du sultan, à côté des tentes de ses vizirs.

La nuit du 10 novembre 1443, pendant les plus épaisses ténèbres, Scander-Beg, suivi seulement de son neveu *Hamza* et de cinq mille Albanais de sa maison, dévoués jusqu'au crime à leur chef, prend ses armes, monte à cheval, et se rend en silence à la tente du *réis-effendi*, principal vizir d'Amurat, qui suivait l'armée avec le sceau de l'empire pour valider les ordres du sultan.

Les *chiaoux*, qui campaient sans soupçons sous leurs tentes, autour de la tente du vizir, ne s'étonnent pas de cette cavalcade du prince au milieu de la nuit. Ils pensent que Scander-Beg vient communiquer au ministre une information ou un ordre du sultan ; ils ouvrent passage aux cavaliers albanais. Scander-Beg et son neveu Hamza entrent seuls dans la tente.

« Le sultan, dit Scander-Beg au vizir, vous ordonne de signer et de sceller à l'instant cet ordre au gouverneur de Croïa, capitale et citadelle de l'Épire, de me remettre la ville et la forteresse dont il vient de me donner le gouvernement comme au chef le plus capable de les défendre contre ses ennemis. Voici l'ordre tout écrit ; apposez-y le sceau de l'empire. »

XVII

A cette apparition nocturne, à cet ordre qui n'a pas été préparé dans les formes ordinaires, ni discuté selon l'usage dans le divan, au nom de Scander-Beg déjà depuis quelque temps suspect à Amurat et à ses ministres, le vizir conçoit des soupçons, discute, hésite, et refuse enfin de signer avant d'en avoir référé à son maître ; il appelle à lui ses gardes ; Scander-Beg, qui voit sa ruse près de le confondre, tire son poignard, le plonge dans le cœur du vizir dont la mort étouffe la voix. Deux de ses serviteurs, accourus au bruit de l'altercation, sont également immolés par Scander-Beg et par son neveu, de peur qu'ils ne révèlent le subterfuge avant qu'il soit consommé. Le sceau de l'empire, dérobé sous le coussin du ministre, scelle l'ordre supposé du sultan. Scander-Beg et Hamza remontent couverts de sang sur leurs chevaux, et, gravissant au galop les sentiers connus du Rhodope, arrivent avant le bruit du crime, sept jours après avoir déserté du camp ottoman, sous les murs de Croïa, au cœur de l'Albanie.

Trois cents Épirotes à cheval et en armes, prévenus des desseins de leur jeune chef, l'avaient attendu de distance en distance sur la route et lui avaient formé un premier noyau d'armée sur les bords de la *Drina*, rivière encaissée de l'Albanie intérieure. Un millier d'Albanais des hautes montagnes de la *Dibra*, qu'il avait traversées et soulevées en passant, le rejoignirent sur les rives escarpées de la *Drina* pour seconder sa ruse ou son assaut sur leur capitale.

Scander-Beg, qui ne voulait recourir aux armes qu'à défaut de l'astuce, cacha ses trois cents cavaliers et ses mille montagnards dans les forêts qui couvrent les pentes du bassin de Croïa, et se présenta seul avec Hamza et ses serviteurs aux portes de la ville. Conduit au palais du gouverneur ottoman dans la forteresse, il présenta son ordre de remplacer le pacha dans son commandement. Le pacha, sans soupçon, obéit sans murmure; les clefs de la ville et de la citadelle lui sont remises; il consigne la garnison turque habilement désarmée, et appelle dans la nuit, par un signal convenu, ses Albanais apostés sous les arbres de la *Drina*. Introduits pendant les ténèbres dans la ville et dans la forteresse, les Albanais de Scander-Beg surprennent et massacrent pendant leur sommeil les six cents Turcs confiants et désarmés. A peine en sauve-t-il, au prix de l'apostasie, quelques-uns qui cherchent leur salut à ses pieds.

A l'aurore les cadavres des Ottomans occupaient seuls la citadelle de l'Albanie. Les villes, les villages de ce bassin, appelés à la liberté par l'exemple de la capitale et par l'exploit de Scander-Beg, couraient aux armes, forçaient les citadelles, massacraient les Turcs, et mettaient entre eux et la servitude des torrents de sang.

Maître de la capitale de l'Albanie par ce double égorgement, Scander-Beg vole lui-même de nouveau sur les plateaux les plus élevés et les plus belliqueux de l'Albanie du nord; il les insurge; il les rallie, il les précipite sur ses pas au secours des Albanais menacés de la plaine. Il rentre à Croïa avec une armée de vingt mille patriotes brûlant de se mesurer sous un tel chef avec les oppresseurs de leur pays.

Cette insurrection générale de toute l'Albanie, depuis le Pinde jusqu'au *Cattaro*, était devenue le seul salut de ce peuple; car, pendant que Scander-Beg le poussait à l'égorgement de tous les Turcs, pour seconder Huniade, Amurat II avait vaincu au *champ des Merles* les Hongrois (1448). Huniade fuyait une dernière fois pour mourir bientôt de désespoir dans son château royal de Transylvanie; la Morawa roulait les cadavres de soixante mille Hongrois, et le sultan, désormais libre de ses mouvements et de ses vengeances, s'avançait avec cent mille hommes vers les gorges de l'Épire pour punir la perfidie de son favori, pour venger l'assassinat de son vizir, et pour conquérir le boulevard de la Turquie sur l'Adriatique.

XVIII

Mais Scander-Beg n'était pas seulement un conspirateur sanguinaire, un transfuge perfide, un assassin nocturne; c'était un héros et un politique. Il vit l'orage qu'il avait attiré sur sa patrie, et il fit jurer à son peuple d'expier son crime en l'achevant. Quelques milliers d'Albanais, les plus aguerris, furent placés par lui, comme autrefois les Grecs aux Thermopyles, pour fermer à l'armée ottomane la gorge étroite et profonde qui monte de la Macédoine dans l'Épire. Il convoqua à Croïa ses cinq sœurs, mariées à d'autres chefs albanais des provinces voisines, ses beaux-frères, ses neveux, ses parents, les amis et les clients de sa maison, tous les chefs de villes, de villages, de tribus des montagnes, unis par l'esprit de race et par le cri du sang. Douze mille Albanais et Albanaises de tout rang et de tout âge accourent les armes à la main, la religion ou la liberté dans le cœur, à ce grand conseil de la nation à Croïa.

Le nom de Scander-Beg, sa jeunesse, sa figure, son éloquence, son rang dans l'Albanie, son élévation dans les armées turques qu'il saurait mieux vaincre parce qu'il les avait lui-même étonnées de son audace, le prestige de sa défection, le sang du vizir égorgé de sa main, les cadavres de dix mille Ottomans jetés en défi aux soldats d'Amurat II, animèrent cette assemblée populaire d'un héroïsme qui fut reporté le lendemain par les femmes, les vieillards, les enfants, jusqu'aux derniers rochers de l'Albanie. D'une voix unanime le moteur de l'insurrection en fut proclamé le chef.

L'Albanie ne reconnut plus d'autre prince de la nation que celui qui lui rapportait sa nationalité et sa religion ; trésors, armes, bras, cœurs, vie et mort, tout fut à lui. Scander-Beg devint en un jour non-seulement le roi, mais le nom des Albanais.

XIX

Toutes les citadelles de l'Épire capitulèrent devant son neveu Hamza ou devant ses lieutenants. Pétrella, ville réputée inexpugnable au sommet d'un rocher perpendiculaire, à trois milles de Croïa; Pétralba, autre aire des Ottomans dans le même bassin; Stélusia, à qui un fleuve écumant servait de ceinture; Scutari, Arta, Alessio, Durazzo, Pétra, se rendirent au bruit de la défection générale.

Tous les princes, tous les begs, tous les chefs de ces contrées, également humiliés de leur dépendance, accoururent à Croïa, proclamèrent Scander-Beg le dictateur de leur confédération unanime, lui offrirent volontairement les hommes et les tributs nécessaires à l'émancipation commune de leurs Alpes, et versèrent dans le trésor de la ligue un revenu annuel de trois cent mille ducats, solde de la liberté.

XX

Cependant Ali-Pacha, lieutenant d'Amurat II, s'avançait avec une avant-garde de quarante mille hommes, vainqueurs d'Huniade. Tout fuyait devant eux et cherchait un abri près des neiges. Scander-Beg, qui aurait pu leur disputer plus longtemps les gorges de la Macédoine, replia sans combat ses avant-postes, et parut leur ouvrir, par terreur du nombre, la plaine intérieure de Croïa. Cette plaine, vaste et arrondie, comme le lit vide d'une ancienne mer, a pour bords des pentes escarpées, dont les collines basses sont seules cultivées et portent des villages à l'embouchure des défilés. Au-dessus de ces collines aplaties s'élèvent par étages des escarpements couverts alternativement de sombres forêts et de verts pâturages, couronnés de rochers semblables aux tours et aux créneaux d'une immense forteresse. Les torrents qui en tombent à la fonte des neiges écument à travers les feuilles des sapins et des sycomores, et vont se perdre dans la rivière qui serpente au milieu du bassin de Croïa.

Au centre de ce bassin, un mamelon large et étagé de rochers et de terrasses s'enfle d'abord en pente douce, puis se hérisse en cône presque aigu, autour duquel semble se coller en spirale la capitale de l'Épire, comme un serpent autour d'un rocher pour se réchauffer au soleil du levant. Ses remparts, ses toits plats, sa citadelle, ses rues en degrés inégaux ou en rochers nus glissants sous le fer des chevaux et des mules, ses minarets, ses clochers noircis par la pluie, calcinés par l'été, ressemblent à un de ces écueils inaccessibles de l'aire où les aigles de la Macédoine bâtissent leurs nids. Entre la ville et la plaine, une route creusée dans le roc vif, coupée de distance en distance par des tours massives fermées de ponts-levis, et surmontée par des terrasses bordées de figuiers, défie l'assaut d'une armée entière. La ruse seule avait pu l'ouvrir à Scander-Beg; mais le patriotisme la défendait assez contre Ali-Pacha. Scander-Beg se confia à sa situation et à ses habitants.

XXI

Il en sortit avec trente mille Albanais aguerris, et, laissant la plaine vide comme une lice ouverte aux Ottomans, il déplia son armée en deux ailes séparées l'une de l'autre par toute la largeur du bassin de Croïa. Les Turcs, en descendant des gorges dans la plaine, n'aperçurent d'autre obstacle devant eux que le mamelon de Croïa. Les défilés, les collines, les forêts et les rochers de la vaste enceinte leur dérobaient les Albanais de Scander-Beg; mais à peine furent-ils descendus et développés dans la plaine, que les Albanais, déployés à son signal, se refermèrent de toutes parts sur les Ottomans, démasquèrent des canons hissés sur les bastions naturels des montagnes, fondirent sur eux par les brèches ouvertes dans leur arrière-garde par la mitraile, et les étouffant d'un côté contre les remparts fulminants de Croïa, de l'autre par leurs charges de cavalerie, et sur les deux flancs par leurs batteries plongeantes, égorgèrent ou foudroyèrent vingt-deux mille Turcs sur ce champ de carnage, désarmèrent le reste, enlevèrent les étendards, les tentes, les trésors, les chevaux de l'armée entière, et ne laissèrent fuir que quelques cavaliers de la garde d'Ali-Pacha, pour porter la terreur et la honte de ce désastre à Andrinople.

XXII

L'insurrection triomphante de Scander-Beg, coïncidant avec la seconde abdication d'Amurat II, déjà retiré dans ses délices de Magnésie, ne parut pas toutefois aux vizirs du jeune Mahomet assez menaçante pour porter contre l'Albanie toutes les forces de l'empire. L'insubordination des janissaires, la mollesse du sultan, qui tenait d'une main timide les rênes de l'empire, enfin la lenteur habituelle des Turcs à réprimer ces rébellions de provinces dont ils attendent patiemment l'amortissement du temps, de l'anarchie, de la rivalité entre les chefs de faction; toutes ces circonstances laissèrent à Scander-Beg le loisir de réunir l'Albanie entière dans sa main, et de s'y fortifier, non plus en rebelle, mais en souverain. Firouz-Pacha et Mustafa-Pacha, envoyés successivement avec deux corps d'armée en Épire, n'y laissèrent, comme Ali, que les cadavres de leurs soldats et le sentiment de l'impuissance de leurs armes contre la force des lieux et contre la force de la liberté.

Scander-Beg profita de ces délais pour implorer le secours et l'alliance des puissances chrétiennes de l'Italie et surtout du pape. La renommée de ses exploits avait franchi la mer; la chrétienté voyait en lui le vengeur de Varna, l'écueil de l'islamisme sur les rochers de l'Albanie. Un grand nombre d'aventuriers de Sicile, d'Espagne, de Calabre, d'Allemagne, accouraient à Croïa pour combattre sous ses drapeaux.

Sa cause cependant était moins religieuse que nationale ; car, préoccupé avant tout d'étendre et de consolider sa domination sur le plateau de l'Illyrie, il combattit les Bosniaques, plus chrétiens que lui, et les Vénitiens, qui lui disputaient la forteresse de Dayna. Hamza, son neveu et son élève, à qui il destinait son héritage, ayant échoué contre les Vénitiens devant les remparts de Dayna, conclut la paix avec Venise et se retourna contre une troisième armée turque qui avait profité de cette guerre presque civile pour entrer en Épire et pour secourir les Vénitiens, alliés fidèles d'Amurat. Le pacha qui commandait cette armée la laissa écraser dans le défilé de Dayna. Tout périt sous le glaive ou sous les rochers roulés des flancs des montagnes. Le pacha et soixante de ses officiers obtinrent seuls la vie au prix de leur liberté. Leur rançon de vingt-cinq mille ducats d'or, payée à Hamza par le sultan, enrichit les trésors du prince d'Albanie.

XXIII

Amurat II venait de remonter pour la troisième fois sur le trône d'Andrinople. L'humiliation de ses armes et son ressentiment personnel contre un ancien favori devenu son rival en Europe l'arrachèrent aux délices de son sérail. Il marcha lui-même avec les deux armées d'Europe et d'Asie réunies en Épire, résolu de tarir l'insurrection à sa source ; il attendit l'été de l'année 1449 pour gravir les hauteurs presque inaccessibles de la haute Albanie, foyer de l'indépendance, et pour descendre de là dans les bassins, où le nombre submergeait aisément le courage.

Amurat II, divisant son armée en deux corps, assiégea à la fois Stétigrad et Dibra, les deux places fortes du cœur de l'Albanie montagneuse. Scander-Beg, se fiant à leurs défenseurs et à leurs remparts, s'embusqua, selon sa tactique habituelle, avec ses plus hardis patriotes, invisible et insaisissable, derrière les armées ottomanes et sur leurs flancs. Aussi intrépide soldat que chef astucieux, il fondit avec dix mille Albanais sur les quarante mille Ottomans qui pressaient les murs de Stétigrad. Firouz-Pacha, général de l'armée assiégeante, le même qui avait dû la vie à la rapidité de son cheval devant Croïa, atteint par Scander-Beg dans la mêlée, tourna en vain son coursier pour se couvrir de son sabre ; Scander-Beg lui fendit l'épaule jusqu'au cœur du tranchant de sa hache d'armes. Le corps du pacha déjà mort, emporté par son cheval, flotta longtemps comme celui d'un homme ivre sur la selle, et ne roula dans la poussière qu'au milieu de ses soldats confondus.

Mais les retranchements élevés autour du camp des assiégeants arrêtèrent les cavaliers de Scander-Beg. Il rentra dans ses forêts sans avoir pu ravitailler Stétigrad ; la ville capitula à d'honorables conditions.

La citadelle de Dibra, inexpugnable aux canons et aux assauts des Turcs, ne céda qu'à la soif. Un seul puits, profond et abondant, abreuvait les Albanais de Scander-Beg enfermés dans ses murs de rochers. Les habitants étaient presque tous musulmans et partageaient l'horreur des Turcs pour les impuretés légales énumérées dans le Coran et réputées crimes contre la religion. Le cadavre d'un chien jeté par un chrétien dans le puits leur parut un arrêt du ciel qui leur ordonnait d'ouvrir leurs portes plutôt que de se rendre coupables d'une impureté. En vain le lieutenant de Scander-Beg, commandant de Dibra, et musulman lui-même, représenta à ses soldats que la nécessité absolvait du péché et but lui-même à leurs yeux l'eau souillée du puits, la superstition l'emporta sur le patriotisme, et Dibra capitula comme Stétigrad.

XXIV

Amurat II, maître des hauteurs et des forteresses de l'Albanie, descendit par toutes les gorges à la fois, avec plus de cent mille Ottomans, dans le bassin de Croïa, et investit de tous côtés la capitale de Scander-Beg. Le prince albanais, dont la principale force était en lui-même, se hâta d'en sortir pour rester libre et présent partout à la fois. Il en donna le commandement à un chef albanais de sa famille dont le cœur et le sang lui appartenaient comme son propre cœur et son propre sang.

Le sultan tenta en vain la fidélité de ce commandant par l'offre de deux cent mille aspres et d'une principauté indépendante en Asie. La corruption échoua comme la menace.

Les boulets du poids de deux cents livres, lancés contre les remparts de Croïa par les canons qu'Amurat avait fondus sur place, ne faisaient de brèches que dans les rochers et ne remplissaient que de vaines détonations et de vaines fumées la plaine de Croïa. Scander-Beg, combattant au dehors moins en général qu'en chef d'aventuriers invisibles, assiégeait toutes les nuits le sultan dans son propre camp ; descendant des rochers tantôt par un ravin, tantôt par le lit d'un torrent avec ses trente mille montagnards, il arrachait les palissades dont les Turcs avaient couvert leurs tentes, se glissait dans le camp, massacrait les soldats endormis, coupait les jarrets des chevaux, semait la terreur et la mort sur tous les points à la fois, et, faisant revêtir à ses Albanais des chemises blanches semblables à celles des Asiatiques, laissait dans les ténèbres les Ottomans incertains entre leurs compagnons ou leurs ennemis. Dans une seule de ces nuits, huit mille Turcs tombèrent dans leurs propres tentes sous le sabre des Albanais.

Les Turcs cherchaient en vain pendant le jour à venger le meurtre de la nuit : Scander-Beg, remontant avant l'aube les hauteurs inaccessibles qui bordent le bassin de Croïa, disparaissait derrière les forêts et les rochers pour reparaître par un autre ravin la nuit suivante. Ses incursions nocturnes, concertées par des signaux avec les sorties du commandant de Croïa, son fidèle *Uracontes*, décimaient l'armée du sultan. La terreur mêlée d'admiration que son nom inspirait aux janissaires, anciens compagnons du guerrier albanais, était devenue une superstition dans le camp même d'Amurat. Invisible et invincible, cette terreur combattait pour lui dans l'âme de ses ennemis.

XXV

Amurat II lui-même, qui désirait négocier avec un si redoutable rebelle, ne pouvait le faire aborder par ses janissaires pour lui offrir sa trêve et ses propositions. Yousouf-Pacha, envoyé en parlementaire à Scander-Beg, le chercha vainement dans les forêts du mont *Tuménistos*, sa retraite ordinaire, et dans le bassin profond de l'*Ismos*, où ses Albanais se retranchaient derrière les rochers à pic du lit d'un torrent. Scander-Beg, informé de la recherche d'Yousouf, le rencontra enfin dans le creux d'un lac desséché appelé la *Plaine-Rouge*. Les Albanais assistèrent à l'entrevue. Le sultan lui offrit la souveraineté héréditaire de toute l'Albanie, à la seule condition de payer un léger tribut à l'empire et de reconnaître sa suprématie. Scander-Beg refusa de vendre l'indépendance de ses Albanais au prix d'une souveraineté achetée à un autre prix que son sang. Amurat, à ce refus, replia les débris de ses deux armées sur les défilés d'Andrinople. Scander-Beg, rentré sur ses traces dans sa capitale délivrée, n'épargna pas au sultan la honte de cette retraite. Il suivit son arrière-garde décimée jusque sur le faîte du Rhodope. Andrinople, du haut de ses minarets, vit les feux d'un chef de montagnards insulter le cœur de l'empire.

La honte et la douleur saisirent le cœur d'Amurat, accoutumé à vaincre des rois et des ligues, et vaincu dans toute sa puissance par un chef de brigands albanais. Peu de jours après son retour, humilié à Andrinople, il tomba mort dans les bras de la princesse Mara, sa plus jeune épouse, au milieu du festin qu'elle lui donnait pour le consoler, dans une île du lac d'Andrinople, site champêtre dont il aimait la solitude et qui lui rappelait Magnésie (1451).

Amurat II n'avait pas encore quarant-neuf ans. Il en avait passé cinq à Magnésie dans ses différentes abdications, et vingt-cinq dans les camps ou sur le trône. La guerre, l'amour et la mélancolie philosophique, fond de son caractère, avaient partagé ses jours. L'empire, qu'il dédaignait d'autant plus qu'il en était plus digne, n'avait été pour lui qu'un fardeau. La tristesse de ne pouvoir abdiquer convenablement pour son peuple et honorablement pour lui une dernière fois hâta sa fin. Forcé de régner avec des goûts privés, forcé de combattre avec des instincts pacifiques, sa destinée, quoique glorieuse, avait été une perpétuelle contradiction avec son caractère; il avait triomphé de toutes ces contradictions du sort et même de sa propre répugnance à régner. Il ne laissait en mourant à l'empire d'autre ennemi debout que Scander-Beg.

XXVI

Les monuments de son règne, outre la magnifique mosquée d'Andrinople, qui rappelle la majesté de Saint-Pierre de Rome, avec moins de masse et plus de grâce dans l'architecture sacrée, sont les routes, les canaux, les aqueducs, les ponts dont il décora l'Asie et l'Europe. L'organisation et la discipline de la cour et de l'armée furent des monuments aussi mémorables. Il donna à l'empire la majesté des cours persanes ou grecques, que les Ottomans n'avaient point tenté jusque-là de rivaliser. Cette majesté lui parut un des caractères de la puissance qui tient à distance les regards éblouis de la multitude et qui consacre une sorte de divinité des souverains en Asie. Il montra assez, par ses trois retraites volontaires à Magnésie, que ce luxe n'était pas le sien, mais celui dont il voulait laisser la tradition à l'empire.

La description de sa cour militaire par l'historien grec Chalcondyle rappelle les pompes de Samarcande, de Bagdad ou de Constantinople sous les successeurs de Constantin. Chalcondyle avait visité lui-même les cours d'Andrinople et de Brousse, dont il retrace l'ordonnance dans ses souvenirs conservés à la postérité.

« Dix mille fantassins, dit-il, sont spécialement attachés à la porte du sultan. Les jeunes enfants faits prisonniers sont conduits pour deux ou trois ans en Asie afin d'y apprendre le turc; dès qu'ils sont parvenus à parler et à écrire la langue, on les envoie, au nombre de deux ou trois mille, à la flotte stationnée à Gallipoli, pour s'y former au service de la marine. Tous les ans ils reçoivent des vêtements et un sabre. De là ils sont appelés à la porte du sultan, avec une solde suffisante à leur entretien, supérieure cependant pour les sujets les plus distingués. On les distribue par corps de dix ou de cinquante, sous les ordres d'officiers expérimentés, dans les tentes desquels ils servent pendant deux mois; au bout de ce terme, ils sont préposés à la garde du palais du sultan, dans l'intérieur duquel personne n'est admis, si ce n'est les princes du sang, les vizirs, les hauts fonctionnaires de la trésorerie et les pages du souverain. Le sultan a une tente rouge et deux autres couvertes de feutre brodé d'or. Dans l'enceinte se trouvent encore quinze autres tentes destinées à des usages différents. Au dehors de ce cercle campent les autres officiers supérieurs de la Porte, les écuyers (mirakhor), les échansons (schérabdar), les enseignes (miroul-âlem), les chefs de la Porte (vizirs) et les messagers du sultan (tchaouschs). Comme tous ces officiers sont suivis de nombreux domestiques, le chiffre total de l'armée est très-considérable. Outre les janissaires qui forment la garde d'élite du sultan, la tente impériale est gardée par trois cents cavaliers appelés silihdars (porte-armes), choisis également parmi les janissaires; viennent ensuite les gharibs (étrangers), ainsi nommés parce qu'ils sont originaires d'Asie, d'Égypte ou d'autres contrées de l'Afrique. Après eux suivent immédiatement les ouloufedjis (troupes soldées), au nombre de huit cents, et deux cents spahis, fils de nobles turcs, qui se recrutent parmi les pages du sultan. Tel est l'ordre adopté par la Porte en temps de guerre : les pachas de Roumélie et d'Anatolie se partagent le commandement suprême de l'armée et relèvent eux-mêmes immédiatement du sultan. Sous leurs ordres servent les sandjakbegs, qui, admis par le souverain à son service, reçoivent avec le drapeau le gouvernement de plusieurs villes, dont les notables et les soldats le suivent à la guerre. On observe l'ordre suivant dans le camp : la cavalerie est divisée en escadrons; les azabs combattent sous un seul chef. Outre les silahschors (valets d'armes), il y a encore des azabs appelés *akkiam*, corps de fantassins employé à l'entretien des routes et à d'autres travaux analogues. Les camps sont d'ordinaire admirablement organisés, tant pour la symétrie des tentes que pour l'abondance des provisions. Les hauts dignitaires qui accompagnent le sultan emmènent avec eux un grand nombre de bêtes de somme, de chameaux chargés d'armes et de provisions, de chevaux et de mulets, de sorte qu'il y a dans l'armée plus de bêtes que de soldats. Un corps spécial est destiné au transport des approvisionnements. Dans le cas de disette, les vivres sont partagés entre les meilleures troupes. Le nombre des tentes du camp est de dix mille, plus ou moins, suivant les besoins de la campagne. »

XXVII

C'est aussi d'Amurat II que date l'institution définitive du titre et des attributions presque vice-impériales du grand vizir. Cette institution semble admirablement appropriée à la nature des gouvernements orientaux. La souveraineté y est sacrée, et le despotisme sans autre contre-poids que la religion et les mœurs. Cependant la liberté des sujets doit y avoir sa part de murmure et même d'opposition aux gouvernements, sans que ce murmure et cette opposition, souvent séditieux, remontent jusqu'au souverain. Le grand vizir est là pour couvrir la responsabilité et la tête du souverain contre les ressentiments des sujets. Tel est évidemment l'esprit de cette institution. Elle paraîtrait en Europe une dégradation abusive de l'autorité des souverains ; elle n'a été nulle part mieux définie dans ses attributions que par le savant publiciste *Mouradja* d'Ohsson. L'histoire de la monarchie ottomane ne saurait être comprise sans cette intelligence des fonctions et des titres des grands vizirs. Nous laissons donc parler *Mouradja* d'Ohsson :

XXVIII

« Le nom de vizir ou vezir signifie en arabe *coadjuteur;* vizir-azem signifie grand vizir. On en compte cent soixante-dix-huit depuis l'année 1370 jusqu'à 1789, époque de l'avénement au trône de *Sélim III.*

» Autrefois ce poste éminent ne se conférait qu'à l'un des principaux membres du divan ; c'était d'ordinaire le second *coubbé-vizir* qui remplaçait le premier ministre; mais depuis la suppression des *coubbés-vizirs,* qui eut lieu sous le règne d'*Achmet III*, le sultan élève à cette dignité, soit un gouverneur de province, soit l'un des grands officiers résidant à Constantinople, tels que le grand amiral, le grand trésorier, le *kéhaya-beg*, l'*agha des janissaires* et le *silihdar-agha*. Il est rare qu'on jette les yeux sur un individu d'un grade inférieur; lorsque ce cas arrive, avant de recevoir l'anneau impérial, il est promu au rang de pacha. Le choix du souverain est le plus souvent dirigé par ses favoris. Confiné dans son palais, il ne connaît guère que de nom ses sujets les plus marquants par leur mérite. L'intrigue, le hasard, le caprice, disposent des rênes de l'empire. De nouvelles intrigues et la politique ombrageuse du sérail ne permettent pas au dépositaire d'un si grand pouvoir de le conserver longtemps. Il rentre dans le néant dès qu'un officier du palais vient lui demander l'anneau impérial. S'il n'est pas mis à mort, il est envoyé en exil. Souvent ses biens sont confisqués, et il s'estime heureux d'obtenir le gouvernement d'une province.

» Anciennement l'anneau impérial était remis au nouveau grand vizir, dans son hôtel, par un officier du palais. Depuis le règne d'Achmet I*er*, il le reçoit, comme on l'a dit, des mains du sultan, et retourne alors du palais à la Porte, escorté par un détachement des gardes du corps. Lorsqu'il y a divan au sérail, la plupart des officiers de la cour se rangent en haie pour le recevoir. L'agha et les officiers généraux des janissaires lui font une visite d'étiquette, tous les mercredis ainsi que les vendredis, au sortir de la mosquée ; ce dernier jour, le grand amiral, les deux premiers écuyers et le grand chambellan (*capoutjiler-kéhaya*) lui rendent aussi leurs devoirs. Il donne audience publique une fois par mois. La veille, ainsi que le jour des deux fêtes du beïram, il reçoit les respects des autorités civiles et militaires. Tous les grands de l'empire, à l'exception du muphti, doivent lui baiser la robe ; mais ordinairement il ne le permet pas et leur présente la main.

» Sa barque est à douze paires de rames et porte à la poupe un tentelet de drap vert. Il jouit seul de la prérogative d'avoir huit gardes d'honneur (*schatir*) et douze chevaux de main. Sa musique militaire est composée d'un certain nombre de chalumeaux, de tambours, caissettes et cymbales ; on y ajoute, en temps de guerre une grande tymbale (*kioss*).

» Lorsqu'il paraît en public, ses huissiers le saluent par des prières faites à haute voix. Leur officier (*duadji-tchavousch*) s'écrie : *Salut à toi, et clémence divine* ; et les tchavouschs répondent en chœur : *Que la fortune te soit propice : que Dieu soit à ton aide ; que le Tout-Puissant protége les jours de notre souverain et du pacha, notre seigneur; qu'ils vivent longtemps heureux!*

» Lorsqu'il va prendre le commandement de l'armée, il reçoit du sultan une pelisse de zibeline à grand collet, avec des agrafes d'or (capanitza), un sabre, un poignard, un arc, un carquois et deux aigrettes, le tout garni de pierreries ; il sort de la capitale avec l'étendard de Mahomet, et monté sur un des chevaux du sultan. Le nombre de ses chevaux de main est alors porté à dix-huit, et seize gardes du corps de l'empereur restent, durant la guerre, auprès de sa personne.

» Tous les fonctionnaires publics, excepté le muphti, reçoivent du grand vizir l'investiture de leurs offices. Ils sont revêtus en sa présence, suivant leur rang, d'un cafetan ou d'une pelisse de zibeline. Le premier ministre et le chef de la loi sont les seuls auxquels le sultan donne l'investiture, et qui soient censés nommés à vie.

» Le grand vizir fait souvent des tournées (*col*) dans l'intérieur de la ville, suivi des officiers de sa maison, pour examiner l'état de la police, surtout en ce qui concerne le prix des comestibles et les poids des marchands. Autrefois il était accompagné de l'agha des janissaires et du premier juge de Constantinople (*Istambol-cadissi*). Maintenant il fait sa ronde le plus souvent incognito, les lundis et les jeudis, jours de vacance au divan de la Porte. C'est alors qu'il va voir le muphti, pour conférer avec lui sur les matières les plus importantes, marque d'attention que prescrit une prudente politique. Le grand amiral et les généraux des trois premiers corps d'infanterie font aussi des tournées, chacun dans son arrondissement et souvent même la nuit.

» Lorsque le sultan élève à la dignité de grand vizir un

pacha, gouverneur de province, il constitue provisoirement, jusqu'à son arrivée dans la capitale, un officier ayant le rang de pacha à trois queues, pour remplir les fonctions de premier ministre, avec le titre de *caïm-mécam*, qui signifie lieutenant. Alors cette place est de courte durée et de peu d'importance ; mais il en est autrement en temps de guerre, lorsque le grand vizir commande l'armée. Le *caïm-mécam*, qui le représente auprès du souverain, devient un personnage très-influent, et presque toujours la rivalité fait naître une lutte sourde entre les deux ministres.

» Les vizirs ont habité pendant longtemps leurs maisons particulières ; mais, depuis l'année 1654, celui qui est revêtu de cette dignité occupe un vaste hôtel, situé non loin du sérail, et appelé la *Porte du Pacha* (Pacha-capoussi), d'où est venu le nom de *Porte Ottomane* ou de *Sublime Porte*.

» Lorsque la destitution du grand vizir est arrêtée, un officier du palais (et c'est ordinairement le *capoudjiter-ketkhoudassi*) se rend incognito à la Porte avec un ordre autographe du sultan ; il le présente au grand vizir, qui, ayant baisé respectueusement ce *khati-schérif*, lui remet à l'instant le sceau impérial, se lève du sofa, sort de l'hôtel sans qu'il lui soit même permis de voir sa famille, et part aussitôt sous la conduite du même officier pour le lieu de son exil ; car un grand vizir destitué ne peut pas rester à Constantinople. S'il doit être arrêté, c'est le *bostand-jibaschi* qui est chargé de ce soin.

» Ce principal ministère est divisé en trois départements, dont les chefs sont le kéhaya-beg, le réis-effendi, et le tchavousch-baschi. »

XXIX

Khalil-Pacha, grand-vizir, était, à la mort d'Amurat II, fils et petit-fils de vizir par droit d'habitude et d'aptitude, mais non par droit d'hérédité. Cependant Amurat constitua l'hérédité de certaines hautes dignités de l'empire, comme celles de général des akindjis (guides du sultan), de grand écuyer et de grand échanson dans les familles déjà illustres des Mikhal-Oghli, des Samsana et des Elvan-Beg.

La langue turque, la philosophie, l'histoire, la poésie, les arts, les industries, à l'exception de l'architecture, dont le minaret à trois escaliers d'Andrinople est à la fois le jeu et le chef-d'œuvre, firent peu de progrès sous le règne agité et interrompu d'Amurat II. Un seul poëte éminent, Amadeddin, auteur du *Divan* turc, survécut par ses malheurs plus que par son livre et ses œuvres. Amadeddin voulut considérer le Coran comme une simple révélation de l'unité et de l'universalité de Dieu à la raison humaine, par la voix d'un sage ou d'un prophète; mais il confondit, dans un commentaire raisonné du Coran, Dieu avec ses œuvres, et prétendit que la nature tout entière pouvait dire sans blasphème : « Je suis Dieu, j'émane de Dieu et je suis absorbée en Dieu, comme la goutte d'eau est absorbée dans l'Océan. » Cette doctrine scandalisa également les imans et les croyants. Ils l'accusèrent de dégrader Dieu, en le confondant avec ses ouvrages; ils l'accusèrent de dégrader Mahomet, en en faisant un philosophe au lieu d'un confident privilégié de Dieu. Les oulémas ou docteurs de la loi le citèrent, le jugèrent et le firent écorcher vivant à Brousse, sans arracher au martyr le désaveu de sa foi. Ce supplice n'étouffa pas le panthéisme en Orient; il survécut dans les doctrines secrètes des sophis de Perse, d'où il avait découlé en Turquie. Le Dieu sans nom, sans forme, sans prophète et sans limite y resta l'énigme et l'entretien de la secte des sophis.

LIVRE DOUZIÈME

1

La nouvelle de la mort d'Amurat II (1451) trouva son fils, Mahomet II, à Magnésie, lassé de sa relégation, humilié de son inertie, impatient du trône. « Qui m'aime me suive! » s'écria-t-il, en s'élançant à cheval, sans donner à sa cour le temps de se préparer au départ. Monté sur les chevaux rapides toujours sellés de distance en distance sur la route de l'Asie à l'Europe, il franchit les montagnes qui bornent au nord la plaine de Magnésie, et galopa nuit et jour vers Moudania, port de la Propontide qui regarde Gallipoli.

Ce prince, qui s'était deux fois essayé au trône, était dans la fleur encore précoce de sa jeunesse; il n'avait pas vingt ans; son portrait, peint un peu plus tard par les peintres vénitiens les plus consommés, et entre autres par Bellini, qu'il avait appelé à sa cour, le retrace dans toute l'énergie d'une nature sanguine où la volonté impérieuse bouillonne dans les veines avec le sang. La taille était courte et massive, les jambes arquées par l'habitude de la selle et du divan, les épaules larges, la nuque musclée comme dans le taureau ou le lion, le cou court, la barbe touffue et noire, la lèvre sévère, non sans quelque pli d'enjouement aux coins de la bouche, les joues saillantes, pleines, colorées de la pourpre chaude d'un sang impétueux, le globe des yeux rond et proéminent, vif, au regard prompt à la colère, des sourcils naturellement ou artificiellement arqués très-élevés au-dessus de l'œil, signe de supériorité de race; le front blanc, vaste et sans pli, comme celui d'un homme qui n'a jamais à lutter ni avec lui-même ni avec les autres. Son cafetan rouge, brodé d'or et fourni d'hermine, son poignard à manche d'argent incrusté de rubis, son turban surmonté d'une aigrette jaune qui s'élève semblable à une fleur jaillissant du front, attestent le goût raffiné de la parure et de la majesté dans un homme qui ne veut pas seulement commander, mais qui veut éblouir. L'ensemble de la physionomie porte dans l'âme plus de terreur que d'attrait. On y sent un homme qui n'est pas cruel par tempérament, mais que l'impétuosité de ses premiers mouvements peut porter alternativement de la mollesse au crime.

II

Mahomet II, sans prendre une heure de repos dans sa course, tremblant que le trône ne lui échappât une troisième fois, passa la Propontide dans un esquif et arriva en deux jours de son exil de Magnésie dans sa forteresse de Gallipoli. Une fois le pied sur l'Europe, il s'arrêta deux jours pour donner le temps aux magistrats et aux peuples des villes de Thrace et d'Andrinople de le recevoir en souverain.

Les lettres des vizirs de son père, qu'il avait trouvées à Gallipoli, le rassuraient sur son avénement sans obstacle à l'empire. Il ralentit sa marche, attendit les cortéges envoyés d'Andrinople au-devant de lui et reçut partout sur sa route les respects et les obéissances dus à la majesté d'un sultan. Les peuples avaient oublié ses fautes et ne se souvenaient que de sa jeunesse. On espérait bien d'un prince élevé par un père sévère et doux tour à tour, corrigé par deux leçons nécessaires, mûri par quelques années de retraite, marié récemment avec une princesse turcomane d'une beauté et d'un rang propres à fixer ses inconstances, et qui avait appris, en perdant deux fois le trône, comment on le conserve en le recouvrant.

III

Les vizirs, les pachas, les généraux, les oulémas, l'armée et le peuple l'attendaient à une lieue en avant d'Andrinople, près d'une fontaine monumentale, construite par Amurat sous les noyers qui couvrent la plaine autour de cette capitale, comme les cyprès couvrent les collines de Constantinople et comme les abricotiers couvrent les vergers de Damas. Tous les cavaliers, en apercevant le sultan, descendirent de cheval et se prosternèrent dans la poussière. Aussitôt que Mahomet II eut reçu ces hommages, le cortége, le peuple, l'armée, s'avancèrent lentement vers les portes de la ville en s'arrêtant de distance en distance pour éclater en un bruyant sanglot. A chaque sanglot de la foule, signe de deuil et d'hommage à la mémoire d'Amurat, Mahomet descendait de son cheval, et, passant le revers de sa main sur ses yeux, pleurait ou affectait de pleurer son père avec le peuple. A la porte de la ville le deuil et les sanglots cessèrent; les cris de joie montèrent vers le ciel, et le sultan, conduit à son palais par la foule, y trouva la solitude, l'incertitude et la terreur, entre un règne qui finit et un règne qui commence. Les ministres du père, ignorant s'ils étaient dignes de faveurs ou de ressentiment aux yeux du fils, s'étaient abstenus de suivre le nouveau monarque dans l'intérieur du sérail.

Mahomet II les laissa trembler toute la nuit. Le lendemain, jour désigné par l'usage pour son inauguration publique au rang suprême, il monta sur le trône aux yeux de tous les grands officiers de l'empire, des janissaires, des oulémas, du peuple assemblé dans les salles et autour du sérail. Le vieux Ibrahim, ancien grand vizir, et le chef des eunuques assistaient seuls à cette inauguration, l'un rassuré par son âge et par sa retraite des affaires, l'autre, par la nécessité de ses fonctions de principal chambellan du palais.

« Où est Khalil? dit avec un étonnement affecté le sultan à Ibrahim son père. Va lui dire qu'il prenne auprès de mon trône le rang qui lui appartient et dont je ne l'ai pas déposé; qu'il continue à gouverner sous le fils comme il a gouverné sous le père. Quant à mon second vizir, Ishak-Pacha, je lui donne la charge de conduire le corps et les funérailles de mon père au tombeau de nos ancêtres dans la mosquée verte de Brousse. »

Le grand vizir Khalil s'attendait à la disgrâce et à la mort pour avoir éloigné, quelques années auparavant, Mahomet d'Andrinople sous un faux prétexte, et replacé lui-même le père sur le trône du fils maintenant couronné. De tels services à Amurat II et à l'empire pouvaient paraître d'impardonnables injures au fils. La magnanimité de Mahomet II l'étonna sans le rassurer complétement, les faveurs dans ces cours n'étant souvent que des vengeances ajournées. Mais Khalil se flatta de faire oublier bientôt la grandeur de l'offense par la grandeur des services. Il reprit les fonctions de vizir-azem, et l'empire ne changea pas de main.

IV

Mais le harem d'Amurat II avait changé de maître. Ce prince avait laissé en mourant plusieurs fils et plusieurs filles nés de ses amours avec des odalisques de condition servile qui n'inspiraient aucun ombrage à Mahomet II, fils d'une princesse de Sinope. La princesse de Sinope était morte pendant la première abdication d'Amurat II à Magnésie. La seconde femme d'Amurat, Hélène, princesse de Servie, fille de la maison royale de cette nation, n'avait pas de fils qui pût un jour disputer le trône à son frère ; mais la jeune princesse de Transylvanie, Mara, troisième épouse adorée jusqu'à sa mort par le dernier sultan, avait d'Amurat un fils encore à la mamelle, que la mort de son père laissait exposé dans son berceau à l'ombrageuse prudence de Mahomet. Ce fils, né comme lui d'une princesse et, plus que lui, d'une princesse musulmane de religion, pouvait paraître un jour aux Ottomans un plus légitime héritier du trône qu'un fils né d'une princesse chrétienne. Bien que l'âge de l'enfant éloignât le danger dans un avenir qui laissait des années à la réflexion, Mahomet II, devançant le péril par la précipitation du crime, ne laissa pas un jour à l'incertitude ou à la pitié. Il voulut cacher seulement la main qui commettrait le fratricide, afin que l'empire, incertain sur les circonstances du meurtre, pût l'attribuer au zèle d'un serviteur empressé, et l'absoudre lui-même de toute complicité en le voyant punir son complice.

Il choisit pour ce meurtre Ali, fils d'Évrénos-Beg, ce général malheureux devant Huniade et devant Scander-Beg, qui avait à racheter des revers honteux à la guerre par des services plus honteux dans le sérail. Il lui ordonna de noyer dans son bain l'enfant de la sultane Mara, veuve de son père, et pour que les cris et la résistance de la jeune mère, qui nourrissait son fils de son lait, fussent prévenus par la promptitude et le silence du meurtre, il donna une longue audience à la veuve en larmes de son père pendant qu'il assassinait son enfant.

Le désespoir et les lamentations de la sultane en rentrant dans le harem et en retrouvant le cadavre de son enfant ébruitèrent le crime. Andrinople frémit d'horreur; un règne qui débutait par un si odieux fratricide lui parut marqué de sang. Le murmure d'indignation s'éleva jusqu'au sérail. Mahomet II, pour l'étouffer, le détourna sur l'exécuteur secret de son propre crime. Il feignit l'ignorance, le regret, l'horreur et fit trancher, dans la cour du sérail la tête d'Ali-Évrénos pour étouffer à jamais toute révélation avec sa vie. Mais le lendemain, comme pour se trahir lui-même, dans la crainte que la sultane favorite de son père ne portât un autre fruit de l'amour dans son sein, il la contraignit, malgré ses larmes, à épouser un esclave du sérail, nommé Ishak, flétrissant d'avance, par ce mariage servile, tous les souvenirs de son père, qu'elle pouvait rappeler aux Ottomans.

V

Soit que l'infortunée sultane Mara lui eût inspiré, pendant la vie de son père, plus d'animosité à cause de sa beauté et de sa faveur, soit qu'il craignît moins de flétrir en elle une princesse qui n'avait plus de père ou de peuple pour venger son injure, Mahomet II affecta le respect de lui-même et de la mémoire de son père dans sa conduite envers son autre belle-mère, la princesse Hélène de Servie. Il lui assigna une riche dotation sur le trésor public de Turquie, et la renvoya en Servie chez son père avec le cortége et les honneurs d'impératrice.

Par une étrange vicissitude de fortune, de cause et de religion, cette veuve d'un sultan ennemi des Grecs et des chrétiens, arrachée par la victoire à la cour de Servie pour devenir l'épouse du vainqueur de son père, puis veuve d'un prince ottoman, fut demandée, peu de temps après son veuvage, pour épouse par Constantin, le dernier empereur grec de Constantinople, et, bien qu'elle touchât déjà à sa cinquantième année, ses charmes et ses vertus firent regretter à Constantin les obstacles qui s'opposèrent à cette union.

VI

Par un enchaînement non moins providentiel des choses humaines, l'heure qui avait sonné la mort d'Amurat II sonnait la ruine de Constantinople. Ce prince patient et politique prévoyait que la conquête de cette capitale, désormais enclavée et comme captive dans ses possessions, ajouterait peu à la force réelle des Ottomans, mais susciterait contre eux de nouvelles croisades et de nouvelles guerres qu'il voulait ajourner pour laisser respirer son peuple et lui-même. Son vizir, Khalil, qu'on appelait, à cause de sa faveur pour les chrétiens, l'*ami des giaours* ou des infidèles, entretenait Amurat II dans cette longanimité envers les faibles Paléologues, et inspirait à Mahomet II les mêmes pensées d'ajournement : « On est toujours à temps, lui disait-il, de prendre ce qui ne peut nous échapper. » Bien que Mahomet, pénétré de l'habileté de son vizir, contînt en lui-même son impatience de conquête, il se défiait un peu de Khalil, attribuant, comme le vulgaire, sa partialité pour les Grecs à des subsides secrets que les Paléologues payaient, disait-on, au vizir, pour qu'il assoupît le génie belliqueux de son nouveau maître.

Tel était l'état des esprits à Andrinople, quand une témérité intempestive de la cour de Constantinople vint faire éclater le nuage que Khalil s'efforçait de conjurer dans l'âme de Mahomet II.

Des ambassadeurs grecs, envoyés à Andrinople par le nouvel empereur de Byzance, sommèrent Mahomet de payer à un émir turcoman d'Asie le subside qui lui avait été alloué par son père, ajoutant qu'en cas de refus ils prêteraient leurs vaisseaux à ce rebelle pour demander, les armes à la main, justice aux Ottomans.

Khalil lui-même s'indigna de tant d'audace sous tant de faiblesse.

« O Roméliotes téméraires ! leur répondit-il en plein divan, dans une apostrophe rapportée par l'ambassadeur byzantin lui-même ; j'ai pénétré depuis longtemps vos projets rusés et trompeurs. Feu mon seigneur et maître Amurat II, de conscience droite et de mœurs affables, vous voulait du bien, mais il n'en est plus ainsi de Mahomet II, mon nouveau padischah : si Constantinople peut échapper à ses entreprises, je reconnaîtrai que Dieu veut bien vous pardonner encore vos intrigues et vos subterfuges. O insensés ! le traité est à peine signé, que vous venez en Asie pour nous effrayer avec vos fanfaronnades ordinaires ! Mais nous ne sommes point des enfants sans expérience et sans force : si vous pouvez quelque chose, faites-le donc; proclamez Orkhan souverain de la Thrace, appelez les Hongrois, reprenez-nous les provinces que nous vous avons enlevées; mais sachez que rien ne vous réussira, et qu'à la fin vous serez dépouillés de tout. Du reste, j'instruirai mon maître de tout ceci, et ce qu'il décidera sera accompli. »

De ce jour Khalil abandonna les Grecs à leur malheureux sort et se prépara secrètement à servir la passion qu'il avait devinée dans l'âme de son maître. Jamais les circonstances n'avaient été plus propices à l'ambition des Ottomans, plus fatales à la politique des Grecs. La dernière pierre de l'empire grec devait s'écrouler au premier choc. Remontons de quelques années le cours de la décadence de cet empire, et rentrons un moment dans ce palais des Blakernes, oublié pour la tente des sultans.

VII

Le vieux Manuel II Paléologue, dont la politique expectante et sénile convenait au corps sans force de l'empire, était mort en laissant tout ce qu'il pouvait laisser, l'ombre d'un trône à Constantinople, et quelques principautés distribuées en Grèce à ses fils. Jean III Paléologue, son héritier, avait régné de 1425 à 1448, mais en paix, grâce à la neutralité timide et contrainte qu'il avait gardée entre les croisés hongrois d'Huniade et les Turcs.

Par une contradiction étrange, mais constante, entre la convoitise du trône et la dégradation du trône convoité, les factions de l'empire ne sont jamais plus ardentes, plus multipliées et plus criminelles que dans la décadence des empires. On le vit à la mort de Jean III Paléologue. La précipitation et le mystère avec lesquels il fut enseveli, comme pour dérober les traces du poison sur son cadavre, fit planer un soupçon de crime sur sa mort prématurée. Son frère, Démétrius Paléologue, prince ambitieux, turbulent, conspirateur, qui avait agité la fin du règne de Jean par des factions religieuses et par des factions de palais, auxquelles il demandait tour à tour la faveur du peuple pour être porté au trône, ameuta sur le cercueil de Jean la populace du faubourg, briguant à main armée la couronne qui ne lui revenait pas. Il prétendait qu'étant né le premier des fils de son père depuis que ce père régnait, ses droits devaient prévaloir contre ceux de ses frères nés avant lui, mais nés avant le règne de leur père commun. L'impératrice mère, le sénat, le clergé, le peuple de la ville, lui contestaient, avec l'armée régulière, ce droit capricieux de primogéniture. Ils défendaient le titre de Constantin, fils aîné de Manuel, et possesseur de la Morée. Thomas, frère puîné de Constantin, qui était alors à Constantinople, reconnaissait également les droits de Constantin. L'empire en suspens attendait un maître. Constantin, averti par sa mère et par Thomas, couronné à Sparte, échappa aux vaisseaux turcs qui bloquaient la Morée pour lui imposer des conditions à l'occupation du trône. Débarqué en fugitif à Constantinople, il y fut reçu en empereur. Ses frères, Démétrius et Thomas, réconciliés par l'impératrice mère, s'embrassèrent devant lui pour sceller une paix perfide, et allèrent régner à sa place dans la Grèce, sous la suzeraineté des Ottomans (1448).

VIII

Constantin XII Paléologue était un de ces hommes que la Providence, épuisée de vaines faveurs, réserve quelquefois aux empires déchus, non pour relever leurs ruines, mais pour illustrer leur chute. Né d'un père juste et bon, élevé par le grand officier du palais Cantacuzène, consommé dans les lettres et dans la politique, nourri par une mère persécutée et héroïque, qui lui avait communiqué, avec le lait, la patience qui fait les sages et le désespoir qui fait les héros, exercé depuis longtemps aux exploits et aux revers dans les guerres de Morée contre les Turcs, vaincu, mais non dégradé par eux, connaissant la lâcheté du peuple superstitieux de sa capitale, indigné des intrigues du palais des Blakernes, que les Grecs de Byzance appelaient de la politique, il avait en lui tout ce qu'il convenait à un souverain d'avoir pour cette nation corrompue : du mépris, de la pitié et du dévouement.

Il tenta de trouver dans des races plus saines et plus belliqueuses des auxiliaires pour les jours extrêmes qu'il prévoyait à son pays. Il envoya Phranzès, proto-vestiaire, ou grand maître des cérémonies du palais, en ambassade à Trébizonde pour demander en mariage la fille du roi de Géorgie. Les Géorgiens ou les Ibères, race chrétienne des pentes du Caucase, étaient ce qu'ils sont encore aujourd'hui, un peuple de soldats, où l'esprit militaire coule avec le sang dans les veines. Ils pouvaient offrir à Constantin Paléologue, avec une princesse de leur maison royale, des troupes capables de se mesurer aux Ottomans. Phranzès, qui a décrit lui-même, dans des notes devenues un des trésors de l'histoire, les dernières années et la dernière ruine de sa patrie, partit pour la Géorgie avec cette suite orientale de nobles, de moines, de médecins, de musiciens et de femmes que la décadence grecque étalait encore, à défaut de force, aux yeux des peuples voisins. Le proto-vestiaire, après avoir réussi dans sa négociation, revint à Constantinople. Il devait retourner au printemps chercher l'impératrice avec une pompe plus impériale encore. Il trouva Constantin découragé des obstacles, des vices, des pusillanimités de sa nouvelle cour. Ses paroles à son confident sont les pressentiments entrecoupés de larmes d'un prince qui n'est grand que pour mieux mesurer la petitesse de son peuple.

« Depuis que j'ai perdu ma mère et Cantacuzène, qui

me donnaient seuls des conseils désintéressés, je suis environné, dit le souverain de Byzance, d'hommes auxquels je ne puis accorder ni amitié, ni confiance, ni estime. Vous connaissez Lucas Notaras, le grand amiral ; obstinément attaché à ses propres sentiments, il assure partout qu'il dirige à son gré mes pensées et mes actions. Le reste des courtisans est conduit par l'esprit de parti ou par des vues d'intérêt personnel : faut-il donc que je consulte des moines sur des projets de politique ou de mariage? J'aurai encore besoin de votre zèle et de votre activité. Au printemps vous engagerez un de mes frères à solliciter en personne le secours des puissances de l'Occident. De la Morée vous irez en Chypre exécuter une commission secrète, et de là vous passerez en Géorgie, d'où vous ramènerez la future impératrice. »

IX

L'empereur et les meilleurs citoyens de la capitale avaient renouvelé les tentatives de fusion entre l'Église grecque et l'Église romaine, dans l'espoir qu'une même foi liguerait ensemble pour le salut commun tous les membres de la chrétienté. La difficulté métaphysique qui formait tout le schisme entre les deux Églises n'était par un motif raisonnable d'éternelles dissensions entre les deux familles évangéliques. Deux fois la sagesse mutuelle des hommes d'État et des pontifes éclairés de Rome et de Constantinople avait étouffé en principe cette dissension par des concessions ou de forme ou de fond et par un symbole commun. Mais le peuple de Constantinople n'avait jamais ratifié ces traités de concorde. La discussion sur les dogmes surnaturels semble être un des besoins de l'esprit humain. Ce peuple grec, qui avait construit dans la théologie un christianisme oriental au milieu du choc des imaginations et des partis, l'avait corrompu par ses vices, et se croyait le droit de l'interpréter seul au gré de son obstination. Il ne voulait ni trêve ni paix avec Rome. La Grèce lui avait transmis ses dogmes, et Rome maintenant les renvoyait à la Grèce, imposés par une souveraineté pontificale dont s'humiliait le patriarcat byzantin. On a vu plus haut comment le peuple de Constantinople avait forcé l'empereur Manuel et ses prêtres négociateurs de la paix religieuse de Florence à déchirer le traité, à désavouer la négociation et à rétablir eux-mêmes le schisme cher au fanatisme des Grecs.

Depuis ces négociations avortées, la procession métaphysique du Saint-Esprit d'une ou de deux personnes de la Trinité divine, et le pain avec ou sans levain dans le sacrifice mystérieux de l'Eucharistie, avaient divisé avec plus d'acharnement que jamais les Grecs et les Latins. L'infortuné Constantin, qui jugeait ces dissensions en patriote plus qu'en théologien, s'efforçait vainement de les étouffer sous l'urgence d'une réconciliation nécessaire au salut de la capitale du christianisme en Orient. Il trouvait dans le fanatisme de ses moines, lèpre qui rongeait l'Orient, et dans les préjugés de son peuple, infatué de ses moines, d'invincibles obstacles. Il envoya cependant, presque à leur insu, des ambassadeurs à Rome, implorant l'assistance du chef de l'Église d'Occident, promettant la réunion prochaine des deux Églises, et sollicitant au moins l'envoi d'un légat du pape à Constantinople pour cimenter l'union. Le pape

Nicolas V, plein de ressentiment contre l'obstination des Grecs, fulminait contre eux au lieu de les secourir, et montrait dans les Turcs les instruments de la vengeance de Dieu contre ces schismatiques qui déchiraient l'Évangile. Cependant Rome envoya à Constantinople un légat, le cardinal russe Isidore, chargé de faire signer à l'empereur les actes du concile de Florence. A ce prix, le pape promettait d'appeler la chrétienté catholique aux armes.

Isidore arriva; l'empereur signa; un sacrifice, célébré selon le rite romain et le rite grec conciliés dans les cérémonies consenties par le concile de Florence, réunit le légat du pape et le patriarche grec devant le peuple dans l'église de Sainte-Sophie. Mais l'aspect inusité des vêtements du prêtre romain qui célébrait les mystères, le pain levé consacré au lieu du pain sans levain, l'eau froide au lieu de l'eau tiède, versée par le prêtre dans le calice, scandalisèrent tellement les moines et le peuple, que la messe latine parut un sacrilége impardonnable aux Grecs. En vain l'empereur, le patriarche, les politiques, les patriotes, s'efforcèrent de calmer la sédition des habitudes. Un moine vénéré par la populace, nommé Gennadius, fulmina, du fond de sa cellule, contre l'*abomination latine*. Les femmes et les filles qui remplissaient les monastères jetèrent des cris, prirent le deuil, remplirent la ville de lamentations et de processions séditieuses à la voix de Gennadius. La populace et les matelots du port, répandus, après ces processions, dans les tavernes, s'enivrèrent de vin payé par les moines; ils vomirent des imprécations contre l'empereur et contre les lâches qui mendiaient, au prix de la foi de leurs ancêtres, les secours des impies de l'Occident; ils burent en l'honneur de la Vierge, protectrice de Byzance, jurant qu'ils n'avaient pas besoin d'autre alliance que celle de la mère de Dieu contre les ennemis de son Fils. L'église de Sainte-Sophie, contaminée à leurs yeux par la célébration des mystères avec le pain levé consacré, fut désertée par tous les fidèles, et les portiers même du temple, refusant leur service aux prêtres latins, abandonnèrent un édifice qui avait été profané par le sacrilége. Les miracles ne manquèrent pas à la crédulité, et des moines, accrédités dans la foule, répandirent partout des prédictions de protection surnaturelle pour la ville sainte de Constantin, qui détournèrent le peuple de tout autre concours à son propre salut que son fanatisme.

L'empereur, dépopularisé par sa négociation avec Rome, ne put compter que sur son courage et sur le petit nombre de soldats intrépides qu'il avait amenés avec lui de Sparte ou qu'il attendait de Géorgie.

X

Pendant cette agonie de l'empire grec et ce désarmement de Constantin par ses propres sujets (1451), Khalil recrutait en silence les deux armées de l'Europe et de l'Asie pour les offrir à l'heure décisive à son maître. Les janissaires seuls, accoutumés à imposer à Mahomet II leurs exigences pendant son premier règne, agitaient encore le nouveau règne. Mais ils ne trouvaient plus dans le même homme le même maître. Mahomet avait grandi en énergie en grandissant en années.

Dans une résidence de quelques mois que ce prince fit à

Brousse pour rendre les honneurs funèbres à son père et pour apaiser des troubles en Caramanie, les janissaires s'ameutèrent pour lui arracher la gratification qu'ils imposaient à l'avénement au trône de chaque nouveau sultan. Il leur jeta dix bourses d'or avec répugnance et avec indignation. Mais le lendemain il fouetta de sa propre main au visage leur chef, l'aga des janissaires, en répression de la sédition de ses soldats. Il incorpora parmi eux sept mille gardes-chasse ou fauconniers de sa maison, pour changer l'esprit de corps, et il nomma aga des janissaires Mustafa-Beg, le plus dévoué et le plus inflexible de ses généraux.

XI

Renfermé, après cet acte de sévérité, dans le sérail de Brousse, pour montrer son mécontentement à ces soldats insubordonnés, il les priva avec dédain de sa présence. Cette longue reclusion du sultan excita une sédition plus tumultueuse. Le bruit courut parmi les janissaires que le sultan, amolli par les femmes et infatué d'un amour surnaturel pour une jeune esclave syrienne de son harem d'une merveilleuse beauté, languissait sous l'influence de ses philtres et se consumait dans une lâche et maladive volupté. Les janissaires, passionnés pour la vie et pour la gloire de leur maître, s'attroupèrent, forcèrent la garde des portes, se répandirent tumultuairement dans les cours du sérail, demandèrent à grands cris leur maître.

Mahomet II parut avec un visage sévère, et leur reprocha leur vénalité; ils se prosternèrent à ses pieds, implorant son pardon. Les plus rapprochés et les plus hardis lui dirent le motif de leur tendre inquiétude et de leur soulèvement. Mahomet II, sans leur répondre, ordonna au chef des eunuques de faire trancher la tête à la belle esclave qu'on l'accusait de trop aimer pour sa gloire, et de la jeter au milieu des soldats ameutés, pour leur montrer le mépris qu'il faisait de l'amour. Les janissaires, convaincus et apaisés par cette horrible preuve, se retirèrent en admirant un sultan qui se sacrifiait lui-même si aisément à l'empire dans ce qu'il aimait. Ils frémirent, se turent, et rentrèrent pour tout le règne dans le devoir par la terreur.

XII

Quelques autres actes aussi prompts et aussi sanguinaires signalèrent la présence du sultan en Asie.

Les historiens grecs, vénitiens ou génois, sont unanimes à célébrer l'amour de Mahomet II pour les études les plus libérales pendant ses séjours à Magnésie et à Brousse. L'arabe, le persan, le chaldéen, l'hébreu, le latin et le grec lui étaient familiers pour s'entretenir avec ses sujets qui parlaient ces divers idiomes. Il lisait les poésies latines que les Vénitiens et les Génois composaient en son honneur; il vivait en familiarité avec les peintres et les musiciens de l'Italie, appelés à sa cour par sa munificence. Tous s'accordent à dire que sa tolérance religieuse touchait plus à l'incrédulité qu'au fanatisme; qu'il observait extérieurement le culte de son peuple, mais qu'il parlait dans l'intimité avec une grande licence d'esprit du fondateur de l'islamisme. Il lisait assidûment Plutarque, et s'étudiait, disaient-ils, à imiter Alexandre, César et les grands conquérants dont cet historien raconte les vies. Il avait fait traduire les biographies des grands hommes en turc, pour donner à ses peuples ou à lui-même l'émulation de la gloire. Les Orientaux ne pouvaient pas comprendre encore l'émulation de la liberté.

XIII

A son retour à Andrinople, cette soif de gloire et de conquête le dévorait comme elle avait dévoré ses modèles antiques. La convoitise de Constantinople consumait son âme et le réveillait souvent en sursaut dans ses nuits.

Les Ottomans, qui possédaient deux empires, ne possédaient en réalité point de capitale. Brousse était trop loin à l'extrémité de l'Asie Mineure, Andrinople trop profondément encaissée entre le Rhodope et l'Hémus, dans une avenue de l'Europe coupée par le Danube; Thessalonique trop reléguée au fond d'un golfe, aux pieds des gorges de la Thessalie. Constantinople seule semblait donc avoir été prédestinée, par la nature et par les Romains, à être le siége d'un double ou d'un triple empire, auquel les avenues du monde, les vallées, les fleuves, les plaines, les détroits, les mers, faisaient aboutir, comme à un centre dominateur, vingt peuples nationalisés ou asservis. Le fantôme de Constantinople obsédait jour et nuit l'imagination du jeune conquérant.

XIV

Il couvait son impatience, de peur d'avertir les Grecs et de susciter avant l'heure l'émotion de l'Occident chrétien ; mais il ne pouvait la contenir. Une nuit que le sultan n'avait pu trouver le sommeil dans l'agitation de ses pensées, il fit éveiller le grand vizir Khalil par un message inusité à pareille heure, en lui ordonnant de se rendre à l'instant au sérail. Khalil, à cet ordre inattendu, se trouble, s'alarme, se souvient des justes sujets de colère que son dévouement à Amurat II et son détrônement de Mahomet II ont pu laisser dans l'âme vindicative du sultan ; il se résigne à un sort qui plane depuis longtemps sur sa tête; il fait sa prière de mort; il embrasse, comme pour un adieu suprême, sa femme et sa fille ; puis, se flattant encore de pouvoir fléchir son maître par l'abandon des richesses qu'il doit à ses deux ministères, il choisit parmi ses plus précieux trésors une large coupe antique d'or ciselé, dépouilles des temples de Thessalonique ou de Corinthe, il la remplit de sequins de Venise, de perles, de diamants, la cache sous sa pelisse et se rend au sérail.

En entrant dans l'appartement du sultan, Khalil se prosterne comme pour racheter sa vie par une rançon, et présente à Mahomet II la coupe d'or. « *Rassure-toi, mon lala* (nom familier qui signifie mon père ou mon tuteur, et que les sultans donnent aux grands vizirs vieillis dans leurs fonctions), *rassure-toi, mon lala, ce n'est ni ton or ni ta vie qu'il me faut ; ce qu'il faut que tu me donnes, c'est Con-*

stantinople. » Puis, lui montrant ses yeux fatigués par l'insomnie et sa couche défaite par ses vains mouvements pour y trouver le sommeil : « Tu vois ces coussins, ajouta-t-il, ils sont affaissés par les attitudes que j'y ai prises en vain pour essayer d'y reposer ma tête ; je ne puis dormir si tu ne me promets enfin de me donner ce que je rêve la nuit et le jour.

» — Vous l'aurez, mon maître, lui répondit Khalil, heureux de racheter ses offenses passées et sa vie incertaine par l'immensité d'un pareil service ; qui pourrait vous refuser ce qui vous appartient par la grandeur de vos pensées, par la toute-puissance de vos armes et par la vile insolence de vos ennemis ? J'ai deviné depuis longtemps vos désirs sous votre silence ; j'ai tout préparé dans le mystère pour satisfaire, au jour marqué, votre religion, votre patriotisme, votre gloire. Constantinople ou ma tête sont à vos pieds. »

Le sultan reconnaissant renvoya Khalil rassurer sa femme et sa fille ; il lui recommanda seulement de se défier de l'or des Grecs, habiles à corrompre, et s'endormit sur la parole de son habile et prévoyant vizir.

XV

Le lendemain, il partit avec Khalil pour Gallipoli, et, s'avançant par la Thrace intérieure jusqu'au village, autrefois grec, maintenant turc, de Dazomaton, situé sur le rivage européen du Bosphore, à l'endroit où ce détroit, rétréci entre l'Asie et l'Europe, avait jadis livré passage aux Perses de Darius; il ordonna à Khalil d'y construire à l'instant une forteresse, en face de la forteresse asiatique de Guzel-Hissar, construite vingt ans auparavant par son aïeul, Bajazet Ildérim.

Ce promontoire européen sur le Bosphore, à l'endroit où ce canal est semblable à un fleuve, et à quelque mille pas seulement de Constantinople, était admirablement choisi pour avancer la borne de la conquête, pour murer Constantinople et pour l'étouffer par la terreur avant de l'étouffer par la main des Turcs.

Nommé jadis le promontoire Herméen, d'un temple à Mercure qui pyramidait sur sa cime; nommé plus tard le promontoire de Cyon, à cause de l'analogie du hurlement des vagues du Bosphore contre ses rochers avec les aboiements des chiens dans la nuit, le promontoire du château de Mahomet II élevait empire contre empire. Le sultan ou son architecte, soit par une intention superstitieuse, soit par un jeu significatif de l'art, donnèrent aux différentes enceintes la forme des lettres qui composent en arabe le nom du prophète et du conquérant, en sorte que le nom du prophète, écrit en relief et en caractères majuscules sur la terre d'Europe, opposât pour ainsi dire le cachet de l'islamisme et de l'empire sur la dernière colline qui abritait encore la capitale des chrétiens; de là le dessin bizarre et contourné des murailles et des bastions qui étonne dans ces ruines l'œil du voyageur, car, pour rendre plus ressemblant au chiffre du prophète ce monument de la guerre, l'architecte a placé une tour colossale, dont les murs ont trente pieds d'épaisseur, partout où la lettre M, qui se retrouve deux fois dans le nom sacré, forme dans la calligraphie des Arabes un cercle semblable à une tour. La construction de chacune des trois tours fut confiée, pour les faire rivaliser de promptitude et de zèle, à chacun des trois vizirs favoris du sultan : Suridjé-Pacha, Saganos-Pacha et Khalil.

Six mille maçons et tailleurs de pierre, appelés par le grand vizir de toutes les provinces d'Asie et d'Europe, campèrent pour cette construction de colère sur le promontoire de Mercure. Dix mille paysans, enrôlés de force, leur voituraient la pierre, le sable, la chaux. Les grands de l'empire, mêlés, par émulation de zèle et d'adulation, aux ouvriers, s'honoraient de mettre eux-mêmes la main aux plus rudes travaux de maçonnerie ou de terrassement. Comme plus tard en France on vit toutes les classes et toutes les professions de la société se confondre pour aplanir, au Champ de Mars de Paris, l'enceinte de la fédération de la liberté, chaque Ottoman voulut apporter sa pierre à la citadelle de la conquête.

Les débris imposants et sinistres du château de Mahomet II, devenus inutiles comme une borne que la conquête a laissée derrière elle, sont couverts maintenant de végétation, de myrtes, de lierres, de platanes et de cyprès dont le vert sombre se détache sur les pans démantelés des murailles grises. L'Ottoman et le Grec, emportés sur leurs kaïques par le courant rapide qui clapote toujours au pied des sombres rochers, regardent, en passant, avec admiration ou avec terreur, l'un le monument de sa force, l'autre le monument de sa servitude.

XVI

L'empereur grec, épouvanté de cette menace construite en blocs de rocher aux abords mêmes de sa capitale, demanda, par ses ambassadeurs, de timides explications au sultan.

« De quoi vous plaignez-vous ? répondit le sultan à Constantin Dragosès qui portait la parole pour les Grecs, je ne forme pas d'entreprise contre votre ville. Pourvoir à la sûreté de mes États n'est pas enfreindre les traités. Avez-vous oublié l'extrémité où fut réduit mon père quand votre empereur, ligué contre lui avec les Hongrois, voulait l'empêcher de passer en Europe ? Ses galères lui fermaient alors le passage, et Mourad fut obligé de réclamer l'assistance des Génois.

» J'étais à Andrinople, mais bien jeune encore. Les musulmans tremblaient d'effroi, et vous insultiez à leur malheur. Mon père fit, à la bataille de Varna, le serment d'élever une forteresse sur la rive européenne. Ce serment, je le remplis. Avez-vous le droit ou le pouvoir de contrôler ainsi ce qu'il me plaît de faire sur mon territoire ? Les deux rivages sont à moi : celui d'Asie parce qu'il est habité par les Ottomans ; celui d'Europe parce que vous ne savez pas le défendre.

» Allez dire à votre maître que le sultan qui règne ne ressemble point à ses prédécesseurs ; que leurs vœux n'allaient pas aussi loin que va aujourd'hui ma puissance. Je vous permets de vous retirer pour cette fois ; mais je ferai déchirer la peau sur le corps à ceux qui oseraient désormais me demander insolemment compte de ce que je fais dans mon empire. »

De ce jour, Mahomet II, sans pitié pour les Grecs qui cultivaient les vergers, les jardins, les plaines du plateau de Constantinople, laissa ses fourrageurs et ses mulets ravager impunément les campagnes mûres. Les paysans d'un village grec limitrophe, ainsi dépouillés de leurs moissons, ayant tué, en se défendant, un des fourrageurs de Mahomet, le sultan envoya ses tschaouschs punir le village. Les habitants s'étaient enfuis; mais les moissonneurs bulgares, étrangers à la querelle, croyant pouvoir en sûreté continuer à lier leurs gerbes, furent massacrés dans leurs sillons.

Constantin, par représailles, fit fermer les portes de Constantinople sur quelques jeunes eunuques du sérail qui étaient venus jouir du spectacle et des plaisirs de la ville. Ces jeunes esclaves lui représentèrent que ce séjour forcé dans sa capitale leur serait imputé à crime et puni de mort à leur retour aux tentes du sultan. Constantin, ému de pitié, leur fit rouvrir les portes et les fit escorter jusqu'au camp de Mahomet II. Le message qu'il chargea les eunuques de porter de sa part à leur maître était triste, noble et résigné comme son sort.

« Si des revers immérités menacent la capitale de l'empire, disait ce message de Constantin à Mahomet, le Tout-Puissant sera le refuge de l'empereur. Je n'ai fait fermer les portes sur les sujets turcs qu'après les hostilités ouvertes par vous. Les habitants se défendront avec toutes les forces que le destin leur laisse tant que Dieu n'aura pas inspiré au sultan des pensées de justice et de paix. »

Mahomet II ne répondit à cette adjuration à sa justice que par le premier coup de canon tiré du château, déjà armé, sur un vaisseau vénitien qui voulait tenter si le Bosphore était encore libre. Un boulet de pierre énorme, parti des créneaux de la tour de Khalil la plus rapprochée des flots, coula le navire et les matelots. Mahomet donna au château le nom de Boghaz-Kesen, c'est-à-dire tour qui ferme ou qui coupe la gorge. Firouz-Aga et cinq cents janissaires y furent laissés avec une formidable artillerie pour garder l'avant-poste des Ottomans.

XVII

Le sultan et Khalil rentrèrent, après cette première circonvallation de Constantinople, à Andrinople, pour y concentrer les deux cent mille hommes, les machines, les armes, les munitions secrètement préparées pour le siége. Les transfuges, qui ne manquent jamais dans les camps des vainqueurs, apportèrent d'Allemagne et d'Italie, à Mahomet II, tous les arts et tous les secrets de la guerre savante. Le fondeur de canons Orban, Hongrois au service de Constantin, s'évada de Constantinople sous prétexte d'un refus de salaire proportionné à son talent. Mahomet ne trouvait rien de cher au prix de Constantinople; il prodigua l'or et les honneurs au transfuge.

« Peux-tu, lui dit-il, me fondre une pièce assez égale à la foudre pour que le boulet lancé par elle ébranle les murailles de Constantinople?

» — Je puis en fondre une, répondit le Hongrois,

qui renverserait les remparts mêmes de Babylone.

Orban fondit en effet un canon de bronze dont les boulets, de douze palmes de circonférence, pesaient douze cents livres. Ce gigantesque monument des foudres humaines exigeait la force de cent taureaux et de sept cents hommes pour le mouvoir. Traîné devant l'esplanade du sérail d'Andrinople, appelé par les Turs le *Sérail d'où l'on voit le monde*, on l'essaya après avoir averti la ville et le village, de peur que l'étonnement de sa détonation ne fît avorter les femmes enceintes. La fumée couvrit Andrinople d'un nuage d'où sortirent l'éclair et le bruit. Le boulet traversa toute la plaine d'Andrinople et s'enfonça d'une coudée dans le flanc de rocher de la montagne opposée. L'épreuve releva la confiance du sultan. Cinq cents paires de bœufs et trois mille artilleurs furent chargés de conduire ce canon à travers la Thrace vers les bords de la Propontide.

Deux cent mille hommes d'Asie et deux cent mille d'Europe s'accumulèrent rapidement sous leurs pachas, sous leurs begs et sous leurs émirs dans les vastes plaines qui s'étendent de Gallipoli aux portes de Constantinople. Le sultan, Khalil et ses généraux ne tardèrent pas à paraître au milieu de ce prodigieux rassemblement. La terre et la mer leur fournissaient abondamment, d'Europe et d'Asie, les troupeaux, les moissons, les orges nécessaires à la consommation des hommes et des chevaux.

En 1452, une flotte de cent cinquante vaisseaux de guerre, construite, armée en six mois par la prévoyance de Khalil, et montée par des transfuges exercés d'Italie, de Grèce, de Sinope, naviguait en vue des tentes sur la mer de Marmara. Les vaisseaux grecs, qui auraient pu la combattre avec la supériorité de l'habitude et des navires, se réservant pour la défense de la rade intérieure de Constantinople, étaient à l'ancre derrière une chaîne de fer tendue de la pointe de Sainte-Sophie à la colline de Tophana. Les vaisseaux chrétiens en petit nombre qui s'armaient dans les ports de l'Archipel ou de Rhodes pour secourir les Grecs n'osaient pas se hasarder à franchir les Dardanelles avant d'avoir groupé leurs voiles en escadre capable de se mesurer à la flotte turque.

Les Grecs, avilis et résignés dans leur capitale, n'avaient de vie que pour les factions superstitieuses ; le patriotisme s'était réfugié dans le cœur de Constantin. Ils en appelaient aux miracles au lieu d'en appeler à l'héroïsme, ce miracle du cœur humain.

XVIII

Aucune capitale n'avait été plus favorisée que Constantinople par la nature pour se défendre contre l'investissement et contre l'assaut d'un peuple tout entier. La géographie en avait fait une citadelle ; mille ans de puissance de ses empereurs et de l'art de ses ingénieurs avaient complété la nature. Autrefois *Byzance*, plus tard *Ville de Constantin*, *Istamboul* ou complément de l'Islam pour les musulmans ; *Farrouk* pour les Arabes, c'est-à-dire ville qui sépare *deux continents*, et *Oummedunya* ou *Mère du monde* pour les Turcs, Constantinople aujourd'hui, elle a changé de nom sans changer d'importance. C'est la capitale écrite sur le sol par le doigt de la Providence, non pour un empire, mais pour un hémisphère.

Politiquement, elle noue entre elles l'Europe et l'Asie sous un ciel splendide et sur quatre mers; militairement, elle est un camp fortifié pour attaquer, une île pour se défendre. Un coup d'œil dit sa force et sa majesté.

XIX

A l'extrémité du vaste golfe de la mer intérieure de Marmara (Propontide), golfe ouvert ou fermé à volonté par le détroit des Dardanelles à l'endroit où cette mer de Marmara s'arrondit pour dormir entre les deux continents sur la dernière grève de la terre d'Europe, qui semble vouloir allonger deux bras pour embrasser l'Asie en face, le navigateur suit de l'œil une vaste plaine ondulée qui fut autrefois la Thrace, grenier de l'empire de Byzance. Un peu avant d'expirer dans la mer, cette plaine s'élève mollement en une chaîne de sept collines à peine reconnaissables aujourd'hui sous les édifices qui les nivellent comme les sept collines de Rome. Sur le faîte et sur les flancs de ces collines insensiblement étagées depuis la plage de la mer de Marmara d'un côté, jusqu'à la plage de la Corne-d'Or de l'autre, s'étend Constantinople. Les murs de l'enceinte le pied dans les flots, les terrasses des maisons, les dômes des mosquées, les flèches des minarets, les têtes sombres et aiguës des cyprès, la tracent à l'œil aujourd'hui dans toute sa longueur; le *Pentapyrgion* ou le château des Sept-Tours, l'*Acropolis* ou ce qui est maintenant le jardin du sérail, le dôme de Sainte-Sophie, les terrasses et les clochers de huit cents monastères, les toits dorés du palais des Blakernes, séjour de prédilection des empereurs, les arches monumentales du Cynégion ou de l'amphithéâtre des combats d'animaux féroces, les môles des ports de Théodose et de Julien sur la Propontide, les murs de marbre du palais de *Bucolion*, dont un lion et un bœuf sculptés écrivaient le nom sur le portique, enfin les obélisques, les colonnes et les statues aériennes s'élevant de distance en distance et se découpant entre les palais, les temples, les maisons sur le ciel vide des grandes places publiques, en traçaient alors le profil aux regards des navigateurs de la Propontide.

Après avoir longé les murs, les sept portes monumentales, les deux ports artificiels de cette plage, la mer de Marmara, qui se rétrécit tout à coup à la pointe de l'*Acropolis* antique ou du sérail moderne, semble fermer la route aux vaisseaux et laisser l'Europe et l'Asie se confondre ; mais à quelques vagues au delà l'illusion cesse, l'Asie et l'Europe se séparent en s'éloignant de quelques milliers de pas, et un large canal, semblable au confluent de trois fleuves, s'ouvre pour contourner la pointe d'Europe. C'est là que déclinent en pente douce et verte les jardins ténébreux de cyprès du sérail ; c'est là que l'Acropolis de Constantin dressait ses bastions et ses tours auprès des platanes.

A quelques coups de rames de ce confluent, on voit à droite le Bosphore de Thrace, encaissé comme un fleuve entre des promontoires chargés de villes, s'enfuir en serpentant sous les rochers ombragés de forêts vers la mer Noire, et on voit à gauche se creuser entre les quais de la Constantinople antique et la ville continue de Tophana, de

Péra, de Galata, une rade large, immense, profonde, qui s'insinue jusqu'au cœur de ce golfe et qui place ainsi Istamboul entre deux mers. Le petit fleuve *Syndacus*, aujourd'hui le *ruisseau des Eaux douces* d'Europe, descendant des collines de la Thrace à travers les prairies d'un vallon, se verse dans ce golfe au fond de la perspective. C'est cette mer intérieure, recourbée en corne de bœuf pour envelopper ses promontoires, qu'on appelait alors la Corne-d'Or; allusion aussi à cette corne d'abondance dont les vaisseaux de trois mers enrichissaient le port de Byzance.

Mais, à l'époque où Mahomet II assiégeait Constantinople, la ville impériale ne dépassait pas le *Syndacus* pour se répandre comme à présent sur les collines de Galata, de Péra, de Tophana et du Bosphore. Elle n'occupait que la presqu'île des sept collines, fermée d'un côté par la Corne-d'Or, et de l'autre par la mer de Marmara, qui joignent leurs flots pour couvrir la pointe du sérail.

XX

A partir du lit du *Syndacus*, au fond de la Corne-d'Or, jusqu'au château des Sept-Tours, sur la rive de la mer de Marmara, une muraille double et continue, précédée du côté de la Thrace par un fossé toujours inondé de l'eau des deux mers, et surmontée de tours carrées qui étaient autant de forteresses, courait pendant l'espace de sept mille pas du fond de la Corne-d'Or à la Propontide et complétait l'isolement inabordable de la capitale. La nature en avait fait une presqu'île, la mer un port, la politique une île, les collines une forteresse. L'empire grec, comme s'il eût prévu un jour sa chute, semblait avoir voulu renfermer tous ses monuments, tous ses chefs-d'œuvre, toutes ses richesses dans une acropole à l'extrême pointe du continent d'Europe, où il fuyait les barbares pour rencontrer les conquérants.

XXI

Cette muraille continue du côté de la Thrace, épaisse de vingt coudées, flanquée de tours, hérissée de créneaux, s'ouvrait par des arches monumentales et par des ponts suspendus sur les jardins et les vergers de la plaine. C'est là qu'aboutissaient à des portes de diverses provinces les grandes voies militaires ou commerciales de l'Europe : la porte des Bulgares, la porte d'Andrinople, nommée alors *Polyandrie*, à cause de la multitude qui affluait sans cesse sous ses voûtes, la porte de Saint-Romain, la plus monumentale et la plus décorée de toutes, que les Turcs appellent aujourd'hui la porte du Canon, par souvenir du canon gigantesque d'*Orban* qui tira contre ses tours, la porte d'Or enfin, par laquelle passaient les armées et que les bas-reliefs et les statues de bronze doré changeaient en arc de triomphe. C'est sous cette arche qu'avaient passé Narsès, vainqueur des Goths, Héraclius, champion de l'empire déjà énervé contre les Perses, Jean Zimiscès et Nicéphore Phocas, triomphateurs des Sarrasins, Basile II, conquérant de la Bulgarie. Cette porte, depuis ce dernier triomphe, était murée comme si la victoire s'était à jamais détournée de l'empire. Une prophétie populaire annonçait que les chrétiens latins passeraient sous cette arche pour entrer dans Constantinople. Cette porte de mauvais augure inspire encore aux Turcs de notre temps les mêmes terreurs qu'elle inspirait jadis aux Grecs. Elle est toujours murée.

Mille rumeurs sorties de la crainte, de l'oisiveté et de la superstition des cloîtres intimidaient ou rassuraient tour à tour les Grecs de Constantinople, jouets de tout temps de leur vaine et chimérique imagination.

Les unes disaient que les Turcs pénétreraient dans la ville jusqu'à la place du Taureau, qu'un groupe de bronze faisait nommer de ce nom, mais qu'arrivés là, les Grecs, reprenant courage et se retournant contre leurs vainqueurs, reconquerraient l'empire avec leur capitale; les autres annonçaient qu'on avait trouvé dans le monastère de Saint-Georges, près de l'Acropole, des tablettes miraculeuses contenant une longue liste des noms des empereurs, mais qu'après le nom de Constantin la tablette était brisée, et que l'absence de tout nom signifiait la fin de l'empire; d'autres enfin racontaient qu'Huniade, le héros des Hongrois avait été abordé par un vieillard dans la nuit qui précéda la bataille de Varna, comme Brutus à Philippes, et que ce vieillard prophétique lui avait dit : « Point de salut pour les chrétiens tant que les Grecs schismatiques n'auront pas été exterminés par les Ottomans.

XXII

Pendant que ces pressentiments sinistres pesaient sur l'âme efféminée des Byzantins, des pressentiments de gloire relevaient, par la seule prophétie qu'ils admettent, le Coran, le cœur enflé de promesses des soldats de Mahomet II.

« Connaissez-vous la ville, dit le Coran, dont deux côtés regardent la mer et un côté la terre? Elle tombera, non sous la force des machines de guerre, mais sous la toute-puissance de ces paroles : « Il n'y a point d'autre Dieu que » Dieu, et Dieu seul est grand ! » Le plus grand des princes, ajoutait le Coran, est celui qui fera cette conquête, et la plus grande des armées sera son armée. »

Encouragée par ces augures et par le spectacle de ces tentes innombrables qui couvraient les collines et la plaine de Thrace, depuis la plage de la Propontide jusqu'à l'embouchure de la mer Noire, comme une circonvallation vivante, l'armée ottomane croyait à la fois au miracle et au nombre. Cependant la force des sites, la profondeur des fossés, l'élévation des murs, l'épaisseur des tours, la ceinture des flots, la renommée inexpugnable de la ville, l'histoire même des siéges nombreux et vains que Constantinople avait subis, ne laissaient pas Mahomet et ses généraux sans inquiétude. Vingt-neuf fois, depuis sa fondation, Constantinople avait vu les ennemis sous ses murs. Pausanias, Alcibiade, et Léon, général de Philippe de Macédoine; les empereurs romains Sévère, Maxime, Constantin; Chosroès, roi des Perses; Baian, le chef des Avares; Crume, le César des Slaves; Ascold, le Timour des Russes; les Arabes et les Bulgares; Dandolo, le général de la confédération des chrétiens latins, croisés contre les Grecs autant que contre les califes; Michel Paléologue et Comnène, dans des guerres intestines pour le trône; enfin Bajazet Ildérim, Amurat II, père de Mahomet lui-même, avaient éprouvé la force de ses murailles. Sur vingt-neuf siéges, Constantinople avait triomphé vingt et une fois. Les secours de l'Occident chrétien pouvaient lui arriver par deux mers. Dans cette prévision, Mahomet II portait sans cesse ses regards sur la mer, craignant de voir déboucher par les Dardanelles une nuée de voiles chrétiennes apportant le courage et les armes de l'Europe à ce champ de bataille de la chrétienté. Dans cette crainte, il avait fait passer sa flotte de Gallipoli dans le Bosphore de Thrace pour la mettre à l'abri du canon du château qu'il venait de construire. Une profonde rade du Bosphore, encaissée entre de hautes falaises fortifiées, l'enfermait jusqu'au jour où elle aurait à risquer la mer. Les bois et les gréements amenés par la mer Noire lui permirent d'élever jusqu'à cinq cents petites galères le nombre de ses vaisseaux.

Les rades de Balta-Liman et de Beschiktasch, aujourd'hui anses à peine suffisantes pour les barques du cabotage, et qui reflètent dans leurs vagues les palais d'été des sultans, étaient devenues ses deux arsenaux de constructions navales. Peu sûr de l'expérience et de la valeur des Ottomans sur la mer, il ne voulait pas hasarder ses vaisseaux dans le large bassin de la Propontide, où les manœuvres des chrétiens donneraient trop de supériorité à leurs flottes; il voulait seulement les empêcher d'entrer dans la Corne-d'Or et opposer à leurs vaisseaux un mur flottant de galères appuyé d'un côté sur la côte de Scutari, de l'autre sur la pointe du sérail ou de l'Acropole.

XXIII

. Mais jusque-là ces anxiétés étaient sans fondement. Les puissances chrétiennes, à l'exception de quelques généreux aventuriers de guerre, dont la religion était l'honneur des armes, se réjouissaient de la chute prochaine de la capitale du schisme grec, justement expié, selon les Latins, par les armes des Turcs. Un envoyé d'Huniade, vieilli et lassé, apportait en ce moment à Mahomet II un traité à signer entre les Ottomans et les Hongrois. Cet envoyé hongrois négociait dans les tentes du sultan sans s'intéresser aux Grecs. Il faisait hautement des vœux contre leur ville. Il assistait aux conseils de guerre de Mahomet, cherchant avec lui les côtés faibles de la défense et indiquant lui-même aux Turcs la place où le canon d'Andrinople ouvrirait la brèche la plus large aux janissaires du sultan. Tout trahissait Constantin, même ses anciens frères d'armes. « Un Hongrois avait fondu les canons, dit l'histoire, et ce fut un Hongrois qui enseigna aux Turcs à s'en servir. »

La ville, peuplée de trois cent mille âmes, ne fournissait à l'empereur qu'un petit nombre de véritables soldats. Le grand maître des cérémonies, ce Phranzès qui en tenait le registre dans le palais de son malheureux maître Constantin, ne compte que cinq mille Grecs sous les armes, et cinq ou six mille étrangers auxiliaires, que le protostator Justiniani, noble génois, avait recrutés pour l'empereur et enrégimentés pour défendre la capitale. Il faut y ajouter une poignée de Spartiates et d'Albanais, appelés de Morée et d'Épire par Constantin, leur ancien général, pour suppléer par leur intrépidité à l'inertie de son peuple.

La cour servile des empereurs, l'amollissement de la noblesse, l'effémination du clergé, l'acharnement des factions qui désintéressent de la patrie, le nombre incalculable des religieux et des religieuses, qui tarissait la population dans sa source; l'esprit des cloîtres, qui n'occupait l'âme des habitants que de passions théologiques; les supertitions qui s'étaient répandues de ces cloîtres dans l'universalité du peuple, et qui lui faisaient espérer son salut de l'intervention de la Vierge miraculeuse de l'Acropole plus que des efforts de son empereur, avaient décimé les forces de Constantin. Il allait combattre pour un peuple qui ne combattait plus pour lui-même. On entendait les moines prêcher ouvertement au peuple que le joug des Turcs, après tout, valait mieux que l'amitié et le secours des Latins, et qu'infidèles pour infidèles, mieux valaient les sectateurs de Mahomet que les sectateurs du pape.

Le premier des Grecs après l'empereur, le grand amiral Notaras, s'écriait, en flattant le parti des moines, « qu'il aimait mieux voir dans Constantinople le turban des Turcs que le chapeau d'un cardinal. »

Les prêtres grecs refusaient les sacrements à ceux qui penchaient vers une réconciliation des deux Églises; les religieuses refusaient pour confesseurs les prêtres qui avaient pactisé avec le cardinal Isidore. Le moine Gennadius incendiait les esprits de ses prédications et de ses pamphlets contre les Latins accourus pour défendre d'autres chrétiens contre les musulmans. Des femmes sortaient de leurs couvents vêtues d'avance du costume des femmes turques, pour attester aux yeux par ce travestissement que la religion du prophète était moins abominable à leurs yeux que les rites du culte romain. La théologie, première et dernière passion de ce bas-empire, enlevait ainsi toute force et toute unité au patriotisme. Constantin, pour les cloîtres de Constantinople, n'était pas le sauveur de son peuple, mais le lâche allié des schismatiques. L'Église avait tué la patrie.

XXIV

L'investissement complet de la ville fut achevé par la réunion des quatre cent mille Ottomans, le vendredi, 6 avril 1453, après la Pâque des Grecs. Mahomet II rapprocha sa tente des murailles, et s'abrita derrière un petit renflement de colline, en face de la porte Caligaria, à égale distance du château des Sept-Tours et du Syndacus, les deux extrémités fortifiées des murs de Constantinople du côté du continent.

Par les conseils du Hongrois affidé d'Huniade, le sultan fit avancer le canon colossal d'Andrinople et quelques autres pièces d'un volume presque égal, sur une éminence, en face de la porte Saint-Romain. Dix-huit batteries, d'un calibre inférieur, furent établies par ses ingénieurs hongrois de distance en distance, sur la ligne continue des murailles, depuis les collines de Galata jusqu'à la Propontide.

Le feu commença de tous ces volcans le 7 avril, à l'aube du jour; les remparts y répondirent par un feu qui contint les assiégeants à distance. Le nuage de fumée que le vent de mer rabattait sur les murs et sur le camp ne laissa pas juger des coups qui avaient labouré le plus de tentes dans les camps des Ottomans, ou renversé le plus de crénaux sur les murs des Grecs.

Mahomet II, impatient d'ouvrir une brèche à son armée, s'étonna le lendemain du peu de pierres que ses boulets avaient détachées de ces murailles. Il fit appeler le Hongrois d'Huniade, et lui demanda le secret de l'impuissance de ses batteries. Le chrétien lui dit que les boulets qui frappaient sans cesse le même point d'un bastion n'y faisaient qu'une ouverture qui n'entraînait pas la chute d'un pan de mur; que le secret de la démolition des remparts consistait à ébranler d'abord par une large circonférence tout le flanc de mur qu'on voulait renverser, et à tirer ensuite au centre de cette circonférence déjà foudroyée quelques boulets de gros calibre, qui déterminaient l'écroulement de tout le revêtement d'une muraille.

Les artilleurs reçurent ordre de suivre cette tactique. Quand ils eurent cerné d'un cercle de boulets, tirés coup sur coup, le rempart de la porte Saint-Romain, on chargea le canon d'Orban de cinq cents livres de poudre. Son boulet, comme un quartier de rocher lancé d'un cratère de feu, fit trembler la terre même sous les murs. Des faces entières de tours et de bastions s'écroulèrent sur le fossé; mais Constantin, debout, tantôt sur la brèche, tantôt derrière les murailles, avec son intrépide auxiliaire Justiniani, aidait lui-même à rouler, pour combler la brèche, des tonneaux remplis de terre et de pierres, qu'il avait fait préparer derrière la seconde enceinte pour remplacer le mur par un escarpement.

Pendant dix jours, Mahomet, retenant ses soldats derrière les renflements du sol, et se bornant à découvrir les embrasures de ses batteries, vit ainsi s'ébrécher sous le canon d'Orban les tours, les murs, les portes de Constantinople. Deux heures et des tonneaux d'huile, fournis par les Génois de Galata, suffisaient à peine pour refroidir le bronze calciné par cette masse de poudre et pour introduire une nouvelle charge dans ses flancs. Il ne tirait que huit coups d'un soleil à l'autre, mais chaque coup fendait les murs comme un tremblement de terre.

Le dixième jour, la pièce, minée par ce torrent de feu vomi de ses flancs sur la ville, éclata, et lança les membres mutilés de son inventeur Orban par-dessus les murs de la ville, jusqu'à la place de l'Hippodrome et jusque dans le port de la Corne-d'Or. Le fondeur fut foudroyé par son œuvre. Mahomet, désarmé de ce tonnerre, mais avec vingt brèches mal masquées devant lui, attacha au sol, sous les fossés, des bandes de mineurs de Tokat et de Siwas, consommés dans ces excavations souterraines, pour creuser sous l'eau et sous les fondations ces galeries supportées par des piliers de bois dont l'incendie entraînait l'éboulement des murailles. Il fit construire en même temps des tours mobiles portées sur des roues massives, crénelées et munies de grappins de fer et de madriers, pour s'approcher des remparts, saisir les créneaux, jeter des ponts par-dessus les fossés, et prendre corps à corps les défenseurs sur leurs plates-formes. Ces tours, revêtues de cuir sans cesse mouillé d'eau pour éteindre le feu des assiégés sur leurs flancs, contenaient quelques centaines de janissaires, invisibles à l'ennemi.

XXV

L'apparition de quelques voiles chrétiennes de Rhodes, de Venise et de Gênes sur la Propontide ralentit quelques jours les préparatifs de l'assaut. Ces voiles, au nombre de quatorze seulement, vain simulacre d'intérêt de l'Europe, portèrent cependant la terreur dans le camp des Turcs, l'espérance dans l'âme de Constantin. Sa propre flotte, renfermée derrière la chaîne tendue dans la Corne-d'Or d'un promontoire à l'autre, n'osait pas sortir pour voguer à la rencontre de la flotte chrétienne ; elle craignit d'ouvrir le port aux vaisseaux rapprochés de Mahomet II.

Le sultan ordonna à son amiral, Balta-Oghli, de se détacher avec cent cinquante de ses bâtiments de la rade de Balta-Liman, et de disputer l'entrée du détroit à l'escadre des chrétiens. Balta-Oghli obéit en tremblant à l'ordre de son maître. Les cent cinquante galères turques se rangèrent entre la pointe du sérail et Scutari, devant les quatorze vaisseaux des confédérés ; cette muraille de bois, de rames et de voiles n'intimida pas un instant ces maîtres de la mer. Ils se couvrirent de voiles et fondirent comme un nuage du ciel sur la ligne flottante des Ottomans. Le jour se levait, le ciel était pur, le vent léger, la vague douce, le courant, qui précipitait les eaux de la Propontide le matin dans la Corne-d'Or, clapotait contre les fondements des Sept-Tours et de l'Acropole. L'empereur de Constantinople, ses soldats, son peuple, étaient debout sur les terrasses qui dominent la Propontide comme sur les gradins d'un amphithéâtre nautique, faisant des signaux et envoyant des bénédictions aux vaisseaux chrétiens. Mahomet lui-même, ayant gravi et redescendu à cheval le groupe de collines de Galata, qui séparait son camp de sa flotte, assistait à cheval, sur la grève de Tophana, au triomphe certain de son amiral. Le combat ne devait pas tarder à tromper le nombre. Les capitaines des dix-huit vaisseaux chrétiens abordèrent proue à proue cette nuée de galères qu'ils dominaient de toute la hauteur de leurs ponts. Les boulets, les pierres, le feu grégeois, pleuvaient de ces forteresses flottantes sur les galères plates des Turcs; le poids des vaisseaux, celui du courant, qui les écrasait comme des coquilles de mer sous les flancs robustes des navires de Venise, enfin la supériorité de manœuvres et de courage de ces héros de la mer, qui remuaient leurs gouvernails et leurs voilures comme les Turcs gouvernaient leurs coursiers, jetèrent en peu d'instants la mort, le désordre, la fuite, dans les cent cinquante galères de Mahomet II. Elles semèrent les deux rives d'Asie et d'Europe de leurs débris, qui brûlaient en cherchant le rivage.

Le sultan, qui participait de l'œil et du cœur à ce combat sans pouvoir y participer du bras, oublie à cette vue l'élément qui le séparait de ses combattants. Il lance son cheval jusqu'au poitrail dans la mer, suivi de ses officiers, qui n'osent ni le retenir ni l'abandonner; il tire son sabre contre un vaisseau vénitien combattant à quelques vagues de lui dans l'embouchure du Bosphore. Son aspect, ses cris, son geste, rallient un moment ses galères. Un second abordage les rompt. Les Grecs abattent la chaîne de fer qui ferme la Corne-d'Or, la flotte chrétienne y entre à pleines voiles aux cris de triomphe des soldats de Constantin; la chaîne se referme sur eux; le sultan, humilié, regagne ses tentes en maudissant l'inexpérience ou la lâcheté de sa marine. Son amiral, Balta-Oghli, conduit le soir devant lui et étendu à ses pieds comme un malfaiteur par quatre esclaves qui lui tiennent les jambes et les bras, est frappé de sa propre main de cent coups de sa masse d'armes qui le couvrent de contusions et de sang. Il ne doit un reste de vie qu'à l'intercession des janissaires : « *C'est écrit*, disent ces soldats, *Allah a donné la mer aux giaours et la terre aux Ottomans; qui peut s'élever contre la distribution des dons d'Allah!* »

XXVI

Mahomet II, convaincu que l'investissement complet par mer et par terre était la condition de la conquête, résolut d'investir même les éléments. Grâce à ces milliers de bûcherons bulgares et de mineurs arméniens qui suivaient l'armée, il fit niveler et planchéjer en quelques semaines une route pour ses galères par-dessus les collines et les vallées qui forment le cap avancé de l'Europe sur l'entrée du Bosphore entre l'anse de Beschiktash et le bassin de la Corne-d'Or fermé par la chaîne des Grecs. A l'exemple des Spartiates à Pylos, des croisés à Cius, des Vénitiens au lac de Garda, une partie de sa flotte, glissant à force de câbles sur cette route nivelée enduite de graisse de bœuf, les voiles déployées et enflées d'un vent favorable, passa du canal du Bosphore dans la rade intérieure de Constantinople, et mouilla dans les mêmes eaux que la flotte grecque sous le feu de toute l'artillerie ottomane, qui, pendant ce trajet, plongeait des hauteurs sur les vaisseaux chrétiens pour les empêcher de lever l'ancre. Deux cents galères turques, reste de la déroute navale de Balta-Oghli, armées de canons et couvertes de vingt mille archers, s'établirent ainsi face à face dans le même port devant les quarante bâtiments grecs, génois, vénitiens, rhodiens, relégués au fond de la rade à l'embouchure du Syndacus. Non content de ce défi à la flotte chrétienne, Mahomet employa le lendemain cent mille ouvriers de terre à jeter d'une rive à l'autre un pont ou une chaussée assez large pour ouvrir une route solide à ses combattants jusqu'aux murs de la ville baignés par les eaux du port. Cette chaussée, armée de batteries qui couvraient l'ouvrage à mesure qu'il s'avançait dans la mer, atteignit bientôt impunément le pied des murailles. Sa prodigieuse largeur en faisait un véritable champ de bataille où cent fantassins pouvaient s'avancer de front pour donner l'assaut aux tours et aux bastions du port.

L'habile et intrépide Justiniani, ce volontaire désespéré de l'Europe chrétienne qui combattait avec Constantin pour Constantinople, comme si l'honneur des armes eût été sa seule patrie, tenta en vain d'incendier la flotte ottomane à l'ancre dans le bassin. Trahi par les Génois de Galata, qui affectaient la neutralité pour sauver leur ville et pour vendre aux deux partis à la fois leurs services, Justiniani trouva, en s'approchant dans la nuit des vaisseaux ottomans, l'armée turque éveillée sous les armes. Les batteries plongeantes de Mahomet II éclatèrent à la fois de toute la côte sur les galères de Justiniani. Un boulet de cent cinquante livres, lancé par un canon d'Orban, fit sombrer le vaisseau qu'il montait. Deux cents jeunes volontaires, l'élite de la jeunesse d'Italie, qui combattaient sous cet aventurier héroïque, furent emportés du coup et sombrèrent avec leur navire. Justiniani, couvert d'une pesante armure, ne dut son salut qu'à un tronçon de mât que le courant fit flotter avec lui jusqu'au fond du golfe, où une barque le recueillit.

Les vaisseaux turcs, rassurés par ce succès, traversèrent la rade à l'abri de leur chaussée, et vinrent s'ancrer, la proue contre terre, sous les murailles. Ils égorgèrent aux yeux des Grecs les prisonniers que les flots leur avaient rejetés dans la nuit. Justiniani, par représailles, crénela le sommet des murailles de cent cinquante têtes coupées d'Ottomans pris dans le combat naval de la Propontide. Des hauteurs de la colline de Saint-Théodose qui domine Galata, Mahomet fit tirer jour et nuit dans la ville, mais ses boulets effleuraient à peine les créneaux. Son artillerie, perdue en bruit et en fumée, ne tua pendant dix jours de canonnade qu'une seule femme grecque de Constantinople, célèbre par sa beauté, qui traversait la place de l'Hippodrome, et qu'un éclat de pierre renversa au pied de la colonne des Trois-Serpents.

XXVII

Mais, du côté du continent, les pièces colossales d'Orban, qui battaient depuis sept semaines les tours et les bastions de la porte Saint-Romain, avaient enfin ouvert quatre brèches sur les ruines de quatre tours. En vain Constantin, toujours présent derrière les débris de ses murailles, relevait pendant la nuit les pierres écroulées pendant le jour ; ces escarpements de terre, de bois, de blocs mal liés entre eux ne pouvaient remplacer les murs élevés et perpendiculaires de Justinien. Le fossé seul, large de douze coudées et profond de dix, protégeait, contre l'assaut de deux cent mille hommes, les dix mille combattants de Constantin sur une étendue de six mille pas.

La ville, cernée de toutes parts, maintenant agitée de factions et de désespoir plus que de courage, murmurait contre le héros qui l'illustrait malgré elle. Mahomet II le savait ; il voulut en appeler à la lâcheté des Grecs contre le courage de l'empereur ; il envoya avec pompe le jeune Isfendiar-Beg, son gendre, fils du prince de Transylvanie ou de Sinope, proposer au conseil de l'empereur des conditions qui déguisaient aux yeux des Grecs avilis la servitude sous la générosité. Isfendiar, introduit dans la ville et dans le palais avec les honneurs dus à un parlementaire de son rang, conjura Constantin, devant le conseil composé du clergé et du sénat, au nom du salut des femmes, des enfants, des vieillards, de livrer la capitale et lui-même à la magnanimité de Mahomet. Le sultan, à ce prix, lui garantissait la souveraineté indépendante du Péloponèse, la vie et les propriétés des habitants de Constantinople astreints seulement au tribut. Le conseil en majorité penchait secrètement pour cette capitulation d'un empire. Isfendiar lisait la faveur et la complicité dans les physionomies comme dans les paroles des Grecs résignés. Justiniani et quelques braves étrangers, plus patriotes que les Grecs eux-mêmes, soutenaient seuls le stoïque empereur résolu à s'ensevelir dans le tombeau de son peuple. Il répondit avec une dignité triste et mesurée à Isfendiar : « Qu'il rendrait grâce à Dieu si Mahomet voulait en effet, en lui accordant une paix honorable et sûre, épargner à sa nation les catastrophes qui pesaient sur elle; il le pria de rappeler au sultan que Constantinople avait porté malheur à tous les princes ottomans qui l'avaient assiégée jusqu'à lui ; qu'aucun d'eux, après cette violation des droits d'une possession antique, n'avait ou vécu ou régné longtemps; qu'il était prêt à discuter avec le sultan les conditions d'un traité de prince à prince et de peuple à peuple, même les conditions d'un tribut de guerre imposé par le plus fort au plus faible; mais qu'aucune force humaine et aucun avantage personnel ne lui feraient jamais consentir à livrer à l'ennemi du nom chrétien un empire et une capitale qu'il avait juré à son Dieu, à son peuple et à lui-même de ne livrer qu'avec la vie. »

XXVIII

Ces nobles paroles, trop hautes pour un peuple qui avait perdu depuis longtemps le respect de lui-même, malsonnantes aux oreilles des Grecs, et mal écoutées de l'impatient Mahomet II qui voulait Constantinople à tout prix, décidèrent, pour le 29 mai (1453), l'assaut général sur terre et par mer. Le sultan le fit proclamer par des hérauts dans tout le camp. Les derviches parcoururent les rangs des troupes, haranguant partout les musulmans et leur promettant la victoire d'Allah ou le martyre à ses combattants au nom du prophète.

« C'était, disaient-ils, le dernier pas de l'Islam en Europe pour balayer le dernier foyer de l'idolâtrie et de l'impiété sur deux continents. Leurs arcs et leurs sabres étaient les foudres d'Allah, le vrai Dieu. Ceux qui vaincront en son nom posséderont la terre; ceux qui tomberont en son nom posséderont les houris et les fontaines du paradis. »

Les quatre cent mille combattants disciplinés aux volontés de Mahomet s'enflammèrent d'un nouveau fanatisme à ces proclamations des hérauts, à ces prédications des derviches. Le soir du jour qui précéda l'assaut, une illumination de joie éclaira tout à coup les camps des Ottomans depuis les collines du Bosphore d'Asie et d'Europe, jusqu'aux collines de Saint-Théodose et jusqu'à la mer de Marmara. Quatre cent mille torches de pins résineux et des milliers de bûchers brûlèrent toute la nuit, rougirent le ciel et les trois mers, comme un reflet anticipé de l'incendie planant sur la ville de Constantin.

Constantinople, éclairée par cette terrible aurore de son dernier jour, veilla, pria, pleura toute la nuit. Des processions incessantes de prêtres, de moines, de religieuses, de femmes et de peuple, chantant d'une voix entrecoupée de sanglots : « *Kyrie eleison!* Seigneur, levez-vous pour notre défense! » parcoururent tous les quartiers de la ville, se rendant à l'Acropole pour y implorer la Vierge miraculeuse en qui ce peuple énervé aimait mieux se fier qu'à son courage. On se frappait la poitrine aux pieds de sa statue, et on confessait ses péchés à haute voix pour en obtenir le pardon; mais nul ne confessait sa lâcheté, ce crime sans rémission d'un peuple sans patriotisme.

La ville courut aux autels; personne, excepté l'empereur et ses rares soldats, ne courut aux armes. Constantin, qui veillait seul à la garde des murailles pendant que ses habitants abandonnaient les portes pour se presser dans les temples, trouva les brèches abandonnées aux surprises nocturnes des ennemis. Il gourmanda les lâches et les remplaça sur les remparts. Justiniani, qui l'accompagnait partout, répara les portes et les tours avec leurs débris renversés par le canon ; il creusa, en une nuit, avec ses soldats italiens, un second fossé en face du premier fossé, à demi comblé par les démolitions des tours de la porte Saint-Romain. Le grand amiral des Grecs, Notaras, lui ayant refusé des canons pour défendre ce second fossé, Justiniani injuria le grand amiral, qui injuria à son tour le général des Italiens. Constantin, déplorant cette dissension fatale entre les derniers défenseurs de ses ruines, se jeta entre eux, et les contraignit, par son éloquence, à se réconcilier devant le péril.

Justiniani et huit ou dix chevaliers d'Italie conservèrent seuls, dans cette ville désespérée, le sang-froid de l'héroïsme dont Constantin donnait en vain l'exemple à son peuple.

« Constantin, s'écria plusieurs fois Mahomet II en voyant combattre et commander l'aventurier génois, est plus heureux dans sa faiblesse que moi dans ma puissance ; que ne donnerais-je pas pour posséder un tel lieutenant dans mon empire ? »

XXIX

Le reste de la nuit fut employé par Constantin et par Justiniani à couvrir de leurs derniers combattants le pied des murailles, le sommet crénelé des tours, l'escarpement des brèches. Chacun de ces postes avait, sous son commandement général, un chef spécial répondant de l'espace que ses soldats défendaient : le cardinal russe Isidore, la porte de l'amphithéâtre des Lions; Minotto, l'envoyé de Venise, l'enceinte extérieure du palais des Blakernes; Lucas Notaras, le grand amiral, les murailles qui ouvrent sur le port; Gabriel Trévisani, celles de l'Acropole sur la Corne-d'Or; le Florentin Juliani, le palais des Sept-Tours ou de Bucoléon; un seul officier grec, Théophile Paléologue, célèbre par ses écrits comme par son courage, commandait une des divisions de l'enceinte contiguë à la porte Saint-Romain. Son frère, Démétrius Paléologue, de la famille impériale, était à la tête d'une réserve mobile et choisie pour se porter au secours des postes forcés ou décimés pendant l'assaut. Le nombre de ces combattants ne dépassait pas en tout neuf mille hommes, parmi lesquels on avait enrôlé quelques milliers de moines plus aptes à la superstition qu'aux armes. La statue de la vierge Hodégétria, placée par eux sur le piédestal d'une statue renversée de Minerve-Embasia, était, à leurs yeux comme aux yeux du peuple, nourri de surnaturel, le véritable *palladium* de la patrie. Constantin n'était pour eux qu'un soldat qui cherchait le salut de son peuple dans un vrai courage; mais les véritables soldats de Constantinople étaient les saints et les saintes de leurs cloîtres protecteurs de l'Église orthodoxe. Ils prêchaient au peuple mille fables absurdes de nature à le désintéresser de son propre salut.

« Les Turcs, disaient-ils, forceront demain, malgré tous les efforts de l'empereur et de ses Spartiates, la porte Saint-Romain; ils pénétreront jusqu'à la place de l'Hippodrome, cœur de la capitale; mais, là, un ange descendra des nuées; il remettra le glaive exterminateur à un vieillard assis au pied de la colonne et lui ordonnera de chasser les Turcs de la ville, de l'Europe et même de l'Asie jusqu'aux frontières de Perse, et Constantinople sera de nouveau la reine du monde. »

« Le peuple, dit l'historien contemporain Phranzès dans ses Mémoires, était tellement infatué de surnaturel et de théologie, que, si un ange lui était apparu en effet, et lui avait offert de le délivrer des Turcs à condition qu'il se réconcilierait avec les rites de l'Église latine, le peuple aurait préféré sa perte à son salut à un tel prix. »

XXX

Le fanatisme des Grecs était efféminé comme leurs âmes, celui des Ottomans était viril comme leurs bras. Mahomet II ne dormait pas plus que Constantin; mais quatre cent mille hommes se rassemblaient à sa voix contre cette poignée de soldats abandonnés à eux-mêmes au milieu d'une capitale ingrate.

L'aurore du 29 mai 1453 trouva ses quatre cent mille hommes rangés en ordre de bataille sous leurs pachas ou sous leurs émirs. Mahomet, en général consommé, ne livra au hasard et au mouvement désordonné d'un premier élan que les deux cent mille volontaires indisciplinés de Turcs asiatiques ou européens accourus sous leurs derviches ou sous leurs cheiks à cette croisade religieuse contre les chrétiens. Il les avait accumulés, comme un vil troupeau, abandonnés à leur impétuosité et à leur fanatisme, entre la ville et le camp, en proie au canon des bastions, pour lasser le petit nombre des défenseurs avant le combat et pour combler les fossés de cadavres. Quant à ses troupes disciplinées et aguerries, il en forma quatre colonnes compactes, distribuées à une certaine distance des murailles, dans la plaine de Thrace, dans la direction des portes que chacune de ces colonnes devait attaquer : la première, de cent mille hommes, près de la mer, en face de la porte Dorée; la seconde, de cinquante mille hommes, dans le creux du vallon où serpente le Syndacus, en face du fond du port et du palais des Blakernes; la troisième, au centre, un peu en arrière des deux autres, pour leur distribuer au besoin des renforts et leur rendre l'élan; enfin lui-même, au cœur et au front de ces deux cent cinquante mille hommes, attendait, avec ses vingt mille janissaires, le moment de porter le coup décisif au point où la fortune du combat lui ouvrirait la première brèche.

Monté sur un cheval turcoman qui rappelait aux Turcs leur première patrie, et qui les enorgueillissait de tous les pas faits de leurs déserts en Asie et en Europe, il passa au pas de son cheval devant son armée, haranguant, chacun dans sa langue, avec une éloquence brève et virile, ses bataillons et ses escadrons, au cri unanime de : « Dieu est Dieu! » Les trompettes d'Europe et les rauques tambours de la Tartarie allaient donner après cette revue le signal de l'assaut. Mahomet revint au petit pas à sa tente au milieu de ses janissaires.

XXXI

Pendant ces dispositions du sultan, l'infortuné Constantin, qui avait passé une partie de la nuit à disposer sa poignée de combattants sur les murailles et à haranguer vainement son peuple, pour lui communiquer son propre héroïsme, se disposait lui-même, non au triomphe, mais à la mort. Combattant de son Dieu autant que de sa patrie, malgré l'indifférence que les Grecs superstitieux lui reprochaient pour leurs querelles théologiques, honte et perte de leur empire, Constantin se rendit, suivi de tous les grands de sa cour, à l'église de Sainte-Sophie, pour y déposer l'hommage de sa vie et pour y puiser dans la religion de ses pères le courage et peut-être le bonheur de sauver ses autels. Il y assista à un court sacrifice comme il eût assisté à ses propres funérailles; il y reçut la communion des mains du patriarche; il y fit avec larmes une confesssion publique de ses péchés, pour offrir au ciel une victime pure; les sanglots du peuple attendri répondirent à cette confession et lui présagèrent le pardon de Dieu acheté par son sang répandu bientôt pour sa cause.

Après cette station suprême à Sainte-Sophie, Constantin rentra un moment au palais des Blakernes pour prendre congé des foyers de l'empire et de sa famille. Dans une harangue digne du rang, de l'heure, de la grandeur et de la tristesse des circonstances, il prononça, dit un de ses auditeurs, l'oraison funèbre de l'empire grec; puis, demandant humblement pardon de ses vivacités ou de ses négligences à ses grands officiers et aux derniers de ses serviteurs, il versa et il arracha des larmes à tout le palais. Montant alors à cheval dans le costume de simple soldat, et n'ayant conservé du costume de l'empereur que les brodequins brodés d'un petit aigle d'or et le manteau de pourpre agrafé sur son épaule gauche, il sortit une dernière fois pour aller combattre au premier rang.

XXXII

Mahomet II, de son côté, pour exciter toutes les passions de la guerre à la fois dans l'âme de ses troupes, venait de leur promettre, comme Amurat sous les murs de Thessalonique, la ville entière en dépouilles et ses habitants en esclaves.

« A moi la ville, disait sa proclamation à l'armée ; mais je vous abandonne les captifs et le butin, les métaux précieux et les belles femmes : soyez riches et heureux. Les provinces de mon empire sont nombreuses, l'intrépide soldat qui montera le premier sur les murs de Constantinople sera gouverneur des plus délicieuses et des plus opulentes, et telle sera ma reconnaissance, qu'il obtiendra plus de richesses et plus d'honneurs qu'il ne peut en rêver. »

On entendit, après la lecture de cette proclamation aux quatre armées, un frémissement d'impatience semblable au battement du cœur de quatre cent mille hommes devant lesquels on a étalé la proie qu'ils brûlent de dévorer. Mahomet, au moment où le soleil fit éclater les neiges de l'Olympe au-dessus de Brousse, abandonna enfin à leur ardeur les masses indisciplinées qui formaient son immense avant-garde. Elles se précipitèrent aux cris d'Allah! sur le rebord extérieur du fossé large de cent pieds sur toute l'étendue de cette ligne fortifiée de six mille pas qui leur dérobait la ville. Les pierres, la terre, les fascines que ces deux cent mille hommes jetaient dans le fossé ne suffisaient pas à le combler. Les canons et les tireurs de Constantin, abrités derrière les créneaux encore debout ou derrière les retranchements élevés pendant la nuit, étendirent des milliers de Turcs sur le revers du fossé extérieur; mais le nuage de flèches qui partait des arcs tartares et la fumée des canons des Grecs rabattue par le vent de mer sur les combattants, formèrent bientôt une telle obscurité entre les remparts et la plaine, que les artilleurs et les archers de Constantin ne pouvaient viser qu'au bruit contre ces masses invisibles d'assaillants. En vain les boulets et la mitraille jonchaient les rebords du fossé; ces masses, poussées par leur propre poids, se précipitaient d'elles-mêmes dans les flots, et formaient devant la porte Saint-Romain, surtout centre de l'assaut, une chaussée de cadavres pour servir de route à ceux qui accouraient après eux.

Après ce sacrifice de l'écume de l'armée, jetée ainsi à la mort pour assurer la victoire, les trois colonnes de l'armée régulière, formant ainsi deux cent soixante-dix mille combattants, s'avancèrent dans un profond silence à l'assaut. Les bras et le feu des neuf mille soldats de Constantin étaient déjà épuisés d'une lutte de deux heures. Ils n'avaient plus pour les séparer des Ottomans que des fossés à demi comblés de fascines, de sacs de terre, de morts et de débris de murs croulant sur leurs fondations minées. Mahomet II, s'élançant tour à tour à la tête de ses trois profondes colonnes, leur montra du geste la tour écroulée de la porte Saint-Romain, comme le centre où il fallait converger pour surmonter enfin ces murailles. Le manteau de pourpre de Constantin, qu'on apercevait par moments au sommet le plus exposé de la large brèche, servait de but aux Ottomans, de drapeau aux Spartiates et aux Italiens de l'enceinte.

Ce flux de deux cent mille guerriers venant battre le pied du mur au son de leurs tambours tartares, et au grondement continu de leurs dix-huit batteries, vomissant la mort sur la ville depuis le port intérieur jusqu'aux Sept-Tours; leurs cris sauvages, leurs nuées de traits, les milliers d'éclairs de sabres, répercutant le soleil sur cette mer d'acier, n'ébranlèrent pas le cœur de Constantin, de Justiniani, des Paléologues, et de leurs compagnons intrépides. Forts de leurs murailles, de leurs tours, de leur artillerie, de leur désespoir, ils repoussent pendant trois heures les mille assauts tentés par ces vagues d'hommes, tour à tour, sur toute la ligne du continent et du port; cinquante mille Ottomans, morts ou blessés, roulèrent dans les fossés ou dans la mer. Les boulets de Constantin, plongeant sur ces épaisses colonnes, emportaient des files entières de soldats; les pierres, les rochers, les solives, le feu grégeois, préparés pendant la nuit derrière les brèches, écrasaient, brûlaient, mutilaient ceux qui tentaient d'escalader ces débris de tours. Les trois têtes de colonnes s'arrêtèrent, flottèrent et refluèrent un moment vers le camp de Mahomet. Un long cri de victoire s'éleva avec des chants sacrés derrière les remparts, du sein de la ville. Constantin, Justiniani et les Paléologues, courant d'une porte à l'autre pour raffermir et féliciter leurs soldats, contemplent avec une lueur d'espoir, du haut des remparts, l'ébranlement et le reflux des Ottomans.

XXXIII

Mahomet II désespéra de la journée, et parut emporté dans la retraite. En vain les bourreaux de l'armée qui l'entouraient, pour punir les lâches, les frappaient pour les ramener au combat; ils ne pouvaient suffire à rétablir l'ordre dans cette mêlée de fugitifs. Il délibéra un moment avec lui-même s'il n'abandonnerait pas le siége, et s'il ne se contenterait pas du tribut offert par les Grecs. Mais l'aspect, les cris, les encouragements des vingt mille janissaires, immobiles jusque-là autour de ses tentes, et brûlant de venger seuls l'affront de l'armée, le décidèrent à s'obstiner à l'assaut. Il s'élança à leur tête, avec l'impétuosité d'un tourbillon, au centre d'attaque abandonné, en face de la porte Saint-Romain. La présence du sultan, à cheval, brandissant sa masse d'armes, la honte d'abandonner leur souverain, les reproches des janissaires, la voix de leurs derviches, rallièrent les colonnes ébranlées, et les ramenèrent au fossé. Mahomet y précipitait déjà ses janissaires; Constantin et Justiniani, ramenés à la porte Saint-Romain par la présence du sultan et par le retour des Ottomans, commandaient et combattaient sur la brèche.

Un trait, parti du groupe des janissaires qui entouraient le sultan, perça la cuirasse de Justiniani; soit que l'aspect de Mahomet, revenant à l'assaut avec cet océan d'hommes, fît enfin désespérer le héros génois de Constantinople, soit qu'il cherchât un prétexte pour abandonner sans déshonneur une cause désormais abandonnée de la fortune, soit qu'il y ait des bornes au courage humain, quand ce courage n'est inspiré que par la gloire et non par la patrie ou la vertu, tout l'héroïsme de Justiniani parut s'écouler avec le peu de sang qui coula de sa blessure; il descendit de la brèche, et, après avoir été pansé par le chirurgien de l'empereur au pied du mur intérieur, il demanda à se retirer à Galata, faubourg neutre de Constantinople, habité par ses compatriotes les Génois.

Ses compagnons de guerre s'étonnèrent d'une si pusillanime retraite du champ de bataille au milieu de l'action. Constantin, descendu un moment avec son général pour assister au pansement, le conjure de ne pas donner l'exemple du découragement au moment où ses troupes ont besoin du suprême courage; il lui représente la panique que son absence ou le bruit de sa mort va jeter dans les rangs de ses guerriers; rien n'émeut le lâche ou perfide Justiniani :

« Mais votre blessure est légère, lui dit enfin Constantin, le danger est extrême, votre retraite est la mort de l'empire; et d'ailleurs, par quel chemin vous sauverez-vous d'une ville cernée de toutes parts par nos ennemis?

» — Je me sauverai, répondit le blessé sans pudeur, en insultant aux désastres du héros qu'il abandonnait et en montrant la brèche ouverte par le canon turc au mur intérieur, je me sauverai par le chemin que Dieu lui-même a ouvert aux Turcs. » Et, en disant ces mots, il se sauva en effet en courant par cette brèche, traversa la Corne-d'Or sur une barque, et alla abriter sa vie et sa honte dans les murs neutres de Galata.

XXXIV

Cette fuite fut la déroute des assiégés; les Italiens, découragés par la défection de leur général, abandonnèrent sur ses pas une partie des postes qu'il leur avait confiés. En vain l'infatigable Constantin remonta presque seul sur les brèches et les défendit tour à tour avec ses Spartiates et avec les Paléologues, ses derniers soutiens. Mahomet II, voyant les remparts à demi déserts, et promettant un royaume à gouverner au premier janissaire qui escaladerait enfin la muraille, jette le délire de la bravoure dans l'âme de ses soldats. Ils plongent sous le feu dans le fossé à demi comblé de leurs morts. Un janissaire bulgare, d'une stature athlétique et d'un cœur capable d'animer une telle masse, nommé par les uns Hassan d'Ouloubad, par les autres d'un nom barbare de l'Europe du Nord, appliquant une échelle au mur, se couvrant d'une main de son bouclier, et brandissant de l'autre son long sabre, proportionné à la force de son bras, monte le premier au sommet du rempart, invulnérable aux pierres et au feu qui écrasent ou brûlent derrière lui dix-huit de ses compagnons. Pendant qu'il s'y fait place avec le seul poids de son bouclier de la main gauche, il tend la droite à douze autres janissaires qui remplacent les morts sur l'échelle. Renversé enfin par une pierre énorme lancée de plus haut par un des compagnons de Constantin, Hassan roule dans le fossé, se relève sur ses genoux pour remonter encore, et retombe évanoui sous une grêle de pierres.

Mais ses douze compagnons, bientôt rejoints par des centaines d'autres, combattent en désespérés sur la plate-forme que Hassan leur a ouverte, gagnant, de cadavre en cadavre, un terrain plus large sur la brèche désormais partagée entre les assaillants et les assaillis. Dans cette tumultueuse mêlée, on vit, du pied des remparts, l'intrépide Constantin combattant avec l'acharnement d'un soldat, tantôt avancer, tantôt reculer au milieu du groupe de ses Moréens, élevant de la main gauche son manteau de pourpre vers la ville pour invoquer le secours de ses derniers amis. Précipité à la fin du mur extérieur dans l'espace qui séparait les deux murs sur les cadavres de ses plus fidèles officiers, il se dépouille de son manteau impérial pour que son corps reconnu ne fût pas mutilé après sa mort, et, ne conservant que le costume et les armes d'un simple soldat, il combat jusqu'au dernier soupir sur la brèche de la porte Saint-Romain, afin que les Turcs n'entrent dans la ville impériale que sur le cadavre de son empereur.

Abandonné des siens, luttant presque seul avec une poignée de héros sous la porte, atteint d'un coup de sabre au visage, et frappé du tranchant d'une masse d'armes sur la nuque, il tombe en s'écriant : « N'y aura-t-il donc pas un chrétien pour me couper la tête et pour la dérober aux barbares? »

Quelques soldats, en fuyant, entendirent ces paroles sans pouvoir rendre ce funèbre service à leur empereur. Les janissaires, engouffrés sous la porte de Saint-Romain, passèrent sans reconnaître Constantin, et des monceaux de cadavres jetés du haut des remparts recouvrirent son corps.

Ainsi mourut le héros stoïque de la mort qu'il avait

choisie et cachée comme pour faire moins de honte à son empire, en satisfaisant obscurément à sa propre gloire. La nature, la patrie et la religion semblaient l'avoir réservé pour faire de son héroïsme et de sa vertu un éternel contraste et un éternel reproche à la déchéance de sa nation. L'histoire n'a pas été jusqu'ici assez attentive à ce grand homme. Elle doit à la vérité de l'élever d'autant plus dans sa gloire qu'il fut plus rabaissé et plus trahi dans sa fortune.

XXXV

Toute énergie était morte dans son peuple et dans son armée avec lui. Les Turcs submergèrent en un moment toute la ligne des murailles, fondirent par toutes les brèches, entrèrent en colonnes par toutes les portes. La ville était si grande, et la lâche indifférence des Grecs pour ceux qui combattaient tous les jours depuis cinquante jours pour leur salut était si vile, que les premières colonnes d'Ottomans parcouraient et pillaient déjà l'hippodrome et le palais des Blakernes pendant que les quartiers de l'Acropole, de Sainte-Sophie et de la mer de Marmara ignoraient encore l'invasion des Turcs et la mort de Constantin. Le bruit des janissaires courant dans les rues, forçant leurs portes, le fer, le feu, le meurtre, le viol de leurs foyers, leur apprirent seuls la catastrophe de leur empire. Ceux qui furent avertis à temps de l'extrémité du péril pendant la dernière mêlée sur les brèches sortirent en foule de leurs maisons avec leurs femmes, leurs vieillards, leurs vierges, leurs trésors, et se réfugièrent comme un troupeau dans l'immense enceinte de l'église de Sainte-Sophie avec la multitude des prêtres, des moines, des religieuses fuyant de leurs monastères pour s'abriter dans ce sanctuaire, que l'habitude leur avait enseigné à regarder comme inviolable. Plus de cent mille personnes pressées dans l'enceinte, dans les portiques, dans les galeries supérieures et jusque sur les toits du dôme, s'engouffrèrent et se barricadèrent dans cet immense édifice. Les unes espéraient quelque capitulation de la pitié et quelque temporisation salutaire à leurs familles de la férocité du vainqueur ; le plus grand nombre attendait avec une stupide crédulité l'apparition de l'ange annoncé par les prophètes populaires pour exterminer les Ottomans avant qu'ils eussent franchi la colonne de l'hippodrome.

Les coups de hache des Turcs qui brisaient les portes d'airain de Sainte-Sophie leur apprirent trop tard que les nations n'ont de murailles que leur patriotisme. L'aspect de cette multitude tremblante et désarmée désarma les soldats de Mahomet II. Sûrs par la proclamation du matin de posséder légitimement leurs captifs pour esclaves, et enrichis en espérance par les rançons que l'opulence des Grecs leur faisait espérer immenses, ils préférèrent la richesse et la beauté au sang. Aucun meurtre ne souilla le parvis de Sainte-Sophie. Les Grecs tendirent d'eux-mêmes les mains aux menottes des soldats. Les Turcs lièrent les mains des hommes avec les cordes et les courroies de leurs chevaux ; les femmes et les vierges avec leurs ceintures et leurs voiles. Ils accouplèrent deux à deux, comme de vils animaux qu'on mène aux bazars, les vieillards avec les enfants, les pontifes avec les balayeurs du sanctuaire, les sénateurs avec les esclaves, les jeunes nobles avec les chastes vierges des monastères « qui n'avaient jamais vu, dit l'historien Phranzès, la lumière du ciel qu'à travers la grille de leurs cloîtres, et à qui la sévérité des ordres monastiques ne permettait pas même de regarder leurs pères. Les cris des religieuses rougissant de la nudité de leur visage, des enfants arrachés à leurs mères, des mères séparées de leurs enfants, fendaient les cœurs ; les Ottomans eux-mêmes en étaient attendris. Soixante mille captifs ainsi liés sortirent de Sainte-Sophie, des monastères, des palais et des maisons de la capitale, et traversèrent pour la dernière fois les rues de leur ville natale pour être conduits sur les bâtiments de la flotte de Mahomet II, et de là emmenés en esclavage par leurs possesseurs dans toutes les villes et dans toutes les tentes de l'Asie. »

XXXVI

Le cardinal russe Isidore, qui avait combattu en soldat, laissa son chapeau de pourpre de cardinal auprès du corps d'un mort, pour faire croire aux Turcs qu'il avait péri dans la bataille. Les Turcs coupèrent la tête du cadavre et la promenèrent coiffée du chapeau de cardinal, tandis que le cardinal, déguisé sous l'habit d'un esclave, était vendu à bas prix à un Turcoman et conduit, pour soigner les troupeaux, à Satalie, d'où il s'évada pour rentrer à Rome. Le pillage promis par Mahomet II à ses soldats dura huit heures sans épuiser ni l'avidité des soldats, ni les richesses de Constantinople accumulées par un si long empire et par le commerce de l'univers. On évalue à quatre millions de ducats d'or les seuls trésors monnayés trouvés dans les maisons des particuliers. L'or, l'argent, les diamants, les perles, les vases et les ornements des palais ou des temples, représentaient une valeur incalculable. Ces dépouilles des palais et des églises étaient tellement avilies par leur nombre, que les statues brisées, les tableaux, les manuscrits précieux, les tapis de pourpre, les brocarts, les meubles de bois odorant, d'ivoire ou de nacre, servaient de litière aux chameaux des Asiatiques. Cent vingt mille volumes recueillis depuis Constantin dans les bibliothèques publiques chauffèrent les bains des barbares. Les Génois rachetèrent cependant en petit nombre des soldats les livres qui contenaient les trésors de philosophie, de poésie, d'histoire antique; ils les firent passer en Italie, où ces débris rallumèrent à Venise et à Florence la flamme éteinte des lettres grecques. Les chrétiens avaient abattu de même les monuments et incendié les bibliothèques à Alexandrie et à Athènes. Les croisés, aussi barbares que les Ottomans, avaient exercé les mêmes déprédations et les mêmes violences contre l'esprit humain à Nicée et à Constantinople, après l'assaut qu'ils avaient donné en passant à ces capitales chrétiennes. L'homme aime à détruire autant qu'à fonder, et ne croit jamais assez fonder s'il ne fonde sur des ruines.

XXXVII

Mahomet II, qui devait tenir sa promesse à ses soldats, ne voulait pas cependant autoriser par sa présence la dévastation de la capitale qu'il destinait à l'empire. A la fin du jour, il entra, pour rétablir l'ordre, dans la ville, à la tête de ses vizirs, de ses princes, de ses généraux, de ses janissaires.

Quoique accoutumé aux magnificences arabes de Brousse, la majesté des monuments, des dômes, des palais, des jardins, des places publiques, des amphithéâtres de Constantinople l'éblouit. Ces traces de marbre, de bronze et d'or des deux plus grands empires et des deux plus pompeuses religions du vieux monde lui révélèrent des grandeurs humaines qu'il ne soupçonnait pas; il ne se crut empereur d'Orient qu'en foulant enfin sous les pieds de son cheval ce sol où tout rappelait en effet l'empire romain. En passant sur la place de l'Hippodrome, semblable à la salle pavée de marbre d'un palais de nation, dont la voûte était le ciel, il admira les chefs-d'œuvre de sculpture dont cette place était jonchée. Il n'insulta pas aux statues des empereurs sur leurs piédestaux ou sur leurs colonnes; mais à l'aspect du groupe des *trois serpents* enroulés par le statuaire autour du tronc d'une colonne et dardant leurs langues symboliques des trois côtés de la place, il crut voir dans cette représentation énigmatique une idole adorée par les Grecs, et, d'un coup de sa hache d'armes au manche d'or, il abattit la mâchoire d'un des reptiles.

Pour satisfaire au fanatisme des derviches, et pour installer le Dieu de Mahomet dans sa nouvelle conquête avant de s'installer lui-même dans le palais de Constantin, il dirigea son cheval vers l'église de Sainte-Sophie, cette Kaaba de la religion vaincue aux yeux des Ottomans. Ses soldats achevaient de piller l'édifice. L'un de ces barbares, continuant, malgré la présence du sultan, à mutiler un marbre précieux du sanctuaire, Mahomet II le frappa de sa masse d'armes et l'abattit du coup à ses pieds : « Ne sais-tu pas que je vous ai livré les esclaves et les trésors, lui dit-il avec calme, mais que les monuments appartiennent à moi seul? » On emporta le soldat mourant hors de l'enceinte.

Mahomet, après avoir admiré la grandeur de l'édifice, l'élévation du dôme, second temple porté dans le ciel par les cent sept colonnes de porphyre, de marbre rose ou serpentin enlevées aux temples d'Égypte, de Balbeck et d'Éphèse, monta sur l'autel et y fit la prière musulmane, comme pour le purifier à jamais de l'idolâtrie que les Turcs reprochaient au culte des Grecs. Il ordonna que ce monument, composé de débris de tant d'autres cultes, mais le plus majestueux, dans sa barbarie, que le christianisme eût construit encore dans le monde, devînt la première mosquée des conquérants à Constantinople. Les *muezzim*, ou les crieurs qui invitent, du haut des minarets, les fidèles à la prière, montèrent par son ordre au sommet du dôme et firent entendre pour la première fois aux rues désertes de la métropole du christianisme en Orient le chant de : « *Dieu est Dieu! Dieu seul est grand; venez à la prière.* » On renversa les croix, on vida le temple des innombrables images de saints et de saintes, objets de la vénération et de la presque adoration des Grecs. Les architectes de Mahomet II commencèrent sous ses yeux à arracher les mosaïques de verre coloré qui forment les tableaux de la voûte.

« Arrêtez, leur dit-il, comme s'il eût puisé dans les histoires qu'il lisait en latin et en persan le sentiment de la vicissitude des empires; bornez-vous à recouvrir ces mosaïques d'une couche de chaux pour qu'elles ne scandalisent pas les croyants, mais n'arrachez pas de la voûte ces incrustations merveilleuses : qui sait si on ne les découvrira pas un jour dans un autre changement de fortune et de destination de ce temple? »

Les Italiens et les Grecs de la cour de ce prince qui rapportent ces paroles ajoutent que la religion de Mahomet II, altérée en lui par une éducation savante et cosmopolite, était au fond aussi dédaigneuse pour le fanatisme de ses derviches que pour les superstitions du christianime grec.

L'iman prêcha dans la chaire du patriarche et célébra la prière d'action de grâce, le *Te Deum* ottoman, sur ce même autel où l'infortuné Constantin avait vu le matin célébrer les mystères de sa foi et les funérailles de sa propre mort.

Mahomet, en sortant de Sainte-Sophie, se fit conduire au palais des Blakernes pour s'y installer lui-même avec l'empire. La solitude et la tristesse de ce palais, qui changeait de maître en moins d'un jour, émut et attendrit l'âme enivrée mais méditative du conquérant. Le triomphe ne lui déroba pas le deuil. L'ombre de Constantin, dont le sort était encore inconnu, remplissait ces portiques, ces salles, ce trône vides. Quelques vers persans, d'un accent mélancolique, montèrent à la mémoire de Mahomet II à l'aspect de ce monument des inconstances humaines.

« L'araignée, murmura-t-il en posant le pied sur le seuil, file sa toile dans la demeure des rois, et la chouette nocturne a attristé de ses cris sinistres les tours d'Afraziab. »

Scipion, en entrant à Carthage, avait récité ainsi un distique d'Homère sur la ruine de Troie. Les poëtes sont les interprètes des héros.

XXXVIII

Sa première pensée, en entrant dans le palais des Blakernes, fut de faire chercher le corps de l'infortuné Constantin, dont l'héroïsme avait à ses yeux grandi sa propre gloire. On le chercha sous les monceaux de morts qui jonchaient l'avenue de la porte Saint-Romain. Sa tête avait été coupée par les vainqueurs. On ne le reconnut qu'aux deux aigles d'or brodés sur ses brodequins. Deux janissaires se disputèrent la gloire de l'avoir combattu et immolé sous leurs sabres. Les Grecs, esclaves, pleurèrent en voyant passer le corps de leur empereur; les Turcs mêmes respectèrent en lui la majesté de l'infortune et la majesté de l'héroïsme. Mahomet II lui fit rendre les honneurs d'une sépulture chrétienne et impériale. S'il n'avait pu sauver l'empire, il avait du moins acheté son tombeau.

Le pillage et le désordre cessèrent avec la nuit. Ceux des habitants qui n'avaient pas été emmenés par les soldats sur la flotte furent garantis des outrages dans leurs maisons. Les grands dignitaires de la cour et du sénat, cachés ou réfugiés à Galata, reparurent. Mahomet se fit amener le grand-duc amiral et premier officier de l'empire, Notaras, qui gouvernait presque impérialement sous les derniers empereurs et dont les richesses égalaient celles de son souverain. Notaras étala devant Mahomet II les trésors de l'empire cachés dans le palais des Blakernes.

« Et pourquoi, lui dit en grec le sultan, n'avez-vous pas employé cet amas d'or au service de votre malheureux maître?

» — Ils vous appartenaient déjà dans ma pensée, et je vous les réservais, lui répondit l'astucieux adulateur; Dieu vous les gardait.

» — Si Dieu me les gardait, répliqua avec l'indignation du mépris Mahomet, pourquoi donc avez-vous eu l'audace de les retenir si longtemps, et de résister à celui que vous regardiez comme leur possesseur?»

Notaras attribua la résistance de la ville à l'inflexible héroïsme de Constantin et à l'ascendant des troupes étrangères sur la capitale. Mahomet, le trouvant trop vil pour le craindre et voulant rassurer en lui les nobles de l'empire, lui rendit la liberté et le renvoya, avec une escorte d'honneur, dans son palais. Il racheta en même temps de ses soldats tous les prisonniers illustres par leur naissance, leur rang, leurs richesses dans la capitale, et les couvrit de sa protection, ainsi que les membres du clergé et les moines célèbres par leur vertu ou leur science. Constantinople bénit quelques jours la générosité du vainqueur.

Le lendemain de son entrée triomphale, il sortit à cheval du palais, parcourut la ville avec un petit nombre de cavaliers, et alla rendre visite à la princesse, femme du grand-duc Notaras, qu'une infirmité grave retenait dans son lit. Il s'entretint respectueusement avec cette princesse, qui lui présenta ses fils.

En passant sur la place d'Augustion, il ordonna seulement d'abattre la statue équestre d'argent de Justinien tenant le globe surmonté d'une croix dans sa main et supportée par une colonne de porphyre.

Les têtes des principaux compagnons de Constantin tués dans l'assaut furent roulées sous les pieds du cheval, en allusion dérisoire à ce vœu des Orientaux : « Que les têtes de tes ennemis roulent aux pieds de ton cheval ! »

XXXIX

Mais, bientôt après, si l'on en croit les historiens grecs, Mahomet II, imitant l'orgie d'Alexandre à Persépolis, perdit pendant quelques jours, dans les fêtes de sa propre victoire, la magnanimité et la modération qu'il avait montrées après l'assaut.

Mais d'autres historiens contemporains, même parmi les Grecs, justifient Mahomet II de ces délires en avouant que Notaras et les nobles qui furent décapités avec lui avaient conspiré déjà avec ces envoyés étrangers un appel à la croisade européenne contre Mahomet, et en imputant ces supplices non à l'égarement du vin, mais au juste ressentiment du sultan récompensé de sa générosité envers Notaras par la perfidie et par l'ingratitude.

Le grand maître des cérémonies, Phranzès, ami et compagnon de guerre de Constantin jusque sur la brèche de la porte Saint-Romain, échut en partage au commandant général de la cavalerie des Ottomans. Il fut conduit en esclavage dans les pâturages de son maître au fond de l'Asie Mineure, mais traité avec les égards dus à son âge et à son rang. Quatre mois après le siége, on lui permit de venir à Andrinople marchander lui-même le prix de sa liberté. Il ne put racheter également celle de son fils et de sa fille en bas âge tombés en partage à Mahomet lui-même. Sa fille mourut dans le harem ; son fils, âgé de quinze ans, fut poignardé, dit-on, pour avoir préféré la mort à la corruption.

Soit que ces attentats sanguinaires flétrissent les mœurs du conquérant de Constantinople, soit que ces rumeurs difficilement échappées au mystère du sérail ne soient que la vengeance des vaincus, Phranzès, réfugié à Venise, les accrédite dans les récits de sa vieillesse par une impartialité et une modération qui, si elles ne prouvent pas le crime, attestent au moins la bonne foi.

Ces orgies et ces délires jurent trop avec la prévoyance et la tolérance de la politique de Mahomet pour être crus sur la parole de quelques proscrits justement aigris par la perte de leur patrie et de leurs familles. « Des témoignages pareils, dit M. de Salabéry, ne suffisent pas pour incriminer la mémoire d'un prince dont tous les actes démentent le crime de la mort de Notaras. Notaras conspirait; la clémence et la générosité de Mahomet, nées peut-être de sa politique, ne peuvent être contestées. »

Le cinquième jour après la conquête, il consacra par un acte authentique la liberté de conscience accordée par le Coran aux vaincus. Il ne revendiqua pour les musulmans que la moitié des églises de Constantinople, laissant l'autre moitié aux chrétiens. Au lieu de persécuter ou même de mépriser le culte opposé au sien, mais devenu le droit de ses nouveaux sujets, il lui donna, avec une affectation de respect aussi juste que politique, tous les honneurs qu'il décernait à sa propre foi. Le patriarche Gennadius, amené en pompe au palais des Blakernes, revêtu de ses habits pontificaux, et au milieu du cortége de ses prêtres, reçut de lui l'investiture du patriarcat. « Je veux, lui dit le sultan, exercer envers les chrétiens et leur pontife les mêmes droits et la même protection qu'exerçaient avant moi vos empereurs. »

Assis sur son trône, le sultan remit au patriarche la

crosse pastorale et la couronne, signe de son autorité spirituelle. Après la cérémonie d'investiture, Mahomet, sans s'inquiéter du murmure de ses derviches, prit devant Gennadius l'attitude de la déférence et presque de l'infériorité du pouvoir humain envers le pouvoir divin. Il reconduisit le patriarche jusqu'à la porte extérieure du palais, lui présenta un cheval caparaçonné d'or et de pierreries, l'aida à y monter; et fit quelques pas en tenant par la main les rênes du cheval. Les vizirs, les pachas, l'aga des janissaires et une suite nombreuse de gardes escortèrent le patriarche jusqu'au palais que le sultan lui avait fait préparer. Le partage égal des mosquées et des églises se fit au gré des deux religions. Le sultan assista lui-même aux pompes des cérémonies et des processions chrétiennes, non comme fidèle, mais comme souverain impartial des deux cultes qui désormais se divisaient son peuple. Les Grecs, étonnés d'une tolérance qu'ils n'avaient pas les uns pour les autres, élevèrent jusqu'au ciel leurs bénédictions pour Mahomet II.

Inquiet de la dépopulation de la capitale par les assauts, par l'esclavage et par la fuite, le sultan rappela par les caresses et par les menaces les fugitifs de toutes les provinces d'Europe et d'Asie. Tous ceux qui n'avaient pas fui jusqu'en Italie sur les vaisseaux des Vénitiens, ou que leurs maîtres ne retenaient pas en servitude, rentrèrent à la voix d'un conquérant qui leur rendait, non l'empire, mais la religion et la patrie. En peu de mois, Constantinople compta plus de Grecs que d'Ottomans dans ses murs.

Mahomet, cependant, songeait à y fixer le foyer de l'empire. Par ses ordres, une armée de mineurs, d'architectes, d'ouvriers, aplanit l'espace de huit stades occupé jadis par l'Acropole, à l'extrémité de la langue du continent qui porte les sept collines, qui va mourir dans le Bosphore, et qu'on nomme aujourd'hui la pointe du sérail. C'est sur cet espace, légèrement renflé au milieu, et fermé par une haute muraille du côté de la ville pour le garantir contre les séditions et les tumultes imprévus d'une grande capitale, incliné en pente douce des trois autres côtés sur la mer de Marmara, vers l'embouchure du Bosphore, enfin vers la Corne-d'Or, que Mahomet II éleva les premiers palais qui forment le sérail, ce Versailles des Ottomans.

Nul site dans le monde ne fut jamais mieux approprié pour devenir le piédestal d'une imposante monarchie. Adossé à l'antique capitale de l'empire gréco-romain, qu'il semble laisser avec mépris s'ensevelir sous ses monuments ruinés et sous ses vaines murailles; planant du haut de ses kiosques sur l'horizon borné par l'Olympe de l'Asie Mineure; ayant pour avenues la mer étincelante de la Propontide, les Dardanelles, le canal de Thrace, la mer Noire ou le Pont-Euxin, ces trois mers réunissant leurs eaux dans la rade profonde et limpide de la Corne-d'Or pour lac intérieur; les collines verdoyantes de l'Europe l'abritant des souffles du nord; les rochers, les ruines, les forêts, les châteaux du Bosphore, conduisant par de tortueux détours les regards de village en village, ou de solitude en solitude, jusqu'à la sombre embouchure de la mer Noire, cette autre Méditerranée des Ottomans; les platanes et les cyprès majestueux des jardins entrecoupant de leurs ombres les minarets des mosquées et les toits à demi voilés de ces palais du mystère; les eaux murmurantes du Syndacus ou des aqueducs de Justinien, amenées de fontaine en fontaine à travers la ville qu'elles abreuvent, et jusque dans les mille bassins de marbre des parterres du harem, puis se répandant en larges nappes sur les pelouses vertes qui forment le cap avancé du sérail, au murmure et à l'écume du confluent des deux mers dont ce cap est éternellement caressé : tel était, et tel est encore le lieu de force, de silence et de délices, où Mahomet II changea ses tentes en palais. Seulement ces palais gardent encore quelque image de la grâce, de la légèreté et de l'instabilité de la tente. Presque entièrement construits en bois de cèdre sur des soubassements de pierre; ouverts aux brises de la terre et de la mer comme par des rideaux de tente relevés des deux côtés des portes; dressés plutôt que bâtis au milieu de jardins et de groupes d'arbres qui rappellent les pâturages de l'Asie; terminés par des multitudes de dômes qui imitent les plis de la toile; cernés de galeries et de grillages; festonnés d'arabesques, auxquelles s'enlaçaient les fleurs et les plantes grimpantes des deux climats; on sentait dans ces constructions le camp, la tribu, la vie pastorale à peine transformée par la vie guerrière; on y sentait et on y sent encore le despotisme, la contemplation et la volupté des mœurs d'Orient. Quand on pénètre de nos jours dans cette vaste enceinte précédée d'une longue avenue de cours, de casernes, de trésors gardés par le silence et la terreur du lieu abandonné depuis deux règnes, on s'égare dans un labyrinthe de palais, de kiosques, de jardins, séparés des sultanes, murés et grillés comme des cloîtres, où des parterres embaumés de jasmins et des jets d'eau au monotone murmure consolaient jadis les yeux et enchantaient les oreilles des odalisques favorites des successeurs de Mahomet II. Une épaisse forêt de sapins plantés entre le port et les murs élevés de ces enceintes intérieures projette ses ombres sur ces invisibles jardins.

Mahomet II, après avoir repeuplé la ville et commencé ces constructions du sérail, ramena l'armée à Andrinople, chargée des dépouilles de l'empire romain. La flotte emporta à Gallipoli, à Moudania et à Thessalonique les soixante mille esclaves dont la rançon allait enrichir les tribus tartares de l'Arménie et de la Caramanie.

« Ici, dit un de ces expatriés de la conquête, on voyait un soldat vêtu d'habits sacerdotaux ; un autre menait des chiens en laisse, accouplés par une ceinture dorée de pontife ; celui-ci buvait du vin dans un calice ; celui-là mangeait dans les patènes sacrées ; des chariots innombrables emportaient dans les provinces les meubles, les étoffes, les femmes, les vierges, les enfants de la capitale conquise. Des troupeaux d'hommes, enchaînés deux à deux, étaient mêlés aux troupeaux de chameaux, de bœufs et de chevaux que les vainqueurs chassaient lentement vers les montagnes. »

Ainsi finit, en 1453, après mille ans de splendeur, la dernière capitale de l'empire romain, devenue la capitale d'un peuple dont les Romains ne connaissaient pas même le nom. L'empire était tellement anéanti avant l'anéantissement de la ville de Constantin, que la chute de Constantinople retentit à peine en Europe, et que les Turcs saccagèrent une des villes mères du monde chrétien sans que le monde chrétien s'émût d'horreur ou de pitié pour elle. Les Romains avaient lassé l'admiration, les Grecs dégénérés avaient lassé le mépris de l'univers. Un seul homme protestait contre la fortune des Ottomans, et cet homme était un chef de montagnards, inconnu du monde : Scander-Beg.

Revenons à l'Épire.

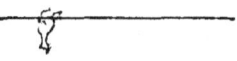

LIVRE TREIZIÈME

I

L'entrée de Mahomet II à Andrinople après la conquête de Constantinople, en 1453, rappelle les triomphes des Césars à Rome. Une foule de sénateurs, de grands officiers du palais de Constantin, de femmes et de filles des familles augustes de l'empire byzantin suivaient à pied dans la poussière le cheval du conquérant. Dans ce nombre, mais en vêtements de deuil, et les yeux noyés de larmes sur le sort de son époux et de ses fils, on voyait la princesse, femme du grand-duc Notaras supplicié avec ses enfants pour avoir conspiré après son pardon. Cette veuve mourut de sa douleur et de sa honte, peu de jours après le triomphe qu'elle avait décoré. Mahomet, qui l'avait distinguée, comme on l'a vu, à Constantinople, pour sa vertu et pour ses talents, ne lui imputait pas les torts de son mari; et comme pour protester contre sa propre cruauté, qui venait de lui faire subir si durement la loi du vainqueur, il la fit ensevelir avec la pompe chrétienne de sa religion, et lui éleva un mausolée.

La vengeance suivit de près le triomphe. Le grand vizir Khalil, quatrième vizir de la famille de Tschendereli, cause des deux déchéances de Mahomet II, objet d'un ressentiment secret dans l'âme du sultan, suspect d'intelligence avec les chrétiens avant et pendant le siége de Constantinople, avait enfin acquitté à contre-cœur peut-être la promesse qu'il avait faite à son maître de lui donner la capitale des chrétiens. Les vizirs, ses subordonnés, et les troupes, pour rejeter sur un autre la lenteur et les insuccès des premiers assauts, l'avaient souvent accusé de s'entendre avec Constantin pour sauver la ville et pour conclure une paix dont les Grecs lui auraient payé secrètement le prix. On ne voit pas de fondements à ces murmures et à ces accusations dans la conduite de Khalil. Constantinople avait succombé; il avait conduit avec mystère et célérité les préparatifs immenses de la campagne, il ne pouvait effacer ses torts d'un autre règne dans l'esprit de son maître que par un triomphe dont le mérite lui serait justement attribué. Ce triomphe, il l'avait donné rapide et complet à Mahomet. La date de son vizirat était désormais liée dans la mémoire des Ottomans au plus éclatant succès de l'empire. L'envie seule, ou l'ingratitude, pouvait s'élever contre lui. C'est vraisemblablement à la grandeur du service qu'il en dut le prix. A peine avait-il ramené le sultan vainqueur dans le palais d'Andrinople, que Mahomet le fit appeler, lui reprocha sa prétendue connivence avec Constantin et Notaras, dont il avait, lui dit-il, reçu les présents pour amortir l'ardeur des Ottomans à la conquête de ce reste d'empire. Un autre jour, le sultan, passant à cheval devant la cour d'un paysan, où un renard enchaîné agitait vainement sa chaîne : « Pauvre fou, dit avec une amère plaisanterie, Mahomet au renard en présence du grand vizir, pourquoi ne t'es-tu pas adressé à Khalil pour acheter ta liberté, tu ne serais pas ici. »

Khalil, assez averti par ces indices du danger qui planait sur sa tête, feignit la lassitude des affaires et se prépara au pèlerinage de la Mecque, pour sanctifier, disait-il, sa vieillesse, mais en réalité pour laisser s'amortir l'envie et passer l'orage. Mais il tarda trop au gré de ses ennemis à accomplir ce dessein. Mahomet II, qui ne voulait devoir qu'à lui-même, aux yeux des Ottomans, la conquête de la première ville de l'Orient, pressé par les ennemis de Khalil dans le divan et par ses propres ressentiments, fit jeter le grand vizir, au sortir du conseil, dans la prison d'Andrinople. Après quarante jours d'angoisses et de vaines supplications au sultan, les bourreaux entrèrent dans son cachot, lui laissèrent à peine le temps de faire sa dernière prière, et lui tranchèrent la tête. Ce grand homme, trop fidèle à Amurat II, et trop fidèle à son fils, après lui, subit la peine de ses trop grands services avec la résignation d'un sage.

« Jetez ma tête, dit-il aux chiaoux, aux pieds du sultan ; je n'ai plus autre chose de grand à lui donner. »

La tête de Khalil fut exposée le matin aux portes du sérail. Les cent vingt mille ducats d'or qui composaient son immense fortune passèrent de son trésor dans le trésor de Mahomet II. Ce fut Khalil qui ouvrit le premier, par le supplice d'un innocent, cette longue série de grands vizirs suppliciés qui ensanglante les annales de l'empire. Hommes trop grands pour des sujets que le peuple et le souverain se jettent tour à tour en expiation : le peuple, parce qu'il les hait ; le prince, parce qu'il les redoute.

II

Un Servien, Mahmoud-Pacha, fils d'une Grecque, qui n'avait pas une goutte de sang turc dans les veines, fut nommé grand vizir à la place de Khalil. Mahmoud, enlevé dans son enfance par les Turcs à Selymbria, avait été, comme Scander-Beg, élevé parmi les pages. Il avait plu à Mahomet II par son intelligence et par sa fidélité dans le maniement du trésor impérial.

L'année qui suivit la prise de Constantinople (1454) ne fut remplie à Andrinople que par des vicissitudes de vizirs et par les expéditions de Tourakhan, le général de Mahomet en Grèce et en Épire, pour compléter l'extinction de l'empire byzantin dans ces provinces par la soumission des frères ou des parents des Paléologues. Les ambassadeurs des puissances chrétiennes d'Italie et du Danube, atterrés par la force du coup qui avait fait écrouler Constantinople, vinrent successivement complimenter Mahomet II sur sa victoire. Une rapide expédition en Servie, conduite par le sultan lui-même au printemps de l'année suivante (1455), lui donna la ville opulente de Novomonte, d'où les mines d'argent coulèrent désormais dans son trésor.

Après avoir remis l'armée à ses lieutenants, Mahomet, pour accoutumer ses sujets au changement prochain de capitale, se rendit avec sa cour à Constantinople, où il inaugura le nouveau sérail par les fêtes et les voluptés du harem où il avait rassemblé les plus belles odalisques grecques réservées pour le charme de ses yeux. Tout pliait devant lui en Servie, en Grèce, en Macédoine, sur les bords du Pont-Euxin, en Asie et dans l'Archipel. L'ordre religieux de Saint-Jean de Jérusalem lui-même lui envoyait des chevaliers, déguisant sous le nom de présents volontaires les tributs que cet ordre payait au sultan pour la possession de quelques-unes de ses îles. Une telle indépendance, même nominale, ne convenait plus au conquérant. Il venait d renverser un empire, il ne pouvait tolérer la rivalité d'u monastère de guerriers contre la toute-puissance d'un peuple. Après des négociations vaines et irritantes entre les vizirs et le grand maître de l'ordre pour convertir les présents en tribut, Mahomet, offensé de cette insolence, rassembla de tous les ports de l'Euxin, de la mer de Marmara, de la Grèce et de l'Asie, la flotte dispersée de Constantinople pour assiéger Rhodes, où l'orgueil des chevaliers défiait ses armes. Hamza, capitan-pacha, arma et chargea de troupes et de canons trois cents galères, navires ou vaisseaux de toute forme, pour porter à Rhodes la loi de son maître.

Hamza promena vainement ces trois cents voiles devant les îles et devant Rhodes. Il rentra après deux mois de navigation sans rapporter au sultan autre chose que des paroles et des traités ambigus où les insulaires reconnaissaient et contestaient à la fois la souveraineté des Turcs.

« Si tu n'avais pas été l'ami de mon père, dit rudement le sultan à son amiral, je te ferais écorcher vivant. »

Un beau jeune homme, Grec de naissance, favori du sérail de Mahomet, nommé Younis, reçut le titre de capitan-pacha. Younis, écumant la mer et les rades de l'Archipel, se borna à envoyer au sultan une jeune Grecque d'une beauté incomparable, prise, contre les traités, sur un navire de Mitylène. Doria, noble génois qui possédait en souveraineté une de ces îles, détourna les armes d'Younis en envoyant sa fille unique en présent à Mahomet. La colère et l'ambition de ce prince fléchissaient seulement devant ces dépouilles vivantes dont il décorait ses harems.

III

Il employait les autres dépouilles de l'Archipel à la décoration de sa nouvelle capitale. Il construisait à Constantinople la célèbre mosquée d'Abou-Aïoub, sur le tombeau de l'hôte du prophète qui était venu mourir autrefois au siége de Byzance. C'est dans cette mosquée, consacrée depuis au couronnement des empereurs, que les sultans, à leur avénement au trône, viennent ceindre le sabre, sceptre des conquérants.

Il construisit en même temps onze autres mosquées dans la ville pour le service du culte de son peuple. La plus mémorable est la *mosquée de la Conquête*, qui porte aussi le nom de *mosquée de Mahomet II*. Une terrasse nivelée sur la colline culminante de Constantinople, entre la mer de Marmara et la Corne-d'Or, sert de piédestal à cet admirable monument de l'architecture ottomane. Les coupoles en plomb, brillant comme les vagues de la mer au soleil, sont supportées par des colonnes de granit rose d'Égypte et de marbre corinthien. Un vaste parvis carré couvert aussi de quatre dômes de plomb entoure l'édifice ; des divans de marbre poli règnent alentour pour servir de siéges aux croyants ; des fontaines jaillissantes le rafraîchissent ; des cyprès y projettent leur ombre immobile ; des inscriptions en lettres d'or y gravent le passage du Coran où le prophète annonçait la conquête de la capitale de l'Orient au dogme à peine éclos du Dieu unique dans une tente de l'Arabie : « Ils prendront Constantinople ; et heureux le prince, heureuse l'armée qui en feront la conquête ! »

Huit colléges ou médressés, hautes écoles de théologie et de jurisprudence, de philosophie, d'histoire, de poésie, entourent la mosquée. D'innombrables cellules gratuitement consacrées aux étudiants et aux professeurs s'élèvent au-dessus des salles où l'on donne les leçons publiques. Un *imaret* ou cuisine perpétuelle pour les pauvres, où les étudiants et les indigents trouvent deux fois par jour la nourriture du corps ; un hospice d'insensés, un hospice pour les malades, un caravansérai pour les voyageurs sans abri, une bibliothèque publique, une citerne banale pour les hommes et les animaux, des bains chauds pour le peuple, enfin un cimetière ombragé de cyprès pour le repos éternel des croyants, complètent ce groupe d'édifices compris dans l'enceinte de la *mosquée du Conquérant*. Une civilisation qui concevait de tels monuments, l'art qui les décorait, la charité qui les consacrait à la religion, à l'intelligence, aux misères du peuple, sembleraient presque rivaliser avec les monuments et avec les institutions du Vatican.

Pendant ces années calmes du règne de Mahomet II, la sultane Aïché, sa fille favorite, et la sultane Sitti, une de ses épouses, fille du prince caramanien Soulkadar, élevaient elles-mêmes des temples pareils avec l'or que leur prodiguait le sultan. L'administration de l'empire, ébauchée par Amurat II et par les quatre vizirs successifs de la famille Tschendereli, s'organisait sur le triple principe religieux, patriarcal et militaire, base de la constitution ottomane.

Le gouvernement prenait le nom de *Porte Ottomane*, par analogie avec la porte de la tente où se traitaient dans le désert toutes les affaires de la tribu. On y ajouta le nom de *Sublime Porte*, par allusion à la majesté de l'armée qui gardait l'entrée du palais comme elle avait gardé l'entrée de la tente du chef de tribu. Le vizir commande les troupes qui gardent le seuil du souverain. Une seconde *porte* du palais, nommée *porte des Félicités*, conduit à l'appartement des femmes ou aux harems. Par mémoire aussi des quatre colonnes qui supportaient jadis la tente des Turcomans, les ordres de fonctionnaires de l'État furent divisés en quatre : ces quatre colonnes de l'État furent les *vizirs*, les *cadiaskers*, les *defterdars*, les *nischandjis*. Le cérémonial et l'étiquette de la cour des sultans furent réglés sur des hiérarchies plus sévères. Les esclaves ne purent plus manger à la table du sultan. Un trône fut dressé pour lui dans les fêtes publiques; les grands, en défilant devant lui, baisèrent sa main.

Une loi sanguinaire, fondée, comme tous les crimes d'État, sur un prétendu salut public, érigea le fratricide en droit dynastique dans la personne des sultans montant sur le trône.

« La majorité des légistes, dit ce préambule de la loi de sang de Mahomet II, a déclaré que ceux de mes fils ou de mes petits-fils qui monteront au trône pourront faire tuer leurs frères pour assurer le repos du monde. En conséquence de cette déclaration, mes fils et petits-fils devront se conformer à cette loi. »

Ainsi le trône plaçait le sultan régnant hors de l'humanité; la vie dans ses enfants et petits-enfants devenait un crime. Le principe de l'autorité demandait à haute voix des victimes humaines et désignait ces victimes dans son propre sang. Entre deux frères sortis du même sein et qui se chérissaient la veille, l'un devenait fatalement et légalement victime; l'autre, plus fatalement bourreau. La politique n'avait jamais donné avec une plus atroce audace un démenti à la nature. Les Ottomans alléguaient, pour justifier cette législation du meurtre et du fratricide, l'assassinat des cinquante frères d'Ochus, fils d'Araxerce, et de Phraate IV, autre souverain des Arsacides, qui tua son fils aîné et trente de ses frères pour s'assurer la paix du règne.

Mahomet II étendit sa prévoyance sanguinaire à tous les fils des sultanes qui naîtraient dans le sérail ou dans la maison de leurs maris. Il fut défendu de nouer le cordon ombilical à ces enfants mâles, de peur qu'ils ne prétendissent un jour au trône en vertu du sang impérial qui coulait dans leurs veines. Cette loi du meurtre; longtemps pratiquée jusqu'à nos jours, s'étendit par analogie jusqu'aux enfants mâles des nièces et des petites-filles du sultan.

Le prophète avait trouvé en Arabie l'usage contraire de noyer en naissant les filles, trop inutiles ou trop onéreuses à la tente. Il avait aboli cet usage par la malédiction du

Coran. L'interprétation des légistes turcs le rétablissait en l'appliquant aux mâles dans la seule famille de leurs souverains.

IV

Mahomet II, à l'exemple de ses prédécesseurs, avait jusque-là présidé le divan ou le conseil des vizirs, devant lequel tous les Ottomans pouvaient apporter leurs requêtes. Un jour, un Turcoman d'Asie, venu à Constantinople pour se faire rendre justice, entra avec ses habits souillés de poussière dans le divan, et s'adressant avec une grossière familiarité aux vizirs : « Quel est donc, leur dit-il, celui d'entre vous tous qui est le sultan? »

Le grand vizir Mahmoud-Pacha, indigné de cette insolence, représenta à Mahomet le danger de laisser profaner ainsi la majesté du caractère impérial. Mahomet, de ce jour, cessa d'assister au divan, présidé seulement depuis par le grand vizir. Quatre fois par semaine, ce premier dignitaire de l'empire se rendait au sérail suivi de tous les autres vizirs; les ministres et les dignitaires inférieurs, arrivés avant lui dans la salle du divan, l'attendaient rangés en haie, les bras croisés sur leur poitrine, les mains cachées sous leurs larges manches. Le grand vizir, après avoir reçu et rendu leur salut, les traversait et s'asseyait sur le divan plus riche qui marquait sa place. Une suite nombreuse de chambellans, de chiaoux, gardes intérieurs, exécuteurs des ordres et des supplices, accrut la terrible majesté du divan.

Les juges d'armée, ou *cadiaskers*, y assistaient assis au premier rang après les vizirs : ils administraient la justice et nommaient les juges secondaires.

Les *defterdars*, ou teneurs de registres, venaient ensuite : c'étaient les administrateurs supérieurs de l'empire.

Les *nischandjis*, ou secrétaires d'État, étaient chargés de signer le chiffre du sultan sur les actes émanés du divan impérial.

V

Un grand nombre d'agas militaires ou civils, à la tête desquels était l'aga des janissaires, se partageaient les commandements intérieurs et extérieurs du palais. Les uns commandaient la cavalerie ; les autres, l'infanterie et l'artillerie des deux armées d'Europe et d'Asie. Le kapou-aga ou aga de la Sublime Porte était un eunuque blanc, ayant sous ses ordres quarante autres eunuques blancs chargés de la tutelle des pages du sérail. Le chef de ces eunuques blancs accompagnait partout le sultan ; il lui présentait le turban ; il étendait devant lui le tapis pour la prière sur le pavé de la mosquée ; il léchait plusieurs fois la place avant d'y déplier le tapis, pour s'assurer si le sol n'était pas empoisonné ; il avait la clef du trésor particulier du sultan ; il portait lui-même les mets sur la table ; il préparait seul et goûtait les sorbets, les confitures, les glaces, les vins et l'eau destinés à l'empereur.

Les chefs de la première chambrée de pages élevés dans l'intérieur du sérail habillaient, déshabillaient le sultan.

Quatre agas se partageaient avec lui les services d'honneur du prince régnant : l'un était grand chambellan ou *khas-soda-baschi*; l'autre, *silihdar-aga* ou porte-sabre; le troisième, *tschokadar-aga* ou porte-manteau; le quatrième, *rikiabdar-aga* ou teneur de l'étrier. Des muets, des nains, des chanteurs, des musiciens, des bouffons, puérilités, jouets, histrions ou délassements de sa cour, étaient logés et entretenus avec cette nuée de pages. Ces enfants, pépinière de fonctionnaires et d'officiers, recevaient des leçons des premiers professeurs de sciences et d'arts de la capitale. Leur sérail particulier, bâti dans les avant-cours du sérail du sultan, était une sorte d'école civile et militaire privilégiée, entretenue avec un luxe impérial.

VI

Les begs, les beglerbegs, gouvernaient les provinces; ils étaient chargés de faire livrer au sultan par les possesseurs de fiefs ou sandjaks les hommes ou les impôts auxquels leurs fiefs étaient astreints dans la guerre ou dans la paix. Le seul recrutement de ces sandjaks fournissait cent mille cavaliers à l'empire. Les impôts réguliers s'élevaient à un revenu de deux millions de ducats d'or.

Le corps des *oulémas* ou des légistes fut également organisé sous Mahomet II, d'après des traditions et des habitudes plus précises. Dans une législation toute théocratique, contenue dans un seul livre sacré, éclairci par de nombreux commentaires, les oulémas sont les interprètes absolus de la loi. La prière appartient aux imans ou au clergé ; l'esprit civil de la religion, appliqué aux mœurs, appartient aux oulémas. Cette attribution mixte, qui les immisce à la fois dans la théologie et dans la politique, leur donne une immense supériorité sur le clergé purement sacerdotal des mosquées. Ils sont à la fois le corps enseignant de qui relèvent tous les étudiants, si nombreux parmi les mahométans, les juges, les jurisconsultes, les lettrés, les professeurs, les commentateurs, les casuistes, les interprètes du texte et des traditions, les savants authentiques, les examinateurs de l'empire ; enfin ils forment un corps ayant dans le muphti sa tête, et dans les diverses catégories d'oulémas ses membres distincts, indépendants et souvent supérieurs en autorité morale au gouvernement luimême. Contre-poids du despotisme absolu du sultan et des vizirs, ils exercent souvent eux-mêmes le plus absolu et le plus incorrigible des despotismes, celui de l'opinion.

VII

Ces monuments, ces magnificences, ces hiérarchies et ces institutions achevées, vers 1456, Mahomet II fondit de nouveau sur la Grèce, encore partagée entre les deux frères du malheureux Constantin, Démétrius et Thomas Paléologue, qui la déchiraient en se la disputant. Son grand amiral, Younis-Pacha, continuait à rançonner les îles. Il ramena de la seule île de Lesbos, cette fleur de l'Archipel, où la nature humaine est aussi féconde que la végétation, cent jeunes vierges et cent jeunes garçons d'une admirable beauté pour les palais de Mahomet II.

Doria, après avoir obtenu du sultan sa grâce par le don et par l'intercession de sa propre fille, égorgea dans Chio les Turcs qu'on lui avait laissés pour recevoir le tribut. Cette perfidie alluma la fureur de Mahomet. Il allait monter lui-même sur sa flotte pour exterminer les îles et la Morée, quand Huniade, longtemps assoupi et même, comme on l'a vu, son complice au siége de Constantinople, le rappela sur le Danube.

Les puissances chrétiennes, soulevées enfin à la voix d'un nouveau pontife, le pape Calixte III, formaient trop tard une dernière croisade pour venger Varna et Constantinople. Huniade, vieilli, mais brûlant de mériter le trône de Hongrie pour son fils, avait été choisi par Calixte III et par les États confédérés de l'Italie et de l'Allemagne pour le champion de cette croisade contre les Turcs.

La France, lasse de chevalerie, l'Angleterre rebelle au pape, l'Allemagne occupée de ses propres anarchies, avaient refusé de se coaliser avec la république de Gênes, de Venise, de Raguse, et avec la Pologne et la Hongrie, tantôt alliées, tantôt ennemies des Turcs pour des intérêts de frontières, de commerce et de marine où la religion n'était plus que le prétexte de la cupidité. Scander-Beg, lui-même, flatté par Mahomet II, et jouissant d'une trêve tacite avec ce prince, ne s'occupait qu'à consolider sa puissance en Albanie, redoutant les Vénitiens et les Hongrois autant que les Turcs.

Huniade, nommé généralissime de cette faible confédération, l'agrandit par son courage. Héros des Hongrois malgré ses revers, il ne songeait plus qu'à laisser à son pays une mémoire souveraine qui pût après lui couronner sa maison. Il choisit la ville inexpugnable de Belgrade, à l'entrée de la Servie, pour l'avant-poste de la confédération ; il y dirigea vingt mille Hongrois, Polonais, Transylvains, Italiens confédérés pour saisir cette clef de la Turquie, et pour la défendre contre Mahomet II, pendant qu'il rassemblait lui-même à Pesth, capitale des Hongrois, l'armée d'expédition qui devait, sous son commandement, traverser bientôt le Danube.

La dissimulation, les fausses apparences de paix, le mystère, les paroles trompeuses couvraient, selon son habitude, ses préparatifs de guerre. Les espions dont la politique vigilante de Mahomet éclairait les bords du Danube ne laissèrent pas de doute à ce prince sur les desseins d'Huniade. Il apprit que vingt mille soldats d'élite avaient déjà passé le fleuve, et que les fortifications et les armements de Belgrade annonçaient un plan de campagne dont cette ville était la base. Il résolut de prévenir Huniade, et d'écraser dans Belgrade la tête de sa confédération avant qu'elle pût organiser et faire mouvoir tous ses membres. Rappelant d'Asie, de Gallipoli, de Constantinople, de Thessalonique, les détachements de son armée déjà en mouvement pour la campagne de Grèce, il marcha avec cent cinquante mille hommes, par la vallée de Philippopolis, de Sophia et de Nissa, sur Belgrade.

Sa flotte, composée de trois cents bâtiments légers propres à remonter le cours du fleuve, reçut l'ordre de sortir de la Corne-d'Or, où son amiral, Younis, la tenait alors à l'ancre, d'entrer dans la mer Noire, d'en suivre les côtes jusqu'à Varna et de venir par le Danube bloquer les Hongrois par le fleuve pendant qu'il donnerait l'assaut par terre.

La promptitude du sultan déconcerta Huniade. Mahomet II établit son camp sur les deux flancs des deux chaînes de collines qui forment une avenue tortueuse à la ville du côté de la Servie. Il couvrit le vallon intermédiaire de ses tentes ; il éleva contre les sorties des assiégés des fortifications de terre couvertes de son artillerie de siége. Sa flotte, remontant le Danube, passa le même jour sous le canon de la place, se déploya hors de la portée des boulets, dans le large bassin formé par le confluent de la Save, et, jetant l'ancre d'une rive à l'autre sur cinq bâtiments de profondeur, établit une chaîne infranchissable aux barques des Hongrois qui tenteraient de ravitailler la ville assiégée.

Huniade, surpris par la célérité et par l'immensité du péril, n'abandonna pas à eux-mêmes les défenseurs de Belgrade ; s'il ne pouvait les sauver, il résolut du moins de succomber avec eux. Il accourut avec un petit nombre de cavaliers de Pesth sur la rive gauche du Danube, se jeta dans les marais qui couvrent les bas-fonds du fleuve vers la ville hongroise de Semlin, et, se fiant à un radeau de jonc construit par les pêcheurs, il traversa le fleuve pendant une nuit sombre, et entra en fugitif dans la ville qu'il venait sauver. Sa présence valut une armée aux Hongrois.

VIII

Après avoir mesuré de l'œil les dangers de Belgrade, il en ressortit bientôt par le même subterfuge pour aller presser les secours que les Hongrois et les Transylvains lui préparaient. A sa voix, deux cents barques, déjà à demi construites sur le haut Danube pour porter une partie de l'armée confédérée à Varna, reçurent quinze mille fantassins et une artillerie légère sur leurs bords. Huniade ne voulut confier à personne la gloire de les commander, il s'y embarqua lui-même. Il envoya à ses généraux, dans Belgrade, un message secret pour leur ordonner d'attaquer la flotte turque par le rivage, pendant qu'il l'aborderait sur le fleuve; il leva l'ancre, et doublant, par la rapidité du courant, par l'impulsion du vent et des rames, le poids de ses bâtiments chargés d'armes, il brisa sous ses proues doublées de fer la chaîne des bâtiments turcs vainement tendue devant la ville.

Une mêlée confuse de navires en feu, s'abordant et se combattant corps à corps sur ce confluent large comme une rade, s'établit sous les yeux de l'armée impuissante de Mahomet. Lui-même contemplait, du haut des falaises, la rupture de son blocus, la supériorité de manœuvres et de courage des Hongrois, la fuite, l'incendie ou l'échouement de ses vaisseaux sombrant dans le fleuve.

Huniade, debout sur la proue d'un brigantin portant le pavillon de Hongrie, s'élança à l'abordage du bâtiment amiral des Ottomans. Un combat corps à corps enlaça un moment, sur ces deux proues accrochées l'une à l'autre par des grappins, Huniade et Younis. L'étroit espace qui les portait empêchait les soldats de les secourir. Huniade, conservant dans la vieillesse l'arme et le bras de ses premiers jours, plongea, à la vue des trois armées, son court poignard dans la gorge de l'amiral ottoman, et, le soulevant du pont, précipita son corps dans la Save. Un cri de triomphe monta des remparts de la ville, un cri de terreur du camp des Ottomans. La flotte turque, levant l'ancre et s'abandonnant au courant, s'enfuit à toutes voiles devant l'invincible Huniade. Il aborda librement, avec ses quinze mille soldats ivres de leur victoire, sous les remparts de Belgrade, suivi, comme un triomphateur, de soixante bâtiments en feu, de deux mille captifs, et faisant porter derrière lui, sur un brancard, le cadavre repêché dans le fleuve du capitan-pacha égorgé de sa propre main. Un tel spectacle rendit aux défenseurs de Belgrade une confiance dans la fortune et dans la force du héros de la confédération qui égala leur dédain des Turcs.

IX

Le sultan, renonçant à cerner la ville par le fleuve, précipita nuit et jour ses assauts par terre afin de prévenir les renforts que le Danube et la Save pouvaient apporter à chaque instant à Huniade.

Le beglerbeg de Roumélie, Karadja, général qui dirigeait le siége, frappé d'un boulet de canon, tomba au second assaut sous les yeux de Mahomet. Le lieutenant d'Huniade, l'aventurier italien Capistrano, qui dirigeait la défense, précipita le lendemain l'élite de sa garnison à l'assaut des batteries turques et pénétra dans leur camp jusqu'aux tentes du sultan. La terreur saisit l'âme des musulmans : les azabs eux-mêmes s'enfuirent en poussant des cris jusqu'au pied des collines. Le sultan, entouré d'une poignée de janissaires et cerné de toutes parts par les aventuriers italiens et par les chevaliers hongrois, tira son sabre, combattit pour sa vie, fendit la tête d'un soldat hongrois qui portait déjà la main à la bride de son cheval pour l'entraîner prisonnier à Huniade. Blessé profondément à la cuisse d'un coup de sabre, Mahomet, évanoui de douleur, roula dans le sang aux pieds de son cheval.

Une mêlée meurtrière s'engagea autour de son corps entre les pachas et les chevaliers, les uns mourant pour reconquérir leur empereur, les autres, pour emporter ce trophée. A la fin, six mille janissaires, ramenés par la honte à la voix de leur aga, l'intrépide Hassan, délivrèrent le corps de leur maître, refoulèrent les chrétiens jusque sous le canon des remparts, reprirent l'artillerie, reformèrent le camp et rappelèrent l'armée à ses tentes. Mahomet, revenu de son évanouissement et pansé de sa blessure, s'indigna contre Hassan à qui il devait son salut, mais qu'il menaça du supplice pour punir en lui la lâcheté de ses troupes.

Hassan, navré, répondit avec larmes à son maître qu'il allait expier le crime des lâches et venger le sang du sultan. Il galopa, suivi d'une poignée de ses serviteurs, sur l'arrière-garde des chevaliers, se précipita sur leurs haches d'armes et mourut sous les yeux de Mahomet, en immolant treize des chevaliers hongrois sous son sabre. Mais ce dévouement tardif n'épargna pas aux Ottomans la honte d'une seconde fuite. Huniade, accouru avec trente mille hommes aux cris de victoire de Capistrano, reprit le camp, s'empara de trois cents pièces de canon qui armaient les batteries et refoula les débris de l'armée ottomane jusque dans les défilés de Sophia. Une blessure, qu'il reçut dans la poursuite, l'empêcha seule d'achever la déroute de Mahomet. Ce prince, désespéré, ne s'arrêta qu'à Sophia, derrière les remparts de la ville, pour rallier, punir, reformer son armée. Vingt mille Turcs avaient péri sur le fleuve ou sur les brèches de Belgrade, trente mille dans le camp; des milliers de cadavres jonchaient les sentiers des forêts entre le Danube et Sophia. Les bourreaux de Mahomet, apostés sur les chemins qui conduisent à Andrinople, tranchaient la tête aux fuyards qui refusaient de s'arrêter autour de la ville où le sultan blessé recomposait son armée.

Belgrade devint, par la renommée de ce siége, le boulevard de la chrétienté. Le pape Calixte, âgé de plus de quatre-vingts ans, triompha, sur le bord de son tombeau, de ce triomphe de la croix. Il institua, en commémoration de cette victoire, une fête annuelle de salut et de gloire pour le monde chrétien. Huniade et Capistrano furent proclamés les sauveurs de l'Occident. Mais ni l'un ni l'autre ne jouirent de leur gloire. Leurs blessures, envenimées par les vapeurs fébriles des bords du Danube et par les cadavres de cinquante mille Ottomans laissés sans sépulture aux corbeaux de la Servie dans les fossés et dans les gorges de Belgrade, firent de leurs trophées leur tombeau.

Huniade laissa en mourant le trône de Hongrie assuré à son fils Mathias Corvin par la reconnaissance de sa patrie et par l'enthousiasme de l'Europe. Premier héros de ces croisades patriotiques qui succédèrent aux croisades religieuses contre les Ottomans, homme d'une intrépidité antique, d'une ambition patiente, d'une obstination qui vainquit les revers, d'un génie militaire qui triompha de celui de Mahomet lui-même, mais d'une ruse et d'une déloyauté sauvages qui ne permettaient ni à ses amis ni à ses ennemis de se fier à sa parole; vainqueur des Turcs par les armes, vaincu par eux en bonne foi.

X

Mahomet II, à qui la gloire de Constantinople conquise faisait facilement oublier le siége avorté d'une ville obscure des bords du Danube, fut rassuré par la mort d'Huniade sur une coalition d'États secondaires qui n'avaient plus ni âme ni bras. Ses négociations avec les États d'Italie, l'épuisement de la Hongrie, la trêve politique avec Scander-Beg, ne lui laissaient rien redouter de ce côté de l'Europe. En échouant devant Belgrade, il n'avait perdu que de la gloire; mais le courage héroïque qu'il avait montré, son sang versé sur le champ de bataille pour ramener les janissaires au combat, relevaient sa renommée aux yeux de son peuple. En peu de semaines de nouveaux soldats lui arrivèrent de tous les sandjaks de son vaste empire; deux cent mille hommes furent cantonnés et exercés par ses nouveaux pachas entre Andrinople, Salonique et Constantinople. On ignorait de quel côté il méditait de verser ce torrent d'hommes.

La Grèce les vit tout à coup s'ébranler et déboucher sur ses vallées par toutes les routes et par tous les golfes qui la ferment par terre et par mer. Mahomet conduisait lui-même la principale colonne de cette expédition sur Athènes.

Pendant la décomposition de l'empire d'Orient sous les Paléologues, on a vu que l'Archipel et la Grèce étaient tombés par lambeaux entre les mains des Génois, des Siciliens, des Vénitiens, des Florentins. Des marchands de Raguse, de Venise, de Gênes, de Florence, avaient dépecé ces débris de républiques ou d'empires dont le nom remplissait l'histoire et dont les villes, aujourd'hui tombées dans la dérision de la fortune, étaient devenues le patrimoine de petits tyrans inconnus. Athènes, la capitale de l'esprit humain, de la gloire et de la liberté grecques, était échue en partage d'abord à un Français, Villehardouin, puis à une famille de marchands illustres de Florence, les Acciaioli. Delphes et Mégare étaient comprises dans cette souveraineté de ruines. Les mêmes ambitions qui avaient agité jadis l'Attique pour la popularité, pour la tyrannie ou pour l'indépendance, agitaient encore les familles de ces possesseurs féodaux de la Grèce pour se disputer cette cendre d'empires ; les mêmes passions y produisaient les mêmes forfaits. Ce n'est pas la grandeur de l'objet convoité, c'est la grandeur de la passion qui enfante les crimes.

Le Florentin Maurice Acciaioli, duc d'Athènes, mort prématurément, avait laissé un fils en bas âge, une veuve célèbre parmi les princesses grecques par une beauté qui rappelait, disent les chroniques contemporaines, celle d'Hélène, et qui devait être aussi fatale à sa patrie. Acciaioli, en mourant, avait laissé aussi un neveu, fils de son frère, nommé Franco. Il avait légué le royaume et la tutelle de son fils à sa veuve.

Cette princesse, douée d'un génie naturel égal à ses charmes et à la violence de ses passions, avait gouverné pendant les premières années de sa régence les États de son fils avec une prudence et une douceur qui en avaient fait l'idole de ses peuples. Le neveu de son mari, Franco, secrètement jaloux de la régence, et humilié du joug d'une femme, agitait seul d'une sourde opposition l'interrègne de sa belle-sœur et la minorité de son neveu enfant. Jusque-là les vertus de la régente avaient suffi pour confondre les trames ambitieuses de Franco; une passion, née d'un regard dans le cœur de la duchesse, ensanglanta et perdit tout, même la Grèce.

XI

Un jeune et beau Vénitien, nommé Palmério, fils du podestat ou premier magistrat municipal de la ville gréco-vénitienne de Nauplie, fut envoyé par son père à Athènes pour y négocier avec le gouvernement quelques conventions de commerce relatives aux échanges d'huile et de soie entre les deux ports. La beauté égale, la conformité de jeunesse et de patrie, les entretiens libres dans l'intimité des conférences, enflammèrent d'un même amour la régente et le négociateur. Cette passion, d'autant plus ardente qu'elle avait été plus longtemps contenue par la distance d'un côté, par la honte d'une mésalliance de l'autre, éclata enfin avec une violence qui rappela dans le palais d'Athènes les crimes des Atrides.

Palmério avait été marié, encore dans son adolescence, par sa famille. Sa femme vivait à Venise dans la maison noble de ses parents. La duchesse, brûlant de se défaire d'une rivale inconnue pour avoir la liberté d'épouser son amant, insinua à Palmério que le seul obstacle à son mariage avec lui et au partage de sa souveraineté dans l'Attique était la vie de sa femme. Palmério vogua vers Venise, empoisonna sa jeune épouse et revint libre offrir son crime accompli comme un titre et un gage d'amour à la duchesse qui l'avait inspiré. Ces noces funèbres se célébrèrent à Athènes avec une ivresse et une hâte qui éveillèrent les soupçons du peuple. Franco les fomenta par ses discours et, bientôt, par des soulèvements dans Athènss.

La régente et son nouvel époux forcèrent Franco à s'exiler de sa patrie. Il alla chercher à Constantinople un vengeur dans Mahomet II. Le sultan, heureux de tous les prétextes qui motivaient l'intervention de ses armes dans les affaires de ces principautés à demi affranchies encore de son joug, ordonna à Omar, fils de Tourakhan, chef de l'armée permanente du Péloponèse, de s'emparer d'Athènes, de détrôner la duchesse et de l'enfermer avec son fils dans les cachots de la citadelle à Mégare.

Palmério, le mari et le complice présumé de la régente, échappa aux fers de Tourakhan et courut, comme Franco, à Constantinople plaider devant Mahomet l'innocence et les droits de sa femme. Mahomet, par les conseils de ses vizirs, feignit d'écouter également les plaintes de Palmério et de marcher pour rétablir la souveraineté légitime. Mais déjà Franco, entré dans Mégare sous les auspices des Ottomans, avait fait égorger la duchesse et son fils. Mahomet, s'avançant à son tour pour le punir de sa vengeance, expulsa Franco d'Athènes en y entrant et lui donna en compensation la principauté subalterne et dépendante de Thèbes en Béotie.

XII

Le sultan, aussi lettré que guerrier, ne témoigna pas moins d'orgueil et moins d'admiration que Sylla à l'aspect des monuments d'Athènes.

« Que de reconnaissance, s'écria-t-il devant le Parthénon et le temple de Thésée, ne doivent pas la religion et l'empire au fils de Tourakhan, qui leur a fait présent de ces dépouilles du génie des grecs ! »

Il employa plusieurs semaines à la contemplation de ces monuments et à l'embauchage des artistes qui pouvaient transporter à Constantinople les arts tolérés par l'islamisme, et surtout l'architecture, cette passion récente des fils d'Othman.

Pendant son séjour à Athènes, ses armées, répandues des deux côtés des montagnes qui forment le noyau de la Grèce, lui achevèrent la conquête de tout le Péloponèse et du littoral de l'Adriatique, jusqu'aux frontières de Venise.

Un des frères de l'infortuné Constantin Paléologue, Démétrius, souverain tributaire de la moitié de la Morée, offrit au sultan une de ses filles en mariage, pour s'assurer, comme plusieurs de ses aïeux, une parente dans le harem. Mahomet accepta pour épouse cette jeune nièce de Constantin, et l'envoya, avec un cortége digne de son rang, au sérail de Constantinople.

Thomas, second frère de Constantin, s'indigna de la lâcheté de Démétrius, et se retira des villes pour combattre dans les montagnes. Démétrius, honteux de ses concessions au sultan, se ligua avec son frère Thomas pour faire une guerre d'extermination aux Turcs.

Saganos-Pacha, envoyé par le sultan pour étouffer cette insurrection nationale dans la partie indomptée de la Grèce maritime et montagneuse, immola des milliers de patriotes grecs. Les deux princes négocièrent de nouveau avec le sultan. Démétrius se rendit lui-même aux tentes de Mahomet, près de Corinthe, et se livra à sa générosité. Mahomet, poursuivant l'extermination des populations soulevées par Thomas, massacra à Gardika six mille hommes, femmes et enfants, pris d'assaut dans la ville; treize cents soldats grecs furent massacrés sous ses yeux pour avoir violé une capitulation. Bokhalis, commandant de Gardika pour les Grecs, et beau-frère du grand vizir Mahmoud-Pacha, fut condamné à être scié vif par le milieu du corps. Les larmes de sa sœur, femme du grand vizir, le sauvèrent seules de ce supplice.

Dix mille habitants d'Arcadie furent expatriés par Mahomet, et conduits à Constantinople pour repeupler la ville. Thomas, chassé dans ses montagnes comme un proscrit au milieu de ses États, s'enfuit pour toujours à Rome, pour y mendier en vain la pitié au nom de l'héritier sans patrie de l'empire d'Orient. Le sultan ne laissa ni un port, ni un rocher, ni un homme libre sur tout le territoire du Péloponèse.

Les Vénitiens, tremblant sur leurs vaisseaux, implorèrent sa magnanimité. Il ordonna à Saganos-Pacha de le délivrer même de ce Franco Acciaioli, à qui il avait concédé, en échange d'Athènes, la ville de Thèbes et le territoire de Béotie. Il voulait, dit il, venger l'assassinat de la duchesse d'Athènes et de son fils, égorgés dans le cachot de Mégare. Saganos, imitant déjà la perfidie grecque, enseignée aux Turcs par les vaincus de Constantinople, invita Franco à un festin dans sa propre tente, et, après un long entretien prolongé jusqu'au milieu de la nuit, il fit entrer ses tschaouschs et étrangler le dernier souverain d'Athènes. Le droit de conquête, écrit ainsi en traits de sang, n'eut plus une protestation vivante dans toute la Grèce. Une protestation muette couva pendant trois siècles et demi dans le cœur des survivants de cette race sans patrie, mais non sans patriotisme, et ressuscita de nos jours le nom de la Grèce.

XIII

Le Danube immobile, la Grèce morte, Constantinople ressuscitée de ses ruines, Scander-Beg assoupi par une habile longanimité des vizirs, le sultan s'arrêta à peine à Andrinople pour y célébrer ses nouvelles conquêtes par des fêtes, et se rendit à Constantinople (1461), pour y presser de nouveaux armements dont nul, excepté Mahmoud, le grand vizir, ne soupçonnait le but. Ce but était l'empire de Trébizonde.

La famille impériale de Comnène avait fondé, deux siècles avant Mahomet II, cette principauté, décorée du nom fastueux d'empire de Trébizonde, sur la rive méridionale du Pont-Euxin, entre le Caucase, l'Arménie et la Perse. Les flots de la mer Noire, les forêts de la Géorgie, les défilés de la Perse, la politique équivoque, les alliances complaisantes avec la famille des sultans, avaient couvert jusque-là Trébizonde contre l'ambition des Ottomans. Mais la géographie trace aux conquérants une politique pour ainsi dire involontaire, qu'ils poursuivent héréditairement de génération en génération, par la seule tradition de leur nécessité d'existence. Les Turcs, maîtres incontestés de la presqu'île d'Anatolie, qui s'étend de la Méditerranée à la mer Noire, et qui s'avance à l'Orient jusqu'au détroit désormais conquis du Bosphore, ne pouvaient laisser à la base même de leur territoire, au fond de cette presqu'île, une puissance grecque indépendante, qui se liguerait tantôt avec les Turcomans de la dynastie du *Mouton blanc* de Caramanie, leurs ennemis sur terre; tantôt avec les Génois et les Vénitiens, leurs ennemis sur mer. Le Pont-Euxin, avec tous ses rivages, devait inévitablement appartenir à ceux qui en possédaient désormais la porte dans le Bosphore et dans Constantinople.

Cette ambition géographique, qui avait été une des causes de l'impatience de Mahomet II à subjuguer Constantinople, était maintenant le motif avéré de son expédition sur Trébizonde. Son grand vizir, Mahmoud, fit voile, avec deux cent cinquante navires de haut bord, pour attaquer la ville par mer, pendant que le sultan lui-même, à la tête de quatre-vingt mille azabs et de quinze mille janissaires, s'avançait, par les vallées intérieures de l'Asie, jusqu'au pied des montagnes d'Arménie, vers Siwas. Là, en repliant ses troupes sur la gauche, il couperait à la fois Trébizonde de la Perse et de la Géorgie, d'où cette capitale pouvait espérer des secours. Le faible empire de Trébizonde voyait se former cet orage sans pouvoir le conjurer autrement que par de timides négociations.

XIV

Mahmoud, en passant, s'empara sans combat du port de Sinope, autre capitale d'une principauté dans la famille des Isfendiar, dont les alliances matrimoniales avec la famille des sultans de Brousse semblaient garantir la durée.

Cette ville du grand Mithridate qui en avait fait une Carthage de la mer Noire, conquise et égorgée par Lucullus, fameuse par la grandeur de ses vaisseaux de commerce, dont quelques-uns égalaient déjà en capacité les navires qui trafiquent entre l'Angleterre et les Indes orientales, par la statue de l'Argonaute Autolycos, par l'idole de son Jupiter Sérapis transporté en Égypte par les Antiochus, et surtout par l'opulence de ses habitants qu'enrichissait la fabrication d'huile et de cordages, ne tenta pas de résister aux désirs de Mahomet. Il installa un gouverneur dans la ville; il dédommagea son souverain actuel, Ismaïl Isfendiar, par la principauté d'Iénischyr, qui dépaysait cette puissante maison. Il donna à un des fils d'Isfendiar, Ahmed ou Achmet, la principauté de Castémouni, riche de ses mines de cuivre, et continua sa route vers Erzeroum. L'armée ignorait encore où son chef la conduisait; le grand juge d'Anatolie l'ayant indiscrètement demandé au sultan : « Si un poil de ma barbe le savait, lui répondit Mahomet, je l'arracherais et je le jetterais au feu. »

Son secret couvrait une vengeance; l'année précédente le prince turcoman Ouzoun-Hassan, chef de la nombreuse tribu indépendante du *Mouton blanc*, établie dans les riches pâturages des provinces limitrophes de Trébizonde, avait eu la témérité d'écrire à Mahomet pour lui demander la remise du tribut que l'empereur de Trébizonde, son beau-frère, payait au sultan. Ouzoun-Hassan, dans cette lettre, alléguait insolemment, pour motif de cet abandon du tribut de Trébizonde, que Mahomet II lui-même devait un tribut annuel de mille tapis, de mille housses de chevaux et de mille têtières de brides à Kara-Youlouk, chef de la tribu de la *Sangsue noire* dont, par héritage, il représentait les droits.

« Allez en paix, avait répondu Mahomet II aux ambassadeurs d'Ouzoun-Hassan ; l'année prochaine, j'irai moi-même porter mon présent à votre maître. »

Les ambassadeurs d'Ouzoun-Hassan n'avaient pas compris la menace cachée sous cette équivoque. Mahomet venait l'accomplir.

XV

Le ravage et l'incendie de ses provinces apprirent soudainement à Hassan le vrai sens des paroles du sultan. Il implora son pardon, et parut, en suppliant, avec sa mère Sara, dans la tente de Mahomet II. Mahomet lui rendit ses États, à condition qu'il romprait toute alliance avec l'empire de Trébizonde, et qu'il l'accompagnerait lui-même avec sa mère, ses enfants et ses guerriers sous les murs de cette capitale.

Se détournant alors subitement de la route de Perse, qu'il avait paru suivre jusque-là, il tourna la tête de son armée vers la mer Noire, et la fit marcher avec la rapidité d'un torrent. Lui-même, pour donner l'exemple de l'ardeur et de la fatigue à ses soldats, marchait souvent à pied au milieu d'eux par les rudes sentiers et sur la neige de ces montagnes entrecoupées de précipices :

« Mon fils, lui dit un jour Sara, la mère d'Ouzoun-Hassan, qui suivait l'armée, portée dans une litière entre deux mules, comment peux-tu te condamner à tant de fatigues et de périls pour cette misérable ville de Trébizonde ? »

Elle espérait, en avilissant le prix de la conquête, détourner le sultan de l'achever.

« Ma mère, lui répondit le rusé Mahomet, qui devina l'intention sous l'intérêt des paroles, ma mère, le sabre de l'islamisme est dans mes mains ; c'est au prix de ces fatigues et de ces dangers que je puis mériter le titre de Ghazi, ou de combattant pour la foi ; si je venais à mourir aujourd'hui ou demain sans emporter ce titre et ce mérite dans la tombe, comment oserais-je paraître devant le prophète et devant Dieu ? »

Ainsi Mahomet II, le moins crédule des princes, affectait, dans l'intérêt de son ambition, la tolérance avec les chrétiens, le fanatisme avec les Turcomans du désert.

Il aperçut bientôt sur un promontoire la magnifique ville de Trébizonde éclatante de tours, de quais, de dômes, de citadelles et de clochers couverts de lames de plomb de Tokat. Ce promontoire s'élargit en avançant dans la mer ; il fait comparer la ville par les poëtes turcs à un paon qui baigne son cou dans l'onde et qui étale sa queue sur la terre.

Mithridate l'avait fortifiée ; Trajan l'avait embellie ; Adrien avait donné son nom à un de ses ports ; Justinien avait donné le sien à ses aqueducs. Capitale de l'ancienne Cappadoce, entourée d'une plaine semblable à un jardin, sans autre enceinte que les montagnes et la mer ; abondante en froment, en fruits savoureux, en poissons qui nourrissaient son peuple, elle avait tenté la convoitise des Goths ; ces barbares, qui ravageaient tout sans rien fonder, avaient massacré ses habitants et nivelé ses murailles. Pendant la décadence de Byzance, les Comnènes avaient fait, avec l'aide des croisés, démembreurs de l'empire chrétien des Grecs, un empire de ce débris. Ils le possédaient depuis deux siècles, tantôt en allant chercher leurs épouses dans la famille impériale des Paléologues au palais des Blakernes, tantôt en donnant leurs filles aux sultans de Brousse ou aux princes turcomans du *Mouton blanc* ou du *Mouton noir*, leurs dangereux voisins. C'est ainsi que Sara, mère d'Hassan, était une nièce de l'empereur régnant et une fille du dernier empereur de Trébizonde. Elle venait assister à la destruction du berceau de sa maison.

XVI

L'empereur actuel de Trébizonde était David Comnène. L'aspect de l'armée de Mahomet II, qui descendait des montagnes de Tokat, et des voiles de Mahmoud le grand vizir, qui couvraient la mer Noire, annonça aux timides chrétiens de Trébizonde que leur religion, leur indépendance, leurs richesses et leurs vies étaient à la merci du conquérant de Constantinople. Les Génois, maîtres de quelques ports dans la Crimée, qui pouvaient seuls les secourir par mer, étaient trop faibles, trop politiques ou trop intéressés pour disputer à Mahomet cette succursale de Constantinople, quand ils n'avaient pas osé lui disputer Constantinople elle-même. Rien ne pouvait les sauver que les négociations. Elles s'ouvrirent sous le canon de Mahmoud-Pacha, qui commençait à démolir les fortifications du môle. David sortit lui-même de la ville pour traiter de son sort et de celui de ses sujets avec Mahomet. Le sultan lui donna l'option de se retirer librement par mer avec sa famille et ses richesses, ou de perdre l'empire, sa famille et la vie en défendant vainement ses remparts. Il le flatta d'une abdication douce et d'une retraite honorée et heureuse, semblable à celle dont jouissait en ce moment Démétrius Paléologue, pour prix de son abdication du Péloponèse.

Sur la foi de ses promesses, l'empereur David s'embarqua avec une partie de sa maison pour Constantinople. Il offrit au sultan la plus jeune de ses filles, la princesse Anna, pour épouse. Le sultan parut l'agréer, mais la dédaigna pour femme, et la relégua parmi les odalisques de son innombrable harem. Il retint captif le jeune neveu de l'empereur, fils de son frère détrôné par David, et légitime héritier du trône de Trébizonde. Mahomet envoya l'empereur, l'impératrice Hélène et leurs huit fils à Sérès, ville grecque de la Thrace, assignée pour lieu d'exil à cette maison impériale. Un de ces huit fils se fit musulman et entra parmi les pages de Mahomet pour y servir, comme autrefois Scander-Beg, l'usurpateur du trône de ses pères.

XVII

A peine David et sa famille étaient-ils sortis du port de Trébizonde pour voguer vers leur éternel exil, que le sultan, démentant toutes ses promesses, entra en vainqueur irrité dans la ville. Les enfants des principales familles furent incorporés de force dans les chambrées de ses pages; les riches furent embarqués avec leurs richesses pour aller repeupler et enrichir Constantinople. Les pauvres, contraints de rester dans la ville conquise, reçurent ordre d'habiter seulement les faubourgs; les Turcs prirent possession des palais, des maisons, de la citadelle et des ports.

Ainsi tomba Trébizonde, cette dernière pierre de l'empire byzantin, cette courte fondation des croisades; les Génois seuls conservèrent quelques rades sur la mer Noire. Elle devint le lac des Ottomans. Mahmoud ramena la flotte chargée de prisonniers et de dépouilles dans la Corne-d'Or. Mahomet s'y embarqua lui-même pour repasser plus promptement en Europe, où le rappelait Scander-Beg. L'armée de terre resta cantonnée dans les opulentes plaines de Trébizonde, de Tokat et de Siwas, pour être prête à marcher en Caramanie ou en Perse, où se portaient déjà les pensées du conquérant.

XVIII

Il ne tarda pas à faire subir à l'empereur de Trébizonde, David, la peine qu'il avait fait subir au grand-duc Notaras après la conquête de Constantinople, pour s'être fié à sa générosité et à ses caresses. A peine était-il arrivé dans sa capitale, qu'il fit revenir de leur exil de Sérès et comparaître enchaînés devant lui, l'empereur, sa famille et tous les princes ou princesses de la maison des Comnène qui résidaient dans l'empire.

Le prétexte de cette comparution et de cette violence faite à une famille vaincue et désarmée était une lettre écrite de Trébizonde par Sara, mère d'Hassan, prince du *Mouton blanc*, à son oncle David et à sa tante l'impératrice Hélène. Dans cette lettre innocente de tout crime, excepté de tendresse pour sa maison, Sara invitait l'empereur, l'impératrice et leurs enfants, ses cousins, à venir habiter auprès d'elle à Iénischyr pour y jouir de la douce hospitalité de famille, plus sûre sous la tente des Turcomans que dans le palais de Sérès.

Mahomet II feignit de voir dans cette lettre interceptée une conjuration entre la maison impériale de Trébizonde et Ouzoun-Hassan, pour recouvrer, avec l'assistance des Turcomans, la capitale et l'empire. Ni les désaveux, ni les larmes, ni l'innocence des femmes et des enfants ne l'émurent.

« Choisis entre le Coran ou la mort, dit-il d'une voix implacable à l'empereur détrôné.

» — Je n'ai point de choix à faire, lui répondit noblement le captif; Dieu l'a fait pour moi en me faisant naître chrétien. Aucun supplice ne me fera abjurer la religion de mes pères.

» — Meurs donc, reprit Mahomet, et entraîne avec toi dans la mort tous tes fils à qui tu inspires ton obstination. »

Il fit signe aux chiaoux de trancher la tête aux sept fils sous les yeux du père pour éprouver sa constance et pour multiplier son supplice par celui de ses sept enfants. David les exhorta à mourir sans faiblesse. Leurs têtes et leurs cadavres roulèrent successivement aux pieds de leur père. Il tomba le dernier sur les corps de ses fils.

Pour aggraver l'horreur de ce carnage, Mahomet défendit, sous peine de mort, de donner la sépulture aux Comnène massacrés sous ses yeux. Leurs corps furent jetés sur la plage déserte de la mer de Marmara, entre le château des Sept-Tours et la grève de San-Stéfano, où les corbeaux et les vautours avaient l'habitude d'accourir en foule dépecer les chairs des suppliciés.

XIX

L'impératrice Hélène, épouse et mère des morts, seule épargnée, à cause de son sexe, de ce supplice d'extermination, brava seule aussi la mort décrétée contre ceux qui enseveliraient son mari et ses fils. Vêtue d'une chemise de toile grossière, seul vêtement qu'on lui eût laissé pour remplacer la pourpre impériale, elle mendia une bêche chez les jardiniers de la colline de San-Stéfano, pour rendre les derniers honneurs de la terre à son époux et à ses enfants. Cette bêche à la main, creusant avec effort huit fosses dans le sable de la plage, on la vit de loin, pendant tout un jour, défendre avec le manche de son outil ses chers cadavres contre les ongles et le bec des oiseaux carnassiers, ensevelir, recouvrir de terre toute sa famille, et s'asseoir sur la dernière tombe, celle de l'empereur, son mari, pour attendre elle-même la mort. Son cœur éclata en effet après ce pieux devoir accompli, et elle mourut lentement sur ses morts.

Sa fille Anna survécut seule dans le sérail, esclave et non femme de Mahomet. Son rang la fit demander pour épouse à Saganos-Beg, gouverneur de la Thessalie. Elle était alors chrétienne. Devenue veuve de Saganos, la princesse de Trébizonde se fit musulmane pour épouser un des fils d'Évrénos-Beg, charmé de sa beauté.

Telle fut la fin de cette famille impériale de Trébizonde, les uns dans la mort, les autres dans l'esclavage : jeu sanglant des vicissitudes de la fortune, accusation éternelle contre la férocité de Mahomet II.

XX

Le sultan, pour tenir en haleine sa fortune et ses troupes, se jeta soudainement sur la Valachie, où un vayvode insensé de cruauté, nommé Drakul (ou Satan), faisait subir aux prisonniers turcs qu'il enlevait sur les frontières des tortures dignes de ce peuple redevenu sauvage sous ses lois.

Aidé par Mahomet dans l'usurpation de sa souveraineté de Valachie, Drakul avait massacré vingt mille de ses sujets attachés à l'ancien vayvode. Pour prix de cette assistance, il envoyait chaque année au sultan un tribut de cinq cents jeunes gens choisis à la force et à la beauté parmi les fils des robustes Valaques.

Non content d'avoir négligé le payement de ce tribut, Drakul exerçait sur les Turcs enlevés dans les incursions de ses bandes des cruautés qui rappelaient les monstres fabuleux ennemis des hommes.

Mahomet II avait à sa cour un page favori, frère de ce monstre, et le destinait à occuper le trône de son frère. Il envoya à Drakul Hamza-Pacha et Younis-Beg pour le convier à une conférence pendant laquelle ses soldats, apostés, s'empareraient du vayvode. Drakul, informé du piége, prévint les deux envoyés, leur fit couper les pieds et les mains, et les fit empaler sur des pieux élevés comme des mâts de vaisseau, par une dérision à leur rang de pachas et d'ambassadeurs.

Une flotte de cent galères, chargées de troupes commandées par le sultan lui-même, remonta le Danube jusqu'à Widdin, et débarqua l'armée ottomane en Valachie.

Drakul chassa les femmes et les enfants de son peuple dans les forêts inaccessibles à la cavalerie turque, surprit lui-même la nuit le camp de Mahomet par une charge de cavaliers munis de torches, et pénétra jusqu'à la tente impériale. Pendant que ses cavaliers se faisaient jour vers la tente à travers une mêlée de chevaux et de chameaux éventrés, les janissaires, évcillés en sursaut par le tumulte, eurent le temps de courir aux armes et de sauver leur maître. Les ténèbres couvrirent la retraite de Drakul.

Mahomet, en le poursuivant vers sa capitale, traversa une avenue funèbre semblable à une forêt de cadavres où vingt mille Turcs, Bulgares, Valaques, empalés et crucifiés, lui traçaient la route de la ville. Son ambassadeur, Hamza-Pacha, était encore reconnaissable à l'élévation de son pal.

« Il est impossible, s'écria le sultan à ce spectacle, de chasser de son pays un homme qui a pu y faire impunément de tels crimes. »

Cependant il parvint à couronner, à la place de ce Néron sauvage, le jeune frère de Drakul, son favori. Ce favori régna en paix quelques années. Drakul, réfugié en Hongrie, chez le fils d'Huniade, y fut d'abord renfermé dans une tour; délivré ensuite, il reparut en Valachie avec une poignée de bourreaux ses partisans, recouvra sa principauté par la terreur, qui fascine les lâches, et fut enfin assassiné par un de ses esclaves. On porta sa tête aux Turcs, qui la promenèrent dans les villes de la Valachie, comme leur titre authentique à la possession du pays.

XXI

A son retour de Valachie, Mahomet II, résolu d'enlever l'île de Lesbos ou Mitylène à la famille génoise des Gatélusio, qui la tenait des Paléologues, franchit la Propontide et rassembla une armée à Brousse. Le grand vizir Mahmoud dirigea la flotte sous les falaises de l'île pendant que Mahomet II lui-même conduisait l'armée de terre, par les gorges du mont Ida, à Adramite, ville grecque du continent séparé de Mitylène par un étroit canal de la mer. Les vaisseaux de Mahmoud-Pacha le portèrent de là dans l'île.

Le prétexte de l'invasion était le crime de Nicolas Gatélusio, qui avait étranglé son frère pour usurper la souveraineté de Lesbos. Un bombardement de quelques jours ensevelit la ville sous les débris de ses bastions (1462). Nicolas, tremblant des suites d'un assaut, sortit de la ville pour se prosterner aux pieds du sultan. Mahomet lui pardonna, ainsi qu'à son neveu Lucio, complice de son oncle dans l'assassinat de leur frère et de leur oncle. Il fit scier en deux les trois cents corsaires du port de Lesbos, qui infestaient l'Archipel. Les habitants de l'île, divisés en trois catégories, furent : les riches, envoyés à Constantinople pour la repeupler; les bourgeois, donnés en récompense aux janissaires; les pauvres, laissés dans l'île pour la cultiver. Une veuve d'Alexis Comnène, oncle du dernier empereur de Trébizonde, que les historiens célèbrent comme la plus belle des Grecques de son siècle, fut trouvée dans Lesbos et désirée par Mahomet, qui la rechercha pour son harem.

Huit cents jeunes enfants mâles furent triés pour les palais du sultan. Dans le nombre, un jeune page, échappé du sérail de Constantinople pour passer dans les pages de Nicolas Gatélusio, fut reconnu par les eunuques. L'asile donné à cet enfant fut le crime de Gatélusio. Dépouillé de l'amnistie qui le couvrait, enchaîné, jeté dans les cachots de Lesbos avec son neveu Lucio, ils furent, l'un et l'autre, condamnés à mort. Leur abjuration les sauva ; devenus musulmans, on leur laissa quelques jours de vie et d'honneurs apparents. On les trouva étranglés peu de temps après dans leur demeure.

Ainsi tomba la plus célèbre et la plus poétique des îles de l'Archipel, qui ferme, d'un côté, d'orangers, de vignes, de pins, de rades et de villes, le golfe de Smyrne, patrie de Sapho, d'Alcée, de Terpandre et d'Arion ; théâtre des leçons d'Épicure et d'Aristote, alliée de Sparte, champ de bataille navale de Thrasybule, première scène des exploits de César, relâche momentanée de Pompée en allant mourir en Égypte ; sans cesse convoitée, sans cesse ravagée par les ambitieux de son site, de son sol, de son ciel, et ressortant éternellement de ses ruines par la fécondité d'une végétation qui fait de ses deux revers, exposés à deux soleils et baignés par deux mers, l'espalier pittoresque de l'Archipel.

XXII

Mahomet II, revenu sur ses pas après la conquête de Lesbos, qui lui présageait Négrepont et Rhodes, rentra en

Europe, prit avec lui l'armée d'Andrinople, forte de cent vingt mille azabs et de quinze mille janissaires, et marcha contre la Bosnie confédérée avec Venise, dont il voulait déraciner la puissance du continent de l'Adriatique. La Bosnie, jadis démembrée de l'empire grec par les Esclavons, race guerrière et à demi barbare, perdit en une campagne son indépendance et ses princes.

Mahmoud-Pacha avait juré la vie et la liberté au roi des Bosniaques et à sa famille. Mahomet II, en les recevant dans son camp, annula le serment de son vizir. Il les fit enchaîner, traîner devant lui, et juger avec les formalités, dérisoires pour des chrétiens, de la loi musulmane. Un vieux cheik persan, qu'il menait avec lui dans ses campagnes pour résoudre ses scrupules de conscience, déclara, en lâche courtisan plus qu'en pontife, que ces princes étaient coupables, et qu'il serait à la fois leur juge et leur bourreau. Mahomet lui ordonna de trancher de sa propre main les têtes du roi, de ses fils et de ses neveux, qu'il venait de vouer à la mort. Le cheik, juge et bourreau, tira son sabre, et fit rouler leurs têtes aux pieds du sultan.

Trente mille Bosniaques, race indifférente à la religion comme les Albanais, furent recrutés pour l'armée ottomane et incorporés dans les janissaires. La Bosnie redevint province de Constantinople.

XXIII

Mais Venise, dépouillée ainsi de son boulevard sur le continent de l'Adriatique, était vulnérable encore dans ses rades, dans ses îles, et surtout dans cette île presque-continentale de Samothrace ou de Négrepont, qui la consolait de la perte de la Bosnie, et qui lui donnait un empire au cœur de l'empire turc. Venise sentit le péril, et son sénat résolut de le prévenir par l'insurrection du Péloponèse mal asservi encore aux Ottomans. Louis Lorédâno, nommé généralissime de la mer, et Bertholdo, de la maison princière d'Est, nommé généralissime de l'armée de terre, débarquèrent dans les rades du Péloponèse, insurgèrent Sparte, Ténare, l'Arcadie, Nauplie, Argos, relevèrent la muraille qui coupait l'isthme de Corinthe, y construisirent trente tours, et décorèrent cette fortification rebâtie de ses débris d'une plate-forme, sur laquelle ils dressèrent un autel où ils firent célébrer le sacrifice divin.

Omar-Pacha, accouru avec dix mille hommes pour forcer cette enceinte, fut blessé à la tête en la reconnaissant. Les officiers qui l'entouraient furent tués par les boulets des Vénitiens. Le grand vizir le suivait avec quatre-vingt mille azabs. L'isthme abandonné leur livra passage. Les Turcs refoulèrent partout les Vénitiens, et envoyèrent vingt mille hommes ravager leurs propres provinces.

Leur flotte, plus heureuse, reconquit plusieurs îles sur les Ottomans. Lorédâno osa même franchir les Dardanelles sous le canon des forts, et insulta Gallipoli. Il renforça de galères, de murailles, d'artillerie et de troupes l'île inexpugnable de Négrepont.

Mahomet II fut distrait quelque temps de Négrepont et de Rhodes par la mort du dernier des Caraman-Oghli, Ibrahim, souverain de la Caramanie (1463). Le vieux Ibrahim laissait sept fils; six de ces fils étaient nés de la tante de Mahomet II, donnée en mariage à Ibrahim par

Amurat II, son prédécesseur. Un seul, Ishak, était fils d'une esclave, mais il était le plus cher à son père, qui l'avait déclaré son héritier. Les six fils déshérités avaient assiégé leur père et son favori Ishak dans un de ses châteaux de Caramanie. Le père mort pendant ce siége parricide, Ishak et ses compétiteurs s'étaient tour à tour alliés avec les Vénitiens, avec Ouzoun-Hassan, appelé quelquefois *Ussum-Cassan*, le sultan des Turcomans du Mouton blanc, pour s'assurer l'appui d'auxiliaires étrangers dans leur querelle domestique. Ishak et Pir-Ahmed, l'aîné des fils de la sultane, envoyaient l'un et l'autre briguer la reconnaissance de leurs droits à la couronne par Mahomet II.

Mahomet, sourd à leurs déclarations, réclama la Caramanie tout entière à titre de successeur des empereurs de Constantinople, dont la Caramanie était, avant l'invasion des Turcs, une province. Il marcha en Caramanie avec le grand vizir et l'armée. Koniah et Larenda, les deux capitales, s'ouvrirent devant le conquérant.

Le grand vizir Mahmoud traversa le Taurus avec les azabs, poursuivant, enchaînant, proscrivant ou immolant, jusque dans les gorges des montagnes, les descendants de la famille des Caraman-Oghli qui pouvaient revendiquer des droits sur leur ancien empire. A son retour à Koniah, le grand vizir trouva cependant le sultan prévenu contre la prétendue mollesse de son âme. Un Grec renégat, Mohammed-Pacha, qui aspirait au rang de grand vizir, desservait Mahmoud dans l'esprit de leur maître commun. Mohammed-Pacha fut chargé d'achever la soumission ou l'extermination des Caramans. Il accomplit sa tâche en bourreau plus qu'en général. Le sultan vit des services dans ses crimes : il murmura de plus en plus contre son grand vizir, qui avait voulu, disait-il, sauver la race des Caramàn, comme il avait tenté de sauver la famille royale des Bosniaques. Selon l'usage bizarre des despotes tartares, qui avertissent par un signe leurs vizirs de leur mécontentement ou de leur déposition en leur donnant un présage de leur chute prochaine, Mahomet avertit Mahmoud avant de le frapper.

Un jour que l'armée était en marche pour revenir de Koniah à Brousse, et qu'on avait dressé les tentes pour la halte du soir, le sultan ordonna à quelques tschaouschs de a garde d'aller couper les cordes extérieures qui soutenaient le pilier central de la tente de Mahmoud contre le vent. Les cordes coupées, le pilier s'inclina, et les toiles s'affaissèrent sur le grand vizir endormi. Mahmoud comprit l'ordre muet de son maître et se prosterna en demandant grâce.

Le Grec féroce et ambitieux Mohammed-Pacha obtint dans la dignité suprême de grand vizir le prix du sang des Caramaniens. Leur pays, magnifique débris de l'empire romain, qui s'étendait sur les deux flancs du Taurus, depuis Tarse jusqu'au cap de Macri, en face de Rhodes, fut pour jamais annexé à l'empire ottoman (1466). Ishak-Beg s'enfuit à la cour de Perse. Le troisième des fils de Mahomet II, le jeune et courageux Mustafa, fut laissé par son père à Koniah pour gouverner la Caramanie. Cette capitale, citée par Pline parmi les plus illustres villes d'Asie (*celeberrima*), étale encore dans ses ruines, dans ses aqueducs, dans ses mosquées et dans ses sculptures, les vestiges du grand Alaeddin, le Seldjoukide, son fondateur après Persée.

XXIV

Cependant le héros perfide et téméraire de l'Albanie, Scander-Beg, las d'une paix que ses compatriotes turbulents lui reprochaient comme une honte, profita, comme la première fois, de la guerre qui retenait le sultan en Asie pour fondre sur la Macédoine. Un évêque albanais, Pierre Angelo, vendu aux Vénitiens et au pape et principal conseiller de Scander-Beg, lui donna l'absolution de toute parole jurée et trompée avec les infidèles. Le chapeau de cardinal, envoyé par le pape à cet évêque de Dyrrachium, récompensa cette doctrine. Mahomet, qui désirait en ce moment la continuation de la trêve, soit par crainte du génie de Scander-Beg, soit par espérance de sa mort naturelle qui délivrerait l'empire de ce dangereux agitateur, lui écrivit une lettre amicale dans laquelle il le conjurait de ne pas troubler l'harmonie et de continuer la trêve. Scander-Beg répondit à cette invitation à la concorde en concentrant vingt mille Albanais impatients de gloire et de pillage à Achrida, sur le Drymon, au bord d'un de ces lacs qui emplissent de leurs vagues un des principaux bassins de ces montagnes et qui ne permettent pour champ de bataille aux armées d'invasion que les flancs abrupts de leurs bords où le petit nombre est égal au grand. Gentius, roi de l'Illyrie, avait choisi ce même site pour attendre les Romains. Les lieux inspirent les hommes.

Schérémet-Beg et un général albanais nommé Balaban, envoyés successivement par Mahomet II pour combattre

Scander-Beg dans cet amphithéâtre naturel, y laissèrent leurs deux armées. Balaban était lui-même un esclave albanais devenu musulman, incorporé à cause de sa stature gigantesque et de son courage de lion parmi les janissaires, élevé au rang de pacha pour avoir monté le premier sur la brèche de la porte Saint-Romain au siége de Constantinople, et pour y être remonté après en avoir été précipité par Constantin sur des monceaux de cadavres. Balaban connaissait les sites et le génie des Albanais, ses compatriotes. Nul n'était plus propre à balancer Scander-Beg. Sa première défaite ne l'étonna pas; il revint à la tête de trente mille guerriers attaquer le héros et sa poignée d'hommes dans les hauteurs de la Dibra, faîte montueux de l'Albanie supérieure. Ni les parlementaires, ni les promesses, ni la présence de Balaban-Pacha au nom du sultan, ne purent fléchir l'obstination de Scander-Beg à la guerre.

Son peuple le regardait, se défiant de lui à l'instigation de son neveu Hamza et de son propre lieutenant Mosès. Tout lui commandait de vaincre ou de mourir. Son ascendant sur l'Albanie était à ce prix. Il combattit en désespéré : trois chevaux succombèrent sous lui, les jarrets coupés par le glaive des janissaires; son sabre tomba de sa main à moitié séparée du bras; mais les Turcs, éblouis de sa valeur et convaincus par des traditions populaires qu'il était invulnérable ou invincible, abandonnèrent le champ de bataille, précipités avec Balaban lui-même de ces remparts dans les plaines de la haute Bulgarie.

Balaban remonta une troisième fois avec une armée refaite et aborda Scander-Beg sur les hauteurs, pendant qu'un autre Albanais, Yacoub-Pacha, comme lui au service du sultan, le cernait par les défilés de la Dibra. Scander-Beg les attaqua séparément l'un et l'autre avant qu'ils eussent pu se joindre. L'intrépidité de Balaban, descendu de son cheval pour combattre lui-même à la tête des janissaires, échoua contre le bras de Scander-Beg. Le prince d'Albanie nagea dans le sang des Turcs; leurs dépouilles rassasièrent ses soldats.

Pendant qu'ils se partageaient les esclaves, les chevaux, les tentes, Mamiza, princesse, sœur et confidente de Scander-Beg, lui envoyait par un messager la nouvelle de l'entrée d'Yacoub-Pacha dans la ville importante de Bérat, au cœur de la basse Albanie. Scander-Beg y vola pendant la nuit. Yacoub-Pacha, à son approche, sort de Bérat avec seize mille hommes et se range en bataille sur des mamelons fortifiés dans la plaine de l'Argilata.

Scander-Beg ne mesure ni les positions ni le nombre; il ne donne à ses soldats d'autres ordres que son exemple, d'autre tactique que le combat corps à corps. Il fend du choc de son cheval bardé de mailles d'acier les rangs épais des janissaires, cherche Yacoub-Pacha dans la mêlée, lui traverse la poitrine du fer de sa lance, l'abat aux pieds de son cheval, lui tranche la tête, et, s'élevant sur ses étriers, montre de loin aux janissaires la tête ceinte du turban blanc de leur général.

A cet aspect, tout fuit, meurt ou se rend dans l'armée d'Yacoub. Quatre mille morts, dix mille prisonniers, quelques milliers de fugitifs font évanouir la cinquième expédition de Mahomet. Le cri de la nation sauvée élève de nouveau jusqu'à l'enthousiasme le nom de Scander-Beg chez les Albanais. Le peuple lui fait un triomphe de son entrée à Croïa : la terre qu'il a délivrée semble appartenir pour jamais à sa race.

Mais, pendant qu'il triomphe des Turcs et qu'il reconquiert la passion du peuple par ses exploits, l'envie, l'ingratitude et la trahison assiégent son cœur et minent sa fortune dans le sein de sa propre famille.

XXV

Hamza, neveu de Scander-Beg, le compagnon de sa désertion de la cour d'Amurat II, et l'émule des grandes actions de son oncle pendant la longue lutte qu'ils soutenaient ensemble contre deux sultans, avait eu jusque-là pour son bienfaiteur les sentiments d'un fils pour un père. L'ambition paraît avoir corrompu cette tendresse filiale dans le cœur d'Hamza. Il s'était flatté que l'adoption de Scander-Beg et l'éclat de ses propres services lui assureraient, soit sous le titre de prince, soit sous celui de roi, le premier rang en Albanie après la mort de son oncle. Mais Scander-Beg avait d'autres sœurs, et entre autres sa sœur bien-aimée, la célèbre *Mamiza*, dont les enfants avaient des droits égaux à son héritage. Les dissensions pour l'empire qui s'élèveraient après lui dans sa famille pouvaient déchirer de nouveau l'Albanie. La politique, l'ambition pour ses propres fils et l'amour le décidèrent à épouser la fille d'un des chefs les plus populaires de la région des montagnes. Il en eut un fils, l'héritier de son nom, l'espoir de sa patrie, la perpétuité de sa race.

De ce jour, Hamza, secrètement ligué par la jalousie avec ses cousins, fils comme lui des sœurs du héros, commença à murmurer contre la tyrannie d'un despote qui oubliait les services, et qui n'employait sa gloire que pour perpétuer la servitude. Chez un peuple où chaque Albanais porte son indépendance dans sa main avec son arme, où l'autorité n'est que l'enthousiasme momentané pour un chef aussi facilement abandonné que choisi, les factions sont permanentes comme l'anarchie. L'Albanais, né pour les aventures, le combat, le pillage, n'a aucune des vertus qui consolident un peuple par son gouvernement. Son caprice est sa loi; il peut se dévouer, jamais obéir. De plus, étranger à cette bonne foi pastorale qui est la vertu des peuples nomades de l'Asie, et surtout des Turcs, la défection et la perfidie sont tellement des habitudes dans ses mœurs, que ce peuple admire les traîtres presque autant que les héros.

Scander-Beg, qui avait commencé lui-même sa fortune par la défection, la trahison et le meurtre, ces vertus féroces de l'Albanie, ne devait pas tarder à subir lui-même ces infidélités du caractère de son peuple.

Hamza, qui du murmure était passé à la trahison, avait entraîné dans son parti Mosès, le gouverneur de Croïa, jusque-là le plus incorruptible et le plus renommé des lieutenants de Scander-Beg. Hamza et Mosès, non contents d'agiter l'Albanie par les factions sourdes et par les rivalités intestines, commencèrent à écouter les agents secrets de Mahomet II, qui leur promettait, pour prix de leur défection, l'investiture des plus belles provinces de leur patrie. On assure même qu'un Grec d'Andrinople, instrument de la vengeance de Mahomet, introduit par eux dans Croïa, devait délivrer, par un empoisonnement, le sultan du plus redouté de ses ennemis. Près d'être convaincus de ces sourdes intelligences avec la cour d'Andrinople, Hamza prévint l'explosion et la punition de son crime par la fuite; Mosès, moins coupable ou moins soupçonné, resta en Albanie pour s'entendre avec Hamza et pour préparer des revers à Scander-Beg.

XXVI

Le sultan reçut Hamza à Andrinople comme on reçoit les transfuges utiles, avec libéralité et mépris. Jugeant qu'une ingratitude aussi impardonnable ne laissait point de retour possible au neveu de Scander-Beg, il lui confia une armée de trente mille Turcs, que les manœuvres et la défection de Mosès grossirent de quinze mille Albanais, embauchés par lui parmi les mécontents de la haute Albanie. Cette armée, jointe à celle de quatre-vingt mille hommes que Balaban-Pacha ramenait pour la quatrième fois dans le bassin de Croïa, porta à cent vingt-cinq mille combattants les forces combinées de Mahomet II contre cette capitale.

Scander-Beg, entouré d'ennemis dans la plaine et de traîtres dans la ville, n'y attendit pas la jonction des deux armées. Il courut lui-même, de montagne en montagne et de tribu en tribu, évoquer dans le cœur des paysans albanais la passion de la patrie, les souvenirs de la gloire, le vieil attachement à son nom; soixante mille montagnards se levèrent à sa voix, redescendirent avec lui sur la plaine de Croïa, et, coupant en deux leurs ennemis, combattirent en un seul jour, mais séparément, l'armée de Hamza et l'armée de Balaban-Pacha.

Avant que le soleil fût au milieu de sa carrière sur la

plaine étroite de Croïa, l'armée de Hamza et de Mosès, ébranlée par la présence et par le nom de Scander-Beg, s'était dispersée dans les gorges et dans les forêts. Hamza et Mosès, abandonnés de leurs complices, étaient tombés sans combattre dans les mains des Albanais patriotes, et conduits enchaînés aux pieds du héros qu'ils avaient trahi. Scander-Beg, soit humanité, soit politique, fit délier de leurs chaînes son neveu et son ancien ami, et ordonna à ses officiers de les conduire captifs dans Croïa.

XXVII

Un changement rapide de manœuvre présenta de front soixante mille Albanais à l'armée de Balaban-Pacha, qui s'ébranlait trop tard pour secourir Hamza. La victoire du matin et les gardes de Scander-Beg, sortis de Croïa au nombre de six mille, avaient doublé l'élan des vainqueurs. Les Turcs, consternés avant de combattre, ne suivaient que timidement l'intrépide Balaban, qui les adjurait au nom de leur religion et de leur gloire. Les janissaires seuls semblaient résolus de racheter tant de revers par la victoire ou par la mort.

Balaban, lançant son cheval jusqu'au pied des murs, haranguait de loin les citoyens pour les décider à abandonner leur tyran, quand une balle, tirée des remparts par un habile tireur albanais, lui coupa la parole en l'atteignant à la gorge. Le pacha, tournant machinalement la bride de son cheval vers son camp, fut rapporté mort par l'animal jusqu'à sa tente, où son cadavre inanimé roula devant ses soldats.

Cette chute fut la déroute de l'armée : privée de chef, cernée du côté des gorges de Tyranna, sa seule retraite, par les paysans de Scander-Beg, poursuivie par la garnison de Croïa, il n'échappa des quatre-vingt mille Turcs que quelques fuyards, qui escaladèrent les rochers de cet amphithéâtre. Les villes déjà occupées par les Turcs massacrèrent leurs garnisons. Ce fut une seconde délivrance de l'Albanie tout entière. L'âme d'un seul homme avait ressuscité un peuple.

XXVIII

La victoire, la patrie, la justice, lui demandaient le sang des traîtres qui avaient conjuré sa mort et conduit les Turcs au cœur de leur pays. Hamza et Mosès s'attendaient à la mort. Scander-Beg les fit comparaître devant lui à son retour à Croïa; Hamza, versant des larmes, se prosterna à ses pieds et implora la vie.

« Je vous ai élevé et aimé comme mon fils, lui dit Scander-Beg attendri; je ne me souillerai pas de votre sang; recevez une seconde fois de moi la vie et la liberté ; si le repentir me rend votre tendresse, expiez votre trahison par de nouveaux services à notre patrie; si vous devez me trahir encore, retournez chez les Turcs pour leur apprendre que Scander-Beg ne craint pas un ennemi de plus. »

Mosès reçut également des reproches tendres pour toute peine de sa perfidie. Scander-Beg lui rendit un commandement dans ses troupes.

Hamza, ému, voua sincèrement son sang à son oncle:

« Mais, lui dit-il, ma femme et mes enfants sont en otages à Andrinople, dans le sérail du sultan. Si Mahomet apprend que vous m'avez rendu la liberté, il croira que j'ai été volontairement vaincu par vous à la tête des troupes qu'il m'avait confiées pour vous combattre. Ma femme et mes enfants expieraient par leur supplice la trahison qui me sera imputée par mes ennemis. Faites-moi reconduire dans mon cachot chargé de ces chaînes; gardez-moi quelques jours comme un captif réservé à la peine; qu'une main secrète m'ouvre ensuite ma prison, et que je paraisse m'être échappé une nuit en escaladant les remparts pour cher- un refuge contre votre colère à la cour de Mahomet; le sultan alors verra en moi un allié malheureux, mais fidèle, me rendra ma femme et mes fils, me confiera ses plans contre vous, et, quand j'aurai reconquis sa confiance, dérobé ses secrets, assuré la fuite de ma famille, je reviendrai moi-même trahir pour ma patrie l'ennemi des Albanais. »

Scander-Beg, habitué à ces ruses de ses barbares compatriotes, consentit au désir de son neveu. Hamza s'enfuit, de connivence avec son oncle, à Constantinople, et reconquit en apparence les faveurs de Mahomet; mais il y mourut par le poison peu de mois après, laissant sa femme et ses fils entre les mains des Turcs. Mahomet, informé par les espions de la ruse, prévint la trahison par le supplice.

XXIX

Les revers, la mort de tant de généraux, et tant d'armées dévorées sans gloire par l'obstination d'un seul homme, jetèrent Mahomet II dans une impatience maladive semblable à celle qui lui avait causé les insomnies de Constantinople. Ses vizirs craignirent pour sa vie ou pour leurs têtes. Le sultan, au retour du printemps, rentra lui-même par toutes les issues en Albanie, à la tête de deux cent cinquante mille hommes. Des ingénieurs européens, des artilleurs hongrois, des mineurs arméniens, des canons de siége pareils de calibre à ceux qui avaient pulvérisé les tours de Byzance, marchaient avec lui. Ni remparts ni rochers ne pouvaient désormais abriter l'indépendance de l'Albanie. Elle fut conquise lentement, rocher par rocher, citadelle par citadelle, sans pouvoir être jamais possédée.

Scander-Beg, sorti de Croïa avec une poignée de patriotes, harcela sur les flancs les armées ottomanes, disputant ce qu'elles attaquaient, recouvrant ce qu'elles avaient conquis. Le roi d'Albanie était redevenu le chef de brigands; mais ces brigands étaient des héros. Ses nombreux exploits, chantés dans les épopées populaires de ces montagnes, se perdent dans la nuit des fables.

Mahomet traversa et retraversa en tous sens l'Albanie, depuis la mer de Durazzo jusqu'aux cimes de la Bulgarie, ne laissant de libres que les glaces, les forêts et les précipices où Scander-Beg et ses derniers défenseurs épiaient le reflux de l'armée ottomane pour relever une patrie sur ses pas.

Mahomet II, après avoir tout subjugué, retira ses troupes de l'Albanie, l'abandonnant à elle-même pour éviter des désastres nouveaux à ses garnisons. Il se borna à établir un cordon permanent de soixante mille fantassins autour de ces provinces sous deux généraux chargés de les surveiller et de les contenir.

XXX

A peine avait-il replié ses armes que Scander-Beg, sortant de ses retraites (1467), reparut dans toutes les villes et dans tous les villages, convoquant tous les chefs à une ligue générale dont l'assemblée devait se réunir à Lyssus, ville maritime sur les frontières de l'Albanie. Il y avait abrité lui-même sa femme et son fils encore enfant.

Les princes, chefs et généraux de toutes les Albanies, s'y rendirent à sa voix pour y concerter l'insurrection et l'indépendance générale de leur patrie. Venise, Gênes, le pape, le roi de Naples, le roi de Hongrie, le duc de Bourgogne, les couvraient de leur alliance et de leurs subsides.

Scander-Beg était pour l'Occident le dernier champion du christianisme contre l'invasion de l'islam. Les rochers de l'Illyrie remplaçaient désormais pour eux les remparts de Constantinople. L'assemblée s'ouvrit dans la plus vaste église de Lyssus ou Alessio. Le discours de Scander-Beg à ses confédérés, rapporté par des témoins vénitiens de cette représentation nationale, rappelle les harangues des héros d'Homère. Le guerrier de l'Albanie en était en même temps, comme aux jours antiques de l'Épire, l'orateur et le poëte. Il y a dans cette harangue, longue et confuse comme les entretiens sans art d'un chef de tribu avec ses compagnons, des accents qui résonnent de l'âme à l'âme et que l'éloquence héroïque trouve seule dans l'autorité du sang versé en commun pour la patrie.

« Il y a aujourd'hui vingt-trois ans, mes compagnons, dit Scander-Beg, que j'échappai par mon audace et par mon poignard à la captivité de cet Amurat qui m'avait dérobé à mon père, et que je rentrai au pays de mes ancêtres; la Providence m'a toujours depuis bien protégé ainsi que mon épée, et jamais je n'ai été blessé dans tant de combats sans avoir rapporté et jeté à vos pieds la tête du Turc qui m'avait frappé ou de son sabre ou de sa flèche.

» Maintenant j'ai soixante-trois ans, je vais incliner vers la vieillesse, je suis criblé de blessures et atteint de maladies par les longues fatigues d'une guerre sans trêve. Il ne faut pas se plaindre, c'est la loi des hommes; ce qui est nécessité de la nature n'est jamais un mal; mais, pendant que j'ai encore force et clarté dans mon esprit, j'ai voulu parler pour vous recommander après mon trépas l'union, la concorde et la constance, qui peuvent seules avec Dieu assurer la victoire et le bonheur de la patrie.

» J'ai mon fils, amis et confédérés, que je vous recommande. Ses ans encore infirmes et tendres, et pour ainsi dire bégayants, ne sont capables par eux-mêmes de se défendre contre les agressions et calamités que les Turcs lui prépareront quand il n'aura plus son père. De mon vivant, je n'ai eu ni repos ni loisir, ni lieu ni heures fixes pour manger ou dormir; les nuits et les jours ont été uns pour moi; j'ai loyalement partagé toutes les dépouilles avec vous, qui avez partagé tous mes dangers, labeurs et combats ; or, mes amis, je meurs, je vous laisse, je m'en vais ; prenez mon fils Jean à ma place, lequel, pour image et ressemblance de son père, je vous offre pour mon vicaire et lieutenant. »

A ces mots, l'évêque, prenant l'enfant des bras de la princesse sa mère éplorée, le mena par la main au milieu des guerriers de Scander-Beg, devant la chaire. Scander-Beg alors, s'adressant d'une voix à la fois paternelle et solennelle à l'enfant :

« Mon fils Jean, lui dit-il, tu vois que je meurs et que je te laisse petit enfant et *tendrelet*. Si tu es ligué, je te laisse un royaume certainement stable et ferme ; si tu ne l'es pas, faible et divisé. Mais prends bien garde que si tu prends trop jeune le commandement de ces États, où tu seras sans cesse harcelé par le tyran Mahomet II, il accablera ta faiblesse ; c'est pourquoi, dès que tu auras fermé mes yeux, va te réfugier avec ta mère en Calabre et dans les villes des princes chrétiens, et surtout chez le noble sénat vénitien, qui te rétablira en ton royaume dès que tu seras en adolescence. »

Puis, après de longs et sages conseils sur la guerre contre les Turcs et sur le bon gouvernement de la patrie :

« Par ces entrailles de père, reprit avec larmes Scander-Beg, je te prie et te reprie, ô mon fils ! de ne rien faire qu'avec le conseil de tes parents, amis et fidèles ici présents. »

XXXI

A cette péroraison de son discours, une rumeur, pénétrant de la ville dans l'église, se répandit que les Turcs, au nombre de quinze mille, s'approchaient de Lyssus et avaient saccagé déjà la ville voisine de Scutari d'Illyrie : « Sortez, mes compagnons, s'écria Scander-Beg ; malgré ma faiblesse je vais m'armer, et je serai bientôt avec vous. »

On le revêtit, en effet, de ses armes, on le soutint sur son cheval, et il sortit dans la campagne avec une poignée de cavaliers albanais. Les Turcs, à l'aspect de Scander-Beg, dont ils connaissaient les armes et le cheval, et dont ils ignoraient la maladie, s'enfuirent devant l'ombre de leur exterminateur.

Ses Albanais le ramenèrent triomphant, mais mort, dans Lyssus. Il avait rendu le dernier soupir sous sa cuirasse, à cheval, et le sabre à la main. L'Albanie était morte avec lui. Son corps fut inhumé dans l'église de Lyssus. Il y reposa comme le corps du saint protecteur de l'Albanie, jusqu'au jour où, Mahomet II ayant conquis Lyssus sur les Vénitiens, les Turcs, chez qui la mort avait éteint la crainte et conservé l'admiration, cherchèrent sa tombe, ouvrirent son cercueil et adorèrent presque, *mort et dissoult*, disent les chroniques vénitiennes, celui qu'ils regardaient vivant comme le fléau de leurs armées : « Ses os, disputés entre eux à la tombe, et enchâssés comme des reliques dans l'or et l'argent, devinrent pour les janissaires des talismans d'héroïsme qu'ils portèrent sur leur poitrine, dans leurs campagnes, comme des inspirations surnaturelles de courage et des gages de victoire et d'invulnérabilité. »

XXXII

La force de son bras égalait l'intrépidité de son âme. Les Albanais et les Turcs le comparaient à Hercule et à Persée. Son arme habituelle, dont il avait appris le maniement dans les combats corps à corps contre les chevaliers persans, pendant qu'il servait dans le camp des Turcs, était le sabre recourbé de Damas. La lame du sien dépassait les proportions ordinaires. Ce sabre était devenu si célèbre depuis qu'il avait fendu en deux, devant Croïa, le corps de Yacoub-Pacha et de Haïder-Pacha, neveu de Balaban, que Mahomet II le fit demander en présent par ses négociateurs pendant la trêve.

Scander-Beg envoya l'arme merveilleuse au sultan. Mahomet, l'ayant fait éprouver devant lui par ses plus robustes guerriers sur des cuirasses et des brassards, ne vit rien de miraculeux dans cette arme, et la renvoya à Scander-Beg.

« Le miracle n'est pas dans la lame, dit Scander-Beg à celui qui la lui rapportait, il est dans le bras. »

Sa veuve et son fils errèrent, après sa mort, dans les cours d'Italie, et survécurent peu au héros de l'Albanie. Ces provinces, dont Scander-Beg avait personnifié en lui jusqu'au prodige le sauvage patriotisme, le génie aventureux, la bravoure surnaturelle, le brigandage habituel et la foi douteuse, restèrent mal annexées tantôt aux musulmans, tantôt aux chrétiens ; patrie des aventuriers de toutes les religions et de toutes les causes, recrutant les armées ottomanes d'intrépides guerriers, portés par leur audace et par leur intelligence aux premières fonctions de la cour et des camps, tour à tour, comme leur héros Scander-Beg ; les plus énergiques soutiens et les plus dangereux rebelles de l'empire. Leur indépendance, courte et sublime comme un météore, n'avait été, comme leur caractère, qu'une aventure héroïque de leur nationalité. L'héroïsme fait un prodige, la vertu seule fait un peuple.

XXXIII

Libre du côté de l'Albanie, irrité contre les Vénitiens, qui avaient fomenté la guerre de Scander-Beg, Mahomet II se jeta (1470) avec toutes ses forces sur la presqu'île de Négrepont, leur plus riche possession et leur plus inexpugnable forteresse dans le fond de la Méditerranée.

Négrepont était l'ancienne Eubée des Grecs ; moitié continentale, moitié insulaire, son site, ses ports, son étendue, sa fertilité, ses mines de fer, sa capitale, Chalcis, ses monuments, ses temples, son illustration poétique par les vers d'Homère, sa gloire historique par la première bataille navale de Thémistocle contre les Perses près d'Artemisium ; les longues rivalités de Sparte, d'Athènes, de la Macédoine, pour se la disputer ; son commerce qui enrichissait Venise ; son pont fortifié de tours qui lui ouvrait ou lui fermait à volonté l'entrée du continent; enfin, les flottes et les troupes que Venise y entretenait au cœur des mers et des terres maintenant au pouvoir des Ottomans, faisaient de Négrepont le Gibraltar de la Grèce, de l'Épire et de la Thrace. Frapper les Vénitiens à Négrepont, c'était les atteindre à Venise.

Le grand vizir Mahmoud-Pacha, déposé, comme on l'a vu, après la guerre de Caramanie, avait été rappelé par Mahomet II au rang de capitan-pacha ou de grand amiral de ses flottes. Il cingla avec trois cent cinquante grands navires vers l'île vénititienne, pendant que Mahomet lui-même s'avançait par terre avec cent mille hommes, et campait sur le même promontoire qui avait porté les tentes de Xerxès en face de l'isthme fortifié qui noue à la terre l'île d'Eubée.

La flotte de Venise, intimidée pour la première fois par l'innombrable flotte de Mahmoud-Pacha, resta à l'ancre, loin du champ de bataille, sous les batteries de l'île de Salamine dans le golfe d'Athènes. Le tombeau de Thémistocle, que l'amiral vénitien Canale pouvait contempler du pont de son vaisseau, ne lui inspira pas son héroïsme. Mahmoud-Pacha put former impunément un pont flottant avec ses navires à l'ancre enchaînés les uns aux autres pour passer du continent dans l'île.

La capitale seule resta libre derrière ses murailles. Le gouverneur Paul Erizzo, digne d'autres auxiliaires, s'y défendit pour la gloire plus que pour le salut. Trois assauts en dix-sept jours de siége précipitèrent vainement vingt mille Turcs dans la mer ou dans les fossés; un traître, corrompu par l'or de Mahomet, Thomaso Schiavo di Lebano, commandant de l'artillerie des Vénitiens, lui vendit la place. Erizzo, qui éventa trop tard la perfidie, fit étrangler le traître, et fit suspendre son cadavre à la fenêtre de son palais pour épouvanter ses complices.

Un quatrième assaut, dans lequel les femmes mêmes combattaient sur les brèches, laissa quinze mille cadavres ottomans sous les boulets ou sous les rochers précipités du haut des remparts. Le cinquième emporta la ville, et ne laissa à Erizzo d'autre asile que la citadelle. Encombré d'une population affamée, il y capitula à des conditions de salut et d'honneur pour ses soldats et pour le peuple. Mahomet promit tout et éluda tout. Le massacre acquitta sa promesse. Erizzo fut scié en deux, les Vénétiens empalés, écartelés, lapidés sur les ruines de leurs bastions; les Grecs épargnés comme sujets du sultan et emmenés en esclavage à Constantinople.

La fille unique d'Erizzo, Vénitienne digne du harem de Mahomet, fut amenée en hommage au meurtrier de son père. Mahomet, ivre de ses charmes, voulut la déshonorer de son amour. Elle résista jusqu'à la mort, fut punie par lui de sa douleur et de sa vertu, et poignardée par les eunuques dans les bras de son profanateur.

XXXIV

Le capitan-pacha Mahmoud parut avoir recouvré par cette campagne l'estime de son maître. Son rival, le grand vizir Mohammed-Pacha, éloigné pour une expédition malheureuse en Asie contre les restes de la faction des Caramans, y perdit la moitié de l'armée d'Anatolie. Remplacé dans le poste de grand vizir par Ishak-Pacha, Mohammed-Pacha revint à Constantinople sans autre gloire que ses crimes.

Ishak-Pacha conduisit une nouvelle armée en Caramanie pour rétablir l'autorité des Turcs. Les deux fils de Mahomet II, Bayézid ou Bajazet et Mustafa, le premier gouverneur d'Amasie, le second gouverneur de toute la Caramanie, lui amenèrent leurs troupes. Mustafa se signala dans ces guerres intestines par des exploits et des grâces qui en firent l'idole des janissaires, et qui commencèrent à exciter les rivalités de ses frères et les ombrages de son père.

Le grand vizir s'empara d'un château élevé à la cime d'un rocher du Taurus, et qui dominait de cinq cents coudées la mer de Chypre. Le restes de la famille des Caraman-Oghli s'y étaient retirés avec deux cents de leurs parents. La nièce des deux princes Caramaniens, réfugiée en Perse, y fut enlevée et envoyée, à cause de sa renommée de beauté, en présent à Mahomet. Bientôt le sultan passa lui-même en Asie pour y combattre l'armée des Persans et des Turcomans, qui venaient de traverser la Syrie dans l'intention de relever la souveraineté des princes Caramaniens.

Mahmoud-Pacha, rentré en grâce depuis la conquête de Négrepont, fut rétabli, avant le départ du sultan, dans le poste de grand vizir pour imprimer aux armements l'ordre, la promptitude et l'impulsion qui avaient valu, sous son premier vizirat, de si grands triomphes à son maître. C'était la première fois que les deux grandes nations musulmanes, les Persans et les Turcs, allaient s'entre-heurter en Asie. Suspendons un moment le récit du règne de Mahomet II, pour caractériser le peuple qui venait disputer l'Asie Mineure à la race d'Othman. L'inimitié originelle entre ces deux races mahométanes, fondée sur un schisme dans leur foi commune et fomentée éternellement par des ambitions rivales et par des préventions populaires, fait partie de l'histoire des Turcs comme de l'histoire des Persans. Cette inimitié, fatale à la race des Ottomans comme à la race persane et arabe, a sauvé seule l'Occident de l'invasion universelle de l'islamisme et préparé le triomphe de Charles Martel. On dirait que l'islamisme, divisé en naissant par le schisme des sectateurs d'Omar et des sectateurs d'Ali, portait le germe de son affaiblissement dans ses dissensions.

FIN DU TOME DEUXIÈME DE L'HISTOIRE DE LA TURQUIE

TABLE

DES MATIÈRES CONTENUES DANS CE VOLUME

	Pages.
Livre VI. — Jean Paléologue.	3
Bajazet Ier, Yacoub, 1389.	13
Livre VII. — Tamerlan, vers 1400.	45
Livre VIII. — Suite et fin de Tamerlan, de 1402 à 1405.	107
Livre IX. — Continuation des Turcs ottomans. Soliman Ier, vers 1402.	157
Mahomet Ier, vers 1413.	169
Livre X. — Amurath II, 1422.	205
Livre XI. — Suite d'Amurath II, 1444.	285
Livre XII. — Mahomet II, en 1453.	335
Livre XIII. — Suite de Mahomet II	413
Origine des mots *Sublime Porte*.	418

FIN DU VINGT-QUATRIÈME VOLUME.

www.ingramcontent.com/pod-product-compliance
Lightning Source LLC
Chambersburg PA
CBHW072111220426
43664CB00013B/2079